Clive Lamming

Die berühmten Züge von 1830 bis heute

BECHTERMÜNZ

REDAKTIONSLEITUNG
Alain Melchior-Bonnet

REDAKTIONSASSISTENZ
Jocelyne Bierry

BILDREDAKTION
Bernard Crochet

LAYOUT
Daniel Leprince

SCHUTZUMSCHLAG
UND EINBANDGESTALTUNG
Gérard Fritsch

KARTOGRAPHIE
Léonie Schlosser

HERSTELLUNG
Jacques Suhubiette

GRAPHISCHE GESTALTUNG
Henri Serres-Cousiné

Deutsche Ausgabe

ÜBERSETZUNG UND REDAKTION
W. M. Riegel

GESAMTHERSTELLUNG
Maasburg GmbH, München

INHALT

VON LIVERPOOL
NACH MANCHESTER

15. SEPTEMBER 1830

Die Eröffnung der ersten Eisenbahnlinien bot an sich wenig interessante Begleiterscheinungen – wenn man nicht weiß und in Rechnung stellt, unter welchen Bedingungen man bis dahin Reisen zu unternehmen gezwungen war. In einem einzigen Jahrzehnt aber, von 1830 bis 1840, veränderte die Eisenbahn tatsächlich grundlegend die gesamten sozialen, Handels- und Wirtschaftsverhältnisse, wie sie praktisch jahrtausendelang bestanden hatten: sie waren bestimmt gewesen von der Tatsache des Reisens zu Pferde und mit Pferdewagen.

1830 befindet sich Europa tatsächlich noch im 17. Jh. Es lebt in einer von der Landwirtschaft und dem Militär bestimmten Welt. Die Depeschen werden noch mit reitenden Boten befördert, und eine simple Reise von Paris nach Marseille ist ein zweiwöchiges Abenteuer, eine von Paris nach Toulouse gar ein gefahrvolles Unternehmen von drei Wochen über die unsicheren Straßen und Wege des Massif Central.

Gar nicht zu reden von Reisen bis in den Orient, deren Dauer sich auf Monate dehnt, und bis Indien, China oder Japan führt, wohin man gut und gerne mit einem halben Jahr rechnen muß.

Den Begriff der Schnelligkeit für Reisen gibt es noch nicht, gleichwohl empfindet man die Langsamkeit der Transportmittel und ihre Unsicherheit durchaus als sehr nachteilig und hinderlich, und zwar nicht nur politisch, sondern auch wirtschaftlich. Aber da entstehen zu dieser Zeit in England bereits überall Fabriken, und auch die Ideen der Erfinder stoßen auf wachsendes Interesse, nicht zuletzt derer mit Visionen von einer "Straße auf Schienen", nämlich einer "railway" – ein Wort, das praktisch alle Sprachen später wörtlich oder fast wörtlich übernehmen werden: Chemin de fer und ferrovia und Eisenbahn: Weg/Straße/Bahn auf Eisen(schienen). Diese Männer der Zukunft sind alle irgendwie vom selben Schlag: sie tragen wirre Bärte und lange Haare, haben diesen wildentschlossenen Blick hinter ihren Stahlgestellbrillen und unbeugsame Überzeugungen im Kopf von der Zukunft der mit Hilfe der Dampfkraft endlich befreiten Menschheit. Alle haben sie auch ihre Audienzen an den Kaiser- und Königshöfen hinter sich, wo sie mit ihren großen, gelblich getönten Planbögen voller Ziffern und Skizzen ihre Vorstellungen erläuterten...

...wenn auch umsonst. Kaiser und Könige beschäftigen sich noch immer hauptsächlich mit ihren Kriegen und nehmen allenfalls nonchalant "mit links" die Visionen der intellektuellen und kreativen Köpfe zur Kenntnis, die sich in ihrer Epoche immer zahlreicher auf den langen Marsch ins technische Zeitalter machen. Napoleon beispielsweise erteilte dem Ingenieur Moisson-Desroches, der ihm ein "railway"-System vorschlug, mit welchem er – bei gutem Wetter – seine kaiser-

lichen Truppen rasch an jeden beliebigen Punkt seiner Grenzen transportieren könne, eine Abfuhr. Wobei man zugeben muß, daß Moisson-Desroches im Jahre 1814, in dem Napoleon ganz andere Sorgen hatte und möglicherweise mehr an seine paar noch bevorstehenden Niederlagen dachte, nicht gerade den idealen Zeitpunkt für seine Vorschläge erwischt hatte.

Kurz, auch 1830 noch ist das Reisen in Europa wegen des mangelnden Komforts – inklusive dem in den Poststationen – und der holprigen Straßen alles andere als ein Vergnügen. Die eisenbeschlagenen Kutschenräder holpern über Schlaglöcher und Steine und versinken im Sand, und auf den kopfsteingepflasterten "königlichen Strecken" vibrieren sie wie ein modernes Massagegerät. Nach wie vor ist La Fontaines "steile, sandige und holprige Straße" die vorherrschende Realität. Im Frankreich dieser Zeit mit seinen zweiunddreißigeinhalb Millionen Einwohnern, die ohnehin sowenig wie nur möglich, am liebsten überhaupt nicht reisen, fallen dem Reiseverkehr jährlich nicht weniger als 5000 Menschen zum Opfer, vorzugsweise durch zu hohe und nicht stabil beladene Kutschen und von diesen überfahrene Fußgänger.

DIE PIONIERE

Daß solche umwälzenden Veränderungen in nur zehn Jahren überhaupt möglich waren, ist nur dem Genie all der mutigen "Bastler" zu verdanken, von denen nicht wenige sich ruiniert haben über all den Versuchen, eine funktionierende Dampfmaschine zustandezubringen – sei es für die Straße, wie der Franzose Joseph Cugnot, sei es für Schienen, wie der

Die erste Dampflokomotive ist die von R. Trevithick. Sie macht ihre erste Fahrt 1804 auf einer Gleisstrecke zwischen Penydarran und Abercynon – 15 km in 4 Stunden 10 Minuten, mit einer Fracht von 10 Tonnen und dazu 70 Personen
Bild linke Seite: Zeigt den Eröffnungstag der Strecke von Stockton nach Darlington mit einer LOCOMOTION, 1825. Das Gemälde von Terence Cuneo spiegelt die Begeisterung über die neue Geschwindigkeit wieder (National Railway Museum)

Richard Trevithick, der "andere Große" der Anfänge der Eisenbahn

George Stephenson (1781–1848) arbeitet 17 Jahre lang als einfacher Bergwerksmechaniker, macht sich aber rasch einen Namen mit seinem Talent für Reparaturen von Dampfmaschinen. Fasziniert von der Idee der Eisenbahn gründet er zusammen mit seinem Sohn Robert seine eigene Lokomotivenfabrik. Er ist der eigentliche Pionier der modernen Eisenbahn. Bei seinem Tod wurde Staatstrauer ausgerufen, und man setzte ihn in Westminster bei (Gemälde von J. A. Discon, National Railway Museum, York)

erfährt. Sein Leben spielt sich im Bergwerk ab, sein Hauptinteresse gilt der Mechanik. Schon mit 17 Jahren bedient er eine festmontierte Dampfmaschine. Außerdem interessiert er sich auch für Uhren und - die Reparatur von Schuhen. Bald hat er einen Ruf als ebenso geschickter Schuster wie Dampfmaschinenbediener, kurz, als eher genialer praktischer Mechaniker denn philosophisch-visionärer Ingenieur, wie sie seine Zeit vorzugsweise hervorbrachte.

1814 versucht er sich an seiner ersten Lokomotive, der *Blücher* (Preußen wurde zu jener Zeit von den Engländern sehr bewundert!), die, wenn auch nur sehr langsam, 12 Kohleloren, ein Gewicht von 36 t, ziehen kann, allerdings auch gelegentlich noch angeschoben werden muß. Aber das entmutigt ihn überhaupt nicht. Mit Unterstützung seines Sohnes Robert baut er tatsächlich die allererste "richtige" Eisenbahnlinie über eine größere, offene und freie Strecke, nämlich 40 km, von Stockton nach Darlington. Sie wird 1825 eröffnet, ist allerdings anfangs noch vorwiegend eine Pferdebahn, nachdem die ersten etwa 20 in England laufenden Dampflokomotiven verschiedener Typen noch keine ganz überzeugenden Leistungen erbracht haben. Immerhin aber zieht am Eröffnungstag dieser Strecke schon eine Dampflokomotive den ersten Zug, nämlich die seitdem berühmte *Locomotion*, und eine enthusiastische Menge in Galakleidung drängt sich auf die Kohlewaggons und absolviert die erste Fahrt in überschwenglicher Ausgelassenheit ... und im Kohlenschmutz. Die 38 total überladenen Wagen rollen jedoch ohne Zwischenfall los. Ein Herr mit einer Fahne schreitet dem Konvoi voran und winkt mit ihr die Gaffer weg. Es hilft nichts, der Ordnungsdienst wird überrannt und ist völlig überfordert, und am Schluß hängen an die 600 Neugierige wie die Trauben an den Waggons. Und von einer oder zwei unbedeutenden Pannen und einem entgleisten Waggon abgesehen, setzt dieser erste Zug der Eisenbahngeschichte mit seinen 7 km/h Durchschnittsgeschwindigkeit und Spitzen von 24 km/h einen ersten Maßstab. Auf seiner Rückfahrt nach Stockton säumen die Strecke bereits 40 000 Menschen und den Dauerapplaus übertönen nur die Salutschüsse der Artillerie und die läutenden Kirchenglocken, unterbrochen wird er allein von der immer wieder kräftig geschmetterten Nationalhymne *God save the King*. Etwas Kohle ist auch mittransportiert worden. Sie wird an die Armen der Stadt verteilt und Stephensons - und der neuen Eisenbahn! - Ruhmestag wird mit einem großen nächtlichen Bankett beendet.

Schon vom nächsten Tag an beginnt der reguläre Linienverkehr auf der Strecke. Freilich, die Passagiere reisen, sofern sie überhaupt Platz bekommen, nicht in Zügen, die von einer Dampflokomotive gezogen werden - "aus Sicherheitsgründen". Ein geduldiges Pferd muß genügen. Wohlhabende Bürger können, wenn sie wollen, die Gleise sogar mit ihren eigenen Zügen befahren, was freilich bald eine Überlastung der Strecken und zeitraubende Rangiermanöver mit sich bringt, wenn Züge bei Gegenverkehr auf freier Strecke bis zum nächsten Bahnhof zurückfahren müssen.

Diese Linie Stockton-Darlington, die für die Eisenbahnhistoriker die erste Eisenbahnlinie der Welt in dem Sinne war, als sie zwei Städte durch einen regelmäßigen Passagier- und Waren-Linienverkehr verband, war gleichwohl, technisch gesehen, keine, die einer heutigen Eisenbahnstrecke vergleichbar wäre. Schon die Antriebsarten auf den Schienen waren verschieden: Kabelzüge und Treidelschlepper, sowie Garnituren, die von Dampflokomotiven und Pferden gezogen wurden. Das Durcheinander von mehr oder minder zufälligen provisorischen Lösungen ohne technische Einheit und ohne ein leistungsfähiges Gesamtsystem zog Verkehrsstockungen

Ein Geheimnis der Liverpool–Linie: ihre Spurbreite

**Breite Spur
2100 mm**

**Normale Spur
1435 mm**

Die Linie von Liverpool nach Manchester ist das allgemein weltweite Vorbild für die technische Lösung der Probleme der modernen Eisenbahn schlechthin geworden, nicht jedoch ihre Spurbreite von 1435 mm (= 4 Fuß 8 Inches), die George Stephenson schon für die Linie Stockton-Darlington bestimmt hatte. Gewiß, diese Spurbreite galt alsbald als "Standard", jedenfalls für die vielen Strecken in Großbritannien und auf dem europäischen Kontinent (und selbst einer amerikanischen Eisenbahnlinie), die nach dem "System Stephenson" gebaut und mit seinen Lokomotiven und sonstigen Einrichtungen betrieben wurden, obwohl die Betreiber nur Lizenznehmer Stephensons waren. Viele andere Linien

jedoch, selbst in Großbritannien, verwendeten andere Spurbreiten, vor allem lokale Linien, da damals noch niemand an künftige Verbundnetze und nationale, geschweige europäische Eisenbahnsysteme dachte. Im Gegenteil, in England gab es sogar einen regelrechten "Krieg der Spurweiten", nachdem ein so berühmter Ingenieur wie Brunel, der die große Zukunft der Eisenbahn sehr wohl voraussah, mit der Behauptung an die Öffentlichkeit gegangen war (nicht zu Unrecht übrigens), Stephensons Spurbreite sei zu gering, und seinerseits das englische Netz der Great Western mit einer Spurbreite von 2100 mm baute. Aber er mußte alles wieder ändern und die Great Western auf den "Standard" verringern. Auch die USA gaben ihre Spurbreite von 1829 mm wieder auf und ebenso das Herzogtum Baden die seinige mit 1600 mm. Andere Länder haben bis heute ihre Nicht-Standard-Spurbreiten beibehalten und sind damit nicht Stephensons Diktat gefolgt, allen voran die ehemalige Sowjetunion mit ihren 1524 mm, außerdem die Iberische Halbinsel (1672 mm), Irland, teilweise Australien und Brasilien (1600 mm) sowie Indien (1676 mm). Bleibt die Frage: wie kam Stephenson auf 4 Fuß 8? Niemand weiß es. Eine Vermutung geht dahin, der große Erfinder habe schlicht und einfach, weil er sich nicht entscheiden konnte, den Radabstand einer Kutsche in seiner Nachbarschaft gemessen...

Engländer Richard Trevithik, dessen erste Dampflokomotive 1804 in Wales lief. Alle aber mußten sie irgendwann entmutigt aufgeben, weil sich die Behörden und Regierungen für ihre Erfindung einfach nicht interessieren mochten.

Unter den zahlreichen Pionieren ist der 1781 geborene George Stephenson der erste, der weltweite Anerkennung

Ein anschauliches Zeitdokument von der Strecke Stockton–Darlington kurz nach ihrer Eröffnung 1825. Der Aquarellist hat sich offenbar von einer Lokomotive namens "Samson" von Stephenson inspirieren lassen, erkennbar an ihren vier großen, mit Pleuelstangen verbundenen Rädern. Die Waggons sind noch lediglich auf Gleischassis gestellte hergebrachte Kutschen, haben aber zwei Kutschböcke – für die Bremser oder als zusätzliche Passagiersitze. Die ersten Eisenbahnen lösten großen allgemeinen Enthusiasmus aus und zogen Massen Neugieriger nicht nur aus ganz England, sondern auch Europa an.

und Komplikationen aller Art nach sich. In den noch fast fünf Jahren, bis Passagiere im Bahnhof von Liverpool den ersten eigentlichen Eisenbahnzug besteigen konnten, gab es zwar bereits Eisenbahnzüge, private Passagier- und -frachtwagen, Bahnhöfe und Kunstwerke, aber damit das alles wirklich als ein neues Transportsystem auf Schienen funktionieren konnte, bedurfte es noch einer wirklich zuverlässig funktionierenden Lokomotive. Daß eine solche 1830 vor besagtem Zug in Liverpool stehen konnte, war der Tatsache zu verdanken, daß in der Zwischenzeit ein großes Ereignis stattgefunden hatte, nämlich der Wettbewerb von Rainhill 1829.

EIN WETTBEWERB ZUR RECHTEN ZEIT

Es war tatsächlich ein Wettbewerb, der durch einen ganz bestimmten Umstand zustandegekommen war: es war nicht möglich gewesen, für die 48 km lange Strecke zwischen Liverpool und Manchester, die seit 1826 im Bau war, eine Einigung über ein befriedigendes Antriebssystem zu erzielen. Der Bau der Strecke ist begonnen worden, ohne daß klar war, was auf ihr einmal wie rollen sollte. Eine glückliche Epoche, in

welcher selbst das Unvorhersehbare noch Enthusiasmus entfacht, während im nachfolgenden Jahrhundert alles nur mehr unter dem Aspekt der Rentabilität entschieden wird!

1822 schlägt der Ingenieur William James aus Manchester ein langgehegtes Projekt zur Verwirklichung vor: ein schnelles Transportsystem nach Liverpool mit seinem großen Hafen und dem dortigen günstigen Standort für alle Produktions- und Wirtschaftszweige. Das seit langem zwischen Manchester und dem in Liverpool ins Meer mündenden Fluß Mercey bestehende Kanalsystem ist zu langsam. Die schmalen englischen Lastkähne brauchen eine Ewigkeit für jede Fahrt, und das bei verhältnismäßig geringen Frachten. Aber James dringt mit seiner Idee nicht durch. Der Grund dafür ist, daß ihm die Bürger von Manchester einen anderen, erfahreneren und renommierteren Mann vorziehen, nämlich George Stephenson, der seit 1826 seine Eisenbahnstrecke baut, obwohl das Antriebssystem immer noch völlig ungeklärt und einer Expertenkommission überlassen ist. Diese reist herum und besichtigt auch die Strecke Stockton–Darlington – mit dem Ergebnis, daß sicher sei, das Pferd stelle nicht länger den "Freund des Menschen" dar, jedenfalls nicht auf den Schienen, andererseits sei aber auch die Dampflokomotive viel zu gefährlich und noch ganz unerprobt. Und ihr Urteil fällt deshalb auch ziemlich eindeutig zugunsten einer fest installierten Dampfmaschine aus, die die Züge mit einem Kabelwindensystem transportieren soll. Robert Stephenson, der Sohn von George, ist darüber ausgesprochen wütend. Seine Ingenieursstudien haben ihn zu der festen Überzeugung gebracht, daß die Zukunft eindeutig bei der Dampfmaschine auf Rädern liege und eben nicht auf einer stationär installierten. Und wenn er an der Seite seines Vaters sich an dem großen Unternehmen der Eisenbahn von Liverpool nach Manchester beteilige, dann vor allem in der Hoffnung, daß auf dieser Strecke einmal wirkliche Eisenbahnzüge rollen würden und keine kabelgezogenen Kabinen oder Wagen, bei welchem System sich naturgemäß alle Streckeneinrichtungen verböten und Kreuzungen, Weichen sowie der simultane Verkehr mehrerer Züge auf dem gleichen Schienenstrang einer Strecke unmöglich wären.

Er findet damit Unterstützung vor allem bei Henry Booth, einem der Honoratioren von Manchester und einem auch bei

Ein maßstabsgerecht verkleinertes Modell aus dem berühmten Eisenbahnmuseum in York: einer der ersten Wagen der Strecke Stockton–Darlington, 1825–26. Es handelt sich um eine normale, übliche Pferdekutsche der Zeit, nur mit eisernen Schienenrädern. Die beiden Kutschböcke vorne und hinten erklären sich aus der Tatsache, daß der Wagen von Pferden gezogen wurde (je nach Fahrtrichtung). Viele "Züge" dieser ersten Eisenbahnstrecke waren Privatwagen, einfach Kutschen auf Gleisen, für deren Benützung eine Gebühr entrichtet werden mußte (National Railway Museum, York).

Dieses Gemälde von George Childs gibt die gewaltige Industrialisierung wieder, die in England zwischen 1820 und 1830 durch die Eisenbahn ausgelöst wurde – so wie hier in Wales (Welsh Industrial and Maritime Museum, Cardiff)

der Eisenbahngesellschaft sehr einflußreichen Mann. Booth macht es sehr diplomatisch und schlägt einen Wettbewerb der verschiedenen Antriebssysteme vor, und zwar auf einem genau 1500 m langen Stück der Strecke an einem bereits fertiggestellten Abschnitt in der Nähe von Rainhill. "Und möge der Beste gewinnen"... – was, wie die Dinge stehen, neutral genug als Forderung ist und im übrigen von einer bestimmten Überzeugung getragen...

Ein entscheidender Fortschritt: der Röhrenkessel

Die Linie Liverpool-Manchester hätte niemals so leistungsfähige Lokomotiven besitzen können, wären diese mit den Dampfkesseln eines Denis Papin oder Joseph Cugnot ausgerüstet gewesen, die nur "Wasserkochtöpfe" waren, nämlich geschlossene Gefäße, unter denen man Feuer anmachte. So ideal diese Methode für jeglichen Haushaltsgebrauch ist, sie bringt lediglich heißes Wasser zustande und dazu ein bißchen Dampf – sehr wenig, genau gesagt. Wenn die ersten sehr langsamen und sehr schwachen Lokomotiven sich mit diesem wirklich rudimentären System begnügten, nämlich einem schlichten zylindrischen Wasserbehälter, der von unten beheizt wurde, so einfach nur deswegen, weil man schlicht noch nicht die zum Ziehen von Zügen mit nennenswerter Geschwindigkeit erforderliche beträchtliche Kraft zu erzeugen wußte. Ein französischer Ingenieur, Mark Seguin, ein Eisenbahnnarr, der selbst Eisenbahnen in Frankreich bauen wollte, legte 1828 ein Projekt eines "Röhrengenerators", einfacher gesagt eines Röhrenheizkessels vor. Dabei dachte er anfangs überhaupt noch nicht an die Eisenbahn, sondern hatte die Flußschiffahrt im Auge. Da ganz speziell einen schrecklichen Unfall an der Guilottiére-Brücke in Lyon. Ein Schiff hatte sie gerammt und kenterte, weil es zu wenig Kraft entwickelte, um dies zu verhindern; dies kostete 28 Menschenleben. Ein stärkerer Wirkungsgrad also, anders gesagt,

mehr Dampf zu erzeugen, war Seguins Idee. Sein Denkansatz dafür: die Vergrößerung der Kontaktfläche der vom Feuer erzeugten Hitze und des kalten Wassers. Der Weg dazu schien ihm ein Röhren-Leitungssystem durch den Wasserkessel zu sein, was eine sehr große Kontaktfläche schaffen müsse. Den entsprechenden Versuch machte er am 11. Dezember 1827 mit einem Röhrenheizkessel auf einem Schiff und mit einem Ventilationssystem für den Hitzefluß. Anschließend kaufte er zwei Stephenson-Lokomotiven für die vorgesehene Eisenbahnlinie St.Etienne-Lyon und rüstete sie mit einem seiner Röhrenheizkessel aus. Und während die Stephenson-Loks gerade nur Schrittempo erreichten, schaffte Seguin mit seinen Kesseln, die auch leichter und kleiner waren, 40 km/h, und das vor einem mit Gußeisen beladenen Zug! Seine Dampfkessel produzierten viermal mehr Dampf als die Stephensons. Tatsächlich gewann Stephenson auch erst mit einem solchen Röhrenkessel in seiner *Rokket* den Wettbewerb von Rainhill 1829, der die Ouvertüre zur Eröffnung der Linie Liverpool-Manchester darstellte und aus der *Rocket* den Ahnen aller Dampfloks überhaupt machte. Ein Detail bleibt allerdings mysteriös: Kannte Stephenson Seguins Arbeit und plagiierte sie oder war der Röhrenkessel eine zeitgleiche Erfindung beider? Niemand weiß es.

Um an dem Wettbewerb von Rainhill teilzunehmen, bedarf es einer Lokomotive von weniger als 6 t Gewicht und einer Länge von mindestens 4,57 m. Sie muß gefedert sein (man macht sich keinerlei Illusionen über den Zustand des Gleiskörpers!) und "wirkungsvoll ihren selbsterzeugten Rauch nützen" (tatsächlich handelt es sich natürlich um Dampf - doch zu dieser Zeit ist man noch nicht so firm in der neuen technischen Terminologie). Außerdem darf sie nicht mehr kosten als 550 Pfund Sterling. Um Sieger zu werden, muß man der Beste bei einem Versuch sein, das mindestens dreifache Gewicht der Lokomotive zu ziehen, also 18 t, und dies bei einer Mindestgeschwindigkeit von 10 Stundenmeilen (also 16 km/h) und dies bei mehreren Fahrten hin und her, die insgesamt eine Strecke von 70 Meilen, also 112 km, ergeben. Für damals war das schon eine "ganz schöne" Geschwindigkeit, so bescheiden sie uns heute erscheint.

Für den Fall eines unentschiedenen "Rennens" soll die leichteste Lokomotive zum Sieger erklärt werden. Deren Gewicht ist in der Tat ein Problem und gilt als das entscheidende Handikap bei der Erzielung größerer Geschwindigkeiten. Die Siegesprämie von 500 Pfund Sterling aber ist ein Vermögen! Es ist nämlich, siehe oben, genau soviel, wie die ganze Lokomotive kosten darf. (Wenn man das vergleicht mit den heutigen Preisen für eine Lokomotive - nämlich Millionen - und das in einer Epoche, in der die industrielle Fabrikation an sich die Preise gegenüber einst ins Minimale fallen ließ...! Man kann es auch anders ausdrücken: diese 500 Pfund von 1829 waren soviel wert wie heute Millionen...!)

Am 6. Oktober 1829 beginnt der Wettbewerb. Er dauert eine Woche. Der Rahmen ist höchst mondän. Eine gegen die Sonne überdachte Tribüne ist errichtet worden, auf der die gesamte "Gentry" von Manchester und Liverpool sich ein Stelldichein gibt. Aber auch alles, was in England in Wissenschaft, Lehre und Technik Rang und Namen hat - in der Wirtschaft sowieso -, ist da. Die nicht minder zahlreich versammelten Journalisten notieren die eleganten Toiletten der Gentlemen und der Ladies und geben der Veranstaltung so auch die gesellschaftliche Bedeutung, die ihr zukommt, gar nicht zu reden von der wirtschaftlichen und dem Reichtum aller Beteiligten (oder jedenfalls der meisten, die Fast-Reichen und Gernegroßen, die natürlich auch da sind, gar nicht gerechnet). Musik und Standkonzert sorgen für das, was man damals noch gar nicht so nennt: den "Rahmen"/die "Ambiance", und in den Kneipen und Wirtshäusern ringsum fließt für die einfacheren Kreise das Guinness-Bier in Strömen aus den Zapfhähnen.

Die Strecke selbst besteht aus zwei parallelen Schienensträngen. Für einen reibungslosen Antrieb sorgen Wassertanks und Brennstofflager. Schmiedewerkstätten stehen den Konkurrenten zur Verfügung - kurz, alles ungefähr so und im kleinen Maßstab, wie heute bei einem großen Autorennen, nur eben in Dampfkesselversion.

Fünf Lokomotiven bestreiten die Konkurrenz.

Die *Novelty* der Ingenieure Braithwaite und Erieson stellt eine Plattform auf Rädern mit einem hochgestellten Kessel vorne dar, hinten ist der Kamin. Zwei vertikale Zylinder treiben die Hinterräder an. Das Ganze sieht sehr ordentlich und durchdacht aus, ist auch hübsch blau und golden bemalt und macht auf Publikum und Jury einen ausgezeichneten Eindruck.

Die *Sans-Pareil* von Hackworth, einem renommierten Ingenieur, dessen keineswegs erste Lokomotive dies ist, und dessen massive *Royal George* bereits auf der Strecke Stockton-Darlington fährt, hat einen horizontalen Kessel mit Kamin vorne, Vierradantrieb und vertikalen Zylindern hinten. Sie

ist grün, gelb und schwarz bemalt und gefällt besonders durch ihre Kompaktheit, Robustheit und auch Durchdachtheit, die das Standard-"Design" der künftigen Lokomotiven bereits ahnen läßt.

Die *Perseverance* von Burstall ist sehr klein und besitzt wie die *Novelty* eine Wagenplattform mit einem aufrecht daraufgestellten Kessel in der Mitte. Diese Lok macht vor allem dadurch von sich reden, daß sie ständig die Reparaturwerkstätten aufsuchen muß, natürlich zur großen Enttäuschung ihres Konstrukteurs, der eigens bis aus Edinburgh angereist ist und schließlich auch aufgibt, weil ihm klar ist (wird), daß ein Schotte in England keinen Blumentopf gewinnen kann.

Die *Cylcopede* von Brandreth ist der "Lokalmatador", weil ihr Konstrukteur aus Liverpool stammt und offenbar mit etwas Nachhilfe in den Wettbewerb gelangt ist... Sie stellt ein auf einem Laufband gehendes Pferd als Antrieb der Lokräder dar. Dieser quasi hippologische Hometrainer wird zwar schon von vornherein disqualifiziert, die besagte Nachhilfe reicht aber immerhin für die Zulassung zu einer "Demonstrationsvorführung". Das der Fahrtrichtung das Hinterteil zukehrende brave Pferd schafft eine Geschwindigkeit von 8 km/h für das Gesamtgewicht von 5 t und muß nicht einmal die Wassertanks (von den Brennstofflagern nicht zu reden) in Anspruch nehmen...

Die *Rocket* (Rakete!) schließlich, in den Farben lebhaftes Gelb und Schwarz, von Robert Stephenson, hat einen horizontalen Kessel, einen hohen Kamin vorne, Zylinder und Fahrerplattform hinten, aber große vordere Antriebsräder sowie einen Anhänger als Kohlen- und Wassertender. Die Antriebsräder mit ihrem Durchmesser von 1,50 m gestatten eine beträchtliche Geschwindigkeit und wiesen damit bereits die wesentlichen Charakteristika aller Dampflokomotiven der Zukunft auf. Außerdem besitzt diese Lokomotive auch schon ein Röhrensystem in ihrem Kessel zum maximalen Wärmeaustausch: der zweite fundamentale Bestandteil aller Dampfzugmaschinen der Zukunft (der in Frankreich übrigens etwa zur gleichen Zeit, und ganz unabhängig von ihm, auch von Marc Seguin erprobt worden war, ohne daß man irgendwie von

Die erste moderne Lokomotive: Die Rocket

Die *Rocket*, vorgestellt beim Wettbewerb von Rainhill, dessen Zweck und Ziel es war, den besten Lokomotiventyp für die im Bau befindliche Strecke Liverpool-Manchester zu finden, siegte über alle ihre Konkurrenten dank einer Anzahl sehr wirkungskräftiger Details, vor allem des Röhrendampfkessels, welcher viermal mehr Dampf erzeugte als die bis dahin üblichen einfachen Kessel und folglich auch entsprechend mehr Leistung.

Doch auch noch andere Elemente zeichneten diese Lokomotive aus, nämlich prinzipiell alle, die nach ihr sämtliche Dampflokomotiven stets aufwiesen:

Ein in den Gesamtwasserkessel integriertes und nicht nur unter ihm befindliches Heizsystem; Kolbenzylinder mit Direktkraftübertragung auf die Räder mittels Pleuelstangen, nicht nur über Riemen und von vertikal stehenden Zylindern; Rauchabzug durch einen Schornstein, was gleichzeitig dessen Zug erhöht und damit den Hitzegasfluß im Röhrensystem des Kessels beschleunigt; durch Ventile im Motorgehäuse gesteuerte Dampfverteilungsschieber; eine Wasserpumpe; und große Antriebsräder.

Die wichtigsten Abmessungen der *Rocket*:

Kessellänge	1830 mm
Kesseldurchmesser	1010 mm
Feuerung, Länge	610 mm
Feuerung, Höhe	910 mm
Feuerung, Rostoberfläche	0,56 m²
Erhitzte Oberfläche	12,8 m²
Heizkesselröhren, Durchmesser	76 mm
Heizkesselröhren, Oberfläche	10,94 m²
Zylinder, Durchmesser	210 mm
Kolbenweg	410 mm
Antriebsräder, Durchmesser	1420 mm
Lokomotive, Betriebsgewicht	4 300 kg

einem Plagiat reden könnte) und der eigentlich ausschlaggebende Punkt für den unbestrittenen Sieg Stephensons bei diesem Wettbewerb. Seine *Rocket* produzierte sehr rasch eine beeindruckende Menge Dampf, dessen Kraftentfaltung alle Konkurrenten buchstäblich stehen ließ. Sie erreicht 50 km/h bei einer Durchschnittsgeschwindigkeit von 22 km/h, und das mit einer Zuglast von nicht weniger als 13 t.

Die einzige ernsthafte Konkurrenz blieb die *Novelty*. Auch sie konnte dank ihres geringen Gewichts ein Maximum von 50 km/h erreichen. Nur leider explodierte sie beim ersten Versuch, und trotz einer raschen Reparatur und erneuten Versuchsfahrten drei Tage später rissen ihre Pannen nicht ab, begreiflicherweise, zum großen Kummer nicht nur des Konstrukteurs, sondern auch der Schmiede in den Werkstätten. Die *Sans-Pareil* ihrerseits, anfangs großer Favorit angesichts des Prestiges von Hackworth, hatte ebenfalls das Pech einer Anzahl Pannen, weshalb sie insgesamt nur die mittelmäßige Höchstgeschwindigkeit von 36 km/h erreichte.

War Stockton-Darlington der "grundsätzliche" Beginn der Eisenbahn, so Rainwell der der Lokomotive. Und beide Rennen sahen den Namen Stephenson auf der Siegerliste - Vater George bei ersterem, Sohn Robert beim letzteren. Nach vielen

Links. Drei der Lokomotiven des berühmten Wettbewerbs von Rainhill. Von oben: Die Rocket *von Stephenson, die* Novelty *von Braitwaithe und Ericsson, und die* Sans-Pareil *von Hackworth. Die* Rocket *(Rakete) war die Siegerin. Sie hatte bereits alle wesentlichen Bestandteile aller späteren Dampflokomotiven*

Der andere Große der Eisenbahn: Richard Trevithick

Es ist viel die Rede von den beiden Stephenson, Vater und Sohn, George und Robert, wenn es um die Anfänge der Eisenbahn geht. Und in der Tat ist die Strecke von Stockton nach Darlington - die erste über eine gewisse Entfernung und auf freier Strecke (wenn es auch schon einige kurze Test- und Modellstrecken zuvor gegeben hatte!) und vor allem dann die Linie Liverpool-Manchester - die erste "eigentliche, moderne" Eisenbahnlinie für den Passagier- und Fracht-Linienverkehr der Triumph der Ideen und des Genies George Stephensons und der Lohn seiner Ausdauer und seines unerschütterlichen Glaubens an die Eisenbahn. Jedoch darf man darüber nicht vergessen, daß (im Gegensatz zur landläufigen Meinung!) Stephenson keineswegs auch selbst der Erfinder der Lokomotive ist. Er hat lediglich aus diversen technischen Lösungen die Idee der Eisenbahn praktisch umgesetzt und erfunden; und das schloß funktionierende Lokomotiven ein. Doch tatsächlich stammte die erste Dampflokomotive von Richard Trevithick. Er selbst fuhr sie 1804 zum erstenmal, wenn auch nicht auf ihr, sondern neben ihr hergehend. 1771 geboren, war er ein sehr erfindungsreicher und leidenschaftlicher Mechaniker und Bastler. Er war Mineningenieur und beschäftigte sich in dieser Eigenschaft mit der Verbesserung der Hochdruckmaschine des Amerikaners Evans. Ab 1797 baute er sogar eigene Dampffahrzeuge, danach Pumpen, Dampfschiffe, Dampfbagger etc. In Peru, Chile und Kolumbien erlebte er zwischen 1816 und 1827 die unglaublichsten Abenteuer, eine Zeit, die ihn nicht nur weit von den Eisenbahnentwicklungen in England entfernte, sondern vor allem der Grund dafür war, daß er 1833 ruiniert, entmutigt und längst vergessen zurückkam. Seine Lokomotive von 1804 aber arbeitet mit einem horizontalen Dampfkessel (einem einfachen: den Röhrendampfkessel gibt es noch nicht), aber doch schon mit einem Rücklaufrohr innen zur besseren Nutzung der Hitze, und mit einem horizontalen Zylinder im Kessel, der ein sehr großes Rad an der Seite der Maschine antreibt, welches seinerseits eine Anzahl kraftübertragender Zahnräder treibt. Die Schienen sind flach und einwärts gebogen. Am 11. Februar macht er einen Probelauf und fährt am 21. fast zehn Meilen, nämlich etwa 15 km mit ihr, zwischen Penydarran und Abercynon am Kanal von Clamorganshire in Wales. Sie zieht einen Zug von fünf, mit 10 t Eisen und mit 70 Personen, beladenen Wagen und braucht dafür 4 Stunden und 10 Minuten, "aber nur", wie er selbst sagt, "weil wir auf dem Weg einige Bäume fällen und Felsbrocken von der Straße räumen mußten". Offensichtlich war die Maschine breiter als vermutet und hing ziemlich weit über das Gleis hinaus! Die Geschwindigkeit war ca. 5 Stundenmeilen (etwa 8 km/h), und während der Fahrt mußten weder Brennholz nachgeschoben noch Wasser nachgetankt werden. Späteren Nachprüfungen zufolge belief sich die gezogene Gesamtlast auf rd. 25 t. Allerdings brachen auch die Gleise ziemlich regelmäßig.
Dies blieb der Stand der Dinge. 1808 konstruierte Trevithick dann die *Catch Me Who Can* (Fang mich, wer kann), die allerdings ein trauriges Ende fand, weil sie es wegen der allgemeinen Verständnislosigkeit nur zur Jahrmarktsattraktion in London brachte. Das Eisenbahnzeitalter hatte noch nicht begonnen. Trevithicks einziger Trost blieb das Wissen, seiner Zeit 20 Jahre voraus gewesen zu sein.

Jahren aller möglichen Experimente und Lösungsversuche hat damit das moderne Eisenbahnzeitalter im eigentlichen Sinne 1829 in Rainhill begonnen. Und es dauerte von da an kein Jahr mehr, bis man als Passagier den ersten richtigen Zug - in dem Sinne, wie man die folgenden hundertsechzig Jahre lang bis heute den Begriff verstand - besteigen konnte.

ENDLICH EINE RICHTIGE EISENBAHNFAHRT

Ein wahrhaft denkwürdiger Tag, dieser 15. September 1830! Die für die Jungfernfahrt geladenen Ehrengäste sind schon zum frühen Morgengrauen in den Bahnhof Liverpool bestellt worden, obwohl die Abfahrt erst für 10.30 Uhr vorgesehen ist. Sie finden sich in einem ebenerdigen Gebäude aus behauenem Stein von sehr "offiziellem" Charakter: große Fenster, Säulen, Ornamente ... kurz, alles signalisiert dem Reisenden und künftigen Eisenbahnpassagier, daß es sich bei dem neuen Verkehrsmittel um eine höchst seriöse Sache handelt. Fahrkartenverkauf gibt es noch keinen. Offiziell beginnt der Betrieb erst in zwei Tagen, am 17. September; jetzt dürfen nur erst die geladenen Ehrengäste den Bahnhof betreten. Diese stehen, wenn sie ihn erst einmal durchschritten haben, draußen vor einem riesigen Loch, das tief genug ist, einige Etagen eines mehrstöckigen Hauses aufzunehmen, außerdem mehr als 100 m lang und über 30 breit und völlig ausgemauert bzw. mit Steinen verkleidet. Steile Treppen führen hinab.

Die Größe und Gewaltigkeit des Ortes macht auf alle den entsprechenden Eindruck. Ganz unten, am Fuße der schier endlosen Treppen, sind zwei Bahnsteige über die ganze Länge des "Lochs" zu beiden Seiten der insgesamt vier Gleise, die auf der einen Seite durch eine offene Graben-, auf der anderen durch eine sehr lange und mächtige Tunnelstrecke bis zum Hafen am anderen Ende der Stadt aus dem Bahnhof hinausführen.

Mehrere Lokomotiven rangieren im Bahnhof die acht Eröffnungszüge für die 1000 Ehrengäste, unter denen sich auch der Herzog von Wellington, stark angefeindeter, aber

Dieser interessante Stich aus den Jahren nach 1830 gibt einen Eindruck von der bis dahin unbekannten Größenordnung der Arbeiten für die neuen Eisenbahnanlagen, hier des Depots von Camden Town in England. Die Architekten mußten buchstäblich aus dem Nichts eine völlig neue Zweckarchitektur erfinden und entwickeln (Zeichnung von J.C.Bourne, National Railway Museum, York)

Selbst Mitglieder der "Royal Family" wurden eifrige Anhänger der neuen Eisenbahn, wiewohl ihre Umgebung ihnen wegen der unbekannten Risiken nachdrücklich davon abgeraten hatte. Dieser Reisewagen nach Windsor ist bereits ein richtiger Eisenbahnwaggon und nicht mehr nur eine Kutsche auf Schienenrädern (National Railway Museum, York).

sehr konservativer Premierminister Seiner Majestät Williams IV. befindet. Eine solche Menge Leute in so kurzer Zeit zu transportieren: auch das ist bereits etwas, was die ersten Zeitgenossen der Eisenbahn, die noch sehr viel bescheidenere Maßstäbe des Transportwesens gewöhnt sind, verblüfft und fasziniert. Bisher reiste man mit Kutschen für höchstens zwölf Personen, eng aneinandergedrängt, über holperige Straßen. Mit dem Zug beginnt man mit dem gleichzeitigen Transport von hunderten Menschen zu rechnen. Und die ersten, von den Medien weithin und intensiv publik gemachten Eisenbahnkatastrophen mit ihren "beeindruckenden" Zahlen von hunderten Opfern sind, so brutal es klingt, zugleich auch die beste Werbung für das neue Massentransportmittel.

Tausend Personen also werden binnen weniger Minuten den neuen Bahnhof von Liverpool verlassen, und alles klingt noch völlig unglaublich. Der erste der acht Züge hat nur drei Wagen, denn er transport die "VIPs" mit dem Herzog von Wellington an der Spitze, den man in einen 7 m langen Sonderwaggon bittet, der nicht minder prächtig ausgestattet ist als eine königliche Kutsche und dessen Dach auf vergoldeten Säulen ruht. Die Draperien innen sind aus edelstem Material in Purpur. Die Journalisten der *Morning Post* sparen nicht mit Elogen auf diesen Wagen mit seinem unverhüllten Luxus, der sogar für den Premierminister übertrieben erscheint, namlich immerhin eines Landes, das in tiefen wirtschaftlichen Schwierigkeiten steckt und soziale Unzufriedenheit allerorten erlebt... Aber für diesmal vergißt die Bevölkerung sogar diese eher düsteren Aspekte und gibt sich der Bewunderung George Stephensons hin, der höchstpersönlich diesen Luxuszugs fährt. Die Lokomotive ist die *Northumbrian*, die ihren Namen zu Ehren der Heimat Stephensons und deren Ausdauer und Fleiß bekommen hat. Sie ist aus der *Rocket* entwickelt worden und die erste einer Serie von vier Loks mit den großen Antriebsrädern vorne, die über zwei hinten mon-

tierte Zylinderkolben angetrieben werden, aber fast horizontal zu beiden Seiten der Basis-Plattform - die Pleuelstangen, wieder ein Element, das Standardbestandteil aller künftigen Dampflokomotiven werden wird. Die einzige Verbesserung, die erst später dazukommen wird, ist die Plazierung der Zylinder vorne - aus Zweckmäßigkeitsgründen und wegen der Konstruktionslogik, wie es bereits einige Monate später bei den Lokomotiven des Typs *Planet* der Fall ist, die 1831 in Dienst gestellt werden - mit den großen Antriebsrädern hinten und den kleinen Stützrädern vorne.

Der überaus imposante erste und tief unter Bodenniveau abgesenkte Bahnhof von Liverpool mit seinen Zugängen über lange Treppen. Die Gleise führen in den Tunnel von Edge Hill unter der Stadt, der für sich allein schon eine Sensation für die Reisenden war (Aquarell von T.T.Bury)

Die Arbeiten an dem Bergdurchschnitt von Olive Mount auf der Strecke Liverpool–Manchester. Weil die Eisenbahn nur minimale Steigungen verkraftete, mußte die Strecke möglichst eben sein, was viel zusätzliches Bauen am Gleiskörper wie an den Straßenkreuzungen (Brücken) erforderte – und neue Bautechniken, wie sie für den Straßenbau noch lange ungebräuchlich bleiben sollten. Links ein Sicherheitswächter mit Fahne (National Railway Museum, York)

Ein weiteres Dokument von den gewaltigen Bauarbeiten, die für die ersten Eisenbahnstrecken erforderlich waren: der Taleinschnitt von Blisworth auf der Linie London–Birmingham. Wegen der Notwendigkeit möglichst ebener Strecken wurden überall erhebliche Erdarbeiten nötig – in einer Natur, die noch ganz 18. Jh. war, nämlich unberührt von industrieller Technik aller Art, völlig unvergleichbar mit den Landschaften des 19. oder gar 20. Jh. Selbst ein moderner ICE wäre hier nicht unvorstellbar (Zeichnung von J. Bourne, National Railway Museum, York)

Der erste Zug fährt um 10.50 Uhr los, mit Verspätung. Die anderen folgen ihm unmittelbar hinterher, nach Maßgabe der Zeichen der "Verkehrspolizisten", denen nicht nur der Straßenverkehr obliegt, sondern nun auch der der Eisenbahnen, und die bei der Gelegenheit mit den dafür erforderlichen Arm- und Handzeichen auch gleich die Verkehrsregelungsriten der nächsten hundert Jahre und mehr erfinden...

DAS ERSTE OPFER

Die Ehrengäste sind also unterwegs. Die Vibrationen der eisernen Räder auf den gußeisernen Schienen übertragen sich bis auf die Sitze, die gleichwohl ein Entzücken an Komfort gegenüber dem Rütteln und Stoßen und Knarzen der bisherigen Reisekutschen darstellen. Das Schnaufen der Lokomotiven, ihre Pfiffe und Dampfgeräusche mit ihrem vielfachen Echo von den Mauern der Gräben und von den Felswänden, durch die die Geleise führen, ist durchaus noch ungewohnt und deshalb beunruhigend. Und der ganze "erschröckliche" Lärm läßt auch die entlang der Strecke weidenden Kühe und grasenden Pferde fliehen. Noch ist es nicht der gewohnte und fast einschläfernde Rhythmus wie für die kommenden Generationen. Vorläufig noch erzeugt er vielmehr ein eher unbehagliches Gefühl von Schrecken, wie betulich die ersten Passagiere hier es auch zu verbergen suchen.

Der schier nicht endende Durchbruch durch den Mount Olive, fast 3,5 km lang und die Verlängerung des unter der Stadt gegrabenen 2 km langen Tunnels füllt sich mit dem Rauch der Lokomotivschornsteine, der den Himmel verdüstert und die Sonne verdeckt. Das ganze Schauspiel, verstärkt durch den entsetzlichen Lärm zwischen den 30 m hohen Felswänden links und rechts neben den Gleisen, erscheint manchem wie die wahrhaftige Höllenfahrt. Und nicht wenige machen in der Tat im Geiste schon ihr Testament, an das sie vor diesem waghalsigen Unternehmen hier besser gedacht hätten, wie sie meinen, und an die Gewissenserforschung ihres Lebens mit all seinen vergeblichen Bemühungen und schwören sich, ganz neu anzufangen, falls sie jemals lebend in Manchester ankommen sollten.

Was die Passagiere im übrigen ebenfalls verblüfft, ist das Fehlen aller Steigungen und Abschüssigkeiten. Die Eisenbahn stellt sich ihnen, verglichen mit jeder normalen Straße, als ein völlig ebenes Verkehrsmittel dar. Die Steigungen sind nicht höher als 3 oder 4 mm pro Meter (und tatsächlich ist die Dampflokomotive auch später niemals zur Bewältigung größerer Anstiege imstande!), was außer Gräben und Bergeinschnitten eine ganze Anzahl Brücken erfordert: auf dieser Strecke nicht weniger als 63, darunter die großartige Quergewölbebrücke direkt in Rainhill, die ein Meisterwerk der Berechnung, Statik und Architektur, aber auch der Steinarbeit ist; mit einer Wölbung von 340° sorgt sie für kreuzungsfreien Verkehr zwischen Schiene und Straße an einer sehr frequentierten Stelle.

Von den 800 000 Pfund Sterling, die die Eisenbahnstrecke kostete, wurden 100 000 nur für Brücken aufgewendet, für Gräben und Geländeeinschnitte 200 000 (mit übrigens für die Zeit enormen Dimensionen) und 100 000 weitere für den erforderlichen Grunderwerb. Noch hatten die Spekulanten diesen neuen Wirtschaftszweig nicht entdeckt. Der Rest des Geldes wurde für Gebäude, Streckenbau und das "rollende Material" selbst aufgewendet.

Die Sümpfe von Chat Moss tauchen auf. Das schwankende Terrain dort hatte George Stephenson zur Weiterentwicklung der gesamten Bautechnik gezwungen, und die nachfolgenden Eisenbahnen profitierten davon. Vor allem handelte es sich da um die Gleiskörper, die untrennbaren Voraussetzungen und Bestandteile jedes Schienenwegs, die üblicherweise direkt mit dem Aushubmaterial dafür aufgeschüttet werden. Hier in den Sümpfen aber, wo dies naturgemäß nicht geht, mußte Stephenson andere Methoden der Bodenbefestigung finden: Fässer mit Teer, Sand, Faschinen, alles in Eile zusammengeholt und angelegt, damit die Strecke termingerecht eröffnet werden konnte.

Man langt in Parkside an, dem allgemeinen Haltepunkt zum Wasserauftanken der Lokomotiven. Der riesige Tender-An-

hänger der *Northumbrian*, die mit ihren Luxuswaggons als erste angekommen ist, wird aufgefüllt. Die "VIPs" benützen die Gelegenheit, um auszusteigen und sich die Beine zu vertreten. Die sieben nachfolgenden Züge defilieren sozusagen an ihnen vorbei, als sie ihrerseits zum Wasserauftanken einfahren und halten.

Was dann genau passierte, ließ sich nicht völlig aufklären. Jedenfalls wurde der Präsident Huskin der Handelskammer von Liverpool, ein eifriger Befürworter der neuen Eisenbahn, von der mit ihrem Zug einkommenden Lokomotive *Rocket* überrascht und erfaßt. Er stürzte hinab auf das Gleis, während er versuchte, auf das Trittbrett eines Waggons zu springen, wurde überfahren und erlitt nicht nur eine Anzahl anderer Verletzungen, sondern verlor vor allem auch ein Bein.

Die allgemeine Konsternation ist groß. George Stephenson reagiert unverzüglich. Er kuppelt vom ersten, dem Luxus- und Prominenten-Zug, die beiden letzten Waggons ab, läßt den Schwerverletzten in den vorderen, allein noch an der Lok hängenden, legen und fährt ihn höchstpersönlich auf der Lokomotive in einem Rennen gegen die Uhr mit fast 60 km/h bis nach Eccles bei Manchester, der nächsten Stadt, um ihn dort einem guten Chirurgen anzuvertrauen. Huskin, der damit in die Eisenbahngeschichte als das allererste Unfallopfer des neuen Verkehrsmittels einging, und ebenso als erster von einer Eisenbahn schnelltransportierter Verletzter, wird schließlich auch noch ihr erster Toter, denn bedauerlicherweise stirbt er trotz allem noch am selben Abend.

Ein sehr interessantes Dokument von 1831: eine seltene Ansicht des Bahnhofs von Manchester mit den Ausgängen zur Water Street. Dieses Aquarell von T. T. Bury zeigt die Richtung einer modernen, technischen städtischen Architektur, wie sie Stephenson umfassend vorschwebt. Ganz besonders bemerkenswert hier ist die Lösung der erhöhten innerstädtischen Straßenüberquerung der Schienenwege, die lange vor dem Automobilzeitalter den kreuzungsfreien Verkehr praktiziert. Die Konstruktion ruht auf zwei Brückenbögen (ganz links) mit einem Wassertank mit hydraulischer Pumpe (Mitte, oben bei der Lokomotive). Eisenbahnarchitektur ist bereits entstanden

Eisenbahn und städtische Umgebung: der Bahnhof Newton auf der Strecke Liverpool–Manchester. Calvert, von dem diese wenig bekannte Lithographie stammt, mag die Züge nicht besonders gut getroffen haben, dafür ist ihm die Darstellung der Architektur, wie sie den Vorstellungen Stephensons entspricht, umso besser gelungen: bei ihr geht es darum, zwar die Landschaft nicht zu verschandeln, aber andererseits doch auch das Selbstbewußtsein sowohl der Reisenden wie der Aktionäre zu heben – in der Tat bis heute Bauprinzip der Bahnhöfe und Ausdruck des Denkens in großen Dimensionen Stephensons und seiner Umgebung

DIE GROSSE ERNÜCHTERUNG

In der allgemeinen Trauer auf diesen Zwischenfall hin denkt alles zuerst an den sofortigen Abbruch aller Festivitäten und Feierlichkeiten. Nur die "modernsten" Geister sind für die Fortsetzung: "The Show must go on." Die 800 000 Pfund Investionen sind allein schon ein ausreichender Grund dafür.

Der Herzog von Wellington, ohnehin vor allem bei der unzufriedenen Bevölkerung Manchesters im Rufe eines alten Reaktionärs, spricht sich zunächst für eine Rückkehr nach Liverpool und eine Sondersitzung dort aus, aber einer seiner Ratgeber überzeugt ihn zum Glück, daß ihm dies politisch sehr nachteilig ausgelegt werden könnte. Also gibt er schließ-

Auch hier ist das Prinzip der frühen englischen Eisenbahnbauten erkennbar: Gigantismus und Solidität zugleich. Tunnel von Chalk Farm, 1860 (Stich von Dolby)

lich, wenn auch widerstrebend Anweisung, die Fahrt nach Manchester fortzusetzen.

Dort trifft man dann um 15.30 Uhr ein, mit Beklommenheit allseits – und unter dem Pfeifkonzert einer über die verspätete Ankunft verärgerten neugierigen Menge, die von dem spektakulären Unfall noch nichts weiß. Immerhin ist die Eisenbahn ja die große Sensation, das große Spektakel der ersten Hälfte des 19. Jh. und bald wird die Bahnsteigkarte eine zusätzliche Einnahmequelle für die Eisenbahngesellschaften sein – für die Neugierigen, die zwar nicht selbst reisen wollen oder können, aber sich doch alles ansehen möchten (und die Einnahmen daraus werden einen nicht geringen Teil der Amortisierung der Investionen ausmachen!).

Doch jetzt und hier handelt es sich nicht nur um eine einfache Verärgerung. Die Menge ist wirklich aufgebracht wegen der Anwesenheit des ungeliebten Premierministers auf dem Luxuszug vorne, und es gibt auch Berichte, daß Protestschilder in der Menge ins Blickfeld der Prominenten gehalten wurden.

Kein Wunder mehr, daß das großartige Bankett, das die Ehrengäste erwartete, daraufhin eine ziemliche triste Angelegenheit wurde. Stephenson zieht die einzig richtige Konsequenz, läßt die Lokomotiven auf den dafür installierten Drehscheiben des Bahnhofs ans andere Ende der Züge rangieren und diese mit der ganzen Festgesellschaft noch am selben Abend zurück nach Liverpool abdampfen, während schon die Nacht hereinbricht.

Die Rückfahrt geschieht mit großer Vorsicht. Man fürchtet, daß Protestler inzwischen schon die Gleise beschädigt haben könnten. Die Lokführer starren also angestrengt in die Dunkelheit vorne, ob sie irgendetwas entdecken können. Denn noch haben die Lokomotiven ja keine Scheinwerfer oder überhaupt eine Beleuchtung irgendwelcher Art und man ist auf die Zeichen der vorauseilenden Streckensicherungspolizisten angewiesen, daß die Geleise in Ordnung seien. Knapp vor Mitternacht kann dann in einer kalt und regnerisch gewordenen Nacht der letzte Ehrengast den Bahnhof von Liverpool verlassen, durchfroren bis auf die Knochen und mit leerem Magen.

Gleichwohl hat das Ereignis eine geschätzte Million Neugieriger angezogen. Trotz des tragischen Todesfalls und des unfreundlichen Empfangs in Manchester ist die Angelegenheit also ein unbestreitbarer Erfolg gewesen.

Zwei Tage später findet denn auch wie vorgesehen die offizielle Streckeneröffnung statt, anfangs mit einem reinen Personenlinienverkehr, ab Dezember dann auch mit Güterverkehr. Im ersten Jahr kommt man auf die stolze Passagierzahl von 460 000, das ist viermal soviel wie bislang der übliche durchschnittliche Straßenverkehr - und das ohne jedes weitere Unfallopfer und zu einem sehr viel geringeren Preis.

DIE ERSTE EISENBAHNLINIE

Die Strecke Liverpool–Manchester und eben nicht die zwischen Stockton und Darlington ist also, wie gesagt, als die erste "wirkliche", "eigentliche" Eisenbahnlinie anzusehen, nämlich als Strecke mit ausschließlich mechanischem Antrieb durch Dampflokomotiven und in erster Linie für den Passagierlinienverkehr mit festem Fahrplan, festen Tarifen und mehreren Wagenklassen sowie unter der Verwaltung einer die technische, wirtschaftliche und juristische Gesamtverantwortung tragenden Betriebsgesellschaft.

Zwischen Stockton und Darlington wurden, wie ebenfalls schon erwähnt, außer Lokomotiven auch Pferde und Kabel-

Klassische Ansicht eines der ersten englischen Eisenbahnzüge. Die Waggons haben zwei eng beieinanderliegende Achsen (damit sie auf die Drehscheiben der Bahnhöfe passen) und sind noch offen und von einigermaßen spartanischem Komfort. Bis gegen 1840 bleiben sie der übliche Typ (Lithographie von Henry Perr, teilkol.)

Zu Beginn des 19. Jh. wird der Lokomotivenbau der bedeutendste Industriezweig und selbst George Stephenson sieht sich der wachsenden Konkurrenz großer europäischer Firmen wie Borsig in Berlin ausgesetzt, deren Fabrik dieser Stich von 1840 zeigt. Lange vor dem Auto entwickelt der Lokomotivenbau Serien-Fabrikationsmethoden, auch wenn es sich noch nicht um Fließbandproduktion handelt

Eine sehr schöne Atmosphäre vermittelt der Bahnhof von Derby (dies hier ein Modell-nachbau für das Museum in York). Bemerkenswert die lediglich zwei Bahnsteige außen, während die inneren Gleise nur zum Be- und Entladen (über Drehscheiben) dienen. Eine typische Methode der Anfänge der Eisenbahn, als man Züge noch nur nach Bedarf zusammenstellte

zugsysteme zum Antrieb verwendet, und die Strecke konnte auch von Privatzügen benutzt werden, während sie sich im übrigen ausschließlich auf den Tranport von Kohle beschränkte. Diese Strecke hat deshalb ihre historische Bedeutung nur darin, daß erstmals die moderne Transporttechnik auf Schienen verlagert wurde.

Dieses neue Verkehrssystem nun entwickelt sich fortan fast von Woche zu Woche mit sprunghaften, immensen Fortschritten auf dieser Liverpool-Linie, weil die Voraussetzungen dafür hier einfach gegeben und günstig sind: nämlich das Tempo und der Verkehrsbedarf zwischen diesen beiden Städ-

ten, die zu jener Zeit die wichtigsten und aktivsten des ersten Industrielandes der Welt sind.

Ende 1830 liefert George Stephenson die erste Lokomotive einer neuen Serie aus, nämlich die *Planet*, deren horizontale Zylinder vorne angebracht sind, unter dem Heizkessel, um so den ausströmenden Dampf besser für den Antrieb zu nutzen. Die beiden Antriebsräder liegen nun auch hinten beim Führerstand, und die Zylinder sitzen an Pleuelstangen unten am Fahrgestell und übertragen ihre Antriebskraft über diese nach hinten auf die Räder. Und damit sieht die *Planet* im Prinzip bereits so aus, wie jede andere moderne Dampflokomotive. Sie besitzt bereits alle Charakteristika und prinzipiellen technischen Einrichtungen ihrer Nachfolgemodelle.

Keine drei Jahre danach bringt Stephenson die *Patentee* heraus, die eine verlängerte *Planet* darstellt, nämlich mit einer zusätzlichen Hinterachse, durch welche die Hinterräder in die Mitte der Lokomotive rücken, und vor allem der Stabilisierung der ganzen Lok durch die Beseitigung des Überhängens des Führerhauses und des Dampfkessels. Die *Patentee* wird denn auch die zwischen 1835 und 1855 für ganz Europa führende und maßgebliche Lokomotive. Einige Exemplare waren sogar noch Ende des Jahrhunderts in Betrieb!

1035 ist inzwischen eine weitere Erstat für die Linie Liverpool-Manchester zu verzeichnen: zum erstenmal in der ganzen Geschichte des Transportwesens wird eine Geschwindigkeit von 100 km/h erreicht! Den Rekord setzt eine Lokomotive der Firma Sharp & Roberts, im Typ sehr ähnlich der *Patentee* Stephensons (der längst nicht mehr den gesamten Lokomotivenbedarf allein befriedigen kann). Sie durchfährt eine Meile in 57 Sekunden und die "große Meile" in 2,22 Minuten. Es ist das erste Mal, daß sich Menschen mit einer Maschine ihrer eigenen Konstruktion so schnell zu bewegen vermögen, und das schlicht und einfach nur mittels einer Fingerbewegung, nämlich dem Öffnen eines Messinghahns. Die Neuigkeit ist natürlich eine Sensation, nicht ohne daß beim einfachen Volk eine gewisse skeptische Ungläubigkeit zurückbleibt. Und bei den Kutschenherstellern und -unternehmern und überhaupt im ganzen traditionellen Fuhrgewerbe breitet sich allmählich Unruhe aus, ebenso wie bei den Gastwirten der Poststationen. Existenzangst geht um. Sie wissen alle noch nicht, daß die Eisenbahn auch den Straßenverkehr enorm beleben wird. Als Zubringer und Streckenverlängerer wird er ganz neue Bedeutung erlangen und damit ein weiterer großer Nutznießer der allgemeinen wirtschaftlichen Entwicklung werden, die die Eisenbahn in Gang gesetzt hat. Die Linie zwischen Liverpool und Manchester rentiert sich zunehmend. Mit ihren Millionen verkaufter Fahrkarten (tatsächlich handelt es sich dabei übrigens um Kupferjetons) und ihren tausenden Tonnen beförderter Fracht ist ihr die Aus-

Wann beginnt die Eisenbahngeschichte?

Bei dieser Frage muß man zuerst klarstellen, was man mit "Eisenbahn" meint. Für die meisten ist das ganz einfach: der Verkehr eines von einer Dampflokomotive gezogenen Zuges auf Schienen. Nun sind aber der "Zug" und die Schienen schon sehr alt. Die Dampflokomotive gibt es auch schon seit 1804, als Richard Trevithick in Wales damit experimentierte. 1804 wäre also ein durchaus plausibles Datum, eben weil aus diesem Jahr die erste funktionierende Dampflokomotive stammt - samt Geleise und Zug. Trotzdem sehen die meisten Historiker lieber das Jahr 1825 als Beginn des Eisenbahnzeitalters, nämlich das Jahr der Eröffnung der Strecke Stockton - Darlington, weil es sich dabei um den ersten, dem öffentlichen Verkehr offenen, regelmäßigen Linienverkehr handelte. Uns hier aber genügt auch dieses Datum nicht so recht, weil die Linie Stockton - Darlington noch verschiedene Antriebssysteme benützte, darunter Pferde und Kabelzugsysteme (beides später rasch vergessene Lösungen des Eisenbahnverkehrs) und der Personenverkehr im wesentlichen auch der Eigeninitiative der Reisenden überlassen blieb, die sich ihre eigenen Züge bzw. Wagen für die Gleisstrecke zulegen konnten. 1830 hingegen erfüllte die Eröffnung der Linie von Liverpool nach Manchester wirklich erstmals alle Anforderungen eines Eisenbahnbetriebs im fortan allgemein üblichen Sinne, nämlich durch das einheitliche und alleinige Antriebssystem Dampflokomotive, durch das feste Fahrplan und den von der Eisenbahngesellschaft geleisteten sonstigen allgemeinen Service. Nähme man

hingegen die simple Existenz von Fahrzeugen auf Geleisen als Kriterium, müßte man sogar bis zur Antike zurückgehen! Nämlich bis zum Überqueren des Isthmus von Korinth, für Schiffe mit Hilfe rollengezogener Karren in einer durch Marmorbegrenzungen markierten "Spur". Im übrigen weisen, ganz allgemein, eine ganze Anzahl antiker römischer Verkehrswege auf diese oder jene Weise "Führungen" verschiedener Art auf, die sich mit Geleisen zumindest vergleichen lassen, wie Felsrinnen für Wagenräder, damit diese nicht wegrutschen und die teilweise über längere Strecken führten; auch für gefährliche Fußgängerwege gab es manche Arten von "Spurhilfen". Es gibt ein Dekret, das im Zusammenhang mit solchen Anlagen die Spurbreite von Wagen fixierte - und damit war das Prinzip der Schienenwege bereits entdeckt. Diese tauchen erst im 14. Jh. auf, und zwar zuerst in den Bergwerksschächten in Form von Schienen aus Holz, auf denen die Erz- oder Kohleloren gerollt wurden. In Münsters bekannter *Cosmographie* (Basel 1550) findet sich eine entsprechende Beschreibung aus dem Bergwerk von Leberthal in Elsaß. Das Rad mit Schienenführungswulst, wie es bis heute zu jedem Schienenrad gehört, datiert aus dem 18. Jh. Die gußeisernen Schienen tauchen zu Ende dieses Jh. auf, zunächst flach, mit einer Innen- oder Außenführung, später mit Ausbuchtung - der Führungswulst befindet sich an den Rädern. Das wirkliche Datum des Beginns des Eisenbahnzeitalters ist also auf das frühe 19. Jh. zu datieren - in einem 1830 endenden Entwicklungsprozeß.

Ein seltenes Dokument eines Bahnhofs der ersten Eisenbahnzeit: Canterbury. Das ist noch die Zeit der kleinen Drehscheiben und rechtwinkligen Kreuzungen. Die Waggons wurden einzeln darüber hinweg rangiert und zu Zügen zusammengestellt (oder auch auf den Mittelgleisen ohne Bahnsteige geparkt). Erkennbar bereits die entstehende "sachliche" Bahnhofsarchitektur, wie sie später das ganze 19. Jh. über beherrschend werden wird

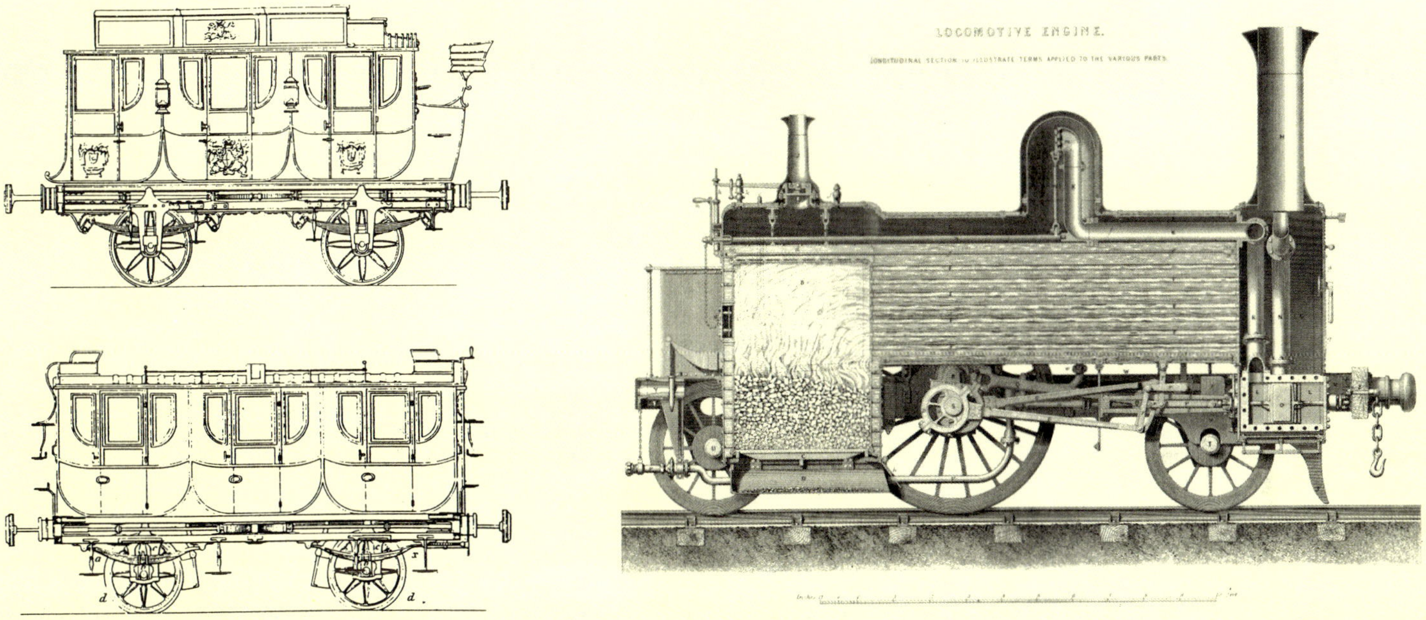

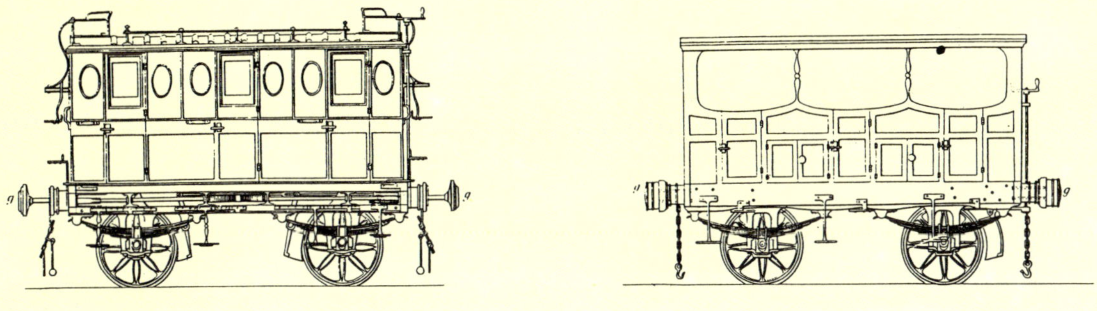

Eisenbahnwagen um 1850. Von oben: Post- und Erster-Klasse-Wagen, Wagen 1. Klasse, 2. Klasse, und, rechts unten, 3. Klasse. Die Lokomotive ist eine klassische Stephenson. Der offene Längsschnitt zeigt links die Feuerung, daneben den von Marc Seguin erfundenen Röhrenheizkessel

schüttung der beachtlichen Rendite von 15% möglich, während sie gleichzeitig die Frachtpreise nach Manchester auf die Hälfte ermäßigen kann, den bisher niedrigsten Transportkosten überhaupt.

Mit anderen Worten, es handelt sich um ein wirtschaftlich und sozial völlig neues System, das sich jetzt in ganz Europa und Nordamerika rapide durchzusetzen beginnt - überall nach dem Modell dieser Linie Liverpool-Manchester, die in jeder Hinsicht als Vorbild dient, nach Organisation, Technik,

Machbarkeit und Rentabilität. Überall werden in den kommenden Jahren ähnliche Linien eröffnet, alle mit den gleichen Charakteristika: eine kurze Strecke, die zwei sehr aktive benachbarte Städte verbindet, mit einem ausschließlich mechanisierten Transportsystem (nämlich mit Stephenson- oder damit identischen Lokomotiven), mit einem pünktlichen Fahrplan mit vielen Fahrten, mehreren Wagenklassen und auch eigenen Güterzügen. Auf diese Weise entstehen nacheinander die Strecken Brüssel-Malines im Mai 1835, Nürnberg-Fürth

Die Streckenführung der englischen Eisenbahnen erzwingt zum kreuzungsfreien Verkehr viele Linienüberführungen wie diese in Sutton. Wie kunstvoll diese Lösung auch noch ist, ihre Wiederholungen erzwingen später doch eine standardisierte Vereinfachung. Bemerkenswert hier die klare Trennung sowohl der beiden Eisenbahnlinien wie aber auch von Eisenbahn und Straße auf verschiedenem Höhenniveau (National Railway Museum, York)

Oben: Diese Ansicht von Menai in England mit ihren Brücken ist ein gutes Beispiel für die gewaltigen Bauten, die die entstehenden Eisenbahnstrekken nach sich zogen. Man ist gleichwohl etwas verblüfft, wie imposant, stabil und gewaltig selbst Brücken über kleine Täler oder Flüsse gebaut wurden, zumal die Züge doch noch recht bescheiden und leicht waren
Rechts: Schon in der zweiten Hälfte des 19. Jh. ist England von einem beachtlichen Eisenbahnnetz überzogen, wenn es auch noch wenig zusammenhängt, was eine Folge der lokalen und privaten Initiativen großer Finanziers ist, wie z.B. G. Hudson. Das kontinentale Europa ist zu dieser Zeit praktisch noch ohne nationale Eisenbahnnetze

versorgten. Er setzt sich schließlich reich und geachtet zur Ruhe und übergibt seine Geschäfte seinem Sohn. 1848 stirbt er, 67 Jahre alt. Sein Todestag wird zum nationalen Trauertag. Er bekommt ein Staatsbegräbnis und wird in der Westminsterabtei beigesetzt, wo Englands berühmteste Namen ihre letzte Ruhestätte haben. Die *Times* schrieb über ihn: "Dieser Mann war nicht nur ein einfacher Arbeiter, sondern er besaß den Adel Gottes, und seine Werke sind heute als eiserne Doppellinien auf dem Globus eingraviert." Und das trifft die Sache genau. Der einstige bescheidene Handwerker, der in einer kleinen Hütte in Killinsworth in der Nähe von Newcastle werkelte, war mit Willenskraft und Zähigkeit der Erfinder nicht nur der Eisenbahnschienen, der Lokomotive oder der Züge oder Waggons, sondern des modernen Schienentransportsystems schlechthin geworden und damit der Vater auch noch der heutigen Eisenbahnen, die damals in den geistreichen Pariser Salons erstmals den Namen "Railway" bekamen: Schienenweg.

im Dezember 1835, Paris–St.Germain im August 1837, St.Petersburg–Zarskoje/Selo im Oktober 1837 (später verlängert bis Moskau), Wien–Floridsdorf im Januar 1838, Amsterdam–Haarlem (und auch München–Augsburg) im September 1839 sowie Neapel–Portici im Oktober 1839 (im gleichen Monat auch Berlin–Potsdam). In Deutschland folgten bis 1841 die Strecken Magdeburg–Leipzig, Köln–Aachen, Frankfurt–Wiesbaden, Köthen–Dessau und Mannheim–Heidelberg.

Alle diese Linien stellten dabei keineswegs den Kern der späteren nationalen Streckennetze dar, noch weniger des europäischen. Alle entsprangen zunächst wie in Liverpool privaten Initiativen und hatten an sich nur die Lösung lokaler Verkehrsprobleme im Auge, oft als direkte Folge der Mängel der existierenden Transportsysteme oder zumindest als Ergänzungen zu ihnen. Alle aber lenkten auch die allgemeine Aufmerksamkeit auf die Möglichkeiten dieses neuen Transportsystems, während ja die ersten Linien, so wie eben die zwischen Stockton und Darlington und manche andere eigentlich noch lediglich Zubringer zu den maritimen oder Flußwasserwegen waren.

Und Stephenson? Seine Werkstätten in Newcastle weiteten sich zu Fabrikanlagen, die ganz Europa mit Lokomotiven

DAS NEUE VERKEHRSMITTEL EROBERT DIE GANZE WELT

DIE ENTWICKLUNG AB 1830

Im Zweiten Kaiserreich erlebt Frankreich 1869 bei der Weltausstellung in Paris im Palais du Champ–de–Mars eine Eisenbahn–Sonderschau im Maschinenpavillon. Sie zeigt, daß die Engländer noch immer die Führung auf diesem Gebiet bewahren können. Im Vordergrund eine Ausstellungslokomotive mit Achse 120 – d. h. mit einer reinen Trage–Rollachse vorne und zwei großen Antriebsradachsen dahinter – ein sehr "britisches", elegantes Design der Zeit mit den Zylindern innen und einer einzigen Pleuelstange außen

Man warf Napoleon III. ein zuweilen recht autoritäres Regieren vor. Aber gleichwohl ist auch Tatsache, daß dieser Kaiser Frankreich ein gutes Eisenbahnnetz verschafft hat und damit den Rückstand wieder ausglich, der sich für das Land auf diesem Gebiet zwischen 1830 und 1850 gegenüber den anderen Ländern Europas ergeben hatte.

Napoleon III. liebt technische Leistungen und die Geschwindigkeit, zugleich aber auch Perfektion, und ganz zweifellos gefällt ihm der Anblick der Landkarte von 1851 mit ihren gerade 3000 Schienenkilometern im Lande gar nicht.

Denn es führt kein Weg daran vorbei, daß die Nachbarländer alle schon viel weiter sind. Mehr als 10 000 km in England, insofern nicht ungewöhnlich, als die Eisenbahn dort schließlich erfunden und geboren wurde. Aber auch in Deutschland haben die verschiedenen Einzelstaaten zusammen schon über 6000 Bahnkilometer, darunter sogar schon doppelgleisige wie zwischen Dresden, Leipzig, Eisenach und Kassel. Und selbst das winzige Belgien besitzt bereits 900 km Eisenbahnstrecken; das Land hat sich unter Leopold I., der wie der französische Kaiser ein allem Technischen sehr aufgeschlossener Mann ist, sehr früh für das neue Verkehrsmittel entschieden. Nicht zu reden davon, daß das belgische Schienennetz so hochentwickelt ist, daß es praktisch den gesamten nordeuropäischen Transit bestreitet, speziell auch den zwischen Deutschland und Frankreich, und daß, zu allem Überfluß, auch noch die Stadt Lille an dieses belgische Eisenbahnnetz angeschlossen ist - noch vor dem des eigenen Landes! Mehr Rückstand weist allenfalls Rußland auf, das gerade erst 600 km Eisenbahn hat,

*Ein so rares wie außerge-
wöhnliches Dokument: Auf-
nahme von der Eröffnung der
Eisenbahnlinie Straßburg–
Barr am 5. September 1864
im Bahnhof von Molsheim –
der Stadt, die später durch die
Bugatti-Autofabrik berühmt
werden sollte. Die Lokomotive, die Nr. 0.334, ist eine
dreiachsige, die Schneider in
Creusot zwischen 1858 und
1862 für die Compagnie des
Ardennes baute, welche später in der Compagnie de l'Est
aufging. Diese Lok konnte
400 t mit 35 km/h ziehen
(Bibliothèque nationale, Paris)*

*Diese sehr hübsche Lithogra-
phie von Jacottet zeigt den
Bahnhof von Evreux, wie er
1859 aussah. Die "englische
Anlage" (vgl. S. 19, Bahnhof
von Canterbury) ist erhalten,
aber der "französische Stil"
macht sich bereits eindrucksvoll bemerkbar. Vor dem Gebäude der überdachte Bahnsteig, wie es für französische
Bahnhöfe typisch werden sollte (Musée national de Com-
piègne)*

*Die Crampton-Lokomotive,
so benannt nach ihrem englischen Konstrukteur, ist die
beherrschende Lok in Frankreich im Zweiten Kaiserreich*

immerhin aber auf Strecken, die es mit Polen und Österreich
verbinden. Holland ist zwar ebenfalls noch weit hinten, aber
aus anderen Gründen. Dort hat man dem bemerkenswerten
Wasserstraßennetz der Kanäle den ausdrücklichen Vorrang
eingeräumt.

Mit Gesetz vom 11. Juni 1842 hatte Frankreich die Aufgaben von Staat und Eisenbahngesellschaften festgelegt und den
Bau von 2500 km neuer Eisenbahnstrecken beschlossen; der
Etat dafür waren 700 Millionen Francs. Der Staat übernahm die
Infrastruktur, die Erdarbeiten (Gleiskörper) und alle Bauten
und Bahnhöfe (samt "Kunst am Bau"), die Eisenbahngesell-
schaften hatten sich um die Betriebsstrukturen, das Verlegen
der Gleise selbst und die Bereitstellung des "rollenden Materi-
als" zu kümmern. Mit dem gleichen Gesetz wurden auch die
"Grandes Lignes", wie sie bis heute bestehen, konzipiert:
Paris-Lille/Valenciennes, Paris-Nancy-Straßburg, Paris-Lyon-
Marseille, Paris-Bordeaux-Spanien, die Linien vom Rhein
zum Mittelmeer über Dijon und Lyon und vom Atlantik zum
Mittelmeer über Bordeaux und Toulouse.

Doch die Arbeiten gehen nur langsam voran und die
Revolutionswirren von 1848 hemmen sie noch zusätzlich.

Außerdem ist die Qualität der in ganz Europa schon vorhandenen Eisenbahnstrecken so niedrig, daß die anfallenden laufenden Reparatur- und Ersatzkosten jeden Gewinn auffressen.
Ein Eisenbahnkilometer kostet 7 175 F in Preußen, 9 385 F in
Belgien, und sogar 21 513 F in England und nicht weniger als
22 040 F in Frankreich, allerdings deswegen, weil diese beiden
letzteren Länder ihre Strecken gleich aufwendiger bauen.
Tatsache ist, daß eigentlich nur die Engländer sowohl Quantität wie Qualität produzieren. Frankreich hat die Ausrede der
Qualität allenfalls zur Entschuldigung für die geringe Leistung
auf seinen Baustellen. Aber auf den französischen Strecken
werden die Rekorde für Geschwindigkeit und Service ausgefochten...

Bereits 1853 genehmigt Napoleon III. per Dekret die
Geschwindigkeit von 120 km/h auf den Strecken im Norden.
Und es ist gerade 30 Jahre her, daß man noch im Pferdetempo
reiste und allenfalls pro Tag 90 oder 100 km schaffte. Die letzte
Neuheit damals war der Postwagen, ein kleines, leichtes, von
zwei, vier oder sechs Pferden gezogenes Fahrzeug, das auf den
Linienstrecken von Station zu Station dahingaloppierte und
immerhin schon Durchschnittsgeschwindigkeiten von 10 bis
20 km/h, je nach Straßenzustand und -profil, schaffte. Was

Der Bau des Gare de l'Est in Paris, mit langen Ausfahrtstunnels, war ein Großunternehmen. Eine ganze Anzahl Straßen mußten untertunnelt werden. Hier die Arbeiten an der Rue Lafayette. Ursprünglich sollte dieser Bahnhof im Quartier Faubourg St. Antoine liegen, aber die Stadt hätte dazu den ganzen Boulevard de Strasbourg aufreißen und das dortige Quartier umgestalten müssen, um diese "Embarcadère"(wie man die Bahnhöfe anfangs nannte, was sich aber nicht durchsetzte) für die Linie Paris-Straßburg zu bauen

Für eine Fahrt von Saint-Étienne nach Paris mußte man 1851 noch eine ganze Anzahl Transportmittel benützen, darunter auch ein "Expreß"-Boot zwischen Lyon und Chalon, wo es noch keine Bahnstrecke gab (Musée historique de Lyon)

Toulouse damals, 1830, auf 104 Reisestunden an Paris heranbrachte, und Marseille auf 70...

In weniger als 30 Jahren also hat sich die mittlere Reisegeschwindigkeit - für alle und nicht mehr nur für die Privilegierten - um das mehr als Zehnfache erhöht und beherrscht mittlerweile das gesamte wirtschaftliche Leben des ganzen Landes, Teil einer technischen und menschlichen Revolution ohnegleichen. Im gleichen Maße, wie Napoleon III. Industrie und Handel zu entwickeln beschließt, ist auch die Eisenbahn auf dem entsprechenden technischen Stand. Bahnhöfe, Schienenstrecken, Bauwerke, Signale, Lokomotiven, Passagier- und Güterwaggons, alles entsteht nun, und alles bereits mit all den technischen Charakteristika, die bis heute grundsätzlich, von Kleinigkeiten und Verbesserungen abgesehen, die gleichen geblieben sind. Die Züge fahren inzwischen regulär mit Normalgeschwindigkeiten zwischen 50 und 80 km/h und transportieren mit Leichtigkeit Frachten zwischen 200 und 500 t oder 100-200 Passagiere, wenn nicht mehr.

Napoleon III. selbst bedient sich der Eisenbahn und verfügt gleich über mehrere Sonderzüge, die ihm von den Eisenbahngesellschaften für seine Besuchs- und Staatsreisen zur Verfügung gestellt werden. Und er reist viel und schnell herum, so wie auf der im folgenden beschriebenen Reise.

WAHRHEIT ODER WUNSCHDENKEN?

Die Historiker rechnen dem Kaiser eine Rekordfahrt von Marseille nach Paris 1855 mit durchschnittlich 100 km/h Geschwindigkeit an - in einem aus zwei Waggons bestehenden Zug mit einem Gewicht von 7 t, gezogen von Crampton-Lokomotiven, die von Depot zu Depot ausgewechselt wurden. Das sehr seriöse Buch von 1935 *"Histoire de la locomotion terrestre"*, herausgegeben von der Zeitschrift *"L'Illustration"*, erwähnt diese Fahrt ebenfalls und präzisiert, dieser Rekord sei bis zum Tage des Erscheinens dieses Buches noch nicht gebrochen. Zumindest glaubt man 1935 also noch an seine Existenz...

Nun war freilich 1855 eine solche Leistung rein technisch denn doch noch nicht gut möglich. Mag auch tatsächlich die Region Lyon die Wiege der französischen Eisenbahn sein (die ersten Linien wurden hier 1827 eröffnet: St. Etienne-Andrézieux, gefolgt 1833 von St. Etienne-Lyon), so besteht doch die Tatsache, daß der Bahnhof von Lyon sehr nachteilig gelegen ist, nämlich sehr weit außerhalb und sehr umständlich zugänglich, an der Spitze der Halbinsel Perrache am Zusammenfluß von Saône und Rhône. Seit 1825 schon gab es die Idee der "Grande Ligne" Paris-Marseille und einer weiteren von Le Havre nach Marseille (und der große Aufschwung Marseilles rührte später tatsächlich nicht zuletzt von der Verbindung dieser beiden großen Hafenstädte und dem damit verbundenen bedeutenden Transitverkehr zwischen den nördlichen und südlichen Meeren Europas her). Aber in Lyon hatte man für diese Idee herzlich wenig übriggehabt. Dort hatte man viel eher die Verbindung mit den Fabriken an Saône und Rhône im Auge, mächtigen Wirtschaftsunternehmen, denen ihre eigenen Interessen näher lagen. Auf diese Weise blieb Lyon, obwohl es als eine der ersten Städte Frankreichs eine Eisenbahn bekam, mindestens die folgenden fünfzehn Jahre lang noch im Winkel, nur mit sich und seiner Region beschäftigt und mit wenig Interesse für ein nationales Eisenbahnnetz.

Die Entwicklung brachte es gleichwohl mit sich, daß die "Grandes Lignes" dennoch einfach gebaut wurden und 1854

Die Drehscheiben, auf denen die Eisenwaggons noch per Hand gewendet wurden, waren noch bis in die 60er Jahre gebräuchlich, nicht zuletzt, weil in vielen Städten einfach kein Platz für Gleisanlagen mit Weichen war. Zwischen 1870 und 1880 aber setzten sich die Weichen immer mehr durch, aus praktischen wie Schnelligkeitsgründen, wenn auch auf Kosten immer länger werdender Bahnhöfe und Rangierstrecken. Die letzten Drehscheiben dieser Art werden erst zu Beginn unseres Jh. abgebaut

Vom Zettelfahrschein zur Pappfahrkarte

Für den Betrieb der neuen Eisenbahnen wird zunächst vieles vom Postkutschen- und Fuhrwerksbetrieb übernommen: Das "Billet" wurde für einen bestimmten Tag, Zug und Wagen ausgestellt, schwungvolle Handschrift füllte die Formulare aus oder komplettierte die für jeden Tag und Zug gedruckten Zettelfahrscheine. Fünf Minuten vor Abfahrt des Zuges wurden die Passagiere beim ersten Glockenschlag klassenweise in das "Verwaltungslocal" geführt, mußten sich bei einem "Polizeyofficianten" über Person und Zweck der Reise ausweisen und beim zweiten Glockenzeichen führte der "Conducteur" sie an die richtigen Wagen und schloß sie dort oftmals noch ein - alleinreisende Damen natürlich ins "Damen-Coupé". (Erst nach einer Brandkatastrophe eines Ausflugszugs von Paris nach Versailles am 10. September 1840, auf der Rückfahrt abends, wo viele Passagiere verbrannten, weil sie die verschlossenen Wagen nicht verlassen konnten, wurde das Verschließen der Türen von außen während der Fahrt abgeschafft.) Beim dritten Glockenschlag schließlich wurde eine Fahne geschwenkt, der Zug fuhr ab...Bald konnte man zwar längere Reisen über die Strecken mehrerer Bahngesellschaften unternehmen, mußte beim Umsteigen aber jedesmal einen neuen Fahrschein lösen. Allmählich erst wurde es mit der Zettelwirtschat einfacher. Durchgehende Tarife wurden ausgehandelt und schließlich kam man wenigstens innerhalb der Landesgrenzen mit einem Fahrschein aus. Im internationalen Verkehr gab es aber noch lange für jedes Land eigene Fahrscheine. Bei Auslandsreisen mußten sie in einem Heft zusammengefaßt werden. Zu Beginn der 80er Jahre dann war einem englischen Bahnbeamten namens Edmonson die ganze Zettelwirtschaft zuviel und er erfand die Fahrkarte - die Kärtchen aus Pappe, die leicht in besonderen Schränken unterzubringen und abzuzählen waren. Sein "Edmonsonsches Format" von 30 x 57 mm prägte weltweit die Fahrkarte und ist heute noch nicht ganz verschwunden, wo die Computerdrucker wieder größere Fahr-Scheine mit sich brachten. Zur besseren Kontrolle waren die Fahrkarten auch bunt. Die Klassen wurden nach Farben unterschieden, die zahlreichen Ermäßigungen, die auch "weiteren Kreisen" Bahnreisen ermöglichen sollten, und schließlich auch die Gültigkeitsunterscheidungen - Einfache Fahrt, Hin- und Rückfahrt, etc. Kinderfahrkarten bekamen den unteren Teil abgeschnitten und der abgeschnittene Teil der Nachweis für den Schalterbeamten, daß er nur den halben Fahrpreis kassiert hatte. Er hatte es auf großen Bahnhöfen mit deren riesigen Fahrkartenschränken nicht leicht. Da mußte blitzschnell die richtige aus dem richtigen Kästchen gezogen werden, und abends nach Dienstschluß mußte er auch noch alle Bestände zählen und abrechnen. Eine Erleichterung brachten dann zu Beginn unseres Jahrhunderts erst die Fahrkartendrucker, die gleichzeitig bis zu 50 000 verschiedene Fahrkarten drucken und auf einem Kontrollstreifen gleichzeitig abrechnen konnten.

Das neue Eisenbahnzeitalter, das die Reisenden vom "Staub der Straße" buchstäblich befreit hat, erlaubt es nun auch, in eleganter Garderobe zu reisen - auch, um sich als Passagier der 1. Klasse vom niederen Volk der 3. zu unterscheiden. Der Klassenkampf dämmert herauf...

beispielsweise Lyon auf diese Weise sowohl mit dem Norden (weit hinaus über Chalon-sur-Saône) wie dem Süden (wo der Abschnitt Avignon-Valence bereits eröffnet ist) verbunden wird.

Am 16. April 1855 erreicht die Eisenbahn den Bahnhof Perrache von Valence her, und am 10. November 1856 wird derselbe Bahnhof auch mit dem Norden verbunden - nach dem schwierigen Bau des Tunnels Saint-Irénée, der direkt in den Bahnhof mündet, welcher allerdings erst am 1. Juni 1857 eröffnet wird, kurz nach der Fusion der Eisenbahngesellschaften Paris-Lyon, aus welcher die berühmt gewordene Gesellschaft Paris-Lyon-Mittelmeer (PLM) hervorgeht. Deren Name sollte noch bis 1938, als sie in der SNCF aufging (der bis heute existierenden französischen Staatseisenbahn Société Nationale de Chemins de Fer Français) ein Synonym für Geschwindigkeit bleiben.

Mit anderen Worten: Vor 1856 ist die Durchfahrt durch Lyon also rein technisch gar nicht möglich, weil die Verbindungsstrecke der Linien von Paris nach Marseille noch gar nicht existierte (und diese übrigens zwei verschiedenen Gesellschaften gehörten). Selbst wenn Napoleon III. 1855 auf der Strecke Marseille-Lyon 100 km/ Geschwindigkeit mit seinem Zug erreicht haben sollte, indem er sich in Arles, Avignon und Valences der Möglichkeit des Auswechseln besonders schneller Lokomotiven bediente, so steht doch fest, daß die lange Fahrt von Lyon (samt Durchquerung der ganzen Stadt) bis zum Anschluß an die andere Eisenbahnstrecke nach Paris im Norden Lyons seine Gesamt-Durchschnittsgeschwindigkeit so

weit abfallen ließ, daß von einer solchen Zahl gar keine Rede mehr sein konnte, selbst wenn der Rest der Strecke bis Paris mit der gleichen oder (in diesem Fall nötigen) noch erheblich größeren Geschwindigkeit als zwischen Marseille und Lyon zurückzulegen gewesen wäre.

Trotzdem, die Rekordfahrt hat es wohl gegeben - aber erst ein knappes Jahrzehnt später, aller Wahrscheinlichkeit nach, nämlich um 1864, als die PLM-Strecken bereits gut in Schuß waren und auch die Vereinheitlichung des Materials, des Antriebs und der gesamten Organisation der vereinigten und inzwischen zusammengewachsenen Gesellschaften dies auch technisch zuließ und möglich machte.

DIE LOK DES REKORDS: DIE *CRAMPTON*

Diese Lokomotive entstand 1846 in England als Werk des Ingenieurs Thomas Crampton, dem es leider wie dem Propheten erging, der im eigenen Land nichts gilt; denn seine Lokomotiven errangen ihre Triumphe ausschließlich in Frankreich. Er hat sich übrigens Patentrechte in fast ganz Europa gesichert und versucht seine Lokomotive auch bis nach Amerika an die Utica und die Schenectady Railway zu verkaufen. 1846 fährt eine *Crampton* mit 50 Tonnen Fracht 100km/h schnell - noch bei Versuchsfahrten zuhause in England. Danach zieht eine andere *Crampton*-Lokomotive sogar einen Zug mit acht Waggons auf einer Strecke von 25 km mit einer Durchschnittsgeschwindigkeit von 119 km/h. Das erregt die Aufmerksamkeit aller großen Eisenbahngesellschaften in ganz Europa. Deutschland interessiert sich für die Lok, die Compagnie Française du Nord und die de l'Est bestellen zwischen 1849 und 1859 über 100 Stück davon, und auch die PLM baut zwischen 1855 und 1864 vierzig Loks dieses Typs.

Sehr rasch wird die *Crampton* das Symbol für Geschwindigkeit schlechthin. Sie zieht problemlos Züge von 65 t mit 120 km/h, und mit 85 t Last fährt sie immer noch 100 km/h schnell. Es ist eine Maschine, die in ihrer Konstruktion und ihrem Design Originalität und Leichtigkeit miteinander verbindet, und ihre sowohl technische wie ästhetische Perfektion verschafft ihr unsterblichen Ruhm nicht nur bei den speziellen Fachleuten und Liebhabern, sondern auch in der großen Öffentlichkeit. Noch ein Jahrhundert danach erinnert man sich ihrer als einer "schönen Maschine".

Thomas Crampton war Ingenieur bei der "Great Western", jener englischen Eisenbahngesellschaft, die sich die ersten Geschwindigkeitsrekorde holte und sich dafür die enorme Spurweite von 2,10 m zulegte. Doch er wollte zeigen, daß mit seiner Lok auch Rekordgeschwindigkeiten auf normaler Spurbreite möglich seien. Dazu brauchte es allerdings sehr große Antriebsräder und außerdem (nach dem technischen Credo der Zeit) einen sehr tiefliegenden Schwerpunkt.

Er entwarf also eine sehr lange und niedrige Maschine mit einem Achsabstand der tragenden Räder von 4,85 m bei 2,14 Durchmesser der Antriebsräder. Diese waren ganz nach hinten verschoben und damit war Platz geschaffen für den sehr niedrig und direkt auf dem Fahrgestell aufliegenden Heizkessel. Eine Lokomotive mit so großem Achsabstand ist gegen die Gleiserschütterungen kaum mehr anfällig, und ein sehr niedriger Schwerpunkt verleiht ihr zusätzliche Stabilität. Das gilt selbst dann noch, als die Praxis zeigt, daß ein sehr tief liegender Schwerpunkt auch eine schwer auf den Schienen lastende Lokomotive zur Folge hat und keine weitere Verbesserung der Stabilität mehr zuläßt. Die Leistung ist dennoch beachtlich,

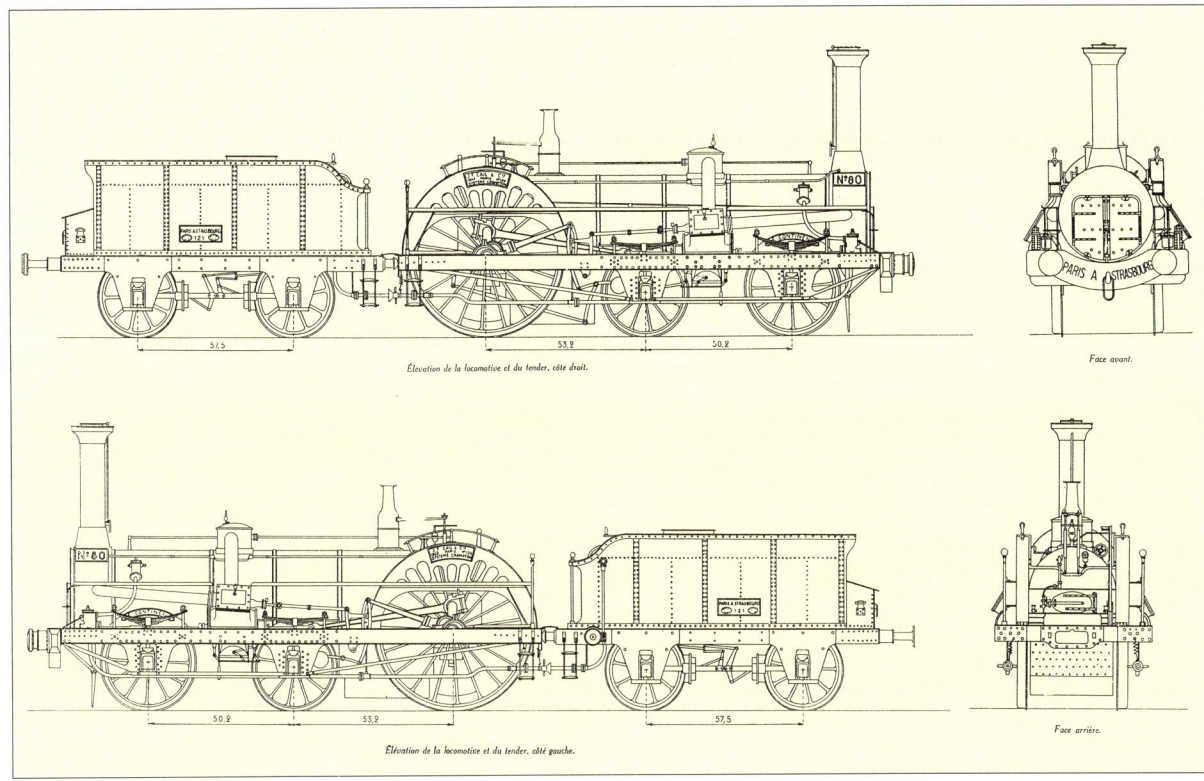

Élévation de la locomotive et du tender, côté droit.

Face avant.

Élévation de la locomotive et du tender, côté gauche.

Face arrière.

"Windspiel auf Schienen" taufte man begeistert die in diesem Kapitel so ausführlich präsentierte englische Crampton-Lokomotive. Thomas Crampton, ihr Konstrukteur, galt als Prophet nichts im eigenen Lande. In England gelang es ihm nicht, seine Lok zu verkaufen. Dafür war sein Erfolg in Frankreich mit ihr desto größer. Diese Lok war imstande, 60 t mit 120 und streckenweise sogar 140 km/h zu ziehen. 20 Jahre zuvor war noch das Pferd das Maß aller Geschwindigkeit gewesen...

insbesondere infolge des Fehlens zusätzlicher Schüttelbewegungen, die den Geschwindigkeiten der anderen Lokomotiven der Zeit Grenzen setzen. Mit einer Heizoberfläche von 1,45m², was für die Zeit verhältnismäßig schwach ist, und lediglich 400 PS Leistung (während die großen Loks der Great Western bereits Werte von 2,50 m² bzw. 800 PS aufweisen), bringt die *Crampton* dennoch mit Leichtigkeit vergleichbare Leistungen von 100 km/h und ist im übrigen doppelt so schnell wie die normalen anderen Loks, welche eine übliche Durchschnittsgeschwindigkeit der Züge auf den europäischen Normalspurstrecken von 40–60 km/h etablieren. Eine Lokomotive, die auf einen Schlag die Durchschnittsgeschwindigkeit verdoppelt, ist wie von selbst dazu prädestiniert, vor allem für die schnellen Züge eingesetzt zu werden – wie es in Frankreich auf den Strecken der Netze Nord, Ost und der PLM zwischen 1850 und 1870 mit der *Crampton* geschieht.

DIE GEBURT DER ZWEITEN KLASSE

Die ersten Eisenbahnpassagiere wurden noch auf quasi offenen Kohleloren transportiert. Dann aber werden mit dem Entstehen des europäischen Streckennetzes rasch Waggons gebaut, die anfangs noch den Konstruktionsprinzipien der Straßenkutschen folgen – für die besseren Klassen. Die einfachen Wagenklassen für die minderbemittelten Schichten sind noch immer einfache Waggons mit Holzbänken – und nicht einmal das immer. In England beispielsweise gibt es für die niedrigen Klassen (oder für die Geizigen!) reine Stehwaggons. Die besseren Schichten reisen natürlich komfortabler in geschlossenen Abteilen, die mit allem Luxus ausgestattet sind: samtbezogene Sitze, Vorhänge, Fenster... Es zeigt sich aber bald, daß auch eine mittlere Klasse gebraucht wird, nämlich für diejenigen, die nicht gerade ein Vermögen bezahlen möchten bzw. denen man nicht mit gutem Gewissen das Geld zu sehr aus den Taschen ziehen kann, und die aber auch nicht gleich im offenen Fahrtwind und wie das liebe Vieh im Stehen transportiert werden wollen. Kurz, die 2. Klasse mit ihrem – bescheidenen – Komfort erblickt das Licht der Welt. In Deutsch-

land gibt es anfangs sogar vier Zugklassen. In den beiden ersten Klassen waren Polstersitze seit jeher üblich. Die ältesten Wagen haben in der 1. Klasse ein Dach und Glasfenster, in der 2. Klasse nur lederne Vorhänge an offenen Seitenwänden. Die Wagen der 3. Klasse sind an den Seiten offen und ungeschützt, und die 4. Klasse ist sogar ohne Dach. (Erst 1956 verschwand, nach vielen Wandlungen, die "Holzklasse" ganz, und es gibt seitdem nur noch das Zweiklassensystem.) In Frankreich nennt man die 1. Klasse bald (und aus naheliegenden Gründen) die "Financières", Bankiersklasse, – weil sie von den finanziell gut gepolsterten Finanzleuten und Börsenmaklern und -spekulanten des Großbürgertums frequentiert wird. Die 2. Klasse bekommt den allgemein üblichen Namen "Diligences" – so hießen bisher die Post-Reisekutschen mit ihrem vergleichbaren Einfachkomfort. In der Tat ist es ja auf vielen Strecken noch lange üblich, daß solche Kutschen in den Bahnhöfen mit Hilfe von Kränen einfach auf Schienenfahrgestelle gehievt und damit zu Zugwaggons werden. An dem gewünschten Bahnhof werden sie dann auf gleiche Weise wieder abgeladen und können auf der Straße ihr endgültiges Ziel ansteuern. Nun sind die Kutschen und ihre Räder aber in aller Regel aus Holz, auch

In den 60er Jahren findet der Eisenbahnwaggon seine endgültige Form: Eisenräderfahrgestell mit Metall–Blattfederung, beweglichen Stoßdämpfern und Schraubenspannkopplung. Noch fehlt die Druckluftbremse, die erst gegen Ende des Jh. allgemein üblich wird. Auf dem Dach: Öllaternen, die beim letzten Halt vor Einbruch der Dunkelheit auch dort oben von einem "Lampengänger" angezündet werden

Der Komfort der 1. Klasse läßt nichts zu wünschen übrig: stoß- und lärmdämpfende Samtpolster wie hier in einem Salonwagen für die Entourage Napoleons III., heute zu besichtigen im Eisenbahnmuseum Mulhouse ...

... während die 3., die "Holz"-Klasse (r.) ihren fast einzigen Komfort in der Kopfstütze hat, wie sie dieses 1914 gemalte Bild von Altzard zeigt

ihre - mit Leder überzogene - Federung. So sehr das in der Regel für das Fahren auf der Straße genügen mag, bei dem viel härteren Stoßen der Fahrt auf Schienen mit Zügen, deren Gewicht insgesamt über 100 t beträgt, wird das problematisch, vor allem wenn es den Ruck beim Anfahren, aber auch das Bremsen beim Halten betrifft, wo die einzelnen Waggons der Zugfahrgestelle selbst aneinanderstoßen. Der Fortschritt in der Metallurgie macht es möglich, daß in der 2.Hälfte des 19. Jh. auch hier grundlegende Veränderungen geschehen - der genietete Eisenbahnwaggon entsteht, nämlich das fest mit dem "Kutschengehäuse" verbundene Schienenfahrgestell. 1853 baut die PLM die ersten Waggons 2. Klasse mit drei Abteilen auf 4,95 m langem Chassis, und 1857 folgen auch Waggons der 1. Klasse mit drei Abteilen auf allerdings 6 m langem Chassis und entsprechend mehr Platz für die Fahrgäste. Im gleichen Jahr 1857 erprobt die PLM außerdem auch schon die ersten dreiachsigen Waggons, z.B. mit einem Vierabteil-Waggon der 1. Klasse auf einem bereits 10 m langen Fahrgestell. Die Waggons der 3. Klasse haben bald danach dieselben Ausmaße, aber natürlich kleinere Abteile, nämlich 5 oder 6 pro Waggon. Bald gibt es auch "Salonwagen" zu mieten oder es werden eigene angefertigt:

Das Innere des Wagens war in drei Abteile geteilt: ein Vorzimmer, ein Schlafzimmer und ein Salon, in dem ein Thronsessel auf erhöhtem Podest aufgestellt war. Die äußeren Seitenwände waren mit Gold und Silber überzogenen Reliefs geschmückt, die die Krone darstellten, sowie die Symbole für Frieden, Wahrheit und Märtyrertum.

So beschrieb ein Zeitgenosse den Thronwagen des Papstes, der seit 1860 in zwei eigenen Eisenbahnwaggons durch die Länder reiste. So wie es in der 2. Hälfte des 18. Jh. zum guten Ton geworden war, daß jeder mächtige Mann einen oder mehrere Salonwagen besaß und dazu meistens eine Garnitur Hofwagen, Speisewagen, Buffetwagen, einen Wagen für den

Thronfolger, fürs Personal usw., so wollte jetzt, von Bayerns "Märchenkönig" Ludwig II. bis zur Familie Rothschild und dem russischen Zaren, auch auf der Schiene niemand auf Plüsch und Pomp, Samt und Seide verzichten.

Allgemein gesprochen, sind die Eisenbahnwaggons der Zeit zwischen 5 und 10 m lang (vorwiegend zwischen 6 und 8 m). Sie haben ein hölzernes Gehäuse und auch ihr Fahrgestell ist zunächst noch aus Holz, dann aber bald aus Metall, und sie sind zunächst noch zwei-, später aber dann immer häufiger dreiachsig. Die 1. und 2. Klasse haben normale Außenfenster, die 3. nur in den Türen, was sie dunkel und düster und praktisch ohne Aussicht auf die Landschaft draußen macht. Toiletten gibt es gar keine, man muß, wenn es dringend ist, eben bis zum nächsten Bahnhof oder Halt warten, wo man dann in einen eigenen fahrbaren Toilettenwagen umsteigt, in dem man dann freilich aber auch bis zur wieder nächsten Haltestation bleiben muß, ehe man wieder in sein normales Abteil zurückkehren kann... Die Beleuchtung besteht in Öllampen an der Decke. Sie werden abends mit Einbruch der Nacht von einem eigenen Lampenanzünder oben auf dem Dach während eines Bahnhofsaufenthalts angezündet. Naturgemäß geben sie nur wenig Licht, dafür rußen sie umso mehr; und die Gefahr, daß ihr Öl über- und auf die Passagiere herunterschwappt, wenn der Zug mal hart ruckelt, ist auch sehr groß und wenig angenehm. Jeder Zug hat einen Bremser auf einem eigenen Sitz hinten oben am letzten Waggon, der dort im Winter halb erfriert und im Sommer in der Hitze brät. Auf Pfiff des Lokomotivführers kurbelt er die Bremse zu.

DIE BAHNHÖFE UND FESTEN EINRICHTUNGEN

Schon in den ersten zwanzig Jahren ihrer Existenz hat die Eisenbahn sich ganz erstaunlich entwickelt, sowohl was das "rollende Material" selbst angeht wie aber auch die gesamte Eisenbahnarchitektur: die Bahnhöfe und die sonstigen festen Einrichtungen - vom Signal bis zum Stellwerk und vom Gleiskörper bis zur Dekoration. Die ersten Eisenbahnarchitekten hatten ja keinerlei Vorbild und mußten eine diesem völlig

Den buchstäblichen Klassen-Unterschied überall auf den Eisenbahnen Europas demonstriert auch diese deutsche "Kladderadatsch"-Karikatur von 1866: "Qualifizierte Eisenbahn-Höflichkeit" ist ihr Titel.

Erste Classe.

Zweite Classe.

Dritte Classe.

»Qualifizierte Eisenbahnhöflichkeit«, karikiert im Kladderadatsch 1866.

neuen Verkehrsmittel gemäße völlig neue Architektur erfinden, wie sie sich aus den technischen Anforderungen und Bedürfnissen ergab. Die allererste Idee leitete sich natürlich von Analogien ab. Kein Zeitalter endet ja völlig abrupt, und so gab die Postkutsche, als die ersten Lokomotiven rumpelnd und fauchend und von vielen ehrfurchtsvoll bestaunt über die Gleise fuhren, auch zunächst noch das Vorbild ab für den Betrieb der Eisenbahn und ihrer technischen Anlagen. So wie die Postkutsche an die "Relais-Station" gebunden war, wo man die Pferde wechselte, sich ausruhen und auch erfrischen konnte und in einem umfriedeten Post-Hof auf den Beginn der nächsten Reiseetappe wartete, entstand nun analog der Bahn-Hof. In der Mitte des nun wesentlich größer gewordenen Hofes befanden sich die Gleise, zu beiden Seiten die Gebäude für die Bahnverwaltung, für den Bahnhofsvorsteher mit seinem Schleppsäbel, für die zunächst nur kleinen Schuppen für den Gütertransport und für die Wartung der stets kohle- und wasserbedürftigen Lokomotiven. Die Schmalseiten der so entstandenen Höfe waren durch große Tore verschlossen. Ihre Öffnung bei jeder Ein- und Ausfahrt eines Zuges war eine wichtige Handlung. Komfortabel waren diese ersten Bahnhöfe aus Holz natürlich noch keineswegs, aber das Abenteuer des neuartigen Reisens ließ manche Unbequemlichkeit vergessen, und es sollte sich ja auch bald vieles verbessern. Und wenn auch keiner dieser anfänglichen Bahn-Höfe auf unsere Zeit überkommen ist, der Name Bahn-Hof ist geblieben. In Frankreich war ursprünglich der Name "Embarcadère" für die Bahnhöfe beabsichtigt (Landungs-, Anlege-, Verladeplatz, Abfahrtsstelle), konnte sich aber nicht durchsetzen. "Gare" wurde gebräuchlich - und bis heute üblich: "bewachter, umfriedeter Ort", abgeleitet von den Flußschiffahrtsstationen. (Am direktesten machten es die Engländer: railway station; Eisenbahnstation.)

Schnell entwickelten sich dann auch die verschiedenen Bahnhofstypen - der Durchgangs- und der Endbahnhof, der Knotenpunkt und der Rangierbahnhof. Die Endbahnhöfe, bald Zentral- oder Hauptbahnhof genannt, teilten ihre Bahnsteige für Abfahrt und Ankunft und unterschieden sich nicht nur nach der Größe der Anlage selbst, sondern auch durch die prächtigere, repräsentativere Gestaltung mit bald immer größer (und höher!) werdenden Hallen und Fassaden. Die zunehmende Höhe hatte natürlich auch mit dem Rauchabzug der dampfenden, fauchenden Lokomotiven zu tun. Auch dies also eine direkte architektonische Auswirkung der "Natur der Sache": funktionales Bauen im direktesten Sinne, etwas damals sehr Neues. Die Anzahl der Gleise wächst in den großen Bahnhöfen, das Weichen- und Schienensystem wird komplizierter, während es auf den kleineren Bahnhöfen noch lange die einfachen Drehscheiben oder feste Gleisteilungen tun mußten. Diese kleineren Bahnhöfe waren auch naturgemäß nur Durchgangs- und Lade-/Entlade-, aber keine Verteiler-

oder Umrangier- und Umladestationen. Schon ab der 2. Hälfte des 19. Jh. verschwinden dann aber allmählich die Drehscheiben und machen nach und nach überall dem Weichensystem Platz, mit welchem sich jeder Zug auf jedes beliebige Gleis der Schienenstrecke oder des Bahnhofs rangieren läßt. Das hat aber die direkte Folge, daß jedes Gleis eines Bahnhofs seinen eigenen Bahnsteig bekommt - und dies wiederum führt zu einer immer länger werdenden Bahnhofsanlage: Konstruktion folgt der Funktion. Nirgends ist dieser sehr moderne Grundsatz der Architektur und des gesamten Bauwesens so kompakt und früh zum Tragen gekommen wie bei den Anfängen der Eisenbahnarchitektur. Das alles hat eine weitere Folge: die Bahnhöfe, vor allem die großen Endbahnhöfe in den Städten, entwickeln einen enormen Raumbedarf. Ganze Stadtviertel müssen aufgekauft und dafür applaniert werden, wie es exem-

plarisch und sehr extrem in Paris der Fall ist, wo die beiden Großbahnhöfe Gare du Nord und Gare de l'Est die gesamten umliegenden Wohnviertel "auffressen", und das gleiche wiederholt sich später auch für die Bahnhöfe Gare de Lyon und Gare St.Lazare. Gewaltige Schneisen werden für sie in die bisherige Stadtlandschaft geschnitten, was aber wiederum eine ganz allgemein großzügigere Stadtlandschaft mit neuen und breiten Avenuen ermöglicht. Auf diese Weise ist eine Stadt wie Paris durch die Eisenbahn mindestens so sehr verändert worden wie durch den Baron Haussmann (der mit seinen Avenuen seinerzeit gar nicht so sehr viel Beifall fand und sogar der Barbarei dieserhalb bezichtigt wurde, ohne dessen "Kahlschlag" das moderne Stadtbild von Paris aber schlicht nicht denk- und vorstellbar wäre...).

Und schon sehr bald finden auch die ersten Umbauten der gerade erst entstandenen Bahnhöfe statt, des Gare du Nord in Paris beispielsweise bereits 1864. Er bekommt eine neue Haupthalle, die dann aber auch bis heute unverändert geblieben ist, wenn auch bis zum Ende des Jahrhunderts und auch in unserem Jahrhundert laufend noch weitere Veränderung der Gesamtanlage erfolgen.

War ursprünglich die gesamte Eisenbahnbau-"Ideologie" darauf abgestellt, Vertrauen zu erwecken, und zwar durch einen möglichst "offiziellen" Eindruck - und das gar nicht in erster Linie für das "Publikum", sondern für die Aktionäre der Eisenbahngesellschaften, denen gezeigt werden sollte, daß sie ihr Geld einem prosperierenden und stolzen Unternehmen

Die Bahnhofsarchitektur hat ihre regionalen und nationalen Varianten. Dieses Ölgemälde von 1875 von Karl Karger zeigt den Nordwestbahnhof in Wien samt einer "Reiseszene" der Zeit (DB/Verkehrsmuseum Nürnberg)

Links: Mitte des 19. Jh. beginnt auch der Eisenbahntourismus: "Geschäftiges Treiben am Bahnsteig, Abschiedsszenen und herzliches Willkommen" (DB/Verkehrsmuseum Nürnberg)

Dieser sehr fein ausgearbeitete Stich des Musée Carnavalet in Paris zeigt einen typischen großen Sackbahnhof der Frühzeit: Das Hauptgebäude in U-Form um die Gleise herum, teilweise glasgedecktes bahnsteigüberspannendes Dach. Links der Abfahrts-, rechts der Ankunftsbahnsteig, im Vordergrund die Lok-Rangier-Drehscheiben. Diese Großbahnhöfe haben beispielsweise Paris wegen ihres enormen Raumbedarfs mindestens ebensosehr verändert wie der Baron Haussman mit seinen "Avenue-Schneisen"

gaben –, so setzt sich dann doch mehr und mehr der funktionelle Baustil durch, wie ihn die Notwendigkeiten der Bequemlichkeit der Passagiere, des Betriebs und der Sicherheit diktieren, wenn er auch auf die "Repräsentation" keineswegs verzichtet. Man braucht Wartesäle und Restaurants, Fahrkartenschalter und Gepäckaufbewahrungen, Verwaltungsräume und Imbißstände. Nachfolgebauten werden ebenfalls notwendig: Depots und Remisen mit Großdrehscheibensystemen zum raschen Ein- und Ausrücken und Wenden der Lokomotiven. Werkstätten und Wartungshallen werden benötigt und innerbahnhöfliche Transportwagen. Und das spezialisierteste und bald auch unentbehrlichste Gebäude aller Eisenbahnen der Welt entsteht auch bald: das Stellwerk. Anfangs eine erhöhte Kabine, von dem aus per Kabelzug manuell die Weichen gestellt werden, wächst auch dieser Spezial-Gebäudetyp bald nach Dimension und Funktion immer weiter. Die übrigen Bauwerke entsprechen dem Standard, wie er schon seit Jahr-

hunderten, im Straßenbau etwa, vor allem auf den großen Überland-Verbindungsstrecken, gang und gäbe ist: der Brückenbau beispielsweise, und dergleichen. Nur sind solche Bauten für die Eisenbahn wegen deren Natur viel zahlreicher nötig. Wie früher schon angemerkt, erfordert die Tatsache, daß die Eisenbahn praktisch so gut wie keine Streckensteigungen verkraftet, was also eine möglichst ebene Streckenführung nötig macht, erheblich mehr solcher Brücken und Viadukte, Bergeinschnitte und Tunnels als die Straßen - und das auch oft in einer Länge, wie es beim Straßenbau bisher unbekannt war. Straßen pflegen der Landschaft zu folgen und sich ihr anzupassen, in abgeschwächter Form des Auf und Ab vielleicht, aber sonst nach deren natürlichen Gegebenheiten; zumindest bisher in der Zeit der Fußmärsche und der von Tieren gezogenen Fahrzeuge. Die Eisenbahn kann dies nicht. Wie ebenfalls schon früher erwähnt, bedarf es bei einer Steigung von nur 1 mm auf 1 m bereits der doppelten Antriebskraft eines Eisenbahnzugs, der ansonsten auf den glatten Schienen eine verhältnismäßig geringe Schub-/Zugkraft benötigt. Es ist aus diesen Gründen völlig unumgänglich, daß sich ein Eisenbahngleis-Körper so eben wie möglich durch die Landschaft bewegt und also Senkungen wie Täler überbrücken und sich in Steigungen wie Hügel oder Berge einschneiden muß. In Frankreich beispielsweise sind auf diese Weise in der Epoche des Zweiten Kaiserreichs große Viadukte wie der von Nogent-sur-Marne entstanden (700 m lang, 20 m hoch) sowie die von Chaumont, Barenti, und über das Tal der Indre zwischen Tours und Bordeaux - keiner kürzer als 600 m, desgleichen eine Anzahl großer Tunnels wie der von Blaisy-Pas bei Dijon (4100 m), von Nerthe bei Marseille (4620 m), zwischen Roanne und Tarare (6000 m) und schließlich sogar der durch den Mont-Cenis, der mit seinen 12 230 m Länge eines der bis dahin gewaltigsten Bauwerke der Menschheitsgeschichte überhaupt ist. Schließlich und vor allem hat die Sicherheit große Fortschritte gemacht - dank der Elektrizität, die sich, zusammen mit dem Telegraphen, noch als wertvollstes Hilfsmittel der Eisenbahn erweisen soll, wovon alle Eisenbahngesellschaften schon ab den 50er Jahren Gebrauch machen. Fast alle Eisenbahnstrecken werden bereits damit ausgerüstet, so daß die Telegraphen der Eisenbahn schließlich dem Publikum früher zur allgemeinen Verfügung stehen als die der Post. Anfangs noch mechanisch betrieben - mit durch Hebel und Gegengewichte bewegten Scheiben - löst der Telegraph

Die Eisenbahnwaggons: Ausdruck der Gesellschaftsordnungen

Wie der Dampflokomotivenbau, so hat auch der Waggonbau im Laufe der eineinhalb Jahrhunderte Eisenbahngeschichte immer wieder neue Modelle hervorgebracht. Vorbild für die ersten Personenwagen war in Europa die Postkutsche, in Amerika hingegen der Flußdampfer. Die ersten europäischen Waggons waren eigentlich nichts anderes als mit Eisenrädern auf Schienen gesetzte Postkutschen. Mit zunehmendem Verkehr baute man zwei oder drei solcher Postkutschen zusammen und so entstand der für Europa typische Abteilwagen mit den seitlichen Türen für jedes Abteil. Eine Verbindung zwischen den einzelnen Abteilen gab es anfangs nicht. Die amerikanischen Eisenbahnwaggons hingegen waren getreu ihrem Vorbild Durchgangswagen mit Großraum und je einem Einstieg an den Enden. Auch sozialgeschichtlich paßte der Großraumwagen in die demokratische und "offene" Gesellschaft der USA. Für Europa

mit seinen noch großen Standesunterschieden war der Abteilwagen jedenfalls symptomatisch. Auch heute noch muß man den Abteilwagen mit Seiteneingang als typisch europäisch ansehen, wenn sich auch im Lauf der Zeit Mischformen ergaben und in jüngster Zeit auch in Europa die Großraumwagen (wie in Amerika Abteilwagen) häufiger wurden. Der Abteilwagen mit Seitengang war der Kompromiß zwischen den beiden ursprünglichen Wagentypen. Der erste Zug mit solchen Wagen war übrigens der D-Zug Berlin-Köln 1891. Zwei weitere Neuerungen vervollständigten um die Jahrhundertwende das Erscheinungsbild zunächst des D-Zug-Wagens: das Drehgestell und der Faltenbelag zwischen den Wagen. Heizung und Beleuchtung gab es zunächst nicht. Erst nach der Jahrhundertwende kamen die durchgehende Zentralheizung und die elektrische Beleuchtung auf. Bremsen wurden erst um 1890 üblich.

bald die seit zwei Jahrhunderten üblichen Flaggen- und Trompetensignale als schnellste Nachrichtenübermittlung ab.

SCHLAFWAGEN, SPEISEWAGEN UND DIE "EXPRESSE"

In Deutschland gehörte das Wort "Eisenbahn" bereits zum Wortschatz, bevor es noch eine gab und als die Dampflokomotive noch gar nicht erfunden war. Es trat zunächst im Bergbau an die Stelle von "Förder- und Holzbahn" zur Bezeichnung der gußeisernen Schienen, die der Maschinendirektor Friedrich 1775 in Clausthal eingeführt hatte. Die zu Beginn des 19. Jh. nahezu überall auf der Welt gebauten ersten Eisenbahnlinien haben wesentlich zur Vollendung der sogenannten industriellen Revolution beigetragen. Mit der Eisenbahn war ein Landtransportmittel entstanden, das bei geringer Antriebsleistung eine hohe Transportkapazität bot. Die Eisenbahn ist deshalb auch heute noch das wirtschaftlichste Massentransportmittel, denn das rollende Stahlrad auf der stählernen Schiene setzt, wie oben schon kurz erwähnt, einer Antriebskraft nur einen überaus geringen Reibungswiderstand entgegen. Würde man zum Beispiel ein Schienen- und Straßenfahrzeug gleichen Gewichts mit gleicher Anfangsgeschwindigkeit auf ebenen Strecken frei rollen lassen, so würde das Schienenfahrzeug bis zum Stillstand rund 50mal weiter rollen. Zu den Ländern, in denen die Bedeutung der Eisenbahn sehr schnell erkannt wurde, gehörten die USA. Am 28. Februar 1827 wurde die Baltimore & Ohio Railroad Company gegründet, die am 24. Mai 1830 ihre erste, rund 20 km lange Strecke eröffnete. Danach entstanden in den 30er Jahren überall neue Gesellschaften, von denen die meisten später zu sehr einflußreichen Unternehmen heranwuchsen. 1860 hatten die amerikanischen Eisenbahnen eine Gleislänge von rund 50 000 km. Ausführlicher ist davon im folgenden Kapitel die Rede. Die erste deutsche Eisenbahn, die schon erwähnte "Ludwigsbahn" zwischen Nürnberg und Fürth war genau genommen nicht die eigentlich erste deutsche. In den Grenzen des damaligen deutschen Bundes war die Linz-Budweiser Bahn schon rund 10 Jahre älter. Aber jedenfalls setzte sich am 7. Dezember 1835 die "Ludwigsbahn" als offiziell erste deutsche Eisenbahn mit 200 Gästen zur Eröffnungsfahrt in Bewegung. Bei einer Reise-

geschwindigkeit von 24 km/h erreichte der Zug nach einer Viertelstunde Fahrzeit den Zielbahnhof Fürth. Die Lokomotive "Adler", die genau 118. aus Stephensons Werkstatt, leistete knapp 40 PS und wog mit Tender etwa 7,5 t. Den Lokführer hatte Stephenson mitgeliefert. Es war der Engländer William Wilson. Diese Nürnberg-Fürther Eisenbahn existierte noch bis zum Jahr 1922. Sie blieb eine isolierte Strecke ohne Verbindung zu irgendeiner anderen Bahn. Aber das galt auch für die meisten "Erststrecken" von damals. Die erste Staats-

Der Viadukt von Mareil ist ein gutes Beispiel für die zweite Generation der Eisenbahnbauten (in der ersten wurde noch ausschließlich mit Mauerbau gearbeitet). Hier stützen gemauerte Pfeiler eine metallische Brückenkonstruktion – eine leichtere und leichter zu bauende Lösung

bahnstrecke auf deutschem Boden – die anderen bis dahin waren alle Privatbahnen – war die Herzoglich Braunschweigische Eisenbahn, die am 1. Dezember 1838 zwischen Braunschweig und Wolfenbüttel eröffnet wurde. Im ersten Kapitel ist bereits erwähnt worden, was im Laufe dieser Jahre noch für deutsche Städtestrecken entstanden – auch alle wieder zunächst privat. Die zweite Staatseisenbahn in Deutschland war dann die Strecke Mannheim-Heidelberg. Die Eisenbahnen in Baden waren ohnehin von Anfang an auf Grund des dortigen Eisenbahngesetzes von 1838 Staatsbahnen, während sich im

Alsbald nach ihrem Entstehen wird die Eisenbahn ein beliebtes Thema auch für Kinderbilderbücher. Dieses hier zeigt einen englischen Bahnhof der viktorianischen Zeit (1889). Interessant daran der Mittelbahnsteig, der sonst noch nirgends üblich ist

Schwalbenschwanz und Brille: Die "Eleganz" der Lokomotiven um 1860

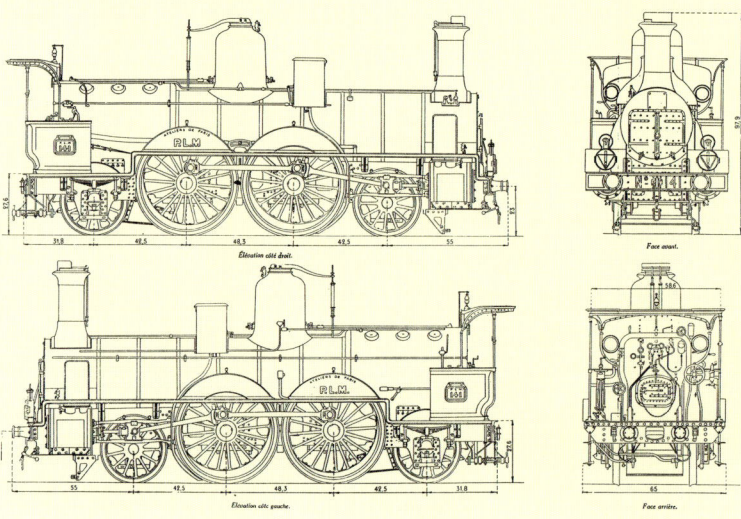

Um 1860 werden die Züge immer schneller. Fuhren sie um 1840 noch mit maximal 30-40 km/h, so nun schon mit 80. Napoleon III. unterschreibt in Frankreich sogar ausdrücklich ein Dekret, das es Eisenbahnzügen offiziell erlaubt, auf der Nordstrecke und mit den *Crampton*-Lokomotiven bis zu 120 km /h schnell zu fahren - wenn auch nicht als normale Fahrgeschwindigkeit, sondern als gelegentliche Spitzengeschwindigkeiten zur Aufholung von Fahrplanverspätungen. Die "normale" Höchstgeschwindigkeit bleibt noch immer 100 km/h für leichte Züge von weniger als 85 t Gesamtgewicht und auf Strecken, deren Beschaffenheit dies zuläßt. Das eigentliche und große Problem dieses Themas zumindest in Frankreich bleibt das der Lokomotivführer und ihrer Belastung durch solche Geschwindigkeiten. Denn sie stehen noch immer ungeschützt im Fahrtwind und Wetter. Noch immer gibt es keine geschlossenen Führerstände auf den Lokomotiven, sondern die "Mechaniker" (wie sie noch immer heißen) stehen am Ende der Lokomotive auf einer zwecks Sicht nach allen Seiten offenen Plattform, die ihnen wohl eine wunderbare Aussicht auf die Landschaft ermöglicht, die sie durchqueren, sie jedoch damit auch Regen und Kälte und Hitze und dem Fahrtwind aussetzen, der ihnen pausenlos ins Gesicht und auf die Brust bläst. Dennoch stehen sie stolz und sich ihrer sozialen Stellung als Galionsfiguren einer neuen Epoche sehr bewußt dort oben. Und viele tragen auch einen Zylinder oder eine zylinderhohe Mütze sowie Handschuhe bei ihrer Tätigkeit als Ausdruck dieses Selbstbewußtseins - wenn sie auch allein schon wegen der Fahrtgeschwindigkeit ihre hohen Hüte allenfalls in den Bahnhöfen aufsetzen können (und sie nehmen sie kurz vor der Abfahrt sorgfältig wieder ab; und ohnehin gibt es auf freier Strecke niemanden, den man mit dem Zylinderhut beeindrucken könnte...).

Aber es bleibt nicht aus, daß sie sehr bald in Konflikt mit ihren Arbeitgebern geraten. Die Direktoren der Eisenbahngesellschaften weigern sich hartnäckig, die Lokomotiven mit geschlossenen Führerständen zu versehen, wie es mittlerweile in Amerika und in Deutschland längst der Fall ist, und finden sich allenfalls zu Zugeständnissen bereit: ein Wellblechdach gegen heftigen Regen von oben und ein Schutzblech vorne mit "Brille", nämlich mit Gucklöchern. Immerhin setzen es die "Mecanos" durch, daß ihnen die Eisenbahnwerkstätten die Gucklöcher mit Glasblenden darüber versehen und ringen ihnen buchstäblich zentimeterweise von Jahr zu Jahr deren Vergrößerung ab, bis aus den "Brillen" schließlich "Schwalbenschwänze" geworden sind, nämlich Blenden, die zwar noch keine kompletten Dächer darstellen, aber doch wenigstens Wind und Regen einigermaßen ablenken. Erst die letzten *Crampton*-Lokomotiven auf dem Streckennetz Nord haben ein kleines, von zwei Seitenwänden gestütztes Dach. Doch auch weiterhin bleiben die Fahrerstände der französischen Lokomotivführer zumindest nach hinten offen.

Oben: Eine PLM-Lok vom Typ "Forquenot" von 1869, die 1879 durch eine hintere Tragachse ergänzt wurde, gleichwohl aber damit noch keinen eigenen geschlossenen Führerstand bekam. "Brille" und "Schwalbenschwanz" mußten genügen

Gegensatz dazu der Staatsbahngedanke anderswo in Deutschland nur allmählich durchsetzte. Bismarck trieb die Vereinheitlichung des Eisenbahnwesens ab 1870 stark voran, aber erst zwischen den beiden Weltkriegen kam es in Deutschland zum endgültigen Zusammenschluß aller Eisenbahnen in der "Deutschen Reichsbahn". Das praktisch flächendeckende Eisenbahnnetz, wie es dann bis in die Gegenwart bestand, samt seinen Verbindungen und Anschlüssen ins Ausland, war je-

doch praktisch Ende der 70er Jahre schon vorhanden. Wie im 1. Kapitel ausgeführt, stammten die Eisenbahnlokomotiven aus England und die englischen Lokomotiven beherrschten lange auch den ganzen europäischen Markt. Bald aber entstanden für ihren Bau auch andere nationale Lokomotiven und Fabriken. Bereits 1838 stellte die erste deutsche Lokomotivenfabrik, die Maschinenfabrik Uebigau bei Dresden, ihre erste betriebsfähige Lokomotive vor: die "Saxonia". In den 40er Jahren wurde dann eine Lokomotivenfabrik nach der anderen gegründet: 1841 Borsig in Berlin, Maffei in München und Kessler in Karlsruhe, 1846 Egestorff (später Hanomag) in Hannover, 1847 die Maschinenfabrik Esslingen sowie 1848 Hartmann in Chemnitz und Henschel in Kassel. Um die Jahrhundertwende wurde Deutschland durch die ersten Heißdampflokomotiven im Dampflokbau sogar führend. Die damals entwickelten Schnellzugslokomotiven blieben bis nach dem Zweiten Weltkrieg für alle großen europäischen Staatsbahnen charakteristisch. Die wohl berühmteste Lokomotive war die von Maffei gebaute S 3/6 (s. dazu den Kasten S. 161 im Kapitel "Rheingold"). Zu den Sonderwagen des Personenverkehrs gehören schon seit der Frühzeit die Schlaf- und Speisewagen. Die erste Gesellschaft, die diese Wagen auf deutschen Strecken einsetzte, war die Internationale Schlafwagengesellschaft (ISG). Ihre ersten Schlafwagen befuhren die Strecken München-Wien, Köln-Paris und Berlin-Ostende in den Jahren 1872/73. International begann dies kurioserweise in England als "The Wagon-Lits" in anglisiertem Französisch und in Frankreich genau umgekehrt in französisiertem Englisch als "Le Sleeping". Den allerersten Schlafwagen aber hatte es auf der Cumberland Valley Railroad in Amerika gegeben - wenn auch erst als "Ahnung" der Idee. Die "Betten" bestanden schlicht in hintereinandergelegten Strohsäcken, auf denen sich die Reisenden samt Kleidung, Hut und Schießeisen niederließen. Wesentlich bequemer war dann bereits die 2. Schlafwagengeneration des Tischlers Mortimer Pullman, dessen Name ja bis heute legendär ist. Seine Probefahrt mit bezogenen Betten, Waschabteil und Toiletten war schon 1859 ein Riesenerfolg. 20 Jahre später besaß er ein Imperium von 20 000 Wagen, die er den Eisenbahngesellschaften vermietete... In Europa allerdings, wo er ebenfalls Fuß zu fassen suchte, hatte er wenig Glück. Seine offenen Schlafkabinen galten als unmoralisch und so blieb es bei einem kurzen Pullman-Intermezzo in Italien. Die Wiege des Speisewagens steht, je zur Hälfte quasi, in Preußen und Bayern, wenn auch die entscheidende Idee aus dem Mutterland der guten Küche - aus Frankreich - kam . Bis zum Jahre 1880 beschränkte sich die Verköstigung während der Eisenbahnfahrt auf "Korbgerichte", die auf Zwischenstationen in die Züge gereicht wurden, und auf zeitraubende "Mahlzeitenaufenthalte". Dann lieh sich die inzwischen gegründete "Compagnie internationale des Wagon-Lits" von der Berlin-Anhaltischen Bahn für fünf Jahre drei Personenwagen 3. Klasse und richtete sie mit Tischen und Stühlen zu "Restaurationswagen" für die Schnellzüge auf der Strecke von Berlin nach Frankfurt/Main her. Die Reisenden erhielten für 2,50 Mark ein "Diner" von fünf Gängen, das in separaten, zu Küchen umgebauten Gepäckwagen zubereitet wurde. Der große Zuspruch, den dieser Service fand, führte schließlich zum Bau der ersten dreiachsigen Speisewagen mit vollständiger Kücheneinrichtung und 24 Plätzen. Obwohl der erste dieser Wagen bei der Münchner Firma Rathgeb entstand, verhielten sich die deutschen Eisenbahnen diesem "Experiment" gegenüber noch lange recht skeptisch. Die allerersten Speisewagen mit Küche verkehrten deshalb zunächst auf der Strecke Marseille-Nizza und dann erst, nach einem erfolgreichen Versuch am 10. Oktober 1882, ab Juni 1883 auch in dem

Jede große Eisenbahngesellschaft legte ihren Ehrgeiz darein, besondere Salon- und Luxuswagen anzubieten. Hier eine "Katalogseite" für solche Wagen der französischen "Compagnie de l'Est". Dekoration und Möblierung, elegant und vom Feinsten, wer konnte da, sofern prominent, widerstehen... Bemerkenswert der offene "Grußwagen" für die kaiserliche Familie, wenn es jubelnde Mengen zu passieren galt... (französisches Eisenbahnmuseum Mülhausen)

In Bercy erbaute die PLM ihr erstes großes Eisenbahnausbesserungswerk, das eine gewaltige Veränderung dieses Pariser Quartiers zur Folge hatte. Die "Rotunde", das große Rundgebäude in der Mitte, war die Wartungs-, Überholungs- und Reparaturen-Halle für die Lokomotiven, wie es dieses Bild von 1898 zeigt – mit einer der schnellen Lokomotiven vom Typ 121 "Forquenot" (s.S. nebenan). Ihre Achskonstruktion, die noch vom Typ 120 stammt, ist noch nicht zufriedenstellend, weil sie Stabilitätsmängel hat. Erst das bewegliche Fahrgestell vorne bringt dafür die definitive Lösung

legendären Orient-Expreß zwischen Paris-Stuttgart-München und Giurgu. Davon wird im Kapitel über den Orient-Expreß noch näher die Rede sein. Damit war der Startschuß für die "Salonepoche" auf den Schienen gefallen. Zwar fuhren "Kom-

Das erste deutsche Eisenbahnfrachtgut: 2 Fäßchen Bier, transportiert auf der Ludwigs-Eisenbahn Nürnberg–Fürth, bei der Eröffnungsfahrt am 7. Dezember 1835. Ein Dokument natürlich eher der Kuriosität als der Geschichte des Güterverkehrs. Dennoch... Frachtpreis 6 Kreuzer pro Fäßchen (DB/Verkehrsmuseum Nürnberg)

fortzüge" bereits seit den 60er Jahren, aber erst der Speisewagen machte den Luxus perfekt.

Um 1885 brach in Europa das Zeitalter der "Expresse" an, einer Anzahl von denen die späteren Kapitel gewidmet sind. Da gab es den "Rom Expreß" und den "Trouville Expreß", den "Oostende-Wien- Expreß" und den "St. Petersburg-Wien-Cannes-Expreß", den "Nord Expreß" von London über Paris und Berlin nach St. Petersburg als "Wochenendzug" - und so fort.

Und der Klassiker schlechthin wurde der sagenumwobene und legendäre Orient-Expreß.

1864: DIE REKORDFAHRT DES KAISERS

Damit noch einmal zu der am Beginn des Kapitels erwähnten kaiserlichen "Rekordfahrt" Napoleons III. von Marseille nach Paris, die als Sensation in die französische Eisenbahngeschichte einging - wenn sie auch erst 1864 stattfand. Von dem überaus ausführlichen und detaillierten Originalbericht darüber hier nur noch eine knappe Zusammenfassung. Der Zug wird in Marseille zusammengestellt, alles mit der geschäftigen Wichtigkeit eines bedeutenden Unternehmens mit Pedanterie und größtem Aufwand. Extra uniformierte Bremser sind eingeteilt. Das Bremsen der Züge ist zu jener Zeit immer noch eines der größten Betriebsprobleme, zumal mit der immer größer werdenden Fahrtgeschwindigkeit. Genügte es anfangs noch, einfach Holzklötze vor die Laufräder zu legen, um die mit gerade 10 km/h rollenden Züge zu bremsen, so ist es nun, zwischen 1860 und 1870, kein nur mehr von der Geschwindigkeit, sondern auch vom Gewicht bestimmtes Problem. Man weiß inzwischen, daß sich zwischen einem Zug von 20 t mit 20 km/h Geschwindigkeit und einem zwischen 60 und 80 t mit 80 oder sogar 100 km/h die Bremskräfte und Bremsstrecken mehrfach multiplizieren. Bei Napoleon III. "Rekordfahrt" ist das Hauptbremsmittel immer noch der eiserne Hemmschuh, der mit einem Stangensystem vor die Räder geschoben wird. Ansonsten handelt es sich um einen "ganz normalen" Zug.

EINE ACHTSTÜNDIGE "BLITZREISE"

Sobald der Kaiser den Zug bestiegen hat, fährt dieser ab; es ist kein fahrplanmäßiger, sondern ein Sonderzug. Die Geschäftsleitung der PLM ist von der Entourage des Kaisers aufgefordert worden, alles zu tun, daß man am Abend in Paris am Gare de Lyon eintrifft. Per Telegraph ist die ganze Strecke von dem kaiserlichen Schnell-Zug informiert worden, samt Anweisung, daß spätestens eine Stunde vor dem geplanten jeweiligen Eintreffen Strecke und Bahnhöfe frei und jeder andere Verkehr dort gestoppt sein müssen. Das ist zu dieser Zeit gar nicht mehr so einfach, denn der fahrplanmäßige Verkehr ist schon recht umfangreich. Die 862 km lange Fahrt bis nach Paris beginnt. Die zug-kräftige *"Crampton"*-Lok vorne hat bereits nach zehn Minuten am Tunnel von Nerthe, der noch ein Jahrhundert lang der längste Tunnel auf französischem Boden überhaupt bleiben soll, 80 km/h erreicht. In Crau bei Arles am Streckenkilometer 776 ist man nach weniger als einer Stunde, der Zug rollt leicht und muß von den 400 PS, die die Lok maximal leisten kann, gerade ein Hundertstel (!) aufwenden, um auf seine Höchstgeschwindigkeit zu kommen. Der Tender enthält 4,5 t Kohle und 5,5 cbm Wasser. Die Lok verbraucht bei dieser Höchstgeschwindigkeit bis zu 7 kg Kohle und 60 l Wasser pro km. In Arles muß also Wasser getankt werden - Zeitverlust nicht nur beim Tanken, das ja auch eine Weile dauert bei dieser Wassermenge, sondern auch durch das Abbremsen schon eine ganze Strecke zuvor und das geraume Zeit beanspruchende Wiederanfahren danach. Weiter geht es schließlich durch Tarascon, dem bereits wichtigen Knoten für die neuen Linien, und durch den Südwesten über Nîmes, Montpellier und Toulouse bis Bordeaux. Bei km 741 ist Avignon erreicht, das erst eine kleine Abzweigungsstation ist, aber bereits eine wichtige Zwischenstationen zwischen Marseille und Lyon. Hier wird auch das erste Mal die Lok (und der Lokführer samt Heizer!) gewechselt. Der Heizer hat zu dieser

Zeit noch einen mörderischen Job: vorne verbrennt ihn die Feuerhitze des Kessels fast, hinten erfriert er schier im Fahrtwind auf dem offenen Führerstand, während er unaufhörlich Kohle schippt. Der Lokomotivführer ist gegen ihn buchstäblich von höherer Klasse: entsprechend trägt er auch eine zylinderartige hohe Mütze. Nach zehn Minuten kann weitergefahren werden, als in aller Hast und Eile die neue Lok angekoppelt ist. Einige Neugierige haben sich eingefunden, aber eine dichte Gendarmen-Absperrkette läßt sie nicht sehr nahe herankommen. Napoleon III. zeigt sich auch gar nicht, weder auf dem Bahnsteig noch am Fenster. Die Fahrt geht durch das Rhônetal. Vaucluse, La Drôme, Donzère, Pierrelatte, wo es eng wird und viel signalisiert werden muß. Noch sind es 100 km bis Lyon, durch St.-Rambert-d'Albon, Vienne und Chasse, überall salutieren die Bahnhofsvorstände stramm und feierlich, als der kaiserliche Expreß vorüberrast - vergleichsweise natürlich -, ebenso die Posten an jedem Bahnübergang und jeder Schranke, die mit einer roten Fahne die erfolgte Absperrung und freie Strecke signalisieren müssen. Mancher Fuhrwerkestau hat sich an diesen Übergängen gebildet. Nach dreieinhalb Stunden ist Lyon erreicht, 350 km sind zurückgelegt. Streckenweise ist man mit 120 und sogar gelegentlich 140 km/h gefahren - aller Wahrscheinlichkeit und Vermutung, nämlich der Berechnung nach, auch wenn es noch keine Tachometer gibt, die ausdrücklich die Fahrtgeschwindigkeit anzeigen. Und das sagt schon einiges über die Leistungsfähigkeit dieser *Crampton*-Loks aus. Wieder wird eine neue vor den Zug rangiert. Alles läuft unter der Aufsicht des Bahnhofsvorstehers exerziermäßig ab wie heutzutage der Reifenwechsel bei Grand Prix-Rennen - wenn auch noch nicht so fix. Während dies geschieht, wird auch ein Diner der berühmtesten französischen, nämlich der Lyoner, Küche in den kaiserlichen Salonwagen gebracht. Und sofort geht es weiter, schon verschwindet der Zug im 2110 m langen Tunnel Saint-Irnénée,

in dem der Lokführer vermeiden muß, seine Ventile zu weit aufzumachen, damit nicht der fette, rußige Rauch aus seinem Kamin den ganzen kaiserlichen Salonwagen einschwärzt. Am Bahnhof Lyon-Valaise ist man bereits wieder auf Höchstgeschwindigkeit, die 2,10 m im Durchmesser messenden Antriebsräder der *Crampton*-Lok drehen sich, so schnell sie können, es geht die Saône entlang, und in Mâcon ist man schon wieder bei über 100 km/h. Hinter dem Rekordzug geht der Verkehr seinen normalen Gang, die schweren Güterzüge mit den großen, inzwischen eigens für sie entwickelten "Mammouth"-Loks rumpeln wieder an, sie haben Gesamtge-

Der Bremserstand. Der Bremser ist seit 1830 in Frost und Hitze unentbehrlicher (und unterbezahlter!) Bestandteil jedes Eisenbahnzugs. Erst um 1890 wird er allmählich überflüssig, als die von der Lokomotive aus bediente Druckluftbremse die Norm wird

---

DAS SIGNALSYSTEM UM 1860

Um 1860 ist die Verkehrsdichte auf den bis dahin existierenden Eisenbahnlinien schon so groß geworden, daß beispielsweise in Frankreich täglich an 150 Züge fahren, jeder mit 4-10 Passagierwagen oder bis zu 40 Güterwaggons. Jeder dieser Züge transportiert im Durchschnitt 80 Passagiere oder 135 t Fracht. Die jährlichen Passagierzahlen belaufen sich bereits auf nicht weniger als 75 Millionen. Verglichen mit den heutigen Zahlen, nach denen in Frankreich täglich 12 000 Züge verkehren und jährlich 750 Millionen Passagiere befördert werden ist dies zwar noch wenig, es vermittelt aber einen Eindruck von der ständig wachsenden Bedeutung der Bahn. Eines der Hilfsmittel, die den reibungslosen Verkehr von immer mehr Zügen in immer dichterer Folge ermöglicht, ist das Signalsystem. Es verhindert, daß sich zwei Züge auf demselben Gleis begegnen oder sich zur gleichen Zeit auf einem Knotenpunkt einfinden, wo Passagiere umsteigen können, usw. Die Qualität des Signalsystems ist sogar entscheidend für Ertrag und Sicherheit einer Linie und eines ganzen Eisenbahnnetzes. Die ersten Signale sind einfache Flaggen. Eingerollt zeigen sie an, daß die Strecke frei ist, ausgerollt sind sie die Aufforderung, langsamer zu werden (wenn sie grün sind) oder sofort anzuhalten (wenn sie rot sind). Sie sind Flaggenposten anvertraut, die als Streckengänger, Weichensteller oder Gleiskontrolleure tätig sind, als Schranken- bzw. Bahnübergangswärter und als Bahnhofsvorsteher. Nachts werden die Fahnen durch Laternen ersetzt. Sie dienen nun allerdings als Signale nur an Örtlichkeiten, wo der Mensch sozusagen ohnehin vorhanden ist. Vor Bahnhöfen oder Haltepunkten auf freier Strecke muß man sich mechanischer Signale bedienen. Das zu dieser Zeit weitestverbreitete ist die rote Scheibe. Steht sie quer zur Fahrtrich-

tung, ist also von vorne sichtbar, ist sie das Haltesignal; steht sie längs zur Fahrtrichtung, bedeutet sie freie Fahrt. Es gibt sie auch bald als Blechgehäuse mit rotem Lampenglas auf einer Seite. Wird das Gehäuse gedreht, zeigt nicht mehr das rote Licht der Fahrtrichtung entgegen, sondern das weiße. Diese Lampengehäuse werden im allgemeinen 800 m vor einem Haltepunkt aufgestellt und per Kabelzug bewegt. Zu diesen Signalen und den Flaggen kommt noch eine Böllerkanone, die im Falle akuter Gefahr abgeschossen wird, um den Lokomotivführer eines herannahenden Zuges zum sofortigen Anhalten aufzufordern. Auch die Züge selbst sind mit Signalen ausgerüstet: Weiße Laternen vorne, rote hinten, dazu grüne Flagge oder Laterne am Zugende bei "Doppelzügen" als Signal, daß der "Doppelzug" gleich nachfolgt. Die Dampfpfeife ist bald das wichtigste Signal einer Lokomotive; ein Pfiff: wir kommen, zwei Pfiffe: wir bremsen, einmal kurz: Wir bremsen nicht mehr/wir fahren wieder los. Mit dem elektrischen Telegraphen und seinen folgenden Läutwerken mit ihren genauen Codes kommt die technische Perfektion der Epoche in das Eisenbahnsignalsystem. Sie ermöglicht es, auf der Stelle sowohl auf unvorhergesehene Situationen zu reagieren (Hilferuf, Ansage eines verlorenen Wagens, Ansage zusätzlicher Züge usw.) wie auf ganz normale (wir kommen an, wir fahren durch etc.); aber man ist vor allem jederzeit über den genauen Standort eines Zuges informiert zu sein (indem jeder Bahnhof dem nächsten signalisiert: der Zug ist jetzt bei uns, er fährt jetzt weiter, etc.). 1935 wurde die weiße Lichtsignalisation für "freie Strecke" wegen der ständigen Verwechslungsgefahr mit anderem Licht zugunsten des grünen abgeschafft. Für die Aufforderung zum Langsamerwerden wurde das gelbe Licht eingeführt.

---

wichte von 100 bis 200 t und rollen nur langsam dahin, schon, damit sie nicht allzugroße Bremsprobleme aufwerfen. Und der Kaiserzug fährt, nachdem er in Chalons ein weiteres Mal Wasser getankt hat, in Dijon ein, wo er wieder eine neue Lok vorgespannt bekommt - für den letzten und schwierigsten Teil der Strecke durch Burgund, mit seinen gewaltigen Steigungen von 8 mm auf den Meter bis zum Tunnel Blaisy-Bas an der Wasserscheide zwischen Ärmelkanal und Mittelmeer. Von Dijon ab ist die Strecke eine schier einzige Folge von Tunnels, und jetzt muß die *Crampton* auch ihre ganzen 400 PS herge-

ben, um gerade noch 80 km/h zu schaffen. Danach aber geht es 250 km lang wieder leicht abwärts bis Melun. Auf dieser Strecke senkt sich das Gelände von 405 bis auf 239 m ü.d.M. in Laumes und weiter auf 86 m ü.d.M. in Laroche, wo der letzte Lokomotivenwechsel stattfindet, und nach einem letzten Wassertanken in Montereau trifft der Zug auf abfallender Schlußstrecke, bei der noch einmal 120 km/h erreicht werden, in Paris ein, nicht viel mehr als 8 Stunden nach seiner Abfahrt in Marseille, wo die Presse den Kaiser noch wähnt, so daß er zur allseitigen großen Überraschung im Palais de Tuileries erscheint...

Es bleibt festzustellen, daß diese Fahrt im Jahre 1864 in der Tat mit mindestens der doppelten als der zu dieser Zeit normalen Durchschnitts-Zuggeschwindigkeit erfolgte, und daß die übliche Durchschnittsgeschwindigkeit von 100 km/h zwischen Paris und Lyon erst nach 1930 "normal" war... und danach sogar erst wieder zwischen 1950 und 1960! Napoleon III. war, mit anderen Worten, seiner Zeit also wahrlich um 100 Jahre voraus.

Bild 7. Eine Seite des Preisverzeichnisses des Speisewagens Berlin-Alexandrowo aus den neunziger Jahren des vorigen Jahrhunderts.

Eines der Fotodokumente, für die man damals schon sehr bewußt "für die Nachwelt" posierte: 1867 in Courcelles vor und auf einer Lokomotive Nr. 63 aus der bedeutenden Serie, die den Beinamen "Fahrrad" erhielt (wegen ihrer beiden großen Antriebsräder!). Begleittext: "Man kann annehmen, daß einige der Abgebildeten noch im 18. Jh. geboren sind!"

*Oben: Eine Speisewagen-Speisenkarte um 1890; darunter der erste deutsche Speisewagen auf der Berlin-Anhalter-Bahn (Holzschnitt aus dem Jahre 1881)
(DB/Verkehrsmuseum Nürnberg)*

Bald gab es auch Speisewagen – eine französische Idee, aber eine deutsche, halb preußische, halb bayerische "Erfindung" – wenn man so will.

Der erste deutsche Speisewagen

Die Eröffnung der Ludwigs-Eisenbahn hat am 7. Dezember morgens 9 Uhr mit den durch das Programm festgesetzten Feierlichkeiten unter dem Zuströmen einer unermeßlichen Volksmenge und ohne irgendeinen Unfall stattgefunden.

Am 7. Dezember 1835 dampfte der "Adler" – oder die "Adler"-Lok – mit etwa 35 km/h und 200 Reisenden "schnell und unaufhaltsam über die ersten sechs Kilometer Bahnstrecke zwischen Nürnberg und Fürth". Nicht nur die Lok stammte aus England, sondern auch ihr Lokführer. Die Eröffnung hat "mit den durch das Programm festgesetzten Feierlichkeiten unter dem Zuströmen einer unermeßlichen Volksmenge und ohne irgendeinen Unfall stattgefunden". (DB)

Ähnliche freudig erregte Aufmerksamkeit der "Volksmenge" fand vier Jahre später (wie zuvor und danach auch vielerorts sonst) die "Eröffnung der Münchner–Augsburger Eisenbahn, den 1ten September 1839" (Zeitgen. Pastellzeichnung)

Eröffnung der Münchner-Augsburger Eisenbahn
den 1ᵗᵉⁿ September 1839

DIE "GENERAL" UND IHR MASCHINIST

Fast ein Jahrhundert später unsterblich gemacht durch Hollywood, war die Lokomotive des Typs 220 "die" amerikanische des 19. Jh. (und der "Eroberung des Westens") schlechthin. Ihre Besonderheit waren das "Bogie"-Drehfahrgestell vor den beiden Antriebsachsen, das Büffelfanggitter vorne, der typische, breit nach oben ausladende Schornstein und die riesige verglaste Laterne davor. Dies hier ist eine naturgetreue Nachbildung der historischen Jupiter *der Central Pacific. Sie fährt heute als Museumsstück an dem historischen Ort des einstigen Promontory Point, wo die berühmte Vereinigung des Schlußstücks der ersten transkontinentalen Bahnstrecke stattfand. Die (nicht zuletzt durch Buster Keaton) berühmte* General *war ebenfalls eine Lokomotive dieses Typs*

Es war nicht "der" *General*, sondern "die" *General* – und unsterblich und weltberühmt gemacht hat "sie" und ihren "Maschinisten" Buster Keaton mit seinem berühmten Stummfilm. Es handelt sich natürlich um die berühmte Lokomotive (und den Filmtitel!) dieses Namens. Buster Keatons "General" ist aber nun bekanntlich bei weitem nicht der einzige Eisenbahn-Film, welcher das Hohelied auf die unvergleichliche Bedeutung singt, die das neue Verkehrsmittel des 19. Jh. für die Geschichte der Vereinigten Staaten hatte. Daß kaum ein Western-Film ohne Postkutsche oder Zug (samt Überfall) auskommt, ist ja kein Zufall. Und jeden dieser Züge zieht diese berühmte Lokomotive mit ihrem Büffelfanggitter vorne, mit ihrer Glocke oben hinter dem breit ausladenden Schornstein, dem erhöhten und vorne verglasten Führerstand sowie dem angekoppelten Tender mit seiner hochaufgeschichteten Ladung Holzstämme. Und natürlich mit der Dampfpfeife, die dreimal pfeift, wenn der Zug schnaufend in den winzigen, aus nicht viel mehr als einer Holzbaracke bestehenden Bahnhof unter der glühend herabbrennenden

Sonne Arizonas einfährt, und aus dem dann zögernd einige Leute aussteigen, die sich finster und vorsichtig umsehen, die Hand eng an der Hüfte, wo der 44er Colt im Halfter steckt...

So vertraut durch tausend Wiederholungen uns dieses Bild ist, es reflektiert Wirklichkeit natürlich allenfalls in Ausnahmefällen. Gewiß hat es spektakuläre Überfälle gegeben, von Räubern oder auch Indianern (und einer der ersten "Spielfilme" der Filmgeschichte überhaupt war ja "The Great Train Robbery" von 1908: Der große Eisenbahnüberfall; von den buchstäblich hunderten Film-Indianerzugüberfällen gar nicht zu reden), aber das war ja nicht das Alltägliche. Zu Klischees geworden sind ebenso die großen Ankunftsszenen vieler Filme auf einem Bahnhof wie etwa in *Vom Winde verweht*, wenn der gutaussehende Offizier in der stäubchenfreien Uniform und den weißen Stulpenhandschuhen die schöne Reisende in vollendeter Kavaliersmanier alter Schule empfängt, die Trittbretter herab und bis zur wartenden Pferdekutsche geleitet... Klischees, wie gesagt, und Marginalien - nicht zuletzt, weil sehr viel weniger als diese Filmbilder über die tatsächlichen Anfänge - und ungeheuren Dimensionen! - der Eisenbahn in Amerika dokumentiert ist. Dabei handelt es sich immerhin um das größte technische Abenteuer der Neuzeit, das praktisch zeitgleich mit dem Beginn der Erschließung des Kontinents beginnt - eine Kombination ohnegleichen; ja man kann sogar sagen: es entstand so die erste Eisenbahn-Nation der Welt; ohne die Eisenbahn wäre sie nicht entstanden; jedenfalls nicht so, wie sie tatsächlich entstand.

Es ist eine übliche Redensart, von den riesigen Entfernungen in Amerika zu sprechen, und daß dies vor allem den

Die Gleisverlegung der ersten "Transcontinental": Rekordtempo

Von 1867 bis 1869, als in den Wüsten Utahs und Nevadas das letzte Stück der ersten amerikanischen transkontinentalen Eisenbahn gebaut wird, schlägt das Tempo der Schienenverlegung alle Rekorde. Was in Europa zehn Jahre braucht, nämlich 600–800 km Gleise zu verlegen (wie etwa bei der Strecke Paris-Marseille), das passiert bei den Amerikanern in einigen Monaten, und lediglich in zwei Jahren für weitere 2800 km, die noch zwischen Omaha und San Francisco fehlen. Die Sache ist bereits sehr durchorganisiert. Auf Materialzügen, die laufend von zwei Akkordarbeitermannschaften entladen werden, dringt man vorwärts und baut vor ihnen her die Gleise. Europäische Solidität und Dauerhaftigkeit sind dabei nicht gefragt, Hauptsache ist Schnelligkeit. Oft werden gar keine eigenen Gleiskörper gebaut, sondern die Schienen direkt auf dem Boden verlegt, lediglich auf Schwellen, wenn man dabei auch sorgsam auf ebene Planierung achtet. Die Arbeitermannschaften haben genau 30 Sekunden Zeit für jede Schiene, und da beide Schienen der Gleise gleichzeitig von je einer Mannschaft gelegt werden, kommt man also pro Minute zwei Schienenlängen vorwärts. Hinter den Schienenauslegern kommen die Richt-und Korrekturtrupps, die Schienennagelausleger, -halter und -nagler. Die Parole lautet: "Drei Schläge pro Nagel, zehn Nägel pro Schiene, 400 Schienen pro Meile (1,6 km) und 1800 Meilen (2880 km) bis San Francisco, also 21 Millionen Hammerschläge ..." So hat es einer der Schienenleger schriftlich überliefert. Man arbeitet rund um die Uhr in Schichten ohne jede Pause, gleich ob unter sengender Sonne oder in eisiger Kälte, begleitet vom Rhythmus von Negro Spirituals oder Blues oder alten irischen Volksliedern, und mit literweise Kaffee und Whisky. Die neue amerikanische Nation wurde nicht zuletzt von diesen einfachen, harten Arbeitern gebaut...

Nein, dies (r.) war denn doch nicht die übliche Art des Reisens. Es handelt sich natürlich um ein Bild von einer Eröffnungs- und zugleich letzten Inspektionsfahrt einer Teilstrecke

Das "Bogie"-Drehfahrgestell war die große entscheidende Neuerung im Eisenbahnwesen Amerikas. Er sorgte für Stoßausgleich und damit sicheres und ruhiges Fahren auch auf krummen, hastig gebauten Gleisen

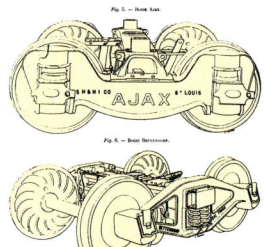

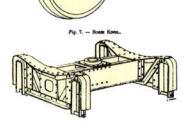

Reisenden dort immer wieder erstaunt, heute noch - so wie erst recht und noch viel mehr einst -, und daß es eigentlich ganz unglaublich ist, wie der Mensch angesichts dessen es dennoch unternahm, sich dieser Dimensionen zu bemächtigen. Das ist in der Tat so. Für die ersten englischen Kolonisten, die zu Beginn des 17. Jh. in Nordamerika landen, ebenso wie die aller anderen Nationen, die später über New York, Baltimore und Philadelphia in das Land kommen, das sich als Staat zu formen beginnt und sich im 18. Jh. als Union proklamiert, wäre oder ist es tatsächlich noch eine lange Reise von sechs oder acht Monaten zu Fuß oder zu Pferd, den ganzen Kontinent zu durchqueren, um dessen fernes Ende weit drüben am Pazifik zu erreichen - dort, wo das geheimnisvolle, legendäre Land Kalifornien liegt, von dem alle träumen wie vom Schlaraffen- oder Wunderland. Die Reise dorthin von der vorerst nur besiedelten Ostküste aus ist so weit wie in Europa von London oder Paris bis ins fernste Sibirien...

DIE NOCH UNMÖGLICHE GEBURT DER GRÖSSTEN NATION

Zur Zeit des Unabhängigkeitskrieges gegen Ende des 18. Jh. hat sich noch nicht viel in diesem neuen, jungen Land getan, das fortan unter dem Namen Vereinigte Staaten bekannt sein wird. Und das bleibt eigentlich noch so bis in die 2. Hälfte des 19. Jh., als erst der Bürgerkrieg nach 1865 den modernen Staat

entstehen läßt, der er seitdem ist. Noch immer ist bis dahin das Reisen langsam, mühsam und beschwerlich - und voller Gefahren! Die wenigen großen Eisenbahnlinien erschließen erst einen winzigen Teil des riesigen Kontinents, der praktisch noch leer ist und gerade 30 Millionen Bewohner zählt. Gewiß, an der Ostküste, in den dortigen Gründungsstaaten der Union, ist bereits ein hochentwickeltes Wirtschaftsleben vorhanden. Es kann sich dort ja auch auf zwei Jahrhunderte Wachstum als zunächst englische oder französische Kolonien stützen. Außerdem sind dort die Entfernungen verhältnismäßig "normal" und lassen das schon recht dichte Eisenbahnnetz zu, das sich zwischen 1840 und 1860 etabliert - auf ganz ähnliche Weise wie in Europa. Aber der ganze riesige Rest des Kontinents, vor allem westwärts, läßt überhaupt erst entsprechend dem Vordringen der Eisenbahn ab 1880–1890 die Entstehung von Territorien und Staaten zu. Mit ihr erst, in ihrem Gefolge sozusagen, dringt die "europäische Zivilisation" in den Kontinent vor (wenn man es nicht umgekehrt sehen will: Die europäische Zivilisation bediente sich ihrer, um den Kontinent zu erschließen ...)

Nehmen wir beispielsweise das Jahr 1869, in welchem die erste transkontinentale Eisenbahn fertiggestellt wurde - Gegenstand ganzer Heldenepen vor allem des Kinos (Filme wie "Union Pacific" haben dieses Hohelied gesungen, und der berühmte letzte - goldene - Schwellennagel in Promontory Point bei der Vereinigung der Strecken ist ein wahres Reliquien-Objekt der amerikanischen Geschichte; davon ist später noch näher die Rede). Zu dieser Zeit ist "Amerika", sind die "Vereinigten Staaten" aber tatsächlich noch ein Land aus höchst unterschiedlichen Gegenden und Gebilden ohne auch nur annähernde Einheit der Lebensbedingungen. Im Osten sind die voll- und hochentwickelten Staaten, im "Westen" (nämlich jenseits der magischen Grenze des Mississippi) liegen die weiten, leeren Gebiete, in denen noch buchstäblich nichts ist als Wildnis, allenfalls die eine oder andere vereinzelte Pionierstation, isoliert, hastig erbaut entlang der neu entstan-

Ein mitten auf einer endlosen amerikanischen Prärie verlorener Bahnhof: noch ohne Ort dazu, aber schon mit einem Namen. Es ist schlicht der "Bahnhof 100. Längengrad", 247 Meilen westlich Omaha, dem großen Knotenpunkt am Missouri und dem damals "letzten Ort der Zivilisation". Die Nebraska-Indianer sind hier friedliche Beobachter des "Feuerrosses" und der bärtigen Eindringlinge in ihre Welt

denen Bahnlinien, die sich allmählich, aber unablässig immer weiter voranschieben, dabei aber zu beiden Seiten nach wie vor riesige Landstriche noch völlig unberührt und unerschlossen lassen - dem zur freien Verfügung, der sie als erster erreicht und in Besitz nimmt, der sich dann aber auch sein eigenes Recht schafft.

Gleichwohl bleibt sicher, daß sich auf diese Weise keine Nation bilden kann, und in der Tat wird die Entwicklung der USA auch noch zwischen 1860 und 1880 durch die rein materielle Unmöglichkeit behindert, schnell und bequem zu reisen - überall hin, nicht nur entlang der großen aber wenigen Bahnlinien, die höchstens ein Viertel des Landes erreichbar machen, die übrigen drei Viertel aber noch lange nicht. Anders ausgedrückt: das Land kann sich ohne Eisenbahn nicht entwickeln.

WIE MAN ZUR PIONIERZEIT REISTE

Die berühmte "Stage Coach", die Postkutsche, die jedem vertraut ist, der einmal einen Western gesehen hat, - also jedermann - und die Straßen im amerikanischen Westen im 19. Jh. mögen das Entzücken aller Kinofans sein, tatsächlich aber waren sie damals in der Wirklichkeit der schiere Alptraum eines Reisenden - und nicht für ihn, sondern für die Wirtschaft Amerikas schlechthin. Zu einer Zeit, da Europa längst von einem dichten Eisenbahn- und Straßennetz überzogen ist, welches raschen und sicheren Transport erlaubt, sind die USA in dieser Hinsicht noch auf dem Stand der rückständigsten Entwicklungsländer (wie man heute sagen würde), in vieler Beziehung dem ebenfalls "unermeßlichen" Rußland vergleichbar, aber noch viel unsicherer ...

Unentbehrlich für die Hollywood-Klischeewelt, wenn auch in der Wirklichkeit sehr viel seltener: Indianerüberfall auf einen Zug in Arizona - in der Darstellung der Titelseite des sensationsgierigen französischen "Petit Journal Illustré" vom 25. Februar 1906

Reisen auf amerikanisch, das bedeutet in den etwa eineinhalb Jahrhunderten vor der Eisenbahn das mühsame Hintersichbringen schier nicht endender Entfernungen, sei es zu Fuß oder zu Pferde, und durch Landschaften, die streckenweise das Werk eines verrückt gewordenen Bildhauers zu sein scheinen. Die gewaltigen Felsenberge, die furchteinflößenden Canyons sind vor allem schier unüberwindliche und auf jeden Fall gefährliche und zeitraubende Hindernisse für die Trecks, die einige Wochen unterwegs zu sein rechnen, aber nach zwei oder drei Monaten noch immer nicht an ihrem Ziel angekommen sind, irgendwo verloren oder festsitzend in den Rocky Mountains oder auf den endlosen Ebenen von Texas, auf der Suche nach dem idealen Land, auf dem sie bleiben möchten, um sich dort eine neue Existenz zu schaffen. Niemand kennt ihre Zahl - all der englischen, irischen, deutschen, französischen, polnischen, jüdischen Pioniere, die auf diesem ungewissen Weg in Colorado oder Nevada irgendwo geblieben, untergegangen, verschollen sind, während andere, weniger wagemutige inzwischen die Staaten des Mittelwestens gründen und aufbauen, von Kansas bis Oklahoma - jene Staaten, welche von denjenigen besiedelt wurden, die auf halbem Wege ihres Traums aufgaben, weil sie entweder kein Geld mehr hatten oder keinen Mut mehr, oder ihre Gesundheit es nicht mehr zuließ, weiterzuziehen. "Go West!" war die Parole. Aber noch fehlte die Straße dorthin: die Schienen-Straße.

Omaha ist ein wichtiger Eisenbahnknotenpunkt. Hier beginnen alle Strecken nach Westen. Diese Bahnhofsszene von dort ist typisch für die 1850er Jahre: bewaffnete Siedler mit ihrem Gepäck, zwischen denen sich einige gefiederte friedliche Indianer fast verlieren: zwei Kulturen, die eine wird gewinnen, die andere verschwinden

Der Indianerhäuptling Rote Wolke sagte zur Eroberung des Westens: "Das ist unser Frühling. Sie sind wie das Gras, das dann hervorsprießt und bald die ganze Prärie bedeckt, und wir sind wie der wegschmelzende Schnee..." Dieses sehr seltene Bilddokument von 1870 ist wie eine Illustration dazu. Mißtrauisch, aber auch bewundernd scheinen sich diese Indianer die Frage nach ihrer Zukunft zu stellen. Interessantes Detail: das Hakenkreuz auf dem Rückenband eines der Indianer

Eine sehr charakteristische Zeitszene: ein durch die Prärie fahrender Zug, hinter ihm ein Flächenbrand und eine Büffelherde (Radierung von 1871)

Jesse James in Aktion... Der berüchtigte Bandit überfiel in der Tat viele Züge (und zur Abwechslung auch Banken), wobei er die Bibel oder Shakespeare zu zitieren pflegte. Der Kopfpreis auf ihn stieg bis auf 10 000 Dollar, genug, um schließlich von einem Komplizen niedergeschossen zu werden

Bedingungen, ohne daß Wetter oder sonstige Ursachen das Vorankommen beeinträchtigen, pro Tag immerhin 60-100 km zurückzulegen - was eine Reise vom Missouri bis nach Sacramento in Kalifornien in etwa einem Monat ermöglicht. Wie sich bei der Streckenlegung der Eisenbahn um 1860 herausstellt, sind das immerhin nämlich nicht weniger als 3000 km Distanz!

Für die frühen Pioniere in ihren überladenen Treckwagen ist Zeit allerdings noch kaum ein Faktor. Sechs Monate Reisezeit gelten um 1860 als normal und üblich bis "hinüber" über den ganzen Kontinent nach Kalifornien. Dafür müssen aber auch mindestens 30 km pro Tag zurückgelegt werden, immer vorausgesetzt, alles läuft problemlos.

Die Risiken dabei gelten ohnehin als selbstverständlich. Die Indianer? Gewiß; aber auch wenn später das Kino den Eindruck erzeugt hat, als seien sie für alle Trecks eine quasi tägliche Dauergefahr gewesen, mit pausenlosen spektakulären Überfällen oder Angriffen, war es natürlich in Wirklichkeit

Reisen auf amerikanisch ist, außer dem Problem der Entfernungen, also lange noch die Fahrt in der Pferdekutsche oder aber im Treckwagen. In beiden langt man durchgerüttelt, in der einen schneller, im anderen langsamer, an seinem Ziel an, allein oder mit seiner Familie und seinen paar Habseligkeiten. Beiden Fahrzeugtypen ist ein notorischer Mangel an Komfort gemeinsam, schon weil der Zustand der Straßen und Wege eine harte Federung nötig macht, um den Transport über tausend Kilometer mehr oder minder unwegsamen und verschiedenartigsten Geländes bergauf und bergab, ohnehin stets mit der Gefahr, daß Achsen oder Räder brechen, überhaupt durchzustehen.

Die Pferdekutsche ist schnell, gewiß, jedenfalls im Vergleich zum Treckfuhrwerk, das kaum sehr viel schneller vorankommt als ein Fußgänger. Und dabei hilft das schon seit dem Ende des 17. Jh. entwickelte Liniensystem von Relaisstation zu Relaisstation, das es immerhin erlaubt, unter normalen

nicht ganz so. Ohnehin hat man auch in Amerika, und selbst im Kino begonnen, diese Dinge alle ein wenig realistischer, historisch korrekter zu sehen und vor allem die Indianer zu "rehabilitieren", soweit sie immer nur als die blutrünstigen Wilden gezeichnet wurden, welche harmlose Pioniere überfielen und abschlachteten. Denn tatsächlich waren ja sie die Opfer einer beispiellosen Verdrängung aus ihrem angestammten Lebensraum... Doch das ist eine andere Geschichte.

Auch im Zusammenhang mit der "eisernen Straße" und dem "Feuerroß", also der Eisenbahn, gebietet die historische Wahrheit die Feststellung, daß die Indianer die Opfer zahlloser gebrochener oder von vornherein unehrlicher und unseriöser Verträge waren. Und natürlich gab es deshalb auch Überfälle auf Kutschen oder Eisenbahnen. Aber mindestens ebensooft kamen die Indianer sozusagen aus reiner Neugier, um sich den Bau einer Eisenbahnlinie (deren Dampfpfeifen sie entsetzten!) anzuschauen und zu bestaunen.

Nein, die wirklichen und sehr viel häufigeren Gefahren für die Trecks waren ganz anderer Natur. Da waren zuallererst die rein klimatischen Strapazen - sengende Hitze im Sommer, entsetzliche Kälte im Winter -, denen kleine Kinder und alte Leute zum Opfer fielen. Ein tägliches Risiko waren auch umgestürzte oder gebrochene Wagen, zusammenbrechende oder ausschlagende Pferde - die überhaupt zu jener Zeit des Reisens mit Pferden zahlreiche natürliche Gefahren verursachten, aber nun einmal das einzig verfügbare "Verkehrsmittel" waren. Schließlich kamen noch die Gefahren durch die Umgebung dazu, durch wilde Tiere, durch die riesigen Büffelherden, die über die Prärien zogen und auch schon mal ganze Trecks zertrampelten, Klapperschlangen auf den heißen Böden und giftige Wasserschlangen in den Sümpfen. Man darf ja keinen Moment vergessen, daß dieser amerikanische Kontinent noch so gut wie menschenleer und die Natur feindlich in vielfacher Weise war.

War dies noch nicht Gefahr genug, so war stets mit Räuberbanden zu rechnen, und dies alles zusammen ließ gar keine andere Wahl, als sich zu Trecks zusammenzuschließen, deren Schutztruppen freilich nicht selten "konvertierte" Banditen waren - und auf die mit Colt und Halstuch vor dem Mund da und dort einzelne Wegelagerer warteten. Wie sie später auch auf die "Railroad" warteten ...

DIE "RAILROAD" ERSCHEINT AUF DER BILDFLÄCHE

Die ersten Eisenbahnstrecken in Amerika entstehen bereits fast zur gleichen Zeit wie die in Europa, nämlich in den Jahren um und nach 1830 - aber eben nur an der bereits besiedelten Ostküste, zwischen Philadelphia, Baltimore und New York. Dort gibt es ein Schienennetz, das bereits recht dicht und dem englischen durchaus vergleichbar ist - und auch schon mit einigen Abstechern, "Fühlern" westwärts, beispielsweise über die Berge oder hinauf zu den Großen Seen und bis nach Chicago. Die ersten bedeutenden großen Linien sind die zwischen Baltimore und Ohio, am Eriesee und zwischen Chesapeake und Ohio. Die längste Strecke damals ist die von New York nach Erie: 725 km, mit einer Spurbreite von 1,83 m, die sie damit auch zur größten der Welt macht, nämlich sowohl nach ihrer Länge wie ihrer Spurbreite...

Ein anderes großes Eisenbahnnetz entwickelt sich zu dieser Zeit ebenfalls: das von Pennsylvania, das sich, u.a., seine Lokomotiven selbst baut - die amerikanische Lokomotive, die sich von der europäischen beträchtlich unterscheidet, nicht

Die amerikanische Lokomotive des Typs 220

Unsterblich geworden durch die Eroberung des Westens (und später durch Hollywood!), ist die Lokomotive des Typs 220, die amerikanische Lokomotive des 19. Jh. schlechthin. 220 - das ist das Kürzel für je zwei Trag- und Antriebsachsen und "0" (nämlich keine mehr) dahinter. Diese Lokomotive stammte direkt von den frühen englischen mit je einer Antriebs- und Tragachse ab. Die vordere Tragachse war durch ein "Bogie" ersetzt, die doppelte drehbare Achse, hier als Voraus-Fahrblock, eine Lösung, die Stoß- und Rüttelausgleich auf krummen Gleisen garantierte - und auch das Entgleisen verhinderte oder sehr erschwerte, was auf den amerikanischen "Schnellbaugleisen" unerläßlich war. Danach wurde zugunsten der besseren Bodenhaftung und gegen das Raddurchrutschen auch die Antriebsachse verdoppelt. Die damit gewonnene größere Länge ermöglicht auch einen längeren Dampfkessel, also eine größere Antriebskraft. Der vorne in die Lok integrierte Bogie-Block wird sogar ein Charak-

teristikum aller amerikanischen Lokomotiven der Zeit. Und dessen bewegliches Fahrgestell bekommt auch das gesamte "rollende Material" - vom Tender bis zum Passagier- und Gepäckwagen. Die großen Firmen der Branche wie Baldwin, Norris, Rogers, Smith & Jackson oder Grant bauten die 220, die sowohl mit Holz (in welchem Fall der - dann schräge - Schornstein einen Flugaschenfilter enthielt) als auch mit Kohle (aufrechter Schornstein) beheizt werden konnten. Die Zylinder befanden sich außen vorne und die Pleuelhebel innen, so daß außen sichtbar nur noch die Pleuelstangen waren. Die ganze Lok wog nur 40 t, erreichte bis zu 100 km/h und konnte im Linienverkehr problemlos 200 oder 300 t Last transportieren. Für Güterzüge setzte sich der Lokomotivtyp 130 durch, der, wie die Schlüsselzahl besagt, nur eine Trag- aber drei Antriebsachsen von bescheidenem Durchmesser (und "0" dahinter) besaß. Hießen die 220er-Loks bald in aller Welt *American*, so bekamen die 130er den Namen *Mogul*.

nur in der unverwechselbaren Form ihres großen und breiten Schornsteins. An ihr zeigt sich, daß die amerikanische Eisenbahn sich ganz anderen und speziellen Verhältnissen gegenübersieht. Sie hat sich sehr bald von dem englischen Lokomotiventyp der Stephenson, Gooch, Allan entfernt. Die amerikanischen Fabriken wie Baldwin, Rogers und Norris bauen vielmehr, zwangsläufig angesichts der in Eile gebauten Gleisstrecken des jungen und in Eile befindlichen Landes eine Lok mit einem "Bogie" vorne. Es läuft auf vier kleinen Rädern und hat eine bewegliche Achse, was ihm ermöglicht, die nachfolgenden Lokräder auch auf nicht so exakt geraden Schienen sicher laufen zu lassen. Die ersten amerikanischen Lokomotiven haben auch einen Achsantrieb hinten, welcher eine Dreipunktfederung garantiert (den Unebenheitsausgleich des Bogie vorne und für jedes Antriebsrad), was zu einem Maximum

Eindrucksvolle, aber ganz gewöhnliche Szene aus dem Westen: ein Zug fährt durch eine brennende Prärie, auf der die Skelette verdursteter Tiere bleichen. Hinter dem Tender der Lokomotive türmen sich auf einem offenen Plattform–Wagen alte Möbel, Bretter und sonstiges Brennholz, das alles in den Ofen der Lok wandern wird. Jeder Zug braucht immer eine gute Brennmaterialreserve auf den langen Strecken mit allen ihren Ungewißheiten

In Los Angeles werden hier – wie überall in Amerika – mit Hochdruck einfache Eisenbahnwaggons mit Holzchassis gebaut. Die Fabriken unter freiem Himmel fechten ganze Wettbewerbe in Schnelligkeit aus. Amerika ist in einem Tempo–Baurausch, was die Eisenbahnen angeht

Die "Trestle Bridge" (streich-holzartiger Fachwerk–Brük-kenbau) ist ein Charakteristi-kum des frühen amerikani-schen Eisenbahnbaus. In Eile und so billig wie möglich hoch-gezogen, sind diese Konstruk-tionen das Ideale für die ra-sche Fertigstellung neuer Strek-ken, wenn Täler oder Flüsse überquert werden müssen. Passagiere mit schwachen Nerven oder Herzen mußten schon die Augen schließen, bis solche nicht immer über-mäßig stabilen "Streichholz-strecken" überquert waren – und in der Tat knackten so manche davon früher oder später zusammen, wenn sie einen Zug nicht mehr aushiel-ten; und nicht immer erst hin-ter diesem...

an Stabilität beiträgt und jedes Entgleisen verhindert. Später kommt sogar noch ein zweiter Achsantrieb hinten dazu - die Bogielokomotive mit zweifachem Achsantrieb ist geboren, auch genannt Typ 220. Sie ist ein halbes Jahrhundert lang "die" amerikanische Lokomotive schlechthin - eben die, welche den Beinamen *General* erhält.

Amerika hat es, wie gesagt, eilig und will seine Eisenbahn so schnell wie nur möglich aufbauen. Man hält sich nicht mit stabilen, soliden Baukonstruktionen auf, wie sie in Europa üblich und normal sind, wo Brücken und Mauern sorgfältig angelegt und ausgeführt werden und stabile, gemauerte Via-dukte und Tunnels entstehen. Hier ist das Entscheidende die Schnelligkeit, das Schienenverlegen im Eiltempo - wenn es sein muß, auch direkt auf dem Boden ohne eigenen Gleiskör-per. Täler überquert man mit oft waghalsigen provisorischen Holzkonstruktionen, den sog. Trestle Bridges ("Streich-holz"-Fachwerkbrücken), bei deren Anblick allein einem schon schwindlig wird - wenn sie nicht gleich unter dem Gewicht des Zugs zusammenknicken wie Streichholzkon-struktionen oder Kartenhäuser (was im übrigen gar nicht so selten passiert!)

Dazu kommt, daß die Eisenbahnbauer in aller Regel über-haupt keine fachliche Vorbildung haben. Es sind einfach Beauftragte oder Honoratioren, die es eilig haben, ein Vermö-gen zu machen, Geschäftsleute auf der Jagd nach dem schnel-len Profit, skrupellose Spekulanten, die um ihre Eisenbahnpro-jekte herum eine Atmosphäre der Hochstapelei oder des Banditentums entwickeln, deren hinterher sich zu entledigen die Eisenbahngesellschaften oft genug große Mühe haben...

Die Lokomotiv- und Wagenkonstrukteure haben begrif-fen, daß es mit dieser Art Gesprächspartnern keinen Sinn hat, Fachdiskussionen zu führen, sondern daß man ihnen mög-lichst farbige und aufwendige Kataloge vorlegen muß, auf

denen die Lokomotiven eher wie bunte Spielsachen aussehen. Gefallen muß es ihnen. Konstrukteure wie Norris oder Bald-win, die noch 1840 keine 15 Lokomotiven pro Jahr produzier-ten, haben um 1860 jeder Jahresproduktionen von fast 1000 Stück erreicht.

Der Lokomotivenbau konzentriert sich in und um Philadel-phia und Paterson/New Jersey, und wenn Rogers die bedeu-tendste Fabrik der Branche ist, so ist Baldwin der, welcher die erste Vierachsantriebs-Lok herausbringt - eine Maschine, die dank ihres sehr beweglichen Fahrgestells imstande ist, sehr

Brot, Büffelfleisch, Kaffee und Whisky... das war die Ernäh-rung der meist irischen Gleis-arbeiter, die im Akkord durch-schnittlich 2 km Schienen pro Tag verlegten, ohne auch nur einen überflüssigen Handgriff dabei zu tun

Die Seite nebenan zeigt das Depot von Nashville in Tennessee während des Bürgerkriegs. Die Schlacht von Nashville im Dezember 1864 steht bevor, die Lokomotiven werden ständig unter Dampf gehalten, um jederzeit für Militärzüge einsatzbereit zu sein. Der Norden verdankt seinen Sieg in diesem Krieg nicht zuletzt seiner "Eisenbahn–Überlegenheit"

Kriegsszene aus Catlett, Virginia, 1862. Die Konföderierten haben eine Lokomotive zum Entgleisen gebracht. Ein Pionierkommando des Uniongenerals John Pope macht sich unter feindlichem Beschuß daran, sie wieder auf das Gleis zu setzen

"Vom Winde verweht": das ist alles, was im November 1864 vom Depot Atlanta übriggeblieben ist, nachdem die Truppen von General William T. Sherman ihren "Blitzfeldzug" in den Süden geführt haben. In den Ruinen der Rotunde beginnen bereits wieder die ersten Lok–Reparaturen

Der Komfort in den amerikanischen Zügen ist – teilweise zumindest dank G. Pullman – der Zeit sehr voraus. Hochklappbare Betten gehören dazu (wie auf dem Farbbild rechts) oder Schlafwagen mit Vorhängen wie hier oben (unerfreuliche Begleiterscheinung: Ein Eldorado für Voyeure!). Die beiden Abbildungen oben zeigen neben dem Speisewagen rechts unten zwei Typen von Salonwagen: den traditionellen "Coach" (abteilloser Großraumwagen mit Mittelgang) und den privaten Luxussalonwagen für die betuchteren Kreise. Alle Wagen sind mit den gut gefederten und stoßausgleichenden beweglichen Fahrgestellen ausgestattet

schwere Lasten auch auf den häufig ziemlich krummen Gleisen zu transportieren.

Um 1850 herum haben die USA dann bereits ein ganz ansehnliches Schienensystem, jedenfalls im Osten. Eine transkontinentale Eisenbahn scheint zu dieser Zeit noch ein Projekt für die sehr ferne Zukunft zu sein. Eine kaum noch überschaubare Anzahl privater und konkurrierender Gesellschaften hat einen Wust verschiedener Spurbreiten eingeführt: 1,43 m, 1,53, 1,67 oder sogar 1,83 m. Manche großen Gesellschaften wie die Nashville–Louisville haben sogar ein Schienennetz von 2500 km mit der Spurbreite 1,83 m! Im amerikanischen Eisenbahnwesen gibt es keinerlei Standard. Jeder macht schlicht, was er will und wie er will.

Binnen Tagen entstehen neue Gesellschaften, die konkurrierende Linien bauen, zuweilen sogar auf parallel verlaufenden Strecken, und sie heuern "Gangs" an, die nachts die Arbeit der Konkurrenz zerstören. Aus diesem "Jeder für sich" der Eisenbahngesellschaften kann kein überregionales Projekt, geschweige ein nationales Schienennetz entstehen. Verschiedene Spurbreiten, Streckenführungen, die ausschließlich von lokalen und oft auch nur kurzfristigen Interessen

bestimmt sind, Gleise bestenfalls mittelmäßiger Qualität, die in aller Eile verlegt wurden, nur um die Prämien für den Ersten zu kassieren, der diese oder jene Stadt erreicht ... : die amerikanische Eisenbahn kann in diesem Zustand keinerlei nationale Rolle spielen, ganz im Gegensatz zu denen in Europa und speziell in Frankreich, wo Napoleon III. das gesamte Eisenbahnwesen dem Staat ganz oder als Interessenschlichter unterstellt hat.

Dann aber passiert etwas, das die Dinge entscheidend verändert: der Bürgerkrieg. Als eine nationale Tragödie, mit einer Kriegführung von bisher in der Geschichte unbekannter Grausamkeit, bedeutete dieser Krieg andererseits aber auch eine Zäsur nicht nur in politisch/historischer Sicht. Plötzlich erkennen die Amerikaner einen neuen Wert in der Eisenbahn: deren Einbeziehung in die Strategie und Politik könnte auf gewisse Weise der Mörtel ihrer Nation sein.

DIE EISENBAHN BESTIMMT DEN KRIEG

"Nie zuvor sind soviele Truppen bewegt worden und mit sovielen Sonder-Eisenbahnzügen,"

schrieb General James Longstreet im Zusammenhang mit dem Transport von 12 000 Soldaten auf einem Rundkurs von 1 440 km zwischen dem Norden Virginias und dem Schlachtfeld von Chickamauga. "Und auch noch nie hat man so verrückt zusammengestellte Züge gesehen - wild durcheinander Personen-, Gepäck-, Fracht- und Viehwagen, Kohleloren, Tieflader- und Güterwagen aller Art, wie es gerade kam und wie man sie nur kriegen konnte, und sie kreischten und quietschten auf den Schienen. Aber wir kamen jedenfalls an..."

Mit anderen Worten: die Eisenbahn ist ein Mittel der Kriegführung geworden und spielt sogar eine entscheidende Rolle beim Sieg der Nordstaaten, die über insgesamt 36 000 Streckenkilometer verfügen, gegen nur 14 000 der Südstaaten. Amerikanischen Historikern zufolge hätte der Bürgerkrieg sogar, wenn er 1835 stattgefunden hätte, als die Südstaaten

noch überhaupt keine Eisenbahnen hatten, mit dem sofortigen und totalen Sieg der Nordstaaten geendet. Atlanta, die Stadt, die überhaupt erst durch die Eisenbahn entstand, ist ein wichtiger Eisenbahnknotenpunkt, und ihr Fall besiegelt die Niederlage des Südens, weil die Zerstörung ihres Bahnhofs und der in sie hineinführenden Gleisstrecken auf einen Schlag die Mobilität der Südstaatentruppen lahmlegt.

Obwohl sie sich sehr weit von ihren Basen im Norden entfernt und sich mitten in feindliches Umland ohne Versorgungsmöglichkeiten begeben haben, laufen die Nordstaatengeneräle keine Gefahr, das Schicksal Napoleons in Rußland zu erleiden, weil ihnen der Rückzug oder sonstige strategische

Der amerikanische Passagierwaggon

Die großen Reiseentfernungen Amerikas, besonders natürlich auf den transkontinentalen Eisenbahnstrecken, erfordern von selbst einen Komfort und eine Ausstattung, die die kleinen und kurzen europäischen Eisenbahnpassagierwaggons der Jahre 1830-1840, mit ihren vergleichsweise kurzen Reisestrecken noch sehr lange nicht bieten können. Dennoch sind auch auf den amerikanischen Strecken zunächst die kleinen und kurzen Wagen das Übliche, so wie z.B. auf der "Baltimore und Ohio" 1832 mit ihren kuriosen Kutschengehäusen, die einfach nur auf vier Eisenräder gesetzt sind, oben mit einem Verdeck, das aus ihnen Gefährte machte, die höher als lang waren und seitlich weit über die Gleise hinausragten. Der erste Versuchs-Wagen mit Bogie, also beweglichem Fahrgestell, wurde bereits 1834 für die Philadelphia und Columbia Railroad gebaut und bekam den Namen *Victory*. Inspiriert war er von einem französischen System beweglicher Achsen auf der Strecke St.Étienne-Lyon. Es ist nicht uninteressant, warum dieser frühe Versuch in Frankreich wieder aufgegeben wurde. Ein "Bogie"-Wagen ist sehr schwer und stellte also "totes", beträchtlich größeres Gewicht als beim normalen Zweiachsenwagen dar. Die europäischen Eisenbahnen blieben aber aus Ökonomie- und Energie-Gründen noch lange bei der Konzeption der zweiachsigen Wagen. Erst zwischen 1890 und 1900, als die Waggons auch immer länger wurden,

bekamen sie ebenfalls das bewegliche Fahrgestell. Bis dahin machte auch der erheblich bessere Gleiszustand in Europa das Bogie-System nicht so dringend nötig. In Amerika ist das alles ganz etwas anderes, die Verhältnisse lassen sich angesichts der dortigen, ungeheuer schnell und unter geringstmöglichem Aufwand, gebauten Schienenstrecken kaum vergleichen. Die ersten amerikanischen Bogie-Wagen sind ziemlich langgestreckt und ruhen über dem Fahrgestell auf Plattformen, oben sind sie mit einem Verdeck überdacht. Ab 1840 ist die "klassische" Form mit den zwei Einstiegsplattformen vorne und hinten und dem abteillosen Wagen mit Mittelgang (und WC!) gefunden. Dieser "Coach"-Typ wird für die kommenden Jahrzehnte der klassische Eisenbahnwagen in Amerika. 1865 erfindet dann der einstige Tischler George Mortimer Pullman seinen Schlafwagen und seine "Komfort- bzw. Luxuskonzeption" wird zum Programm und Begriff in aller Welt, aber vor allem natürlich in Amerika, nachdem seine ersten "Demonstrationen" auf der Strecke Chicago-Alton auf Anhieb ein Erfolg waren. Ab 1860 sind die amerikanischen Waggons schon über 15 m lang, ausnahmslos mit beweglichem Fahrgestell und einem Gewicht von über 16 t. In Europa messen die Waggons zu dieser Zeit noch 5-6 m und wiegen 7-8 t. Der Entwicklungs-Rückstand Europas, jetzt schon erheblich, soll sich noch ein halbes Jahrhundert lang weiter vergrößern.

Bewegungen unmöglich wären oder der Nachschub ausbliebe - dank der Eisenbahn. Wenn Napoleon sie gehabt hätte...

General William T. Sherman verfügt zwar nur über ein verhältnismäßig zerstückeltes Versorgungsnetz per Bahn, nützt es aber klug. Er erbeutet dann und wann sogar Lokomotiven und ganze Züge von den Südstaatengenerälen, die sich ihrerseits bemühen, ihm möglichst stark zu schaden, indem sie Eisenbahnmaterial zerstören, wo sie nur können. So vernichtet die berühmte Konföderierte Kavallerie im Juni 1862 an einem einzigen Tag 42 Lokomotiven und 300 Waggons, was ganz gewiß ein auch danach unerreichter Rekord in der Militärgeschichte ist.

Andererseits gelingt es dem Norden, in nur wenigen Tagen 23 000 Soldaten und 10 t Artilleriematerial 1900 km weit zu transportieren, und zwar vom Ufer des Potomac auf das Schlachtfeld von Chattanooga. General Sherman schafft sogar

Sengende Hitze im Sommer, eisige Kälte und Schnee im Winter – die vielfältigen Klimaunterschiede erfordern es, für alles gerüstet zu sein. In den Rocky Mountains, wo die Eisenbahnstrecken oft bis 3000 m ü.d.M. ansteigen, geht es im Winter nicht ohne Schneeräumzüge. Mehr als alle Indianer und Banditen bringen die klimatischen Verhältnisse immer wieder Probleme mit sich

noch mehr: er transportiert 100 000 Mann und 35 000 Pferde in Georgia von Louisville aus 756 km weit auf einem einzigen Gleis mit 16 Zügen zu je 10 Waggons und schafft damit eine Ablösung in weniger als einer Woche. Dergleichen ist etwas völlig Neues in der Militärgeschichte und verschafft dem raschen Truppen- und Materialtransport eine ganz neue strategische Rolle in der Kriegführung, wie man sie auch in Europa dann erstmals im deutsch-französischen Krieg von 1870/71 erlebt - wenn auch nur auf deutscher Seite, während der französische Generalstab noch gar nicht begriffen hat, wie wichtig die Eisenbahn in dieser Hinsicht geworden ist...

DER/DIE "GENERAL" BETRITT DIE SZENE

Die Geschichte der/des *General* (die tatsächliche!) ist in der Zeitung *Southern Confederacy* beschrieben worden - als "das außergewöhnlichste Eisenbahnabenteuer, das sich je auf dem amerikanischen Kontinent zugetragen hat". Es beginnt im Bahnhof von Big Shanty am 12. April 1862. Die Bedienungsmannschaft der Lokomotive *General* und die meisten Passagiere des an ihr hängenden Zuges sitzen friedlich beim Mittagessen im Hotel Lacy. Im Bahnhof wartet die unter Dampf stehende Lokomotive vor ihrem Zug auf die Weiterfahrt. Wir sind im Süden, hier herrscht selbst im Krieg weiterhin diese gewisse südliche Lässigkeit. Kein Mensch denkt daran, den Zug etwa zu bewachen. Man sitzt schließlich vereint bei Tisch.

Draußen aber klettern sechzehn Mann heimlich und lautlos auf die drei ersten Gepäckwagen, nachdem sie den Rest des Zuges abgekoppelt haben, und stellen sich mit professioneller Sicherheit in den Führerstand der *General*, wo sie das Ventil öffnen, woraufhin sich die Lokomotive sofort in Bewegung setzt.

Der Zugfahrer heißt James J. Andrews, ein Eisenbahner aus Kentucky, einem Unionsstaat. Bei ihm sind Soldaten aus Ohio, also aus dem Norden wie er. Dem "Prisonkommando" bleibt nun nichts weiter, als schnellstens auf Chattanooga zuzudampfen, mit Halten nur, um hinter sich Brücken oder Gleisanlagen zu zerstören, soweit dazu Zeit bleibt, die sie freilich kaum haben, denn die Entführung des Zuges hat natürlich längst vor dem Hotel Lacy die Aufmerksamkeit des eigentlichen *General*-Lokomotivführers William A. Fuller, eines jungen Mannes von 26 Jahren, des Ingenieurs Jeff Cain und Anthony Murphys, eines der Direktoren der Eisenbahngesellschaft, erregt. Fuller ist der historische "*General*-Maschi-

Schon beginnt auch der Gigantismus. Zwar ist die leichte 220 die normale und vorherrschende Lok, doch es entstehen in Amerika nach dem Bürgerkrieg bereits (s. Großenvergleich) überdimensionale schwere Güterzugloks wie diese 78 t schwere 240, mit vorangestelltem "Bogie" und acht verkoppelten Rädern, sonst aber allen üblichen Bestandteilen bis hin zum Büffelfang vorne und der typischen Riesenlaterne oben

nist", von dessen Geschichte Buster Keaton sich also inspirieren ließ. Zunächst unternehmen die drei nichts Besonderes. Sie gehen davon aus, daß der Zug von Deserteuren der eigenen Süd-Armee gestohlen worden sei und sie mit ihm also sicher nicht sehr weit fahren werden. Als sie nach längerem Hinterherrennen, schon ganz außer Atem, eine Draisine gefunden haben, pumpen sie sich nach Kräften 17 km lang hinter der entführten Lok her, ehe sie dann an einer von den Entführern hinter sich aufgerissenen Schiene entgleisen. Ein Stück weiter steht jedoch auf einem Abstellgleis eine alte Lokomotive, unter Dampfdruck und kaum sorgfältiger bewacht als die *General*. Es ist die *Yonah*, die hier ihre alten Tage friedlich als Rangierlok beendet. Jetzt aber dampft sie mit voll aufgemachten Ventilen los, ihre Räder quietschen und rutschen zuerst durch, so abrupt wird sie losgefahren, und Fuller macht sich nun mit Volldampf auf die Verfolgung seiner geliebten *General*, jetzt wenigstens mit einiger Aussicht, sie einzuholen. Inzwischen zerschneiden vorne die Soldaten aus Ohio sämtliche Telegraphenleitungen entlang der Strecke, reißen noch einmal das Gleis auf und blockieren die Strecke zusätzlich mit quer über die Schienen gelegten Baumstämmen.

So geht die Verfolgungsjagd einige Stunden lang weiter. Dann ist im Bahnhof von Kingston das Gleis blockiert, und die *General* muß fast eine Stunde lang warten. Drei entgegenkommende Güterzüge sind avisiert. Die einzige Ausweichstelle der eingleisigen Strecke ist hier in Kingston. Die Situation ist also pikant genug, zumal es sich bei den Güterzügen um "Nordzüge" mit Nachschub nach Süden handelt; und ausgerechnet sie behindern und gefährden nun das Husarenstück. Ein sozusagen "normaler" Kriegsakt sieht sich seiner zivilen Unterbrechung durch die, wenn auch erzwungene, Respektierung der normalen Eisenbahnverkehrsregeln unterworfen...!

Und tatsächlich kommen die Verfolger in den Bahnhof von Kingston nur noch mit wenigen Minuten Rückstand an, nachdem die *General* endlich weiterdampfen konnte. Der *Yonah* geht allerdings inzwischen die Puste aus. Aber Fuller, Cain und Murphy schwingen sich auf eine andere Lokomotive, die *William R. Smith*, mit der sie allerdings gerade noch 5 km weit kommen. Dann stehen sie an einer so lang zerstörten Gleisstelle, daß jeder Gedanke an schnelle Ausbesserung und Weiterfahrt illusorisch ist.

Da aber kommt der pathetischste Moment der ganzen Geschichte. Die drei Männer laufen einfach weiter, rennen hinterher. Cain bricht erschöpft zusammen, doch Fuller, der "Maschinist", rennt unverdrossen weiter hinter seiner *General* her, beflügelt von unbändigem Willen und Rachedurst. Auch Murphy bleibt hinter Fuller, wenn auch mit einigem Abstand. Auf der *General* herrscht inzwischen Euphorie. Der endgültige Triumph des Husarenstreichs scheint in greifbarer

Nähe. In Calhoun lassen sie einen weiteren Expreßzug vorbei, der nun also hinter ihnen die Strecke blockiert. Keine Chance mehr für ihre Verfolger, bis Chattanooga ist jetzt freie Fahrt. Doch da passiert etwas ganz Unvorhergesehenes. Die Lokomotive *Texas* erscheint auf einmal wie aus dem Nichts auf der Bildfläche und dampft mit voller Kraft rückwärts heran – und hinten, also jetzt vorne, auf dem Tender stehen Fuller und Murphy in voller Lebensgröße! Sie haben die Lok vor einem ausfahrbereiten Güterzug entdeckt, nachdem sie keuchend den letzten Bahnhof erreicht haben. Der Zugführer, ein gewisser Peter Bracken, hatte sofort begriffen und seinen Zug rückwärts vor sich hergeschoben, abgekoppelt, den Expreß noch vorbeigelassen und sich auf die Verfolgung der *General* gemacht.

Aber Andrews gibt sich noch nicht geschlagen. Weil nicht einmal mehr Zeit bleibt, normal abzufahren, springt er auf den auf dem unebenen Gleis schwankenden Tender, läuft nach hinten bis zum letzten Gepäckwagen und koppelt diesen ab. Der rollt, langsamer werdend, weiter, bis die *Texas* ihn eingeholt und keine andere Wahl hat als ihn vor sich herzuschieben. Vorne ist inzwischen auch der zweite Gepäckwagen abgekoppelt worden, alle Soldaten sind nun im letzten noch verbliebenen.

Die Verfolger sind gezwungen, langsamer zu fahren und die nunmehr zwei abgekoppelten Gepäckwagen auf einem Abstellgleis loszuwerden, ehe sie ihre Fahrt fortsetzen, bei der sie dann aber bald wieder stark aufholen. Jetzt verlassen die Unions-Soldaten vorne auch noch ihren letzten Gepäckwagen, koppeln auch diesen ab und drängen sich alle auf dem Tender zusammen. Und Andrews zündet ihn auch noch an, ehe er davondampft. Doch dieser Schuß geht nach hinten los. Denn der brennende Gepäckwagen wird so heiß, daß er unten Räder und Gleise verbiegt und den Wagen entgleisen läßt – und damit den Verfolgern mit der *Texas* erneut freie Bahn verschafft! Ein paar Kilometer weiter wird die *General* immer langsamer. Der Kesseldruck sinkt rapide. Keine Kohle und kein Wasser mehr. Es bleibt nichts übrig als abzuspringen. Sie halten an, stellen den Rückwärtsgang ein und machen sich in den nahen Wald davon.

Die *General* kommt nicht weit, sie hat keinen Dampf mehr und fährt nur noch mit sanftem Anprall auf die *Texas* auf, die Peter Bracken in einer Vollbremsung zum Stehen bringt. Die tolle Verfolgungsjagd endet so nach 140 km, von denen allein die *Texas* die letzten 80 km in 65 Minuten bestritten hat – einschließlich der beiden ersten Kilometer, da sie erst ihren Güterzug abkoppeln mußte; und das alles auf einer gleiskörperlosen, also sehr schlechten Strecke. Das Abenteuer wird alsbald zur Legende. Andrews und sieben seiner Leute des "Kommandos" werden gefangen und gehängt.

Texas und *General* beschließen ihre Tage danach in friedlicher Ereignislosigkeit; genauer gesagt: da sie nicht gestorben sind, leben sie bis heute. Nämlich sorgfältig gehütet und gepflegt und jederzeit fahrbereit in einem Museum. Die Geschichte hat den Namen des "Maschinisten" Fuller vergessen, aber sein Erlebnis und den Namen der *General* als liebevoll verfolgte Legende bewahrt.

PROMONTORY POINT

Sieben Jahre nach der Entführung und Verfolgung der *General* geht ein anderes großes amerikanisches Eisenbahnabenteuer zu Ende – in einem inzwischen befriedeten und wieder vereinten Amerika. Diesmal ist der Ort des Geschehens ein weltverlassener öder Flecken in Utah, nicht weit vom Großen Salzsee, an die 100 km von Salt Lake City entfernt. Hier stehen sich zwei Lokomotiven auf demselben Gleis frontal gegenüber, ihre Büffelgitter vorne sind gerade noch ein paar Meter voneinander entfernt. Es sind zwei gleiche Loks vom Typ 220 (so wie die *General* und praktisch alle amerikanischen Loks damals). Die eine heißt *Jupiter* und gehört der *Central Pacific*, die andere hat keinen Namen, sondern einfach nur eine Nummer – 119 – und gehört der *Union Pacific*. Um die beiden Lokomotiven herum versammelt sind mehrere hundert Menschen – chinesische und amerikanische Arbeiter, Ingenieure, Manager beider Eisenbahngesellschaften –, dichtgedrängt, besinnlich und bewegt. Es ist Mittag, die Sonne brennt auf ihre Köpfe herab, aber der Fotograf ist schließlich

Der letzte Schienennagel in Promontory Point, am 10. Mai 1869 genau mittags – ein historischer Augenblick. Das berühmteste Telegramm der Eisenbahngeschichte erreicht den Präsidenten der Vereinigten Staaten: "DONE" (Gemälde von Thomas Hill)

Promontory Point: provisorischer, aber historischer Ort

Die großen Baustellen der amerikanischen Eisenbahnstrecken ließen stationäre Camps entstehen, die sich da und dort fast zu festen Orten auswuchsen – mitten in der Wüste oder verloren in der endlosen Grasprärie im Herzen des Kontinents. Manche davon hatten zeitweise bis zu 12 000 Einwohner: Aufgebaut in zwei Wochen, ein paar Monate existierend und dann wieder leer zurückgelassen... Ein ganz typisches Beispiel solcher provisorischer, kurzlebiger und manchmal auch recht pittoresker Camp-Städte ist Promontory Point, mit dem einzigen Unterschied, zum historischen Ort geworden zu sein, weil dort die zeremonielle Vereinigung der von Westen und Osten her aufeinander zu gebauten Schlußstrecke der ersten transkontinentalen Eisenbahnlinie stattfand. Ein Reporter berichtete damals über diese Stadt, die nach einem Monat Existenz bereits 10 000 Menschen zählte: "Auf 4 900 Fuß über dem Meer gelegen, müßte dieser Ort, interpretierte man die Heilige Schrift wörtlich, eigentlich 19 000 Fuß darunter liegen, denn dies ist im Vergleich zu ihrer Größe mit Sicherheit die moralisch niedrigste der ganzen Hölle aller dieser Orte entlang der Strecke..." Nur ein Viertel der Bewohner dieser Holzhäuserreihen sind Gleisverleger, der Rest Händler, Maurer, Zimmerleute, Bäcker, Köche, Schmiede... Die Mehrzahl sind Iren, die aus dem Bürgerkrieg übriggeblieben sind und meistens noch ihre Uniformen von damals auftragen. Sie essen Brot und Rindfleisch und spülen das mit viel Kaffee hinunter ... und mit kaum weniger Whisky. Wenn der Lohnwagen eintrifft (3 Dollar pro Tag, das ist sehr guter Lohn für die Zeit) sind die zwei Saloons von Promontory Point tagelang voll, und Schlägereien sind an der Tagesordnung. Der ganze Ort hat kein fließendes Wasser, der nächste Wasserlauf ist 6 km entfernt. Aber die Leute baden ohnehin höchst selten. Schon dieser unwirtlichen Lage wegen verschwindet der Ort so rasch wieder, wie er entstand. Für die Reisenden bleiben bis 1903 ein paar windschiefe Holzbaracken übrig, als Erinnerung an eine Geisterstadt, dann wird an dieser Stelle die Gleisstrecke weiter nach Süden neu verlegt. Die alten Gleise rosten bis 1942 vor sich hin, um dann als Altmetall für die Rüstungsproduktion im Krieg eingesammelt zu werden. Und seitdem war Promontory Point endgültig vergessen und die Stille und Reglosigkeit der Wüste legte sich wieder über den Ort ... bis in unseren Tagen wieder zwei einander gegenüberstehende Lokomotiven pfiffen, auf einem neu verlegten Gleis: in dem neu entstandenen Museum dort nämlich...

Die letzten Augenblicke des Entstehens der ersten "Transcontinental": die letzte Schiene, und die beiden Lokomotiven stehen einander gegenüber, hinter ihnen die "beiden Welten" Europa und Asien

Der immer am meisten erwartete Zug: Der Lohnzug (r.) Für 3 Dollar pro Tag haben die einfachen Arbeiter, die hier für ein Foto posieren, nichts weniger als "Amerika gebaut". Viele tragen noch die Uniformen des Bürgerkriegs auf.

anwesend und verlangt, daß man für die historische Aufnahme die Hüte abnimmt, damit deren Schatten nicht die Gesichter verdunkelt und unkenntlich macht. Andrew J. Russell heißt der Mann, der das berühmteste aller Fotos der Eisenbahngeschichte der ganzen Welt aufnimmt, auf einer Glasplatte, die er an Ort und Stelle in seiner kleinen tragbaren Dunkelkammer - einer Kiste - entwickeln muß.

Der Ort, an dem dies stattfindet, heißt Promontory Point; keine Stadt, überhaupt nicht eigentlich ein Ort, sondern lediglich eines dieser größeren stationären Eisenbahnbaucamps mit ein paar Holzhäusern (darunter unweigerlich ein "Saloon" und ein Gefängnis), wie sie errichtet wurden und oftmals bald danach wieder verschwanden, falls in einiger Entfernung eine ähnliche "Stadt" entstand. Am Gleis steht ein Tisch mit einem Telegraphen nach Omaha, dem großen

Eisenbahnknotenpunkt im Zentrum des Kontinents, und bis Chicago, von wo aus die Nachricht dann weiter über die ganzen Vereinigten Staaten und zum Präsidenten verbreitet wird.

Ein kurioser Morsedialog zwischen den drei Telegraphenstationen beginnt. Omaha: "An alle. Wenn der letzte Nagel eingeschlagen ist, bestätigt mit DONE." (= Geschehen, erfolgt) "Paßt genau auf die Hammerschläge auf." Promontory Point: "Sind praktisch bereit. Alle Hüte gezogen. Gebet beginnt." Chicago: "Verstanden. Auch hier im Osten alles bereit."

Promontory Point: "Es ist soweit. Der letzte Nagel wird eingeschlagen. Geben Signal drei Punkte bei Beginn der Hammerschläge."

W.N. Shilling, der Telegraphist, sitzt an seinem Tisch, den Finger auf der Morsetaste. Er weiß, "ganz Amerika" wartet auf seine drei Punkte und das Wort DONE. Aber die drängende Menge verstellt ihm den Blick auf den Arbeiter, der den letzten Nagel einschlagen soll. Es ist ein spezieller Nagel, aus Gold, eigens für den Anlaß geschmiedet (und später aber gleich wieder entfernt und seitdem im Museum: Diebe und Souvenierjäger hätten ihn ohnehin mit Sicherheit nicht lange an Ort und Stelle gelassen). Er hört die Hammerschläge nur in der einsetzenden Stille und kurz vor dem aufbrausenden Jubel, und drückt hastig seine drei Punkte: TÜT TÜT TÜT – DONE.

Es ist vollbracht. Hinter der *119* der Union Pacific liegt die eine Hälfte der Welt, der Osten der USA und Europa, hinter der *Jupiter* die andere, der Westen, der Pazifik und Asien. Und diese beiden Welten, die – jede auf ihre Art – zusammen die amerikanische Zivilisation formten, sind endlich miteinander verbunden, nämlich durch die transkontinentale Eisenbahnlinie, die sich von zwei Seiten aufeinander zuarbeitete und hier vereinigte. Fortan dauert eine Reise von New York nach San Francisco keine zwei Monate mehr (zu Pferde) oder sogar sechs (zu Schiff, um Kap Hoorn herum!), sondern nur noch wenige Tage, komfortabel und bequem in einem Zug, mit Betten für die Nacht, die tagsüber hochgezogen werden.

Drei Schläge pro Schienennagel, zehn Schienennägel pro Schiene, 250 Schienen pro Gleiskilometer, 680 Gleiskilometer durch die Wüste in einem einzigen Jahr, nämlich 1868, um dieses große Werk zu vollenden, das grobschlächtige, analphabetische Arbeitermassen in sengender Hitze und fern aller Zivilisation ausführten... Was in Europa zehn Jahre gedauert hätte, hier war es *done* in einem Jahr. Das "große Amerika", das "führende Land der Welt" – hier wurde es geboren, hier und mit Hilfe seiner Eisenbahn.

"Go West". Das war nun nicht mehr nur ein Abenteuer. Kalifornien und der Pazifik waren kein unerreichbarer Eldorado-Traum mehr. Fortan ließ er sich realisieren. Allein mit dem Kauf einer Fahrkarte am Schalter.

DIE "SINGLE DRIVERS" DER LONDON UND NORTH EASTERN RAILWAY

Eleganz und Gipfelpunkt: das sind die beiden Charakteristika der englischen Eisenbahnen am Ende des 19. Jh. und ganz speziell zwischen 1890 und 1900. Passend zum Image des ganzen Landes, das sich auf dem Höhepunkt seiner Empire-Weltmacht befindet: "Britannia Rules the Waves"... und nicht nur dies: auch seine Armee ist überall auf der Welt unübersehbar. Die Züge sind luxuriös und elegant und wetteifern an Schönheit miteinander. Die Eisenbahngesellschaften lackieren und putzen sie heraus, daß sie aussehen wie nagelneue Spielzeugeisenbahnen. Die Züge der Midland Railway sind scharlachrot mit Goldstreifen, die der Caledonian Railway in Preußischblau und die der Great Western Railway haben grüne Lokomotiven, und kastanienbraune oder beige Wagen, während die Great Eastern Railway wiederum blaue Lokomotiven mit violetten Streifen und teakfarbene Wagen fahren läßt. Gesellschaften wie die London Brighton und die South Coast Railway schrecken nicht einmal davor zurück, manche ihrer Lokomotiven gelb-orange mit schwarzen Streifen oder schokoladenfarben mit Goldstreifen auf Fahrt zu schicken. Kurz, es ist das reine Festival der leuchtenden Farben, der klaren und reinen und schlichten Linien, eines extremen Chics des Designs bis ins kleinste Detail, alles mit der Absicht, aus dem Vorüberfahren eines Zugs ein Spektakel zu machen, das so elegant und mondän ist wie ein Reitertreffen. Und in der Tat nimmt die Zahl der Gentlemen der Gentry - des Landadels - zu, die als Kenner die Schönheit von Frauen, Pferden und ... Lokomotiven gleichermaßen zu schätzen und bewundern wissen.

England lebt ganz bewußt in der besten *Belle Epoque* nicht nur jener Zeit, sondern seiner ganzen Geschichte. Das viktorianische Zeitalter, wie es denn auch für alle Zeiten heißen wird, hat 1837 begonnen, und in der Tat ist England, respektiert und präsent in der ganzen Welt, prosperierend, am stärksten industrialisiert, intellektuell glanzvoll, tonangebend in seinem Lebensstil, Vorbild aller modernen und entwickelten Länder. Es sieht in seinem parlamentarischen System und in seinem Wohlstand die Rechtfertigung aller seiner Wertvorstellungen, wie sie die Elite ihrer Jugend in den berühmten Schulen wie Eton und an den Universitäten wie Oxford und Cambridge lernen.

Das ganze Land ist überzogen von Fabriken, Bergwerken und Produktionsstätten aller Art, und auch Banken, Handelsfirmen und Versicherungen sind überall. Es braucht also auch dringend ein schnelles und zuverlässiges Transportsystem - gleichermaßen für den Transport von Millionen Tonnen Kohle überallhin wie für die Millionen Geschäftsleute, Bürokraten,

Großartiges Beispiel der Schönheit und Eleganz englischer Züge zu Beginn des Jahrhunderts: Der Scotch Express auf der Fahrt nach Edinburgh am 1. September 1900. Von der Lokomotive bis zum letzten Wagen reine Linien ohne jeden überflüssigen Schnörkel, dazu das Gesamtbild eines makellosen einheitlichen farbigen Designs, das sind die Eckpfeiler eines ganz besonderen "Eisenbahn-Chics" am Ende der viktorianischen Epoche. Hier ist es der rote Midland - der künftigen London, Midland and Scotland Railway. Deren Farbdesign für ihre Züge sollte wahrhaft universell werden - als "LMS -Rot"

Die englischen Eisenbahner im 19. Jahrhundert

Das Eisenbahnwesen in England wuchs so schnell, daß es schon 1873, als Beispiel, 260 000 Menschen beschäftigte, was etwa einem Prozent der Gesamtbevölkerung entsprach. In anderen Ländern, wie beispielsweise Frankreich wurde dieser Prozentsatz erst gegen Ende der 20er Jahre unseres Jahrhunderts erreicht. (Dort stieg die absolute Zahl dann aber auch noch bis auf 600 000 am Ende der 30er Jahre, bis sie dann wieder sank – heutiger Stand rd. 210 000 –, was im übrigen der allgemeinen Entwicklung auch in anderen Ländern und in den USA ziemlich genau entspricht.)

1873 teilten sich die Aufgabenbereiche im englischen Eisenbahnwesen wie folgt auf:
- 3% Verwaltung, Lager, Angestellte aller Art, Bahnpolizei, etc.
- 39% Betriebspersonal: Zug, Bahnhof, Wache, Weichenstellung, Stellwerke etc.
- 21% Wartungs- und Reparaturwerkstätten, Betriebshöfe etc.
- 7% Sonstige: Telegraphisten, Personal von Schiffahrtslinien und Hotels im Besitz von Eisenbahnlinien, Händler etc.

Die Eisenbahner waren früher sehr solidarisch organisiert. Schon 1848 gab es den ersten Streik – bei der London and North West Railway. Auch die Delegierten der Gewerkschaften anderer Gesellschaften mischten sich in diesen Konflikt ein. 1871 wurde die erste allgemeine Eisenbahnergewerkschaft gegründet, die bald sehr gefürchtete Amalgated Society of Locomotive Engineers and Firemen.

Seit 1840 existierten die ersten Sozialversicherungen mancher Eisenbahngesellschaften. Die Great Western baute sogar ihre eigenen Krankenhäuser samt von ihr angestelltem medizinischen Personal. Es befand sich in Swindon, direkt neben den dortigen, ausgedehnten Betriebswerkstätten der Gesellschaft.

1852 gründete die Brighton and South Coast Railway eine eigene Sparkasse für ihre Eisenbahner, und die London and South Western wiederum hatte ihr eigenes Waisenhaus in Lambeth.

Die Arbeitszeiten waren aber noch sehr lang. 1866 arbeitete beispielsweise der Bahnhofsvorsteher von Whitehaven drei Tage lang je dreizehneinhalb Stunden pro Tag, dann die übrigen Tage der Woche zwischen fünfzehneinhalb und achtzehneinhalb Stunden. Ganz ähnliche Arbeitszeiten hatte auch jeder Weichensteller. Skandal versuchte zwischen 1860/70 die alarmierende Zunahme der Arbeitsunfälle bei den Eisenbahnern. Es wurde sogar ein parlamentarischer Untersuchungsausschuß eingesetzt, der den Eisenbahngesellschaften freilich keinerlei Verkürzungen der Arbeitszeiten aufzwingen konnte. Der schrankenlose Liberalismus war noch im Schwange... und die Parole vom Profit über alles. Erst 1911, als schwere Streiks endlich die öffentliche Meinung mobilisiert hatten, wurde dieses Problem angegangen. Die Löhne und Gehälter wurden dagegen immer als "korrekt für die Zeit" angesehen.

und selbständige Konzeption des neuen Verkehrsmittels erarbeiten, die dem englischen fortan in vieler Hinsicht deutlich voraus ist, speziell was Komfort und Einfachheit der Wartung des rollenden Materials anbelangt

DIE "RAILWAYS" ENTSTEHEN

Königin Victoria, eine der ganz wenigen englischen Monarchen/innen, die wirklich effektiv regierten und tatsächliche persönliche Macht ausübten, führt England in das liberale Zeitalter und in die freie Entwicklung aller Wirtschaftsformen, zu denen insbesondere der freie Wettbewerb gehört. Auf dem Gebiet der Eisenbahn ist das Ergebnis die Gründung einer großen Anzahl von Gesellschaften, von denen manche ziemlich klein sind und viele sich auf den gleichen Strecken Konkurrenz machen. So kommt es, daß um 1880 die fünfzehn größten Städte (mit Ausnahme nur von Bristol, Newcastle und Hull) alle über gleich mehrere Eisenbahnlinien nach London verfügen. Das englische Eisenbahnnetz gleicht, wie es einige kritische Fachleute damals ausdrückten, ein wenig einer Landkarte, über die kreuz und quer Fliegen gelaufen sind, denen man die Beine in Tinte getaucht hat. Es ist, mit anderen Worten, ein schier wahlloses Durcheinander von Schienenstrecken in alle möglichen Richtungen, aber ohne jegliche logische Gesamtstruktur, und mit einer kaum noch überschaubaren Vielzahl kleiner Lokalbahnen. Große nationale Linien zu formen, ist unterblieben, und auch der unausbleibliche Aussonderungs- und Konzentrationsprozeß ergibt größere Gesellschaftsstrukturen eher nach den wirtschaftlichen Zufällen als nach einem sinnvollen System. Zwischen Manchester, Glasgow und Edinburgh verkehren damals auf diese Weise gleich drei konkurrierende Eisenbahnlinien.

Bis zu einem gewissen Grad hat der Reisende Vorteile aus dieser Konkurrenz: entsprechend mehr Züge, mehr Komfort, schneller. Auch die Wirtschaft profitiert davon. Die Industrie muß entsprechend mehr rollendes Material produzieren, um die Anforderungen der einzelnen Gesellschaften zu befriedigen, die öffentlichen Bauträger müssen drei oder vier Gleiskörper mit allem Drum und Dran erstellen, wo an sich einer genügen würde, wenn es nur logisch zuginge... Es ist aber auch nicht zuletzt dieser Zustand der Dinge, der in England das so starke Favorisieren des privaten Unternehmertums schafft, welches man bis heute mit Qualität verbindet. Seit einem Jahrhundert und mehr rivalisieren in diesem Lande deshalb die Verstaatlichungen und (Re-)Privatisierungen eigentlich unaufhörlich miteinander: Die "Wunderwirkungen" der Privati-

Bankiers oder auch Ferienreisenden. Was letzteres betrifft, so finden sich in diesem betriebsamen Land jener Zeit schon Anfänge, einer "Freizeitindustrie". Das Land, das sich als erstes die Eisenbahn zugelegt hat, ruht nicht auf seinen Lorbeeren aus und denkt nicht daran, seine führende Stellung in der Welt auf- oder preiszugeben, selbst nachdem sich die anderen unabhängigen europäischen Länder nach 1845 von der britischen Vormundschaft auf diesem Gebiet befreit haben und sogar die Vereinigten Staaten ab 1860 sich eine ganz eigene

Der (oder die) Southern Belle, nämlich der berühmte Wochenend-Zug für die Londoner "Oberen Zehntausend" nach Brighton, galt zu seiner Zeit als der eleganteste und "distinguierteste" aller Züge überhaupt. Aber "distinguiert"? Wenn sich ein Gentleman in Anwesenheit einer Lady ungeniert bequem aufs Sofa legt...?

Ein interessantes Fotodokument jener wenig bekannten Übergangsperiode, als die Great Western auf zwei Spurbreiten fuhr – der überbreiten von 210 mm und der normalen von 1435 mm. Es ist 1890 das letzte Überbleibsel der Anfänge der Eisenbahn. Die übergroße Spurweite mußte wegen ihrer Inkompatibilität mit dem übrigen englischen Eisenbahnnetz aufgegeben werden. Für die Umbauzeit zog man eine dritte Schiene in das breite Gleis ein, so daß sowohl die auslaufenden Züge der großen Spurbreite wie bereits die neuen der künftigen Standardnorm auf den Strecken verkehren konnten (s.a. Kasten S. 56)

sierungen werden gegen die "Heilungen" der Verstaatlichung ausgespielt, und umgekehrt.

Die Nachteile dieses Laissez-faire zeichnen sich ebenfalls bald ab und sind den Einsichtigen auch klar. Es mündet in der tristen Periode der Reorganisation von 1923 und noch einmal 1948 in der Verstaatlichung eines ganzen, bunt zusammengewürfelten Eisenbahnsystems, das die Grenze des nicht mehr Funktionierens und natürlich auch des finanziellen Kollapses erreicht hat. In erster Linie bestehen diese "Nachteile" in den mehr oder minder regelmäßigen Zusammenbrüchen und Konkursen der Betreibergesellschaften aufgrund schlechten Managements ebenso wie wegen chronischer Defizite. Und so verschwindet eine Gesellschaft nach der anderen von der Bildfläche. Aber auch dieser Schrumpfungsprozeß folgt nicht logischen Gesetzen oder führt automatisch zu effektiveren Eisenbahnstrukturen, sondern ist eben nur die Folge von Mißmanagement oder Fehlspekulation, oder mangelnder Unterstützung durch Kommunen oder Banken, infolge von Personenwechseln in Verwaltung und Politik, und dergleichen.

Dazu ein Beispiel, nämlich das der Grafschaft Kent im Süden Englands. Bis 1858 beherrscht dort die South Eastern Railway das Terrain allein. Dann bekommt sie aber Konkurrenz durch die East Kent. Deren Nachfolger sind bald die London Chatham und die Dover Railway, die miteinander rivalisieren, wenn auch nur auf den rentablen Strecken Canterbury–London und Dover–London, auf denen dem Reisenden ein Überfluß an Zügen und Komfort angeboten wird, selbst noch in der 3. Klasse. Dagegen lassen beide einen ebenfalls wichtigen Hafen wie Folkestone praktisch total links liegen, weil diese Strecke finanziell wenig interessant ist. Die Linie durchquert ein "unergiebiges" Gebiet, daher verzichtet man auf eine Verbindung der beiden Hafen. Beide Gesellschaften arbeiten zunehmend mit Verlusten, die Wirtschaftler des Landes sprechen von "Over-Capitalization", womit der wirtschaftliche Unsinn zweier komplett mit Gleisanlagen, Zügen, Bahnhöfen und Personal ausgestatteten Strecken nebeneinander gemeint ist, ohne daß das Verkehrsaufkommen auf die Dauer wirklich zwei Linien rentabel machen könnte. Aber es zieht sich hin bis zum "Grouping Act" von 1923, der zwangsläufig eine Art Vor-Verstaatlichung darstellt und in den Zusammenschluß zu nur noch vier großen Betreibergesellschaften mündet. Sämtliche Strecken in Kent kommen unter die Verwaltung der Southern, die den ganzen Süden England versorgt

– nunmehr um den Preis der Stillegung aller defizitären Strecken. In Frankreich tut sich übrigens später Ähnliches, allerdings in nicht so drastischer Form, als 1938 die SNCF entsteht, der Großteil der Stillegung unrentabler Strecken sich aber bis nach dem Zweiten Weltkrieg hinauszögert. Auch in dieser Hinsicht ist England wieder ein halbes Jahrhundert voraus.

1880 ist das Eisenbahnnetz für die gesamte britische Insel praktisch komplett. Wales und Schottland haben ebenfalls ihre wichtigsten Linien. Die größte Entwicklung ist allerdings dann erst 1914 erreicht, als das Streckennetz 36 000 km beträgt, was Großbritannien in der Dichte des Eisenbahnnetzes an die erste Stelle aller Länder der Welt setzt. Manche Gesellschaften zahlen bis zu 10 Prozent Dividende an ihre Aktionäre, während beispielsweise die Hull & Barnsley unseligen Angedenkens, noch vor der Beendigung der Gleisbauarbeiten Konkurs macht, mit 4 Millionen Pfund Sterling Schulden auf gerade 53 Meilen, die 1885 in Betrieb sind. Große Gesellschaften wie die Great

Gustave Doré und Blanchard Jerrold wußten die gespenstische Atmosphäre in den vom Spinnennetz der Eisenbahn durchzogenen, im Rauch der Fabrikschlote erstickenden englischen Industriestädte in ihren Bildern einzufangen. Tag und Nacht brausten Züge mit Höllengetöse durch die rußgeschwärzten Siedlungen. Und trotzdem fühlten sich die Menschen dort wohl in ihrem kleinen Reich, in ihren winzigen Hinterhöfen voller Wäscheleinen – sogar, wenn direkt über ihren Köpfen ein Zug vorüberdonnerte.

Die frühen englischen Stellwerke, wie sie diese zeitgenössische Darstellung zeigt, sind imposant aufragende Konstruktionen, die bald das Bild der gesamten Landschaft mitbestimmen. Ihre Signalgeräste und -brücken werden mechanisch bedient. Sie sind aber auch schon mit den neuen Telegraphenleitungen verbunden. Die Szene hier zeigt die Gegend der London Bridge im Jahre 1866

bahnknotenpunkte im ganzen Vereinigten Königreich. Jahrzehnte später vergrößert sich die Einwohnerzahl dieser Stadt von 10 000 auf 80 000.

DIE "SINGLE DRIVER", SCHNELLZUGLOKOMOTIVE DES VIKTORIANISCHEN ENGLAND

England ist weder ein großes noch ein kleines Land, und genau dies ist - so paradox es für den Laien klingen mag - der Grund für die Bemühung um Schnelligkeit im Eisenbahnverkehr. In der Tat kann ein kleines Land wie Belgien oder die Schweiz angesichts der relativ kurzen Strecken, die es befährt, keine großen Anstrengungen in Sachen Schnelligkeit unternehmen; es wäre weder rentabel noch erreichbar. Andererseits sind die Reisezeiten in riesigen Ländern wie den USA oder Rußland ohnehin so lang, daß ein Gewinn von einigen Stunden auf eine Gesamtreisezeit, die sich nach Tagen bemißt, keine Rolle spielt und also ebenfalls weder rentabel noch erstrebenswert ist. In England hingegen sind die wichtigen Städte alle zwischen 165 und 480 km von London entfernt, und sie mit 40 bis 50, später schon 60 und gegen das Jahrhundertende hin dann mit 80 km/h zu erreichen, bringt einen ins Gewicht fallenden Zeitvorteil. Auf einer Reise von 200 km gewinnt man so 40 Minuten bei einer Reisegeschwindigkeit zwischen 40 und 60 km/h, und 30 Minuten zusätzlich, wenn der Zug 60 bis 70 km/h schnell fährt. Schnelligkeit anzubieten, lohnt sich also, und genau das tun die englischen Eisenbahnen zwischen 1860/70.

Die meisten europäischen Länder und die USA haben Schnell-Lokomotiven als gekoppelte Zweiachsen-Lokomotiven des Typs 120 (eine Tragachse, zwei Antriebsachsen) oder 220 (zwei Fahrachsen - als "Bogie" - und zwei Antriebsachsen), letzterer Typ, wie im letzten Kapitel ausführlich er-

Western sind immerhin stark genug, sich auf der Basis der gemeinsamen Interessen und einer öffentlichen Dienstleistung zu behaupten und neue Linien zu eröffnen: die von London nach Wales, London-Birmingham und Birmingham-Bristol. Auf diese Weise entstehen erstmals einige prinzipielle Hauptlinien, die dem Flickwerk der kleinen Lokalbahnen, das bis dahin die Landschaft nach und nach zupflasterte, etwas Sinnvolles entgegensetzen.

Die Eisenbahn läßt die Städte, die sie teilweise auffrißt, zugleich auch wachsen. Als die Great Northern 1853 ihr großes Depot in Doncaster eröffnet, bedeutet das, 949 Eisenbahner in diesem kleinen Städtchen neu anzusiedeln, mit 1562 Ehefrauen und Kindern. Das vergrößert die Einwohnerzahl auf einen Schlag um 25 Prozent und ist der Startschuß zu einer Entwicklung des Städtchens, zu einem der wichtigsten Eisen-

---

Die englischen Eisenbahngesellschaften

Zwischen 1840 und 1860 entstanden zahlreiche, oft nur ganz kleine Eisenbahngesellschaften, von denen aber viele ebenso schnell, wie sie gegründet worden waren, wieder verschwanden, teils völlig, teils durch Aufkauf oder Fusion in größeren Gruppierungen aufgegangen, die sich bald als notwendig erwiesen. Diese so entstandenen großen Gesellschaften bemühten sich alle um die Entwicklung eines eigenen, unverkennbaren Stils, der sich nicht nur in den bedienten Strecken dokumentierte, sondern auch in der Art und Beschaffenheit (und dem äußeren "Design") ihres rollenden Materials, in der Architektur ihrer Bahnhöfe, dem Typ ihrer Signale oder einfach durch die Persönlichkeiten ihrer leitenden Männer und Ingenieure. 1923 gab es dann die erste fundamentale Neuorganisation, bei der 30 Gesellschaften zum ersten nationalen Eisenbahnnetz zusammengeschlossen wurden. Die nächste Zäsur war 1948 ihre Verstaatlichung unter dem Namen "British Railways". Deren vier Gruppierungen (samt den Gesellschaften, aus denen sie bis 1923 bestanden) sind:

Region Süd:

Southern Railway (SR)
gebildet aus LONDON AND SOUTH WEST RAILWAY (LSWR)
LONDON BRIGHTON AND SOUTH COAST RAILWAY (LB-SCR)
BRIGHTON AND SOUTH COAST RAILWAY (BSCR)
SOUTH EASTERN AND CHATHAM RAILWAY (SECR)
u.a.

Region West und Wales:

Great Western Railway (GWR)
existierte schon vor 1923, also unverändert

Zentralregion und Westküste:

London Midland and Scotland Railway (LMS)
gebildet aus MIDLAND RAILWAY (MR)
LONDON AND NORTH WESTERN RAILWAY (LNWR)
CALEDONIAN RAILWAY (CR)(Schottland)
GLASGOW AND SOUTH WESTERN RAILWAY (GSWR) u.a.

Zentralregion, Osten und Ostküste:

London and North Eastern Railway (LNER)
gebildet aus GREAT CENTRAL RAILWAY (GC)
GREAT EASTERN RAILWAY (GER)
GREAT NORTHERN RAILWAY (GNR)
NORTH EASTERN RAILWAY (NE)
NORTH BRITISH RAILWAY (NB) (Schottland)
GREAT NORTH (GN) (Schottland)
u.a.

wähnt, vor allem in den USA gebräuchlich. England bleibt bei der Lokomotive mit einer Antriebsachse (deshalb auch genannt "Single Driver").

Der Nachteil dieses Lokomotiventyps ist, daß sie mit ihren ganzen zwei Antriebsrädern dieser einen Achse nur einen verhältnismäßig geringen Gleiskontakt hat. Das führt zu häufigem Durchrutschen der Räder und macht die Anfahrt bei nassem Wetter, also feuchten Schienen, nahezu unmöglich.

Andererseits aber hat dieser Typ, wenn man ihn nicht für das Ziehen schwerer Frachten einsetzt, auch seine technischen Vorteile. Da ist zunächst das Fehlen zusätzlicher Rüttelbewegungen. Dazu muß man sich vor Augen halten, daß eine Lokomotive ja eine Maschine aus gegenläufigen Bewegungsabläufen ist. Kolben, Pleuelstangen, Verteilerkommandos – das sind alles Hin- und Herbewegungen. Natürlich hat man früh versucht, diese Gegenläufigkeit der Bewegungen auszugleichen – durch Gegengewichte auf den Antriebsrädern – und ebenso, daß die Räder bei bestimmten Geschwindigkeiten infolge der Pleuelstangenbewegungen härter auf die Schienen stoßen, was die Lokomotive in "Galopp" oder "Dünung" versetzt, wenn nicht gleich "schlingern" läßt, was wiederum sowohl Gefahren für die Stabilität mit sich bringt wie dem Gleiskörper nicht gut tut.

Die direkteste Lösung des Problems ist, die Ursache auszuschalten, mit anderen Worten für eine möglichst drastische Verringerung der gegenläufigen Bewegungen zu sorgen. Und das ist mit einer Lokomotive mit nur einer Antriebsachse und also "freien" Rädern weitgehend möglich. Es ist nur noch ein Kolben da statt zweier Pleuelstangen, die man nicht braucht, weil nichts verkoppelt werden muß. Bei einer Lok mit zwei Antriebsachsen entspricht das Gewicht der Kopplungsstangen dem der Antriebspleuel, bei einer mit drei oder sogar vier Antriebsachsen ist es beträchtlich höher.

Die englische "Single Driver" nun hat also nur zwei Antriebsräder an einer Achse auf Kurbelwellenart. Die beiden Zylinder sitzen zwischen den Längsträgern des Chassis, was ein zusätzlicher Stabilitätsfaktor ist, weil die parasitären Zu-

Das englische "Eisenbahnfieber" am Beispiel der abgelegenen Bahnlinie Louth and Lincoln Rly

1863 beschließen einige Männer im Pub des Hotels Kings Head in Louth, einer kleinen ländlichen Stadt im Osten Englands in Lincolnshire, nach einer mit viel Bier erhitzten Diskussion die Gründung einer Lokalbahn nach Lincoln, dem Hauptort ihrer Grafschaft. Im Laufe des folgenden Jahres kommt ein Gründungskapital von 250 000 Pfund zusammen, aber schon 1867 gibt es die ersten Schwierigkeiten beim Kauf des erforderlichen Terrains, dessen Preise mittlerweile infolge der Spekulationen der Geldgeber ganz horrend angezogen haben. Eine neue Zeichnung von Investitionsanleihen scheitert. Der ursprüngliche Enthusiasmus ist bereits wieder zerstoben.

1871 wird das Projekt "Louth and Lincoln Rly" dann doch wieder aufgenommen und einem Ingenieur namens Frederic Appleby übertragen, der sich nun um buchstäblich alles kümmert, von den Grundstückskäufen bis zum Bau der – eingleisigen – Strecke selbst, die im wesentlichen durch ein bäuerlich strukturiertes Tal verläuft, also wenig Geländeschwierigkeiten bietet. Nach drei Jahren steht die Strecke. Sie ist gerade 24 Meilen (36 km) lang und nach den am Eröffnungstag ausgegebenen Prospekten schätzt man ein Verkehrsaufkommen von allein 300 000 t Kohle und 250 000 t Mineralerzen, wozu noch aller sonstige Güter- und Passagierverkehr kommen soll. Geschätzter Jahresgewinn 57 864 Pfund.

Aber schon 1883 wird die Gesellschaft an die Great Northern verkauft, die inzwischen bereits den Norden und Osten Englands beherrscht. Man hat nichts als Verluste gemacht, im einzigen Jahr, in dem überhaupt etwas übrig blieb, waren dies ganze 2 441 Pfund, also weit weg von den kalkulierten 50 000.

Zwischen den beiden Weltkriegen stieg Louth nun aber zu einem Eisenbahnknotenpunkt mit vier Linien zum nahen Hafen Grimsby, zum einige Meilen entfernten Kurort Maplethorpe, nach dem im Süden gelegenen Boston und schließlich (und nach wie vor!) zur größeren Stadt Lincoln auf. Der Bahnhof ist ein majestätisches Gebäude im barockisierenden und neugotischen Stil, hat mehrere Bahnsteige, ein Depot, zwei Stellwerke und einen eigenen Güterbahnhof. Große Menschenmengen bevölkern ihn, doch die Verluste werden dennoch immer größer; 1951 muß die Strecke nach Lincoln endgültig stillgelegt werden. Der letzte Zug fährt mit 50 Passagieren in längst außer Dienst gestellten alten Wagen. Zwischen 1958 und 1960 gehen auch die anderen drei Linien nacheinander ein, mangels Verkehrsaufkommens, besiegt vom Straßenverkehr. Heute liegt der einstmals stolze Bahnhof in Ruinen, seit einem Vierteljahrhundert gras- und brennesselüberwachsen. Die Schienen sind herausgerissen und die Stellwerke demoliert. Louth ist wieder ein kleines verschlafenes und vergessenes Landstädtchen. Manchmal reden sie beim Bier im Pub des Kings Head von der Wiedereröffnung ihrer Eisenbahnlinie.

satzbewegungen, die hier sehr nahe an der Achse entstehen, damit schon zum größten Teil verpuffen. Das Ergebnis ist eine sehr stabile Lokomotive mit guter "Straßenlage" also auch großer Tempofreiheit (wie der Fachausdruck lautet; in England sagt man dafür "free running"), nämlich eben frei von Parasitärbewegungen und ohne Gleiserschütterungen, kurz, sehr geeignet für größere Geschwindigkeiten. Und ohnehin sind die berühmten "Single Drivers" des Ingenieurs Sterling von der Great Northern mit ihren riesigen Rädern von 2,49 Durchmesser, aber auch Außenzylindern mit großen Dimensionen (460 bis 720 mm) schon um 1880 zwischen 120 und 130 km/h schnell, während die vergleichbaren Loks der Caledonian Railway in Schottland 644 km Strecke mit durchschnittlich 90 km/h "echt" befahren (= tatsächliche Reisezeit einschließlich Aufenthalten).

Die Engländer bleiben also bei diesem Typ Lokomotive noch in einer Zeit, als er überall schon als passé gilt, nämlich zwischen 1870/90, und fahren damit sogar noch bis 1928, zu welcher Zeit die Lokomotive *Pacific* mit ihrer Achskonstruktion 231 (= drei verkoppelte Antriebsachsen) bereits eine lange Karriere in ganz Europa hinter sich hat. Der ganze Unterschied besteht darin, daß die *Pacific* der 20er Jahre 10-15 Waggons mit 400-600 t Gesamtgewicht zieht, die "Single Driver" dagegen – bei gleicher Geschwindigkeit! – nur 3-4 alte Waggons von leichter Konstruktion, mit 100-120 t Gesamtgewicht.

Eine Karte der Associated Society of Locomotive Engineers and Firemen, einer Gewerkschaft von Lokführern und Heizern. Die allegorisierte und poetische Vision der Arbeitswelt darauf darf nicht darüber hinwegtäuschen, daß diese frühen Gewerkschaften nicht lediglich Zusammenschlüsse, sondern durchaus auch "Kampfverbände" waren, die die ersten Streiks des industriellen Zeitalters organisierten (Welsh Industrial and Maritime Museum, Cardiff)

Kuriosität der Epoche der "Single Drivers": die Spurbreite der Great Western

Die englische Eisenbahngesellschaft Great Western Railway (GWR), die schon ziemlich früh für den gesamten Westen Englands und für Wales gegründet wurde, begann alsbald mit dem Bau eines außergewöhnlichen und weltweit einzigartigen Streckennetzes – weil sie nämlich ausschließlich mit der sehr ungewöhnlichen und beeindruckenden Spurweite 7 Fuß gleich 2,13 m arbeitet. Während sich längst fast überall die Standard-Norm 1435 mm als Spurbreite durchgesetzt hat (so wie George Stephenson sie 1825 schon bei der allerersten Strecke Stockton-Darlington etablierte), entschied sich die Great Western für diese ungleich größere Spurweite, die die Linie von allen anderen englischen wesentlich unterscheidet, aber mit dieser großen Spurweite auch enorm viel Stabilität und Geschwindigkeit - vergleichsweise zum Standard der Zeit - gewann.

Zu einer Zeit, da die Maximalgeschwindigkeit auf Normalstrecken gerade 75 oder 80 km/h erreicht, fahren die großen Lokomotiven der Great Western schon über 100 km/h mit Antriebsrädern, die in manchen Fällen, wie bei der Lok *Hurricane*, einen Radius von bis zu 3,05 m haben können! Spitzengeschwindigkeiten von 120 km/h sind dort schon 1846 das Übliche, und 130-132 km/h werden 1853 mit den "Single Driver"-Loks des Typs 212 (= eine Antriebsachse zwischen zwei Antriebsachsen vorne und hinten) möglich.

Aber die Great Western kann sich mit ihrem Konzept nicht durchsetzen und sieht sich gezwungen, die Standards zu übernehmen.

Diese Umrüstung und der damit verbundene Gleisumbau gehen nach und nach ab 1869 vonstatten, indem eine dritte Schiene zwischen die bestehenden beiden gelegt wird, was damit ein "gemischtes" Gleis für zwei Spurbreiten ergibt. Das kompliziert die Gleisinstallationen zwar enorm, aber es erlaubt zugleich, auch schon in der Übergangszeit noch mit den alten und schon mit den Zügen der neuen, kleineren Standardspurbreite zu fahren. Viele nicht konvertierbare Lokomotiven müssen verschrottet werden, selbst wenn sie noch ganz neu sind. Die Wagen machen weniger Probleme, bei ihnen muß man einfach nur das Chassis samt Bogies auswechseln.

Am 20. Mai 1892 um 22.45 Uhr verläßt ein Zug der großen Spurbreite den Londoner Bahnhof Paddington in Richtung Plymouth. In der Nacht begegnet er dem Gegenzug Plymouth-London. Es sind die letzten beiden Züge, die mit der Spurbreite 2,13 fahren und sie begleiten ihre letzten Fahrten mit pausenlosem Pfeifgetöse. Die Eisenbahner der Gesellschaft legen Knallfrösche auf die Gleise, über die die Zugräder rollen. Ein wahrhafter Knalleffekt-Abschied...

I. K. Brunel, der Erfinder mit der buchstäblich großen Vision, wollte seine Great Western auch tatsächlich bis zum bitteren Ende groß sehen; sein Kummer war, daß er trotz allem gegen alle recht zu haben glaubte. Einige wenige Überreste dessen, was er schuf, sind noch vorhanden: ungewöhnlich breite und hohe Tunnel, die für die heutigen Züge wie zu groß geratene Anzüge aussehen.

Königin Victoria veranlaßt einen bedeutenden technischen Fortschritt

Es ist sehr wenig bekannt, daß Queen Victoria, die ihrer ganzen Epoche des 19. Jh. den Namen gab, eine technische Neuerung veranlaßte, welche den Eisenbahnreisenden noch bis heute zugute kommt.

Nicht, daß sie gleich selber Technikerin gewesen wäre. Aber wie alle Monarchen mußte sie sehr viel reisen, und von deren Anfängen an hatte sie sich für das neue Verkehrsmittel Eisenbahn entschieden, an dem sie dessen Komfort und Sicherheit schätzte. Aber ihre Majestät litt darunter, daß auch sie zwangsläufig bis zur nächsten Station warten mußte – und oftmals ziemlich lange –, wenn gewisse Bedürfnisse, die selbst die puritanische englische Gesellschaft ihrer Epoche nicht völlig abzuschaffen in der Lage war, sich meldeten. Sie entwickelte deshalb die Gewohnheit, einfach buchstäblich auf der Stelle einen Halt zu verlangen. Nur ist es natürlich nicht immer gerade das Einfachste und Bequemste, einen ganzen

Zug mitten in der Fahrt anzuhalten, zumal wenn es sich darum handelt, dies so zu bewerkstelligen, daß gerade Gebüsch oder dergleichen in der Nähe ist, welches indiskrete Blicke zu verhindern imstande ist. Außerdem bedeutete das Anhalten auf freier Strecke, wo es keinen Bahnsteig gab, daß die Bedienten der Königin eine Art provisorischer Leiter bilden oder die Majestät auch schon mal auf ihren Schultern herabheben mußten – kurz, das alles hatte seine nicht sehr würdigen und königlichen Beschwerlichkeiten. Die Majestät war es bald leid.

Und so kam es, daß der Ingenieur, der den prächtigen königlichen Salonzug der London and North Western Railway entwarf und baute, die Delikatesse besaß, auch eine Toilette einzubauen. Diesen Fortschritt wußte die Königin mit Sicherheit überaus zu schätzen, obgleich sie selbstverständlich niemals auch nur ein Wörtchen darüber verlor.

DIE "GROSSE RENNSTRECKE": LONDON–EDINBURGH

Gegen Ende des 19. Jh. entwickelt sich in England die bis dahin härteste Eisenbahnkonkurrenz zwischen zwei Gesellschaften. Es hat natürlich auch zuvor schon manches Beispiel harten Konkurrenzkampfes gegeben, angefangen beim Wettbewerb von Rainhill bis zu so manchem Dampflokomotiven-Wettrennen danach, aber noch nie etwas wie den nun entbrennenden täglichen Langstreckenschnelligkeitswettbewerb zweier Züge im normalen Linienverkehr.

Er spielt sich ab auf der 660 km langen Strecke London–Edinburgh, also zwischen zwei Hauptstädten, zwei auch sonst bedeutenden Städten, und obendrein auf der Symbolstrecke schlechthin für alle, die das störrische Schottland stärker an das britische Empire und dessen "Way of Life" binden wollen.

Zwei Strecken stehen zur Auswahl: im Osten die Linien der Great Northern, Northern und schließlich North British, und im Westen im wesentlichen die der Midland und dann noch ebenfalls der North British. 1895 wird diese Strecke noch um 235 km bis Aberdeen verlängert, was die Gesamtstrecke also auf fast 900 km bringt. Dafür wird in gemeinsamer Finanzierung mehrerer Gesellschaften - es ist ein so großes Projekt, daß es die alleinigen Möglichkeiten aller weit übersteigt - die gewaltige, bis heute berühmte Eisenbahnbrücke über den Firth of Forth gebaut.

Der Wettstreit erreicht seinen Höhepunkt 1895. Das hängt damit zusammen, daß Queen Victoria mit ihrem Ferienwohnsitz Schloß Balmoral eine erste Tourismuswelle ins rauhe Schottland hinauf ausgelöst hat. Jeden Sommer reisen nun

zahlreiche Touristen dorthin, um das berühmte, von dem berühmten Romancier Walter Scott beschriebene Land zu besichtigen, eines seiner Bücher dabei in der Hand – *Die Dame vom See* etwa oder *Waverley*.

Jeden Abend fahren in London zwei Züge ab, der eine vom Bahnhof Euston auf der westlichen Linie, der andere vom Bahnhof Kings Cross auf der östlichen Linie, alle beide exakt um 20.00 Uhr, was – zumal zur vollen Stunde – als die "noble Zeit" gilt. Der Zug der Weststrecke kommt fahrplanmäßig um 7.35 Uhr am nächsten Morgen an, die Ost-Konkurrenz um 7.50 Uhr.

Tatsächlich aber kümmern sich beide Gesellschaften wenig um den exakten Fahrplan, und angefangen damit hat die Midland auf der Weststrecke: ihre Züge kommen immer früher an. Spione, welche die Konkurrenz daraufhin ansetzt, entdecken, daß die Midland die Bahnhofsaufenthalte immer mehr auf das absolute Minimum verkürzt und den Zug mit immer größerem Zeitvorsprung weiterfahren läßt (vermutlich haben sich ihre Zusteigepassagiere entlang der Strecke mit der Zeit darauf eingerichtet, frühzeitig da zu sein!) und außerdem alle Beteiligten, vom Lokomotivführer und Heizer bis zum Weichen- und Schrankenwärter und Bahnhofsvorsteher, sichtlich von der mehr oder minder sportlichen Rekordsucht erfaßt sind, welche an sich ja nun nicht eigentlich der Sinn der Eisenbahnentwicklung ist...

Wie auch immer, die Prestigegründe lassen den Ostlern keine andere Wahl als mitzuspielen. Und vom 19. August an spitzen sich die Dinge dann derart zu, daß sie die Titelseiten der Zeitungen erreichen und sich folglich auch im ganzen Land die bekannte englische Wettleidenschaft des Themas bemächtigt. Die Fahrtzeiten "fallen" bis auf 482 min 30 sec (Ost) gegen 497 min (West); weil aber die Weststrecke 31,2 km länger ist, ist dort die Durchschnittsgeschwindigkeit wiederum größer, nämlich 97,1 km/h gegen 96,5 km/h! Das sind für die Zeit wahre Wahnsinnsgeschwindigkeiten, aber das kümmert niemanden.

In der Nacht zum 20. August dann rasen beide Züge praktisch gleichzeitig auf den Kreuzungspunkt der beiden Linien am Stellwerk Montrose südlich Aberdeen zu. Die Passagiere in beiden Zügen sehen die Lichter des anderen Zugs auf

Die "Single Drivers"

Die Lokomotive "Single Driver" der englischen Eisenbahnen des 19. Jh. mit ihren großen, teilweise mit einer Verkleidung mit Schlitzen versehenen großen Antriebsrädern auf jeder Seite hat etwas von einem Raddampfer auf Gleisen... Sie hat eine elegante, schlanke Form, fast "modern" im Design insofern, als sie ihre mechanischen Bestandteile alle unter einer glatten Verkleidung verbirgt, und stellt zugleich den Höhepunkt und das Ende der Dampflokomotiven mit einer Antriebsachse dar – bis in eine Zeit, als in den anderen europäischen Ländern und in Amerika längst die schwere Lokomotive *Pacific* mit ihren drei zusammengekoppelten Antriebsachsen in Gebrauch ist.

Die technischen Daten der berühmten "Single Driver" der Great Northern Railway:

Baujahr: 1870
(Werk Doncaster, Konstruktion Patrick Stirling)
Länge über alles: 15,24 m
Gesamtgewicht: 44 t
Achsdruck auf das Gleis (Antriebsräder): 15,5 t
Anzahl der Zylinder: 2
Zylindermaße: 457 x 711 mm
Heizfläche: 106 m²
Dampfdruck: 9,8 kg/cm²
Heizrostfläche: 1,64 m²
Ladevolumen Kohle: 3,5 t
Ladevolumen Wasser: 13 m³
Geschwindigkeit: 120 km/h
Außerdienststellung: 1916

der anderen Seite des Tals. Der Zug der Weststrecke passiert den Kreuzungspunkt gerade eine Minute vor dem anderen und fährt um 4.58 Uhr in Aberdeen ein, dicht gefolgt vom anderen – beide fast drei Stunden vor der fahrplanmäßigen Zeit! In der

Den Höhepunkt der technischen Entwicklung der Eisenbahn im 19. Jh. in England verkörpert die Lokomotive Single Driver *mit ihrem einzigen großen Antriebsrad in der Mitte, das ihr viel vom Aussehen eines Raddampfers auf Gleisen gibt. Sie gilt auch ästhetisch als Perfektion der Dampflokomotive. Dies hier ist die berühmte* Sterling *der* Great Northern Railway, *deren "Signalfarbe" Apfelgrün bis heute das Entzücken der englischen Eisenbahnfans ist*

Diese Single Driver *der Midland Railway ist durch die Vollverkleidung auch der Antriebspleuelstangen bemerkenswert. Dies ist technisch wegen der Plazierung der Zylinder an der Längsachse des Fahrgestells möglich und verleiht der Lok außer großer Stabilität auch eine zusätzliche besondere Ästhetik*

folgenden Nacht ist es dafür der Ost-Zug, der zuerst an der Kreuzung Montrose ankommt, und der unglückliche Weichensteller weiß nicht, wem er nun die Vorfahrt geben soll, als er die Lichter beider Züge nebeneinander aus der Dunkelheit auf sich zurasen sieht. Er stirbt fast vor Schreck, stellt aber seinen Weichenhebel noch rechtzeitig, um den Ost-Zug durchzulassen, und wirft ihn dann hastig wieder zurück, fast nur noch Zentimeter vor den vorderen Lokrädern des nachfolgenden West-Zugs. Und so geht das nun praktisch jede Nacht - ein Alptraum für den Mann. Die beiden Züge donnern vorüber, daß sein Wärterhäuschen erzittert, pfeifen wie verrückt, jede Nacht will jeder der erste an seiner Weiche sein, an der er jede Nacht die überfällige Katastrophe erwartet.

Sie bleibt zum Glück dennoch aus. Diese hier jedenfalls. Obwohl der Konkurrenzkampf auf den Schienen unvermindert weitergeht. Der Weichenwärter weiß genau, wann sie kommen, erkennt sie allein an den Waggons und den Lokomotiven. Die Great Northern fährt mit der dreiachsigen Lok oder der leichteren "Bogie"-Lok der Midland, die auch die eleganteren, schöneren Wagen hat - scharlachrot mit Goldstreifen, in denen, für ihn im Vorbeirasen natürlich nicht zu erkennen, die vornehmen Reisenden der 1. Klasse auf ihren Plüschpolstern sitzen, während der einzige Wagen der 3. Klasse ganz hinten ihren Domestiken vorbehalten ist. Und so scheint alles schließlich gut zu enden.

Der tatsächliche Unfall, der dann doch noch passiert, ereignet sich im Bahnhof von Preston auf der Weststrecke. Ein von zwei hintereinandergekoppelten "Single Drivers" gezogener Zug überfährt eine Bahnhofsweiche zu schnell und der gesamte Zug entgleist, zerquetscht das Stellwerk, ein sorgsam erbautes und weiß angestrichenes Holzhaus, reißt die schön in verschiedenen Farben bemalten Signalhebel weg, und die großartigen Zugwagen verkeilen und verbeulen sich ineinan-

"SCOTCH EXPRESS"

Die "sauberen" Linien der Sterling: *kein Detail zuviel, kein Zierat oder sonst etwas am Heizkessel, kein Rohregewirr wie an französischen und deutschen Lokomotiven: eine bereits "moderne" Design-Ästhetik, und das im schnörkelfreudigen 19. Jh.! Freilich, auch dies hat seine Kehrseite: die Wartung all dessen, was sich unter der glatten Verkleidung verbirgt, wird dadurch nicht gerade einfacher...*

Als die Great Northern zur London and North Eastern geworden ist, wird auch die Sterling *weiterentwickelt. Sie behält zwar ihre traditionellen Farben, besitzt aber, so wie diese* Atlantic, *zwei Antriebsachsen mit vorgesetztem "Bogie" und eine hintere Tragachse. Das ständig gestiegene Gesamtgewicht der Züge hat der Lok mit nur einer Antriebsachse den Garaus gemacht*

Ein Wunderwerk ihrer Zeit an Technik und auch Größe: der Bau der Eisenbahnbrükke über den Firth of Forth in Schottland 1888. Mit 2700 m Länge und Bögen von 570 m, über denen die Züge in 52 m Höhe über dem Wasser verkehren, ist sie eine der größten Brücken der Welt bis heute. Erbaut von John Fowler und Benjamin Baker, wurde ihre Konstruktion oft mit dem Eiffelturm verglichen. Sie war fortan der Glanz- und Höhepunkt der Strecke London-Aberdeen

Die Nachfolge der Single Drivers treten leichte Lokomotiven mit zwei Antriebsachsen an. Der zunehmende Reisekomfort hat das Gesamtgewicht der Züge drastisch erhöht und dem sind die Loks der alten Generation nicht mehr gewachsen... Und so wird der Doppelachsenantrieb die Regel am Ende des 19. Jh., wie bei diesem schnellen Reisezug mit 15 Wagen

der. Die Luxusabteile fliegen buchstäblich weg, während die schweren "Bogie"-Fahrgestelle weiter über die sich verbiegenden und aufreißenden Gleise rasen.

Eine Trümmer-und Staubwolke verhüllt vorübergehend den Anblick der Katastrophe. Die beiden Loks rollen ebenfalls noch eine Weile weiter , ehe sie sich wie nach einem Bombeneinschlag explodierend in ihre Bestandteile auflösen. Allein der letzte Wagen hinten bleibt einigermaßen ganz. Es mußte ja einmal passieren.

Zum Glück kostete die warnende Lektion nur ein einziges Menschenleben.

DIE ZEIT DER BESINNUNG

Die Öffentlichkeit ist erschüttert und entdeckt mit einem Schlag, was der Preis des Geschwindigkeitsrauschs ist: an chronischer Nervosität leidende Maschinisten, herzkrank gewordene Weichensteller, Züge, die extremem Verschleiß ausgesetzt waren, drastisch gestiegene Wartungskosten der Gleisstrecken. Und die Gesellschaften beeilen sich, alles wieder auf die Züge zu montieren, was zuvor, um schneller zu werden, entfernt worden war.

Und man konzentriert sich nun in eine andere Richtung des Konkurrenzkampfs: Komfort. Größere, geräumigere, schwerere Wagen. Das Gesamtzuggewicht, im Laufe des verrückten Wettrennens schon bis auf 70 t gedrückt, steigt wieder auf normale Relationen und das Gewicht vergleichbarer Züge, das zu dieser Zeit 200-300 t beträgt. Dazu kommen jetzt Speise-, Schlaf- und Salonwagen und der amerikanische Komfortstandard wie durchgehende Verbindungsgänge, Balgenverbindungen und Druckluftbremsen. Die Midland auf der Weststrecke läßt den ersten europäischen Zug fahren, durch den man von vorne bis hinten gehen kann, was den Spitznamen *Corridor*, den ihm die Eisenbahner alsbald geben, durchaus rechtfertigt.

Hat die Vernunft also gesiegt, bei den Engländern? Nicht so ganz... Vierzig Jahre später geht das Wettrennen noch einmal los. In den 30er Jahren singt die Dampflok ihren Schwanengesang und die noch einnmal aufgemotzten *Pacific*-Loks stürmen von London nach Norden. Sie tragen jetzt die Handschrift eines der großen englischen Ingenieure: Gresley. 1938 schraubt

Die Great Northern Railway, die die östliche Schnellzugstrecke nach Schottland hinauf betreibt, stellt kurz vor 1914 auf eine Politik der starken Lokomotiven um. Dies hier ist eine Atlantic des Konstruktions-Typs 221 – die Nr. 989 –, 1912, in Peterborough

eine seiner Lokomotiven den Geschwindigkeitsweltrekord auf 202 km/h und durchbricht damit die bisherige "magische" Grenze der 200 km/h, und zwar mit einem Zug von 244 t auf einer Strecke mit einer Neigung von 5 Promille. Dieser Loktyp pflegt einen ganz berühmten Zug jener Zeit zu ziehen, das Prunkstück der London and North Eastern (LNER), den *Silver Jubilee*, der die 428 km von London nach Newcastle in vier Stunden zurücklegt. Und wieder weckt dies neuen Ehrgeiz und bringt nacheinander den *Coronation* London-Edinburgh und den *West Riding Limited* London-Leeds, beides Prunkstücke von Zügen mit ihren modernisierten geduckten Loks vorne und besonders ihrer azurblauen leuchtenden Farbe, in der sie von vorne bis hinten gehalten sind, sowie mit ihrer berühmt makellosen Wartung.

Die London Midland and Scotland Railway (LMS) auf der West-Linie schickt daraufhin ihrerseits wieder einen - ebenfalls berühmt gewordenen - Konkurrenzzug zu dem der LNER auf die Gleise: den *Coronation Scot*, auch er blau, wenn auch mit breitem weißem Längsstreifen, der optisch nur noch den Eindruck von Geschwindigkeit erhöht und die Schönheit der *Pacific*-Lok unterstreicht, die inzwischen wieder ein ganz anderes Aussehen hat, nämlich das Design des Ingenieurs Stanier. Es ist geradezu ein Schauspiel, wenn dieser Zug und der scharlachrote traditionelle der LMS einander begegnen (die LMS ist die Nachfolgerin der Midland aus der viktorianischen Epoche).

Die Geschwindigkeiten dieser legendären Züge liegen alle überdurchschnittlich 100 und oft 120 km/h, trotz ihres Gesamtgewichts von 600-800 t. Das trifft auch auf den *Flying Scotsman* zu, der mit seinen 24 Wagen die Oststrecke zwischen London und Edinburgh befährt, und zwar ohne jeden Aufenthalt, was ihm dank zweier Tender mit Durchgang hinter der Lok (für den "fliegenden" Heizerschichtwechsel aus dem Aufenthalts- und Schlafabteil im ersten Waggon) möglich ist. Der Komfort des Zuges ist von einem anderswo unerreichten Standard, wozu als ein Vergleichsbeispiel dienen mag, daß der Speisewagenpark der englischen Eisenbahnen zu dieser Zeit das Dreifache beispielsweise des deutschen beträgt; "Antiklirr-Geschirr", dicke Teppiche und getäfelte Wände dienen möglichst großer Ruhe und Stille in den "fahrenden Restaurants".

Der vielleicht allerluxuriöseste Zug damals aber ist der (oder die) *Northern Belle*, "die Schöne des Nordens", eine Art

Nach wie vor schön und eindrucksvoll, sind aber auch die roten Züge der London Midland and Scotland Railway (LMS) gezwungen, auf die Doppelachsenantriebs-Lok umzustellen. Diese, vom Konstruktionstyp 220, sind noch bis 1931 in Dienst, wie hier bei Sheffield (kolorierte Fotografie)

Eine Szene von den "gemütlichen" englischen Lokalbahnen zu Beginn des Jahrhunderts, bei denen alte Loks noch mit Innenzylinder ihre Tage beenden (und sichtlich "innere Probleme" bieten...)

Eleganz in Farbe... Schwarze Lokomotive mit violetten und beigen Streifen. Welche Eisenbahn irgendwo sonst in Europa oder der Welt hätte sich solche Farbenkombinationen einfallen lassen? Dies hier ist eine Lok des Konstruktionstyps 230 vor dem Scotch Express *der* London and North Western Railway *aus dem Jahr 1926*

Der Cornish Riviera Express, *hier 1925, war lange der Stolz der Great Western. Dieser Zug fuhr die Strecke London–Plymouth (360 km) in 247 min, also mit 87 km/h Durchschnitt*

Was die Farben ihrer Züge angeht, sind die Schotten jedenfalls nicht von ihrem sprichwörtlich-angeblichen Geiz. Ihre starken 230er-Loks sind blau, die Zugwagen dahinter beige und braun. Zu beachten auch hier die Innenzylinder, die in Großbritannien in den 20er und 30er Jahren, obwohl an sich längst veraltet, nach wie vor in Gebrauch waren

Die kuriose Praxis, Wasser während der Fahrt vom mitgeführten Tank zu tanken, bleibt auch bei der Lancashire and Yorkshire Railway in Gebrauch. Unter dem Tender ist ein Rohr, über das der Lokführer Wasser in eine sog. Walkden-Wanne zwischen den Schienen leiten kann, wo es sich aufheizt und als Dampf in den Kessel aufsteigt – und manchmal auch nach draußen, wie es diese Lithografie aus den 20er Jahren zeigt

Der Coronation *war einer der letzten großen englischen Dampfzüge. Völlig verkleidet und himmelblau mit weißen Streifen den ganzen Zug entlang fährt er hier 1938 von London nach Glasgow ab*

Die berühmteste aller englischen Lokomotiven, in ihrer Geschwindigkeitsfreudigkeit eine direkte Nachfahrin der Single Drivers, war die vollverkleidete Pacific *"Mallard", eine Konstruktion von N. Gresley. Diese, die Nr. 4468, stellte 1938 mit 202 km/h vor einem 244 t–Zug einen Dampfantriebs–Weltrekord auf. (Gemälde über diese Fahrt von G.Coulson)*

Der Stellwerker von Greenwood in New Bernet bei der Arbeit. Dies war ein berühmtes Werbeplakat der British Railways nach einem Gemälde des großen englischen "Eisenbahnmalers" Terence Cuneo, das die Phantasie aller Kinder jener Zeit anregte, deren Traumberuf "Lokomotivführer" war. Der Weichensteller hält den aufmerksamen Blick auf den einfahrenden berühmten Flying Scotsman gerichtet (National Railway Museum, York)

Der Bahnhof Paddington in London um 1920. Das Auto (Hintergrund) beherrscht inzwischen bereits das tägliche Leben, aber britische Besonderheiten und Bequemlichkeit erzwingen, daß es bis auf die Bahnsteige fahren darf, damit die Reisenden dort direkt in den Zug umsteigen können... So durchaus logisch, anderswo war (und blieb) dergleichen undenkbar...

Kreuzfahrt-Zug der LNER mit 14 Wagen, von denen allein die Hälfte Schlaf-, Salon- und Rauch-Wagen sind, mit Privatabteilen, Duschen und Frisiersalons. Der Luxus ist derart, daß der ganze Zug gerade 60 Reisende aufnehmen kann - macht 10 t Nutzlast für jeden von ihnen - ein Weltrekord, der so leicht nicht überbietbar ist angesichts der Norm von 1 t Nutz-/toter Last pro Passagier in den "besten" Fällen... Doch auch der (die) *Brighton Belle* verdient hier Erwähnung. Dieser Zug fährt von London nach Brighton in einer Stunde ohne Halt, allein zu dem Zweck, daß die schicke Londoner Welt in Rekordzeit das damals mondänste Seebad des Landes erreichen und dort das exklusive lange Wochenende mit der ersten Tasse Tee in den Plüsch-Salons der barocken Grandhotels am Strand ab dem späten Freitagnachmittag genießen kann. Er besteht ausschließlich aus Pullman-Wagen, von denen jeder seinen eigenen Namen hat, und ist so der vermutlich "schickste" englische Zug aller Zeiten. Bis nach Amerika gilt er, einfach kurz nur *Belle* genannt von denen, die "in" genug sind, mit ihm zu reisen, als der exklusivste aller Züge überhaupt - "so exklusiv wie die Londoner Gentry selbst".

Leider machte dann ein gewisses Ereignis, das im September 1939 seinen blutigen Anfang nahm, allen diesen eleganten Zügen für immer ein Ende, denn danach war die Zeit für derlei sowieso vorüber. Alle Versuche, sie nach dem Zweiten Weltkrieg wieder aufleben zu lassen, schlugen fehl. Nicht nur die Zeiten und die sozialen Verhältnisse hatten sich verändert, auch die Technik war weitergeschritten. Die neue Zeit ist sachlicher, nüchterner und auch, wenn man so will, demokratischer. Und sie hat keine Verwendung für noch so schöne farbenprächtige "Spielzeuge" auf Schienen. "Pullman" und "Single Drivers" überleben nur noch als Nostalgiebegriffe.

Das Geheimnis des Zugschlafs

Bereits vor und auch noch nach den "Single Drivers" und den "schicksten Zügen aller Zeiten" - und in ihnen selbstverständlich ebenfalls -, kurz: seit den Anfängen der Eisenbahn bis auf diesen Tag gibt es ein Eisenbahnphänomen, das, gleich ob in England oder sonstwo, wahrhaft universal in aller Welt das gleiche ist: den Eisenbahnschlaf.

Das Geheimnis der beruhigenden Wirkung einer Bahnfahrt ist indessen bis heute noch gänzlich unerforscht, wie kürzlich einmal die Deutsche Bundesbahn verlauten ließ: "Nur wenige haben versucht, sich dem Problem zu nähern."

Einige meinten, daß die sanften Fahrgeräusche etwas mit dem Wiegenlied einer Mutter gemeinsam hätten. Marcel Proust hingegen, der berühmte französische Autor der "Suche nach der verlorenen Zeit" glaubte, daß es gerade "die Unruhe des kraftvoll dahinsausenden Zuges" sei, die dem Eisenbahnreisenden Ruhe bringe: "Nachdem ich dann am Abend die Großmutter zu ihrer Freundin begleitet, dort einige Stunden verbracht hatte und dann allein wieder in den Zug gestiegen war, hatte die einbrechende Nacht nichts Quälendes für mich; ich brauchte sie ja nicht in dem Gefängnis eines Zimmers zu verbringen. Ich war umgeben von der beruhigenden Rastlosigkeit, mit der der Zug sich bewegte. Das leistete mir Gesellschaft, das bot sich zur Unterhaltung, wenn ich keinen Schlaf finden sollte, das wiegte mich mit Geräuschen, die ich wie Glockenklang von Combray bald mit diesem, bald mit jenem Rhythmus verband; diese Bewegungen hoben die Zentrifugalkraft meiner Schlaflosigkeit auf und übten einen Gegendruck auf sie aus, der mich im Gleichgewicht hielt. Von ihnen konnte ich mich, erst stilliegend und dann bald einschlafend, tragen lassen, wie wachsame Natur- und Lebensmächte meine Ruhe getragen hätten, wenn ich für den Augenblick die Gestalt des Fisches hätte annehmen können, der im Meere schläft und sich von Strömungen und Wellen treiben läßt, oder die des Adlers, der nur auf dem stützenden Sturme ruht..."

"Das angenehme Reisen in der Bahn", folgerte aus solchen Bekenntnissen wie auch zahlreichen aus neuerer Zeit deshalb die Deutsche Bundesbahn, "verführt häufig zu einem Nickerchen, aus dem manchmal ein ausgedehnter Schlaf des Gerechten wird, der sogar länger dauert als die Fahrt ursprünglich geplant war..."

Um die Jahrhundertwende stand in einer badischen Lokalzeitung dieser Beitrag zum Thema: "Ein Neun-Uhr-Schläfer stieg in Karlsruhe mit einem großen Hund in einen Zug und fiel sofort wieder in so tiefen Schlaf, daß er in Ettlingen durch alles Rufen und Klopfen nicht geweckt werden konnte. Ein Anfassen war nicht möglich, denn bei jedem Nahen an seinen Herrn zeigte der Hund die Zähne, so daß den Schaffnern nichts anderes übrig blieb, als durch einen Fensterspalt die Handfeuerspritze auf den Schläfer zu richten, bis er endlich durch das kalte Naß erwachte."

DIE "ENGERTH": DAS "SCHWARZE MONSTER VOM SEMMERING"

In der allgemeinen Vorstellung rangieren Güterzüge ganz gewiß nicht in der Liste der "berühmten Züge", schon weil sie naturgemäß weit davon entfernt sind, so romantische Vorstellungen zu erzeugen wie etwa die vom "Zug der Züge", dem Orient-Expreß mit seinem Super-Luxus, oder vom Train Bleu, oder wie sie eben alle heißen, diese "großen", diese berühmten Züge. Groß sind sie wohl auch, die Güterzüge, aber nicht, was Schönheit und Eleganz oder Attraktion angeht...

Ewige Diener und Knechte der Industrie und Wirtschaft, rollen sie unermüdlich Tag und Nacht, durchfahren nachts schwer und monoton mit ihren metallisch quietschenden Rädern, rüttelnd und schüttelnd und über die Nahtstellen der Schienen holpernd, leere Bahnhöfe und ziehen ihre schier endlosen Waggonfolgen hinter sich her, selten auf den Hauptstrecken. Ihre Bestimmungsorte sind die abgelegenen Güterbahnhöfe der Vorortbereiche. Da ist nicht von Glanz und Ruhm die Rede. Man sieht sie allenfalls vorüberrollen, aber wer weiß schon, woher sie kommen und wohin sie fahren. Sie sind die quietschenden Phantome der Nacht, die jene regelmäßig aus dem Schlaf reißen, welche in kleinen Häuschen oder großen billigen Wabenblocks des sozialen Wohnungsbaus neben ihren Strecken und rund um die Güterbahnhöfe und

Lokdepots wohnen, weit weg von den glitzernden Lichtern der Innenstädte und der großen Passagierbahnhöfe...

Menschen transportieren sie allenfalls in schlimmen Zeiten. "40 Menschen oder 8 Pferde" pflegten auf alten Waggons zu stehen, wenn es etwa in den Krieg ging... Soldaten in den Krieg, Häftlinge in die Deportation, Züge, auf denen "Tous à Berlin!" stand (auf der einen Seite) oder " Auf nach Paris!"(auf der anderen)... Züge ins Exil, Kriegsgefangenenzüge, Vertriebenen- und Flüchtlingszüge ... nein: Vergnügungszüge sind sie wahrhaftig nicht, und auch nie als solche gedacht gewesen – so wenig, wie die Eisenbahn eigentlich für den Krieg gedacht war. Ihre Initiationsidee war vielmehr eine ganz und gar andere. "Wohlstand und Ideen" sollten sie zirkulieren lassen, schon weil das erstere die letzteren erzeuge, zumindest in

Diese Engerth–Lokomotive im französischen Eisenbahnmuseum Mülhausen ist eines der nur noch wenigen erhaltenen Exemplare dieser Güterzugslokomotive des 19. Jh. schlechthin. Sie stammt aus dem Jahr 1855 und gehörte zu einer bestimmten Bauserie von 184 Loks. Sie tat nicht weniger als 83 Jahre lang Dienst auf den bergigen Strecken im Süden des französischen Zentralmassivs, ehe sie 1938 außer Dienst gestellt wurde – wahrhaft ein beredtes Zeugnis der Robustheit. Sie fuhr bis zu 65 km/h schnell und konnte selbst noch bei dieser Geschwindigkeit 400–500 t Nutzlast ziehen

*Der Führerstand der Engerth
-Lok. Oben, horizontal, der
Dampfreglerhebel für die Zylinder. Im Vordergrund das
Fahrtrichtungs- und gleichzeitig Dampföffnungsrad. Mit
gefühlvoller und geschickter
Handhabung dieses Rades
konnte ein guter Lokomotivführer das Leistungsmaxi-
mum aus seiner Lok heraus-
holen (vorausgesetzt, er kannte es genau) – und zwar bei
kleinstmöglichem Verbrauch
(frz. Eisenbahnmuseum Mülhausen)*

einem Zivilisationsmodell wie dem unseren. Im Bewußtsein
der Ahnherrn und Gründer der Eisenbahnnetze war der Transport von Menschen bestenfalls eine nachgeordnete Aufgabe,
ein Zusatzservice allenfalls, eine Nebeneinnahmequelle, welche ohnehin enorme Investitionen erforderte und verursach-
te. Komfort wird buchstäblich nur tröpfchenweise zugestanden und eingeführt – für diese unersättlich fordernden Passagiere, die selbst schon für den Preis eines Billets der 3. Klasse
Plüsch und Polster und Vorhänge zu verlangen die Stirn haben,
wie es allenfalls der 1. Klasse zustehen mag... Nein, nein, an
erster Stelle hat ganz etwas anderes zu stehen: der Dienst an
der Wirtschaft, der Transport von Material und damit auch
Wohlstand in die Gegenden, die noch arm und rückständig
sind (wie in Frankreich oder anderen europäischen Ländern),
oder aber, mit ihrer buchstäblich verbindenden Funktion
Nationen erst zu erschaffen und dann zusammenzuhalten (wie
in Nordamerika oder in Asien) ... Das ist, für ihre Väter, die
eigentliche Bestimmung der Eisenbahn! Und deshalb ist für sie
der Zug schlechthin auch der Güterzug.

Und in der Tat waren nicht etwa die Vorschläge von
Reisebüros (die es ohnehin noch nicht oder kaum gab) ausschlaggebend für die Streckenführungen der entstehenden
Eisenbahnnetze. Sondern die Kohle. Und das galt für England
genauso wie für das kontinentale Europa. Dennoch hatten die
ersten Strecken nur den Status zusätzlicher Entlastungs-Trans-
portwege für die noch immer dominierenden Kanäle und
sonstigen Wasserstraßen für schwere Frachten und für die
See- und Flußhäfen; anders ausgedrückt, sie waren schon
bestimmungsgemäß zweite Wahl, von untergeordneter Bedeutung. Doch dann machte die Kohle sie groß. An ihrem
Transport-Beispiel demonstrierte die Eisenbahn ihre überle-
genen Fähigkeiten, indem sie zum erstenmal eine Symbiose
von Quantität und Schnelligkeit herstellte.

Und bald veröden die Wasserstraßen denn auch. Deren
Ufer bröckeln ab, ihre Anlagen verkommen und Gras überwu-
chert sie. Neben ihnen auf den Straßen verändert sich das alte
Pferdefuhrgewerbe zum Zulieferer der Eisenbahnen und ihrer
Bahnhöfe, denn nun zieht die Eisenbahn buchstäblich allen
Frachtumschlag an sich: Eisenerz und Holz, Möbel und Schlacht-
vieh, Wein und Weizen, Gemüse und Stein, Sand und Obst,
Gußeisen und Stahl. Und selbst noch die feinen Leute in den
erlesenen Restaurants von Paris haben ihren Nutzen davon.

Holperten Fische, Krustentiere und Austern aus Boulogne
zuvor noch bis zu drei Tage lang über die Straßen der Picardie,
so langen sie nun binnen Stunden in der Hauptstadt an.

Fortan rollen die Güterzüge der zweiten Hälfte des 19. und
der ersten Hälfte des 20. Jh. buchstäblich Tag und Nacht durch
die Lande und füllen den in immer prächtiger werdenden
Verwaltungsgebäuden in den Zentren der europäischen Städte residierenden, als Privatunternehmen gegründeten Betreibergesellschaften die Kassen. Unter ihren Kristallüstern rei-
ben sich die Rothschilds oder Pereires, und wie die großen
Bankiers alle heißen, die Hände und schütten fürstliche Dividenden an ihre Aktionäre aus. Dann aber, zwischen den
beiden Weltkriegen, bahnt sich ein erster Rückschlag an. Der
Verkehr auf der Straße erwacht dank des Lastautos zu neuem
Leben, und die Güterzüge werden wieder kürzer und weniger.
Die Eisenbahn, an feste Strecken gebunden und also nicht
imstande, überallhin zu transportieren, verliert ihr absolutes
Transportmonopol wieder. Die "Brummis" (auch wenn damals noch nicht so genannt) kommen... Und die Profite der
Eisenbahngesellschaften beginnen dahinzuschmelzen wie der
Schnee in der Sonne, und es gibt nur noch zwei Schicksale für
alle: Konkurs oder Verstaatlichung. (Und heute wieder schätzen sich praktisch alle europäischen Länder glücklich, letzteres getan und ihre Eisenbahnnetze, wenigstens zum überwie-
genden Teil, sowie die Hälfte ihres Gütertransports nach wie
vor der Eisenbahn erhalten zu haben.)

DIE ERSTEN GÜTERZÜGE

Die Anfänge der Eisenbahn sind keine Geburt im eigentlichen Sinne, sondern eher eine ans Tageslicht beförderte
Transportmethode aus den Bergwerken, die dort schon jahrhundertelang üblich ist – mit Holzloren auf Holzschienen. Die
Holzgleise sind dort mit der Zeit durch Eisenbänder verfestigt
worden, um ihre Abnutzung und das allzufrühe Ausleiern zu
verringern (und daher auch, wie schon im 2. Kapitel erwähnt,
der Name "Eisenbahn" – lange, ehe es sie im heutigen Sinne
gab: das gilt für das deutsche Wort ebenso wie für – beispielsweise – die gleichbedeutenden französischen und italieni-
schen "chemin de fer" und "ferrovia".) Die Grundform der
Eisenbahnwaggons war ebenfalls die Lore: ein "Inhaltsgehäu-
se" auf einem Eisenradfahrgestell. Auch die der Eisenbahn
unentbehrlichen Puffer haben ihr Vorbild in ähnlichen Vor-
richtungen der Minenloren. Und auch die Form des Zuges
selbst, nämlich mehrerer hintereinandergekoppelter Wagen,
ist den noch mit einfachen Ketten verbundenen Gruben-Zügen
nachempfunden, deren "Lokomotiven" die Grubenpferde
waren (welche meistens ihr ganzes tristes Leben lang kein
Tageslicht sahen) – wiederum die Antriebs-Anfangsidee der
Eisenbahn oben auf der Erde, als die Lokomotive noch nicht
erfunden war, und auch danach noch eine Weile, als man
vielfach noch Angst vor den unheimlichen, unberechenbaren
rauchfauchenden Eisen-Ungetümen der neuen Zeit hatte...

Der Güter-Wagen ist also in der Tat der erste Eisenbahnwaggon. Anfangs höchstens 3–6 m lang, auf zwei Achsen mit
einem Hebel für einen einzigen Bremsschuh für alle vier
Räder, transportiert diese rollende Kiste in den Jahren zwischen 1820 und 1830 erst einmal buchstäblich alles, was auf
die Schiene kommt – jede Art Transportgut einschließlich der
Passagiere, diese vorzugsweise sogar nur im Stehen, allenfalls
gelegentlich immerhin auf Bänken. Als dann 1830 Georges
Stevenson seine erste richtige Eisenbahnlinie von Liverpool
nach Manchester eröffnet, bleibt ihm angesichts dessen wenig
anderes übrig als einfach übliche Kutschengehäuse auf die

Coupe longitudinale

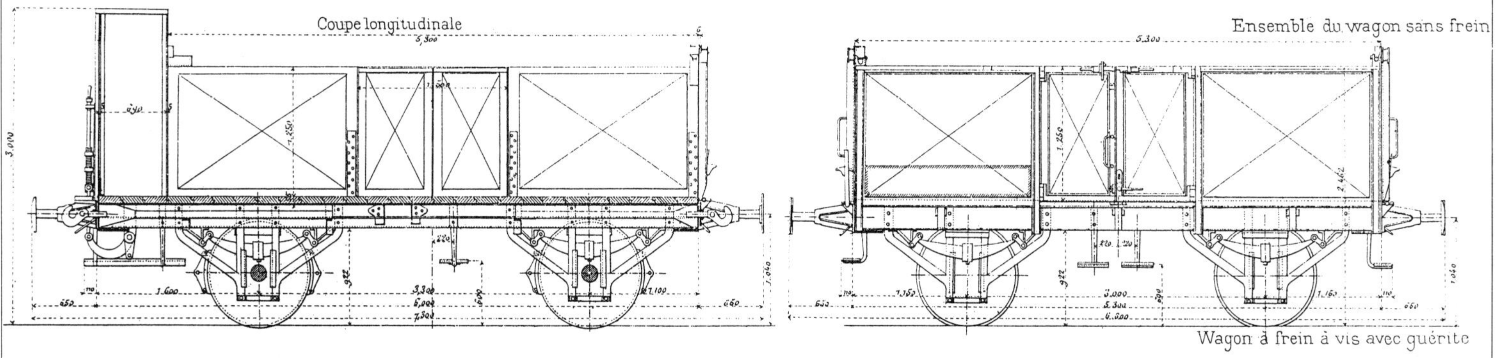

Ensemble du wagon sans frein

Wagon à frein à vis avec guérite

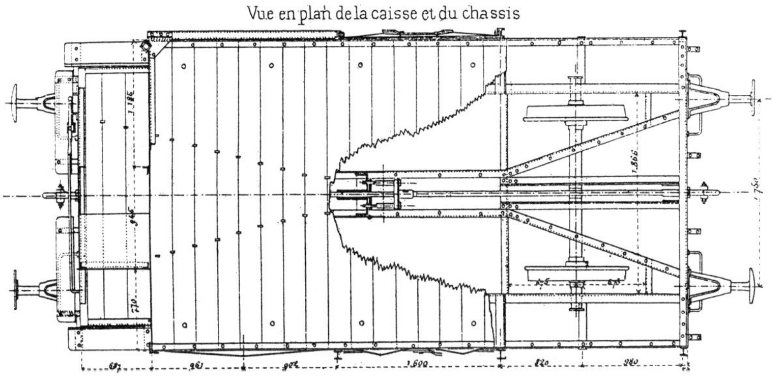

Vue en plan de la caisse et du chassis

Die berühmte Zeitschrift Revue générale des chemins de fer berichtete im August 1897 über die neuen deutschen, vollständig metallischen Kohletransportwaggons. Deren Besonderheit bestand darin, daß sie sehr leicht demontierbar und dann als Tieflader–/Plattformwaggons verwendbar waren. Die zulässige Höchstlast betrug jedoch nur 15 t. Hundert Jahre später haben moderne Waggons maximale Nutzlasten von 100 t erreicht

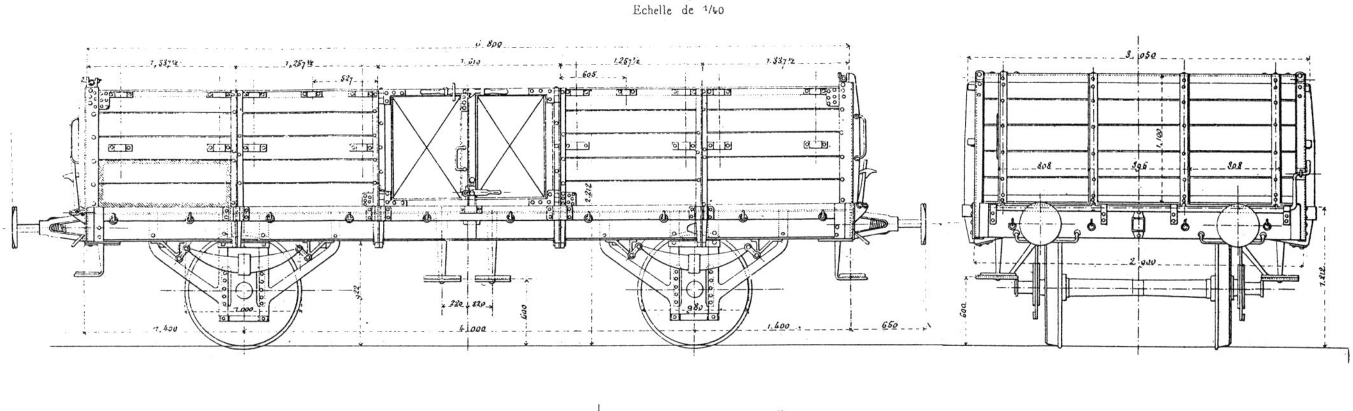

Ensemble du wagon sans frein
Echelle de 1/40

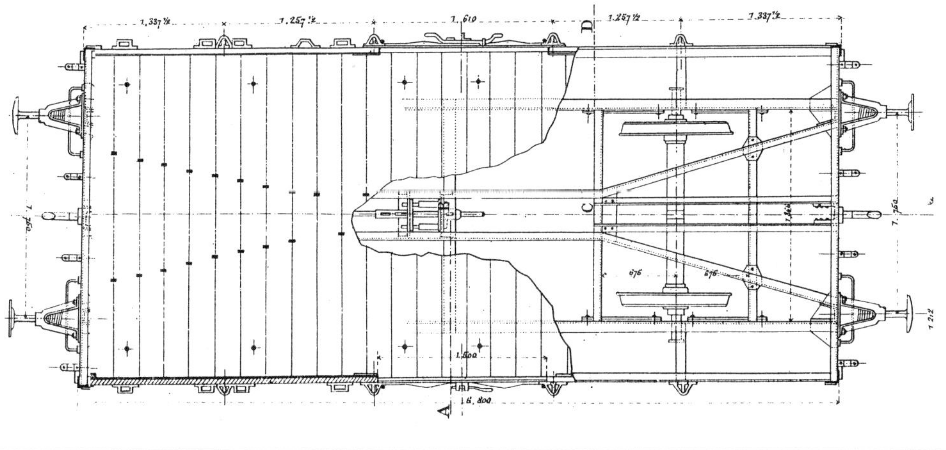

Ein deutscher Kastenwaggon aus Holz mit Metalltüren zum Schwerschüttguttransport. Das eiserne Fahrgestell besteht aus Längsträgern, welche die Zug– und Stauchkräfte in die Mitte leiten. Die Aufhängung ist eine Blattfederung nach einer Methode, die eineinhalb Jahrhunderte lang die Technik der Güterwagen mit separaten Achsen dominiert

Die Güterzugwaggons der zweiten Hälfte des 19. Jh. bestehen aus einem Holzgehäuse auf zwei separaten Achsen. Ganzmetallgehäuse kommen noch kaum vor und die Drehgestelle (Bogies) für die Räder bleiben noch lange die Domäne der amerikanischen Eisenbahnen. Die Nutzlast bleibt bescheiden: maximal 10 t, wenngleich dies bereits ein enormer Fortschritt gegenüber der Zeit der Straßenfuhrwerke ist. Dies hier ist ein französischer Güterwagen mit Seitentüren

eisernen Räder zu setzen, um "Wagen" zu bekommen, die dieses Namens würdig sind.

Alte Stiche von den ersten Güterzügen zeigen, daß es auch in diesen Anfangszeiten schon den Tiefladerwaggon gab, auf den man Fässer und Tonnen und Kisten laden konnte. Auch spezielle Viehwagen gab es bald – vorerst als Tieflader mit Käfigaufbau, lediglich zum Verhindern des Herabstürzens der Tiere. Die weitere Entwicklung führte dann zwar zum daraufgesetzten Dach, um wenigstens einige Tiere vor allem gegen die stechende Sonne zu schützen – gegen Regen weniger, da war man nicht so fürsorglich- aber es waren noch lange keine geschlossenen Waggons mit Wänden, sondern eben offene, durch die dann auch entsprechend der Fahrtwind pfiff. Dokumente von 1850 aus Frankreich zeigen, daß sich bis dahin noch wenig geändert hat. Die Kipploren, die Tieflader und die

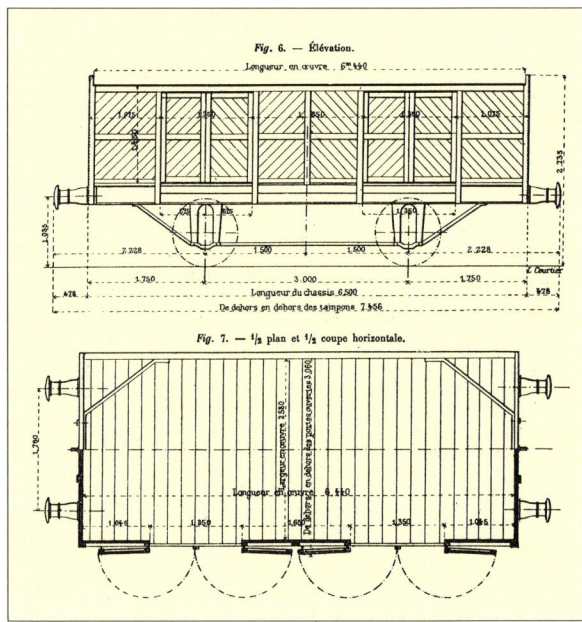

Fig. 6. — Élévation.

Fig. 7. — ¹/₃ plan et ¹/₂ coupe horizontale.

Eine Kuriosität: der Faßwaggon

Der Faßwaggon ist eine richtige Kuriosität in der Geschichte der Eisenbahn und außerdem ein wirklich sehr französischer Waggontyp.

Der erste Weintankwagen datiert aus dem Jahre 1875 und war eine Konstruktion eines gewissen M.Lepage aus Épinal: ein zylindrischer Blechkessel auf einem gedeckten Waggon. Der eigentliche Faßwagen entstand aber erst 1895 in Béziers in Form eines unterteilten Holzbehälters auf einem Plattform-/Tiefladerwaggon. 1900 gab es bereits 200 registrierte Waggons dieser Art auf dem Streckennetz der PLM, die meisten davon in Form eines oder zweier fest montierter großer Fässer auf einem Fahrgestell. Die ungewöhnlich großen Weinerträge der Jahre 1906 und 1907 erforderten nicht weniger als insgesamt 20 000 Waggonladungen aller Typen für den Transport. Vom Bahnhof Béziers gingen 400 pro Monat ab. 1914 schenkten die Winzer des Midi den französischen Truppen 200 000 Hektoliter Wein – aus Patriotismus, der sich allerdings aufs günstigste mit dem enormen Überschuß dieses Jahres traf, der weg mußte; 56 Millionen Hektoliter betrug die Produktion, und es fehlten die Verbraucher dafür: sie hatten (fast) alle in den Krieg ziehen müssen... Die PLM expedierte ganze komplette Faßwagen-Züge zum berühmten Wein-Bahnhof Bercy in Paris. Die Züge rollten in Zehnminutenabständen an und hatten einen "Weinstau" zur Folge, wie man ihn noch nicht erlebt hatte. 1915 hatte jeder

französische Soldat Anspruch auf einen halben Liter Wein täglich, was wiederum ein überaus interessantes Transportgeschäft für die Eisenbahnen zur Folge hatte: 6 Millionen Hektoliter Wein mußten 1916 an die Front befördert werden und sogar 12 Millionen 1917. Der Zusatzeffekt ergab sich nach dem Krieg: die beim Militär an ihren täglichen Wein gewöhnten Soldaten tranken auch nach ihrer Heimkehr weiter fleißig Midi-Wein, was diesem einen monatlichen Absatz von 3,6 Millionen hl allein in Frankreich im Jahre 1920 garantierte. Die Wiederholung des "Kriegsweins" im Zweiten Weltkrieg kam schon deshalb nicht zustande, weil sowohl die Gleisstrecken als auch die Faßwaggons unter starken Zerstörungen zu leiden hatten. Außerdem gab es die Rationierung, und eine stark zurückgegangene Produktion obendrein. Den Rest besorgten die Besatzer, die sich als kräftige Konsumenten erwiesen (4,5 Millionen hl allein in den ersten 18 Besatzungsmonaten).

In den 50er Jahren dann wurden die Faßwagen, diese französische Spezialität, allmählich durch die modernen Metall-Tankwaggons ersetzt. Und damit starben dann auch die "chapardeurs" aus, jener ganz spezielle, mit dem Faßwaggon geborene Erwerbszweig der Weinklauer, die sich nachts in den Rangier- und Umschlagbahnhöfen mittels Bohrer, Stopfen und Eimer aus den dort stehenden Faßwaggons "à discretion" zu bedienen pflegten; sofern sie sich nicht erwischen ließen...

Tieflader-Viehkäfigwaggons stellen praktisch den gesamten Wagenpark an Güterwaggons der Eisenbahnen dar, deren Ladung bei rd. 6 t Höchstgewicht pro Waggon liegt, was trotz allem schon ein gewaltiger Fortschritt ist, wenn man diese Frachten mit denen der einst ausschließlich (den Wasserstraßenverkehr einmal außer acht gelassen) verfügbaren Pferdefuhrwerke vergleicht, die eine oder höchstenfalls zwei Tonnen Fracht mühsam und langsam über die ungepflasterten und ungeteerten Landstraßen zu bewegen imstande waren.

Dann aber erscheinen in den folgenden Jahren die ersten geschlossenen Güterwaggons. Sie bestehen aus einem vollständig geschlossenen Gehäuse auf einem klassischen vierräd-

rigen Fahrgestell wie die Passagierwaggons. Das Dach ist wegen des Wasserablaufs bei Regen gewölbt, seitliche Schiebetüren ermöglichen einfaches Be- und Entladen – und die Sicherung des Frachtguts nicht nur gegen die Witterung, sondern auch gegen Diebe...

Um 1855-60 haben die Güterwagen bereits ihre endgültige und das ganze folgende Jahrhundert beherrschende Form gefunden und erfahren nur mehr jeweils für den jeweiligen Zweck erforderliche Variationen ihrer drei Grundformen (Kipp)Lore, Tieflader und geschlossenes Gehäuse. Aus dem Tieflader geht in Frankreich um 1895 als logische Konsequenz des Tonnentransports der Faß(Tank)waggon hervor, eine sich geradezu aufdrängende Methode für den Weintransport ab Béziers. Die Grubenlore wiederum ist der Ausgangspunkt der 1860 entstandenen Variation des Kippwagens mit Kurbel und Pumpe. Ausgedacht hat ihn sich ein einfacher Eisenbahnarbeiter namens Gargan in Livry in der Vorortregion von Paris, weshalb der Ort seitdem zu seinen Ehren Livry-Gargan heißt. Aus diesem Typ wiederum geht der Kesselwaggon mit seinem zylindrischen Tank hervor – möglicherweise auch vom Faßwaggon beeinflußt. Und der geschlossene Güterwaggon bekommt vergitterte Fensteröffnungen und ist damit zum endgültigen Viehwaggon geworden.

Im Lauf der 1840er Jahre werden die Güterzüge immer länger und länger und weisen bereits auf die Entwicklung der folgenden Jahrzehnte mit ihrem noch weiteren Wachstum sowohl nach Last wie nach Länge hin.

Der erste entscheidende Faktor für diese gewaltige und rasche Zunahme des Eisenbahngüterverkehrs ist der Preissturz der Frachttarife. Die ersten und frühen Tarife hatten schon den Zorn des herkömmlichen Fuhrgewerbes ausgelöst, weil sie fast nur halb so hoch waren, und dann fielen sie zwischen 1855 und 1859 noch weiter, nämlich auf der Grundlage von "Tonnen-Kilometern" – in Frankreich bei der PLM beispielsweise von 7,9 auf 6,4 Centimes. Die Steinkohle aus Saint-Etienne wird sogar zum Spezialtarif von 3,5 Centimes transportiert und die Weine des Midi genießen einen Vorzugsfrachtpreis von immerhin noch 5 Centimes. 1909 beträgt der "Tonnen-Kilometer"-Tarif der PLM nur noch 49 Prozent dessen von 1855.

Der zweite Faktor ist der steigende Lebensstandard. Der Konsum nimmt zu, der gesamte Lebensstil ändert sich und wird aufwendiger und "materieller". Die PLM - um beim gleichen Beispiel zu bleiben - transportiert 1858 3 260 000 t Fracht und im Jahre 1909 bereits fast neunmal soviel, nämlich 28 533 400 t - 900 Prozent Zunahme in knapp 50 Jahren! Allerdings haben die Gewinne in dieser Zeit nur um 6,5 Prozent zugenommen - infolge der Senkung der Tarife sowie des Anstiegs der Lohnkosten und der Beschäftigten insgesamt, deren Zahl von 33 000 auf 72 000 wächst.

Das Gesamtgewicht der Güterzüge erhöht sich sogar auf geradezu beunruhigende Weise, weil es die zeitgenössischen Lokomotiven bei weitem überfordert. Von 200 t Gesamtgewicht eines aus rd. 20 Waggons pro rd. 10 t Fracht zusammengesetzten Zuges im Jahr 1840 wachsen die Lasten auf 300 und 400 t um 1855 an und auf über 600 t nach 1870 - zumindest in der Theorie; denn praktisch hängen die Lasten direkt von der Leistungsfähigkeit der Lokomotiven und aber auch von der Streckenbeschaffenheit ab. Eine kleine dreiachsige Lok von 1850 kann bei 15 km/h Geschwindigkeit 885 t auf ebener Strecke ziehen, aber nur noch 335 bei Strecken mit Steigungen von 5 Promille. Bis zu Streckensteigungen von 25 Promille sinkt die Zugkraft sogar bis auf 70 t. Soll der Zug 60 km/h schnell fahren, sinken die entsprechenden Frachtzahlen auf 275, 145 und 20 t. Mit anderen Worten, Frachten von 300 bis 400 t sind also überhaupt nur bei völlig ebenen Strecken und geringen Geschwindigkeiten möglich. Hat man aus geographischen Gründen viele Strecken mit Anstiegen, bleibt logischerweise nur, die Zugkraft der Lokomotiven zu verstärken, will man konkurrenzfähige Frachtlasten haben.

DAS "RAINHILL" DER GÜTERZÜGE

Die mitteleuropäischen Länder haben um 1850 die Bedeutung ihrer Stellung als unumgängliche Knotenpunkte und Durchgangsgebiete begriffen. Der gesamte internationale Güterverkehr auf Schienen verläuft zwangsläufig durch sie und sie sind entschlossen, diesen Vorteil auch nach Kräften zu nützen, wie es auch nicht mehr als logisch ist. Nun sind diese Länder aber auch teilweise gebirgige Gegenden. Der technische Entwicklungsstand der Zeit erlaubt aber noch nicht den Bau langer Tunnels, mit deren Hilfe man also beispielsweise die Alpen auf möglichst ebenen Strecken in den Tälern durchqueren könnte, also auf Schienen ohne oder zumindest nur mit minimalen Steigungsgraden. Es bleibt also nichts übrig, als Übergänge auf den Höhen zu suchen und sich den damit verbundenen immensen Arbeiten zu unterziehen, um Schie-

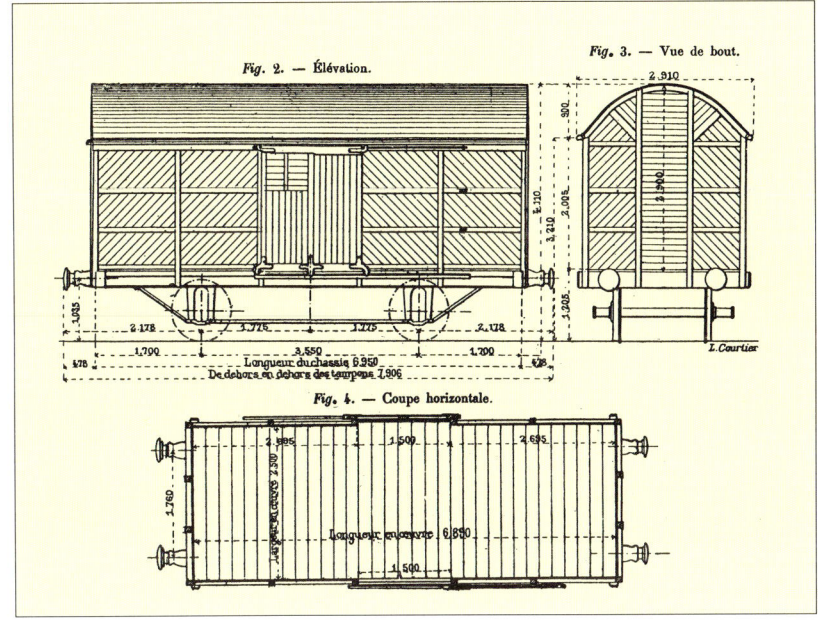

nenstrecken mit möglichst wenig Höhenunterschied zu erstellen, nämlich um den Preis, jeder Geländewindung und -kehre zu folgen, und des Baus von Gewölbetunnels und Viadukten, um auf diese Weise möglichst horizontal auf und über die Berge zu gelangen. Und einige dieser Strecken kommen zu speziellem Ruhm. Die Geographieprofessoren nennen sie fortan die "großen Alpendurchbrüche".

Die schweizerischen und österreichischen Ingenieure - da es sich im wesentlichen dabei um diese beiden Länder handelt - haben durchaus kühne Pläne und sind entschlossen, sich auch mit gewaltigen, für die Zeit überdimensionalen Bauten auseinanderzusetzen; doch dazu müssen die Züge erst einmal hinauf auf diese Höhen gebracht werden - mit ausreichend starken Lokomotiven. Aber dorthin führt noch gar kein Weg, als 1837 Erzherzog Johann in seiner Funktion als Chef des k.u.k. Pionierwesens der Armee eine Studienkommission einsetzt, die sich im Zusammenhang mit dem Projekt einer strategischen, aber auch kommerziell nutzbaren Eisenbahnverbindung zwischen Ostsee und Adria, deren vorgesehene Trasse in Österreich über den Semmering führen soll, über das englische Eisenbahnwesen informiert. 1842 jedoch greift der österreichische Ingenieur Karl Ritter von Ghegha diese Idee wieder auf und reist eigens zum Studium der dortigen Eisenbahnen nach Amerika, wo man bereits eifrig am Bau diverser Eisenbahn-Gebirgsüberquerungen ist — wie beispielsweise in den Appalachen. Er kommt 1848, voll überzeugt zurück und macht sich an den Bau der Semmeringstrecke und überwindet damit sechs Jahre des Zögerns und Verzögerns der Behörden.

Der Bau der Strecke erfolgt in einem sehr zerklüfteten Gebirgsgelände, das 15 Tunnels, 16 Viadukte, über 100 Brücken, und kilometerlange Stützmauern erforderlich macht - und das auf einer Gesamtstrecke von ganzen 58 km zwischen Gloggnitz im Nordosten und Mürzzuschlag im Südwesten; ziemlich in der Mitte zwischen den beiden Orten (461 bzw. 218 m ü.d.M.) liegt der Semmering mit seinen 985 m ü.d.M. (Paßhöhe 898 m).

Die Arbeiten an dieser ersten europäischen Gebirgsbahn sind eine kolossale Aufgabe, wozu nicht zuletzt der 1434 m lange Firsttunnel zählt, der erste Höhentunnel überhaupt. Wie bei allen Pionierbauten und Ersttaten häufen sich die Unfälle.

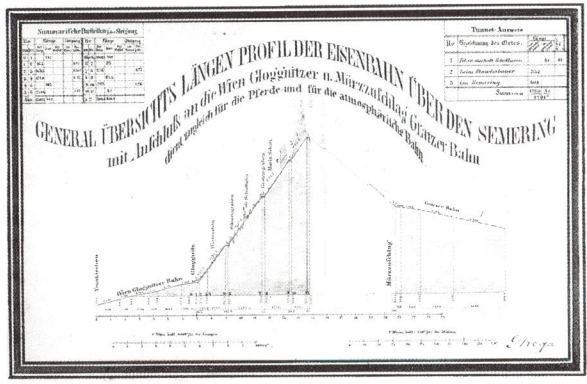

Der gedeckte Waggon wird der universelle Standardtyp des Güterwaggons. In ihn kann man so gut wie alles verladen und er schützt die Fracht gegen Wind und Wetter. Dieser Typ hier – ein Waggon der französischen Compagnie du Nord – war mit seinem gewölbten Dach und der Maximalausnützung der erlaubten Abmessungen seiner Zeit weit voraus

Ein zeitgenössisches österreichisches Dokument mit dem Höhenprofil des Semmering zwischen Gloggnitz und Mürzzuschlag. Die Bildlegende macht klar, daß es sich um ein Projekt einer "atmosphärischen" (= Tunnel-Druckluft-) und Pferde-Eisenbahn handelt: noch wird die Dampflokomotive nicht dazu für fähig erachtet. Der Semmering-Lokomotivenwettbewerb wird bald das Gegenteil beweisen

Ingenieur Karl Ritter von Ghega, der Erbauer der Semmeringbahn. Er griff mutig das 1842 auf Eis gelegte Projekt wieder auf und begann 1848 nach einem siebenjährigen Informationsaufenthalt in Amerika mit den gewaltigen Bauarbeiten. Seine Willenskraft und Beharrlichkeit triumphierten schließlich über den Berg

Eine geradezu dantesche Vision: ein menschliches Ameisengewimmel, das buchstäblich unter höllischen Bedingungen die tausende für den Bau der Bahnstrecke und ihrer Tunnels und Brücken erforderlichen Tonnen Gestein zusammenträgt. Nicht eine Maschine ist dafür da, weder für den Steinbruch noch für das Behauen oder den Transport; alles geschieht von Hand. An die 700 Arbeiter verlieren im Laufe der sechsjährigen Bauarbeiten ihr Leben

Nach dem Eindruck der Abbildung nebenan kann es kaum noch verwundern, hier auf diesem dokumentarischen Foto auch Frauen unter den Arbeitern am Semmering zu entdecken. Ganz zweifellos entsprang dies nicht einem Wunsch nach Emanzipation in der Arbeitswelt, sondern war eine direkte Folge der herrschenden Armut und Arbeitslosigkeit im ländlichen Österreich der ersten Hälfte des 19. Jh.

Der Firsttunnel der Semmeringbahn – der erste seiner Art in dieser Höhe (898 m) – wurde zur "Krönung" der infernalischen Schwierigkeiten beim Bau dieser "verrufenen" Strecke. Bemerkenswert die Gleiskurvenüberhöhung und die breite Trasse, die bereits Raum für ein eventuelles zweites Gleis läßt. Mit 15 Tunnels und 16 Viadukten ist dies ein kolossales Unternehmen

Steigungen und Gefälle

Die Güterzüge mit ihren großen Lasten legten in ganz besonderem Maße das spezielle Problem der Eisenbahn bloß: Steigungen und Gefälle.

Da sind zunächst einmal die Begriffe zu klären. Eine *Steigung* im Eisenbahnsinne wird anders als im Straßenverkehr, wo man nach Prozenten rechnet, in Promillen ausgedrückt, nämlich nach Millimetern pro Streckenmeter. Da gibt es sehr viele Verwechslungen und Irrtümer sowohl der Autoren wie der Setzer; immer wieder tauchen in Artikeln und Büchern dazu Angaben mit dem Zeichen % auf, wo es ‰ heißen müßte – mit der Folge, daß der unbefangene und nicht so versierte Leser glauben muß, Eisenbahnzüge seien imstande, Steigungen von 10 Prozent zu bewältigen.

Dem ist natürlich nicht so. Die stärksten Steigungen zur Zeit der Dampflokomotiven übertrafen kaum jemals 3 oder 5 Promille, wenn auch manche besonderen Bergstrekken, wie die Semmering- oder auch die Simplonbahn, Maximalsteigungen bis zu 25 Promille (also zweieinhalb Prozent) schafften – mit besonderen Hilfsmaßnahmen wie sehr schwer gemachten Zügen allerdings. Andererseits gelang es kleinen Gebirgsnebenbahnen durchaus, erheblich größere Steigungen zu überwinden, allerdings mit entsprechendem Aufwand. Aber waren im 19. Jh. gerade einige hundert PS mit Dampflokomotiven möglich, so schafften die letzten Güterloks vor und kurz nach dem letzten Krieg bereits an die 2-3000 PS, was gerade ein paar PS pro Tonne Last für Güterzüge bedeutete – immer noch günstig im Vergleich zu den einigen -zig PS nötiger Leistung pro Tonne eines Autos oder Lastautos! Die Elektroloks entwickelten schon das Doppelte und mehr dieser Leistung: 4000, 5000 oder sogar 8000 PS, soweit es anfangs die schweizerischen und österreichischen Gelenk-Güterloks der Bergstrecken betraf (aber inzwischen ist dies auch fast Standard auf nahezu allen europäischen Strecken). Da es nur selten möglich war, ganz neue Strecken zu bauen, ging die Entwicklung zwangsläufig in die Richtung größerer Geschwindigkeiten und höherer Transporttonnagen auch bei den internationalen Güterzügen.

Gegenüber der Bewältigung des Problems der Steigungen bleibt das der Gefälle nach wie vor gravierend, weil es in erster Linie eine Frage der Bremsung ist. Züge rollen auf den Schienen leicht, ohne Reibung und Widerstand, und geraten schon bei schwachem Gefälle ins Schlingern und Schleudern und damit leicht völlig außer Kontrolle. Die Bergstrecken haben genug Unglücksfälle durch sich stauende und keilende Züge auf Gefälleabschnitten erlebt.

Die ersten Strecken wurden schon deshalb mit ganz besonderer Sorgfalt zur Vermeidung größerer Steigungen und Gefälle gebaut – was aber auch erheblichen Aufwand erforderte: längere und begradigte Strecken und viele Ebnungsbauwerke.

Die sechs Jahre währenden Bauarbeiten kosten 700 Arbeitern das Leben, was die Strecke zu einer wahrhaft allseits verrufenen macht. Dennoch läßt Karl von Ghega sich nicht entmutigen und setzt in diesem wilden Berggebiet mit einer bislang nicht gesehenen Kühnheit einen Viadukt nach dem anderen in die Landschaft. Er schafft eine Strecke, die nirgends eine größere Steigung aufweist als 25 Promille. (Die heutige Semmeringstrecke, 1956-58 neu- bzw. umgebaut, vermeidet Steigungen über 6 Prozent.)

(Generationen deutscher und österreichischer Schulkinder lasen in ihren Schullesebüchern das klassische Lesestück von Peter Rosegger über die erste Eisenbahnfahrt seines Lebens – gleichzeitig auch ein Zeugnis der ersten Begegnung des einfachen Volkes von damals mit der modernen Technik überhaupt: *"Als ich das erstemal auf dem Dampfwagen saß"*; und dieser "Dampfwagen" war eben diese damals neue Semmeringbahn: *... daß einem der Verstand stillstand.* "Hast du's auch gesehen, Bub?" "Ich hab's auch gesehen." "Nachher kann's keine Blenderei gewesen sein.")

25 Promille sind zu dieser Zeit bereits das absolute Maximum dessen, was eine Lokomotive überhaupt überwinden kann, und von Ghega ist sich natürlich insgeheim durchaus darüber im klaren, daß es für seine Strecke eigentlich noch gar nicht die erforderlichen Lokomotiven gibt, die einen Zug unter einigermaßen akzeptablen Bedingungen, was Zuglast und Geschwindigkeit angeht, dort hinaufziehen können. Und er erinnert sich, noch mitten in den Bauarbeiten, an einen seiner Vorgänger, nämlich an keinen anderen als George Stephenson und seinen berühmten Rainhill-Lokomotivenwettbewerb von 1829, der sich als so überaus produktiv für die Feststellung der geeignetsten Lokomotive für die Strecke Liverpool-Manchester erwiesen hatte. Und er organisiert 1851 sein eigenes "Rainhill", diesmal für Kraft und Last, nämlich für Güterzugslokomotiven.

DIE KONKURRENTEN

In der Stuttgarter *Eisenbahnzeitung*, die zu jener Zeit ein bekanntes Fachblatt für Eisenbahntechnik war, beschrieb Ingenieur Wetzel, der den Wettbewerb auch selbst konzipiert hatte, genau die zu lösende Aufgabe:

Eine Lokomotive, die auf einer Strecke von 756 m mit 190 m Engstellen und insgesamt 25 Promille Steigung eine Nutzlast von 125 t hinter dem Tender (also ohne dessen Gewicht) zieht. Die Geschwindigkeit soll mindestens 11,4 km/h betragen, ohne daß der Zylinderdruck maximale 6,8 Atmosphären übersteigt. Die Achsbelastung darf nirgends höher sein als 12,5 t. Die Geschwindigkeit bei der Abfahrt darf 30 - 34 km/h erreichen, die Bremsstrecke danach aber 152 m nicht überschreiten.

Dies sind sehr hochgeschraubte Bedingungen. Sie übersteigen den technischen Stand des Lokomotivenbaus von 1851 beträchtlich. Dafür aber sind die Prämien – die ausgesetzten Wettbewerbspreise – auch hoch: 25 000 Dukaten für den preisgekrönten Entwurf, 10 000 für den 2., 9000 für den 3. und immer noch 8000 Dukaten für den 4. Ankauf.

Am 31. Juli 1851 stellen sich auch genau vier Lokomotiven zum Test; allen voran die *Bavaria* der bereits berühmten Firma Maffei in München. Die Lok ist mit zwei Antriebsachssystemen ausgestattet. Die zwei Zylinder treiben die beiden hinteren Achsräder an, während die beiden vorderen pleuelverbunden einen Kettenantrieb über eine der hinteren Antriebsachsen besitzen. Auch der Tender hat drei von einem analogen Kettensystem getriebene pleuelverbundene Achsen, was insgesamt eine Lok mit nicht weniger als insgesamt 7, in drei Gruppen aufgeteilte Antriebs-Achsen ergibt.

Die zweite vorgestellte Lokomotive ist die *Wiener Neustadt* des Ingenieurs Günther. Sie verfügt über zwei Gruppen von Antriebsachsen, die zwei "Bogies" bilden und deren jeder Zylinder verpleuelt ist. Dies ist eine interessante Lösung und macht sie zur ersten Gelenk-Lokomotive eines Typs mit einer langen Abstammungsgeschichte. Die beiden Zylindergruppen sind in der Mitte der Lok angeordnet. Die Lokomotive ist eine Tender-Lok, weil sie ihre Kohle und ihr Wasser direkt selbst transportiert.

Die *Seraing*, die dritte Wettbewerberin, besitzt eine vergleichbare Ausstattung mit zwei Gruppen von zwei Antriebsachsen in Form von zwei "Bogies", nur sind ihre Zylinder ganz vorne und hinten. Der Heizkessel ist etwas kurios und besteht aus zwei symmetrischen Halbheizkesseln über einem zentralen Feuerofen. Diese Lösung vermeidet allzulange Röhrensysteme und damit zu viel Wärmeverlust und ermöglicht das tiefe Absenken des Heizofens zwischen den beiden "Bogies" und der Lok. Der eigentliche Erfinder dieses Systems ist nicht der Konstrukteur der Lok selbst, John Cockerill, sondern ein preußischer Ingenieur namens Laußmann, der es nicht versäumt, lebhaft gegen den Mißbrauch eines geschützten Patents zu protestieren. Dieses Heizungssystem wird sich übrigens in einigen Spezialanfertigungen von Schmalspurlokomotiven für militärische Zwecke niederschlagen.

Und schließlich noch die *Vindobona*. Diese Lok wird von dem österreichischen Ingenieur Haswell in den Wettbewerb

Wilhelm Engerth (1814 Pleß/ Schlesien - 1888 Baden b. Wien, 1875 zum Reichsfreiherrn geadelt)

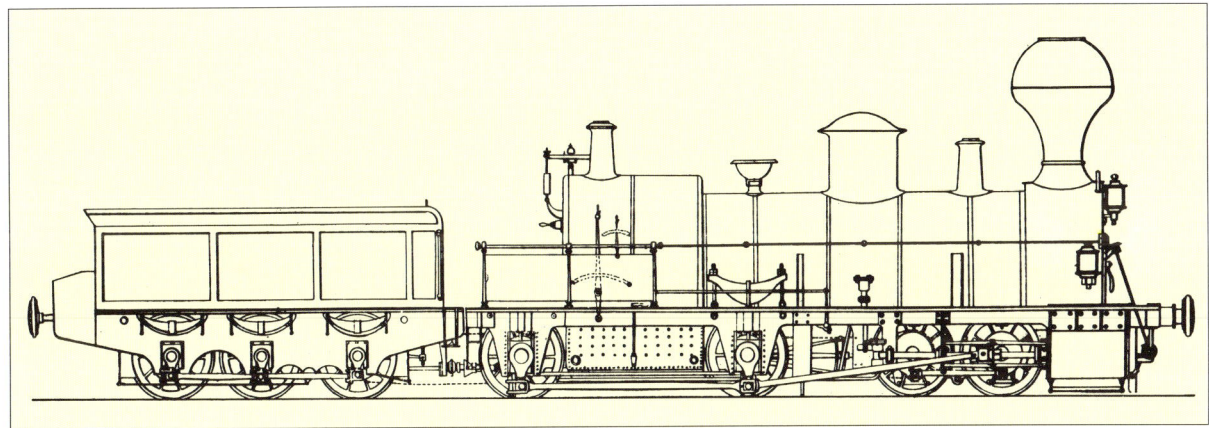

Die Bavaria. Es handelt sich um eine Lokomotive mit nicht weniger als sieben Achsen, wenn man die des Tenders dazurechnet. Die Zylinder greifen direkt auf die hinteren beiden Antriebsachsen, während die fünf anderen in einem so komplexen wie anfälligen Kopplungssystem mit teils Pleueln, teils Kettenübersetzungen verbunden sind. Zu beachten die großzügig bemessene Feuerung mit dem Ziel besonders großer Leistungsfähigkeit. Diese Lok gewann den Wettbewerb

geschickt. Sie hat drei Achsen, muß aber aus Gewichtsgründen und um die in der Ausschreibung verlangte Höchstdrucklast von 12,5 t pro Achse nicht zu überschreiten, eine vierte anfügen. Sie ist klassischer nach Form und Konzeption als die anderen, mit vornestehendem Schornstein und allen vier gekoppelten Antriebsachsen sowie den zwei Zylindern vorne und dem Führerstand hinten. Originell ist ihr Bremssystem, das die Zylinder als regulierbare Luftpumpen benutzt. Dieses Prinzip "wiederentdeckt" später der schweizerische Ingenieur Riggenbach für seine berühmten Zahnrad-Bergbahnlokomotiven, und dies ist auch ohne jeden Zweifel der einzige technische Beitrag der *Vindobona* zur Eisenbahngeschichte, denn sie wird als einzige Lok aus dem Semmering-Wettbewerb ausgeschieden. Ihr Konstrukteur kann sich allerdings trösten, denn auch die drei anderen erweisen sich später in der Praxis als nicht brauchbar.

Preisgekrönt wird die *Bavaria*, gefolgt am zweiten Platz von der *Wiener Neustadt* sowie an dritter Stelle von der *Seraing*, die mit Recht an letzter Stelle landet, weil sie durch ihren hohen Verbrauch eine Menge Pluspunkte verlor. Die glücklose *Vindobona* macht eine regelrechte Rutschpartie auf der Stelle. Ihre vier zusammengekoppelten Antriebsachsen machen sie zu einem starren Stab, der seine lebhaften Schwierigkeiten in den Kurven hat und deshalb gar nicht erst zur Probefahrt zugelassen wird, falls sie nicht die letzte Achse vom Pleuel abkopple – eine Entscheidung zweifellos im Interesse des Schutzes des Gleises gegen Zerstörung, aber auch der Grund für das komplette Durchrutschen der Räder.

Auf jeden Fall machte das k. u. K. Handelsministerium ein ausgesprochen schlechtes Geschäft. 44 000 Dukaten Preisgeld für drei zwar prämiierte, aber letztlich nicht brauchbare Lokomotiven: Als sie nach den Feierlichkeiten des Wettbewerbs erst einmal im richtigen Einsatz sind, brechen ihre Pleuelstangen und Ketten reihenweise, und der Dampfverlust durch alle möglichen Ventile zwischen Zylinder und beweglichen "Bogies" ist groß. Auf den langen und schwindelerregenden Gleisstrecken des Semmering bleiben die schweren Züge des prosperierenden Europa mit einer Panne nach der anderen liegen.

Die Zeitungen mokieren sich oder höhnen offen und prangern das ganze Unternehmen Semmering erneut als das närrischste und nutzloseste des Jahrhunderts an.

Doch dann meldet am 11. Dezember 1852 der deutsch-österreichische Ingenieur Wilhelm Engerth ein Patent an und rettet die Situation mit dem Vorschlag einer völlig neuen Lokomotive.

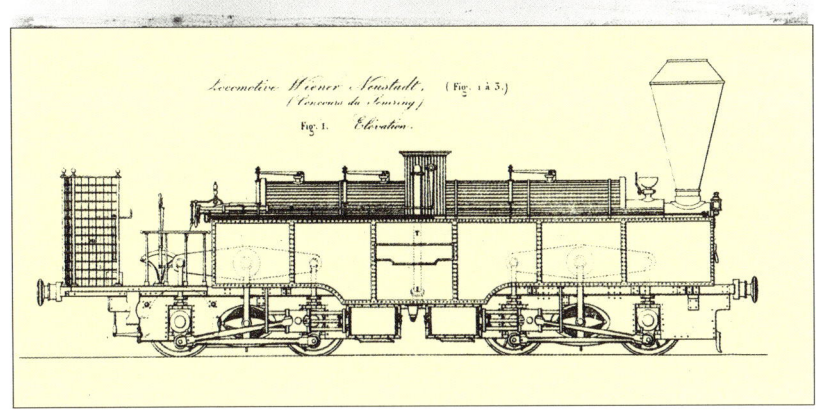

DER SIEGER WAR GAR KEIN TEILNEHMER

Engerth – geboren in Schlesien, gestorben als österreichischer geadelter Reichsfreiherr – greift die Überlegung der notwendigen Multiplikation der Antriebsachsen zur Verhinderung des Durchrutschens und der stärkeren Haftung der Räder wieder auf. Es nützt im Effekt wenig, wenn man zwar starke Heizkessel und großzügig dimensionierte Zylinder und Röhrensysteme hat, wenn am Ende die Räder durchrutschen. Andererseits kann man dieses Durchrutschen durch größere Räderhaftung verhindern, anders ausgedrückt, durch ein

Hier oben die beiden anderen gewerteten (und prämiierten) Teilnehmer des Semmering-Güterlok-Wettbewerbs: die Seraing (oben) mit ihrem kuriosen Doppelkessel-Heizsystem, und die Wiener Neustadt (unten) mit ihren zwei Bogie-Drehgestellen, jedes mit zwei Zylindern und Pleueln – eine Lösung, die in der Geschichte der Gelenklokomotiven ihren Platz hat

Eine klassische "Engerth" der österreichischen Eisenbahn sowohl für Personen– wie für Güterzüge auf Strecken mit starken Steigungen. Deutlich erkennbar, wie die Achse unter dem Führerstand nicht etwa die letzte der Lok ist, sondern die erste – und lok-tragende – des Tenders. Diese Serie hier wurde von 1868 bis 1874 gebaut

Die Leistungen der Güterzugslokomotiven

1875 verkehrten in Frankreich auf den Strecken der PLM dreiachsig gekoppelte Güterzugslokomotiven mit 1,50 m großen Rädern, *Mammouth* genannt. Sie waren der beherrschende Güterzugsloktyp des 19. Jh. und fuhren über 60 Jahre lang; einige von ihnen waren noch 1925 in Dienst. Die nachfolgende Tabelle zeigt die Leistungen dieser Lokomotiven hinsichtlich Geschwindigkeit und Steigung. Dic Zahlen verstehen sich nach Gesamtlast-Tonnen.

Es ist ersichtlich, daß eine Steigung von 25 Promille, also 2,5 Prozent, die für ein Auto schlicht bedeutungslos ist, für eine Dampflokomotive bereits das Leistungsmaximum darstellt. Das transportierbare Gewicht vermindert sich mit den Anforderungen steigender Geschwindigkeit, aber auch – und vor allem – mit dem Grad der Steigung, die zu überwinden ist, was damit zusammenhängt, daß ein Stahlrad auf einer Stahlschiene so perfekt rollt, daß auf ebener Strecke nur eine vergleichsweise minimale Kraft für den Antrieb eines Zuges erforderlich ist. Aber bereits eine Steigung von 1 mm auf 1 m, die auf der Straße nicht einmal merkbar ist, macht die Verdoppelung der Antriebsleistung erforderlich: Ein Pferd kann eine Tonne auf der Straße ziehen und das Zehnfache auf einer Schiene. Steigt die Schienenstrecke nur 1 Promille an, sind schon zwei Pferde nötig.

Wic sich aus der Tabelle unten ergibt, dividiert sich für die betreffende Lokomotive bei einer Steigung von 25 Promille/2,5 Prozent ihre Leistung bereits durch 15 bei einer Geschwindigkeit von 15 km/h und durch 5,5 bei einer Steigung von einem Prozent. Bei einer Steigung von lediglich einem halben Prozent (5 Promille) ist der Teilungsfaktor immer noch 3,2. Desgleichen ist beachtlich, daß Geschwindigkeit ihren Preis kostet: bleiben wir auf einer ebenen Schienenstrecke, ergibt eine Steigerung der Geschwindigkeit von 15 auf 60 km/', also um das Vierfache usw.

Geschwindigkeit:	15 km\h	20 km/h	30 km/h	40 km/h	50km/h	60 km/h
Steigung (in °/°°)						
0	1035	910	700	500	367	273
5	323	308	270	227	182	1434
10	190	183	162	126	110	85
15	136	132	116	95	75	56
20	90	86	76	62	47	35
25	70	67	58	40	31	20

schweres Eigengewicht der Lokomotive, was sich mit der durch die Kraftverstärkung bewirkten Vergrößerung der Dimensionen aber automatisch einstellt. Lediglich die Begrenzung der Achsbelastung auf maximal 12,5 t ist überaus restriktiv. Sinnvoller als der Bau einer großen Lokomotive mit drei oder vier Antriebsachsen ist es, das Gewicht auf eine ganze Anzahl Achsen zu verteilen, auf eine möglichst große Anzahl nämlich und sie dabei doch alle als Antriebsachsen zu benützen. Die kurvenreiche Semmeringstrecke läßt aber eben den Bau einer klassischen Lok mit vier, fünf oder sogar sechs Achsen auf einem starren Fahrgestell — welches nur ein verlängertes klassisches Chassis von drei oder vier Achsen wäre — nicht zu.

Engerth vermeidet also konsequent die komplexen Lösungen der Semmering-Lokomotivenwettbewerber und zieht die Konsequenzen aus ihrem Versagen. Er konstruiert eine sehr klassische Lokomotive mit drei Antriebsachsen bei zwei vorne fixierten Zylindern. Daran hängt er einen ebenfalls ganz auf klassische Art gebauten zweiachsigen Tender. Die entscheidende Idee dabei aber ist, die vordere Tenderachse unter die Feuerung der Lok zu schieben und so praktisch zu einem hinteren "Bogie" für diese zu machen. Die vordere Achse des Tenders kommt so eng an die hintere der Lok und es genügt ein seitlich laufendes großes Zahnradgetriebe, um die Bewegung der hintern Antriebsachse der Lok auf die vordere Achse des Tenders zu übertragen, dessen beide Achsen pleuelverbunden sind.

Der Vorteil dieses Systems ist, daß die klassische Konstruktion einer Lok mit drei Antriebsachsen und ihren erprobten Vorzügen beibehalten wird, während gleichzeitig die Kraftübertragung auf einen ebenfalls klassischen Tender durch das Zahnradgetriebe sehr viel einfacher und zuverlässiger als über eine Kette mit Zahnrad erfolgen kann. Außerdem bleibt die Lok verhältnismäßig kurz, hat also keine Laufschwierigkeiten in den Kurven und, da sie auch noch auf den Tender Druck

Ein anderes System zur Vergrößerung der Anzahl der Antriebsachsen: der separate Tender-Antrieb über Gelenkdampfrohre von der Lok her — eine Lösung, die der Franzose Verpilleux auf der Strecke St. Etienne–Lyon erprobte. Das System wurde in Form der "Booster" (Tendermotor) für die sehr starken amerikanischen Lokomotiven übernommen

ausübt, gewinnt dieser eine stärkere Schienenhaftung für seine Antriebsräder. Das Ganze ergibt eine ebenso einfache wie robuste und anpassungsfähige Lösung.

Am 30. November 1853 sind die Versuche abgeschlossen und ein Zug von 136,4 t wird problemlos bei 13,65 km/auf 41 km Strecke gezogen - das ist eine Geschwindigkeit und eine Strecke, von welchen die Konkurrenten von 1851 nur träumen konnten. Eine Serie von 26 dieser Engerth-Lokomotiven erbringt gute Resultate auf der Strecke. Ihr einziger Schwachpunkt sind die Zahnradgetriebe. 1856 stellt man fest, daß deren Entfernung die Leistung der Lok überhaupt nicht beeinträchtigt, und 1857 werden weitere 50 Engerth-Loks ohne Zahnradgetriebe in Dienst gestellt.

Wer weint den Zahnrädern nach, wenn es auch ohne sie bestens funktioniert, scheint Engerth sich gedacht und sich daran gehalten zu haben - und seine Lokomotive ist im Handumdrehen die berühmteste Europas für den Güterverkehr - "Das schwarze Monster vom Semmering". Überall in Europa will man seine Engerth haben und bestellt sie anderen ab oder mustert sie aus. In der Schweiz fahren bald 110 Engerth-Loks. Auch in Frankreich werden sie für den "Fisch-Zug" von Boulogne nach Paris (nach wie vor der für die frischen Fische) begeistert aufgenommen, obgleich sie an sich langsame und massive Maschinen sind, ausdrücklich konstruiert für Gebirgsstrecken. Aber sie ziehen 200 t bei 5 Promille Steigung und 45 km/h wie nichts oder 300 t auf ebener Strecke bei gleicher Geschwindigkeit. Die Lokomotive des österreichischen Ingenieurs wird auf ihre Weise ebenso berühmt wie ihre Zeitgenossin, die *Crampton*.

Aber auch in der ansonsten so rationalen Welt der Eisenbahntechnik diktieren die Moden sehr nachdrücklich, und gegen sie vermag auch keine Vernunft etwas auszurichten. Die *Engerth*, selbst die ohne Zahnräder, hat auch ihre Fehler. Bei selbst harmlosen Entgleisungen, wie sie damals bei Güterzügen noch verhältnismäßig häufig sind, ist es unmöglich, die Lok von ihrem Tender zu trennen, auf den sie drückt. Außerdem muß für die üblichen Arbeiten in der Feuerung der Tender abmontiert werden und das ist jedesmal ein ziemlicher Aufwand, weil die Verbindung zwischen Lok und Tender verhältnismäßig kompliziert ist; es ist nur schwer daran heranzukommen und empfindlich ist der Mechanismus obendrein.

Guter Zug heißt einfacher Zug. Jetzt kommen die Schweizer ins Spiel, die einen Tender mit sage und schreibe noch einer einzigen Achse erfinden – einen wahrhaftigen Einachseranhänger, den sie hinter die Engerth hängen. Die Deutschen und die Franzosen ihrerseits entschließen sich nach diversen Basteleien und Veränderungen der Tenderkopplung zu einem normalen, an die Lok gekoppelten Tender, der damit aber schlagartig seine Originalität verliert und sich als ganz normaler klassischer 030 oder 040 bescheidet, mit dem etwas tristen Namen *abgekoppelter Engerth* respektive *Engerth decouplée*.

Was also, kurz und gut, machte nun eigentlich die Berühmtheit dieser Lokomotive aus und was mag in ihrem Konstrukteur vorgegangen sein, als er sah, wie ganz Europa sich auf sie stürzte, obwohl ihr mittlerweile all das, was ursprünglich neuartig und anders an ihr gewesen war, wieder abmontiert wurde? Mußte er sich als der Mann sehen, der erfunden hatte, was gleich wieder abzumontieren war, damit alles besser wurde?

DIE GÜTERZÜGE WERDEN IMMER MEHR UND SICH IMMER ÄHNLICHER

Gleichwohl hinterläßt Engerth die Konzeption der Güterlok. Wenn man von dem Zahnradgetriebe und dem "untergezogenen" Tender einmal absieht, die die Dinge im Endeffekt nur komplizierten, dann bleibt ihm jedenfalls das Verdienst, die Lokomotive mit drei oder vier Antriebsachsen entwickelt zu haben, welche die Charakteristika aller Güterlokomotiven der Zukunft in sich vereinte. Diese Lokomotive ist einfach, ruht auf einem einzigen und starren Fahrgestell, hat die größtmög-

---

Ein Vergleich zwischen Personen– und Güterzugslokomotiven

Zur Zeit der Dampflokomotiven variierten die technischen Charakteristika je nach der Zweckbestimmung. Ein Teil der Bestandteile wie Feuerung, Kessel und Führerstand blieb zwar gleich oder, wie bei den baugleichen Serien, sogar identisch. Andererseits gab es wesentliche Unterschiede beispielsweise beim Durchmesser ihrer Antriebsräder.

Die Personenzuglokomotiven hatten Räder mit großen Durchmessern (über 1,90 m) und im allgemeinen ein Bogie-Drehfahrgestell vorne, während die Güterzugslokomotiven Räder mit geringem Durchmesser besaßen (1,10-1,40 m) und oft auch reine Tragachsen oder selbst nur ein vorderes Bissel-Lenkgestell (= zwei tragende Räder vorne).

Dann gab es noch eine Zwischenkategorie, die "Mehrzwecklok" für Sammelreisezüge, Postzüge und leichte Güterzüge, mit Rädern zwischen 1,40 und 1,90 m Durchmesser und einem Bissel oder Bogie vorne.

Angesichts der Tatsache, daß eine Dampfmaschine eine konstante Leistung liefert und mit einer eindeutig limitierten Geschwindigkeit funktioniert, ist die Erhöhung oder auch Verminderung der Geschwindigkeiten ausschließlich über die Vergrößerung bzw. Verkleinerung des Radumfangs möglich. Im Vergleich mit dem Getriebe eines Autos könnte man etwa sagen: die Güterlok fährt wie im 1. Gang, die Mehrzwecklok im 2. und die Personenzuglokomotive im 3. oder 4. Gang - wohlverstan-

den, ohne die Möglichkeit der Gangschaltung. Je größer die Räder, desto größer wird die Spitzengeschwindigkeit, allerdings auf Kosten des Transportgewichts. Und umgekehrt: je kleiner die Antriebsräder werden, desto geringer wird die mögliche Spitzengeschwindigkeit, aber desto größer die transportierbare Last.

Mit Blick auf ihre Zweckbestimmung und den Streckencharakter des vorgesehenen Einsatzes bauten die Lokomotivenhersteller also ihre Loks mit ganz verschiedenen Radgrößen je nach Auftrag durch die Eisenbahnbetreiber. Die Semmering-Engerth-Loks waren lieferbar mit Rädern von 1264 oder 1370 mm. Die englischen Cramptons, diese sehr leichten Loks für leichte und schnelle Personenzüge, gab es mit Rädern von 2100 oder 2300 mm.

Aus Gründen der Gleishaftung (Rutsch- oder Entgleisungsgefahr) hatten die Güterzugloks stets mindestens 3 gekoppelte Antriebsachsen, nach 1870 sogar vier, später selbst fünf und gelegentlich, zu Beginn des Jahrhunderts, sogar sechs.

Die letzten amerikanischen Güterzugslokomotiven waren wahrhafte Monster mit einem Gewicht bis zu 350 t und mit zwölf Antriebsachsen in drei Gruppen zu je vieren, jede mit ihren eigenen Zylindern. In Europa wogen selbst die schwersten Lokomotiven außerdem niemals mehr als 140 t und hatten niemals mehr als sechs Antriebsachsen, ausgenommen einige besonders große deutsche mit zweimal vier Radachsen.

---

liche Anzahl von Antriebsachsen und fährt mit der klassischen Mechanik von nur zwei Zylindern bei einem Kessel von großzügigen Ausmaßen mit großer Leistung. Sie hat keine reinen Tragräder und keine "Bogies". Alle Achsen sind auch Antriebsachsen; was alles zusammen aus dieser Lokomotive die sogenannte "Lok mit Totalhaftung" macht.

Zu Beginn des 20. Jh. haben alle Güterloks überall auf der Welt vier oder fünf gekoppelte Antriebsachsen mit Rädern von bescheidenem Durchmesser, separate Tender auf drei Achsen oder mit "Bogie" oder Kohlenlager und Wasservorrat in der Lok selbst. Sie sind auf den Strecken mit den höchsten Steigun-

Auf der Semmeringbahn fuhren natürlich nicht nur Güterzüge, sondern auch zahlreiche Personenzüge der Strecke Wien–Triest–Rom, allerdings nicht die großen Züge der europäischen Ost–West-verbindungen zum Balkan und nach Rußland und Asien

Wahrhaft kaiserliche Pracht auf der Semmeringbahn – im starken Kontrast zur Realität der Güterzüge. Dies hier ist der Salonwagen der Kaiserin Elisabeth ("Sissi"), der eine Lebensart und eine Welt widerspiegelt, die mit dem Ende des Habsburgerreiches 1918 untergingen

gen 50–60 km/h schnell und ziehen 600–800 t. Noch vor 1914 verdoppelt sich diese Leistung fast sogar noch bis auf 1000–1200 t ziehende Loks bei 90 km/h und einem Eigengewicht von 100 t.

Während aber die Lokomotiven dieserart spektakuläre Weiterentwicklungen durchmachen, sieht es bei dem anderen "rollenden Material", nämlich den Waggons, die sie ziehen, weit weniger gut aus. Die einzigen Fortschritte dort sind die allmählich immer länger werdenden Züge. Die Güterwaggons selbst bleiben die bisherigen Holzkisten auf Eisenrädern, allenfalls mit Metallrahmen. Ansonsten bleiben sie zweiachsig, und mit ihren bescheidenen Bremsvorrichtungen sind die Güterzüge noch lange weit entfernt von der durchgehenden Druckluftbremse. Die einzige bemerkenswerte Veränderung sind Metallgehäuse bei bestimmten Kipplorenwaggons.

Länger als die europäischen, alle mit Bogies, verkörpern die Waggons "amerikanischen Typs" immer den neuesten Stand der Technik wie etwa das Fahrgestell aus Gußstahl, die automatische Mittelkopplung (wie sie in Amerika allgemein üblich ist) und noch vor 1914 Kapazitäten von 50 t im Schnelltransport (während der europäische Standard gerade bei 20 t liegt), ferner ein stärkeres Ladeprofil und, vor allem, eine sehr fortgeschrittene und diversifizierte Spezialisierung der Waggons. In einer Zeit, da in Europa erst die drei erwähnten Grundtypen von Güterwagen (Tieflader, Kipplore, gedeckter Waggon) existieren, gibt es in den USA bereits Spezialwaggons für staubende Materialien mit automatischer Entladung, Kühlwagen in schier endlosen Variationen, Spezialviehwaggons und solche für sonstige spezielle Transportzwecke. Eine derartige Evolution geschieht in Europa überhaupt erst zwischen 1960 und 1980, als die Diversifizierung auch hier an die 40 verschiedene Güterwagentypen erreicht hat.

Nur nach und nach ist auf diese Art und Weise die "kleine Welt" des Gütertransports auf Schienen einer rationalisierten Handhabung gewichen, für die ganze Umschlagbahnhöfe mit Wäldern rollender Kräne die weitere Güterverteilung besorgen. Vergangen der typische Güterbahnhof von einst mit seinen Gewohnheiten und seiner Umgebung – den Lokalen, in denen die Lastwagenfahrer auf ihre umgeladene Fracht warteten und auch die Ausfahrer, die Eisenbahner, die Kleinspediteure und die Tagelöhner sich bei einem ersten oder letzten Glas ein Stelldichein gaben, vergangen auch die Atmosphäre der Güterbahnhöfe als eines Sammelorts der muskelbepackten Männer. Es war eine Welt der kleinen Leute, der wirklichen Handarbeiter, die vom allerfrühesten Morgengrauen an ihre Zwölfstundenschichten abdienten, mit nicht viel mehr als einer Tasse Kaffee und einer Scheibe Brot im Magen. Noch vor Tagesanbruch waren sie, wenn nicht zu Fuß, mit dem Fahrrad, dessen gelbes Lampenlicht sich in den noch leeren und in der Morgenkühle feuchten Gleisen spiegelte, zur Arbeit gekommen. Sie schleppten Kisten und Kasten, Säcke und Fässer – bis zu einer Tonne pro Mann und Schicht, und zusammen auch Maschinen, von denen jede einzelne schwerer war als ihr ganzes Tagespensum, allein mit ihrer Muskelkraft oder allenfalls mit Hilfe der großen Kurbel- oder Zahnradwinde, auf denen stolze Aufschriften prangten wie "Last 10 t", eingeprägt im Gußeisen selbst. Sie bewegten sich in ständiger Gefahr zwischen den Waggons zum An- und Abkoppeln und es gehörte zum Berufsrisiko, daß es immer wieder einmal Unfälle gab, in denen einer zwischen rangierenden Loks und zu koppelnden Waggons eingequetscht und zerdrückt wurde. Die Welt der Güterzüge – das war ein Universum von Lärm, Muskeln und Schweiß.

DER KÖNIG DER ZÜGE,
DER ZUG DER
KÖNIGE

Schon in ihren zahlreichen und sehr ausgeklügelt gestalteten Werbeschriften und Prospekten unterstreicht die CIWL betont den Luxus und Komfort des "Königs der Züge". Dies hier ist die Titelseite eines Prospekts von 1898: "Aufforderung zum Tanz"...

König der Züge, Zug der Könige ... daß dieser Name nur einen Zug meinen kann, ist jedermann auf Anhieb klar: den Orient–Expreß natürlich, den berühmtesten aller Züge schlechthin, den Traum von getäfeltem Luxus auf Rädern, der nur den gekrönten Häuptern, den Berühmten und Prominenten vorbehalten ist: Kaisern auf der Höhe ihrer Regierungszeit und Fürsten und Prinzen auf der Fahrt ins Exil, englischen Bankiers und bulgarischen Spionen, der mondänen Welt aus den Salons von Paris oder Berlin und der Demimonde aus den mediterranen Palästen, Generälen ohne Armee, die sich um die Minoritäten auf dem Balkan raufen, Abenteurern ohne Skrupel und Moral auf der Reise zu einem österreichischen Erzherzog, um ihm Kanonen zu verkaufen, amerikanischen Milliardären ohne Manieren, russischen Großfürsten, die sich penibel um Raffinement à la française bemühen ... Und in der Tat waren sie alle Habitués dieses Zugs, dessen Ruhm niemals ein anderer erreichte und der dabei trotz seines Namens niemals wirklich bis in den Orient fuhr. Aber

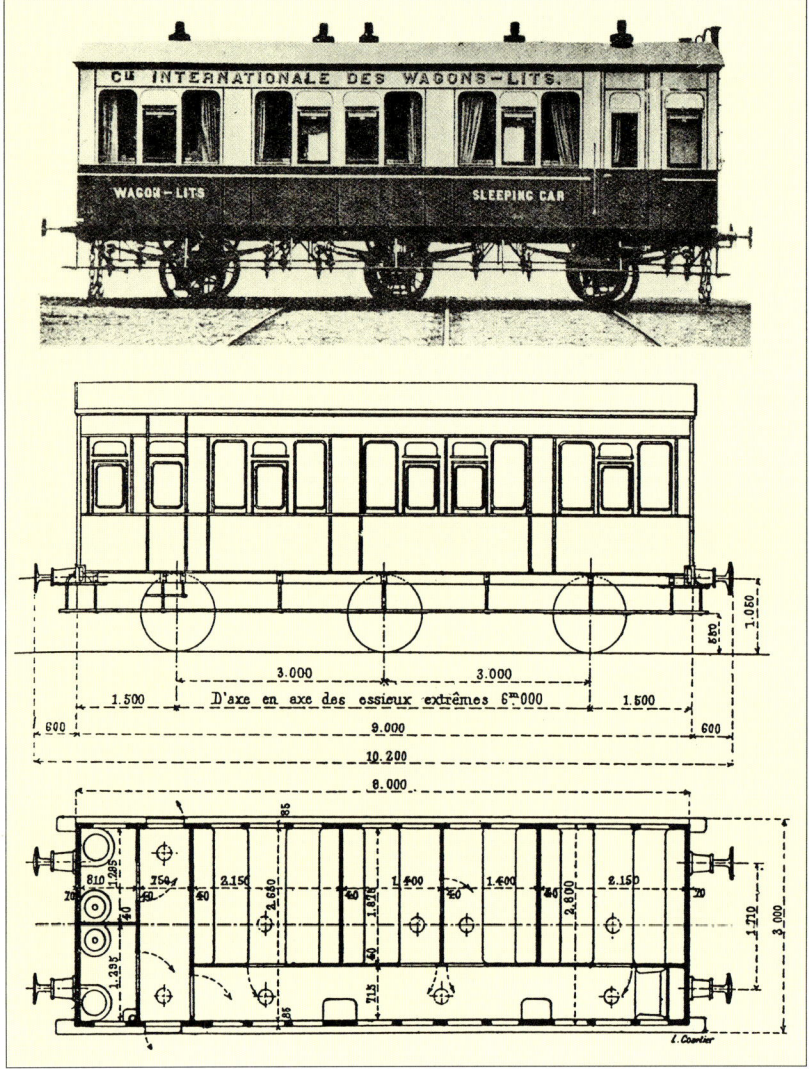

außerdem auch der erste wirklich internationale europäische Zug überhaupt.

Internationale Züge haben auch danach im 19. Jh. bei ihren Anfängen ihre Schwierigkeiten: da gibt es die vielen Grenzen, da gibt es die nationalen Eigenheiten, Eigentümlichkeiten und Eifersüchteleien. Es gibt überall Minderheiten, die an den Rändern der großen Reiche knabbern, und überall stehen die Armeen geradezu Gewehr bei Fuß, um den Krieg von 1870 womöglich fortzusetzen. Zu diesen Schwierigkeiten gesellen sich noch die rein technischen: das noch unzusammenhängende Schienennetz, die verschiedenen Kopplungssysteme und Puffer, Bremsen oder Signale; jedes Land hat andere und selbst innerhalb der Länder gibt es genug getrennte und konkurrierende Gesellschaften und Systeme. Wie also soll man ein Europa der Geschäftsreisen, der Luxushotellerie und der internationalen Gastronomie auf die Beine stellen, wenn noch immer die Kanonen in Stellung sind und die Rachegesänge allenthalben die vorherrschende Musik darstellen? Und da kommt dann dieser Belgier mit seinem unaussprechlichen Namen daher und gründet diese *Compagnie Internationale des Wagon-Lits* und lacht über das alles nur und zuckt die Schultern hoch? Dieser Nagel..., oder wie heißt er gleich nochmal?

GEORGE MORTIMER PULLMAN

Der Name Pullman, mit dem jedermann ganz festgefügte Vorstellungen verbindet, hat seinen eigenen Klang in der Geschichte der Eisenbahn – als Inbegriff des Komforts auf Rädern. "Im Pullman reisen" wurde für eine ganze Epoche eine Qualitätsaussage für sich.

George Mortimer Pullman wird 1831 in Chautauqua im Staat New York geboren. Er beginnt als Tischler und bescheidener kleiner Bauunternehmer, muß als solcher sehr viel reisen, und leidet, wie alle Amerikaner seiner Zeit, unter dem mangelnden Komfort der Eisenbahnzüge. Wenn man in Europa das Martyrium erdulden muß, in einer schaukelnden, knarzenden und holpernden Holzkiste eingequetscht zu sitzen, eine hölzerne unbequeme Lehne im Rücken, die einem das Rückgrat verbiegt, durchgeschüttelt von einer Federung, die diesen Namen kaum verdient, dann erträgt man es, weil es eine verhältnismäßig kurze Marter ist, die ein paar Stunden, höchstenfalls einmal einen Tag dauert. In Amerika hingegen herrschen überall die großen Entfernungen. Eine Eisenbahnfahrt rechnet sich oft nach Tagen – mit schier endlosen Nächten dazwischen – und für die großen Strecken ist sogar

1876 baut die CIWL ihre ersten eigenen Schlafwagen. Sie laufen auf drei Achsen und haben vier Abteile zu je zwei oder vier Plätzen mit zu Betten umwandelbaren Sitzen. Die Toiletten befinden sich am Waggonende. Man gelangt zu ihnen durch einen Seitengang. Mit diesem Waggontyp gibt es zum erstenmal Schlafgelegenheiten in europäischen Zügen und im Orient-Expreß seiner frühesten Anfänge

Das quasi Geburtsdokument des Orient-Expreß stellt diese Anzeige aus dem Jahre 1883 dar. Sie dokumentiert auch die erste Namensversion: "Train Express d'Orient". Es ist ein Zug ausschließlich Erster Klasse mit weiterem Sonderzuschlag, wie aus der Preistabelle ersichtlich

dieser Name des nahezu irrealen Zugs entsprang einer bemerkenswerten Mischung von Surrealismus und Mythos eines verliebten Belgiers...

Und da muß man sich dann sogar fragen, ob es ihn eigentlich dann überhaupt jemals wirklich gegeben habe, diesen Zug, oder ob er nicht doch nur ein Phantasieprodukt der Schriftsteller oder zumindest einfallsreicher Reisebüro-Werbestrategen von Larbaud oder Cook war. Doch es stimmt schon:

Am 4. Oktober 1883 steht auf einem Bahnsteig des Gare de l'Est in Paris (der zu dieser Zeit noch Gare de Strasbourg heißt) ein Zug nach "Stambul" abfahrbereit – zumindest notiert es sich der Schriftsteller Edmond About, einer der eingeladenen Gäste der Jungfernfahrt dieses Luxuszugs, so in sein Reisetagebuch. Mit ihm fahren französische, belgische und österreichische Minister, einige Diplomaten sowie ausgewählte Journalisten mit klingenden Namen. Die *Compagnie Internationale des Wagon-Lits* hat, wie man so sagt, keine Mühen und Kosten gescheut, um dem Start dieses neuen Linienzugs soviel Aufmerksamkeit und Reklamewirbel in der Öffentlichkeit zu verschaffen, wie es nur geht. Denn dies ist, abgesehen einmal von einem Versuchszug von Paris nach Wien und zurück, auch tatsächlich der erste Zug der brandneuen Gesellschaft und

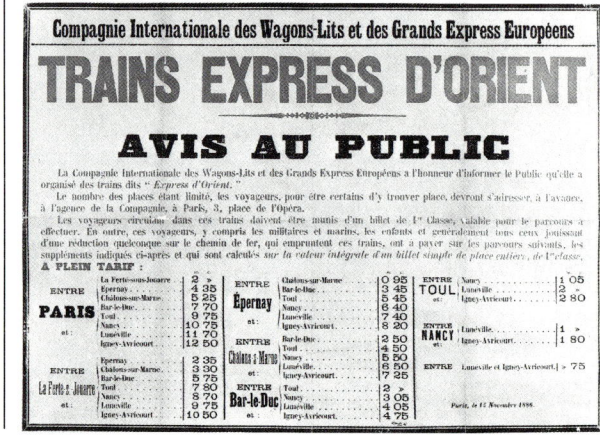

Eine übliche Szene aus dem Orient-Expreß von 1895. Die vergleichsweise legere "Reise-Touristen-Kleidung" hat sich bereits eingeführt (Vordergrund und hinten rechts). Und was der Reisende so aufmerksam studiert, kann zu dieser Zeit nur der Baedeker sein. Die europäische Elite weiß zu reisen, ohne sowohl auf die leiblichen wie auf die geistigen Genüsse zu verzichten, wie man sieht...

die Woche das Zeitmaß, als nach 1869 die Durchquerung des Kontinents von Osten nach Westen möglich ist.

1863 richtet Pullman eine kleine Werkstätte ein, aus der noch im gleichen Jahr ein Eisenbahnwaggon rollt, den er *Pioneer* nennt. Und in der Tat ist er eine Pionierarbeit. Er ist ein "Sleeping", wie man damals sagt, ein Schlafwagen also. Er kostet 20 170 Dollar, das Vierfache dessen, was ein normaler Eisenbahnwaggon damals kostet. Niemand mag glauben, daß sich ein solcher Aufwand jemals auszahlen kann. Und Pullman hat wirklich alle Mühe, eine Eisenbahngesellschaft dazu zu überreden, doch wenigstens den Versuch zu machen. Schließlich bekommt er die *Michigan Central* dazu, es zu riskieren; 1865 wird sein *Pioneer* als erster Pullman-Wagen in Dienst gestellt.

Für ein paar Dollar pro Nacht können die Reisenden in diesem Waggon auch schlafen, und zwar in einem Bett, das tagsüber aufgeklappt wird. Und weil jedermann weiß, welcher Alptraum eine im Sitzen verbrachte Nacht in einem Zug ist, wird Pullmans *Sleeping* von Anfang an ein wahrer Renner; die Plätze werden geradezu ausgerauft. Pullman baut alsbald einen zweiten, der noch aufwendiger ist als der erste. Und auch dessen Erfolg stellt sich vom ersten Tag an ein. Die

Pullman Sleeping Company ist geboren. Am Ende des Jahrhunderts, als Pullman stirbt (1897), besitzt seine Firma 2500 "Pullman-Wagen", wie sie längst heißen, transportiert jährlich 6 Millionen Reisende und beschäftigt 15 000 Arbeiter zu Tageslöhnen, die zu den höchsten im ganzen Land gehören. Die Pullman-Werke haben einen Ausstoß von 12 520 Waggons pro Jahr, darunter 313 *Sleeping*, 626 Personenzug- und 940 Straßenbahnwagen.

"Monsieur Pullman", schreibt die Fachzeitschrift *Revue générale des chemins de fer* in Frankreich in ihrem Nachruf auf ihn bei seinem Tod, "hat sich aus kleinen Anfängen zu einer bedeutenden finanziellen und industriellen Position in den Vereinigten Staaten emporkatapultiert. Er genoß große Wertschätzung und Verehrung und was von ihm bleiben wird, ist die Erinnerung an einen wohltätigen Mann von Initiative und Mut."

Tatsächlich hat nun aber Pullman ganz im Gegensatz zur landläufigen Meinung den Eisenbahnschlafwagen keineswegs erfunden. Als er seinen *Pioneer* baute, gab es bereits die *New York Central Sleeping Car Company*. Sie gehörte dem berühmten Cornelius Vanderbilt, dem "König" der amerikanischen Eisenbahnen, und hatte selbst schon Schlafwagen bei dem Fabrikanten Webster Wagner in Auftrag gegeben. Doch handelte es sich dabei nur um normale Waggons, in die man einfach ganz normale Betten gestellt hatte. Pullman aber hatte sich das längs über den Sitzen aufklappbare Bett ausgedacht, das man also tagsüber an die Decke "wegpacken" konnte. Nachts klappte man es aus, und unten konnten die Sitzplätze zu weiteren Liegebetten gemacht werden. Dicke schwarze Vorhänge teilten, getrennt nach Geschlechtern, die so entstandenen "Kabinen" (allerdings oft mangelhaft genug, zur vielbewitzelten Freude von Voyeuren!) und schufen eine gewisse intime Atmosphäre, die freilich oft genug allen möglichen Störungen ausgesetzt war, von der Zugluft bis zu verirrten nächtlichen Wanderern. Gleichwohl aber bot das neue System den Vorteil, praktisch alle tagsüber im Sitzen reisenden Passagiere nachts in einem Bett unterzubringen, was bei Vanderbilts Schlafwagen nicht annähernd möglich war.

Pullman hatte sich in seinem Bestreben nach äußerstem Komfort schon bei seinem ersten Waggon, dem *Pioneer*, auch

Einwanderer in einem Zug der Canadian Pacific Railway. Das Prinzip des amerikanischen Schlafwagens ist erkennbar (ausklappbare Betten oben, in Betten umwandelbare Sitze unten), wenn auch in Einfachstausführung. Pullman hat dieses Grundsystem perfektioniert. Die zu Betten umwandelbaren Sitze sind vor allem eine angenehme Lösung für die Schichten, die finanziell als Schlafwagenkunden nicht in Frage kommen

George Pullman ist der Erfinder von Komfort und Luxus auf Schienen, und zwar nicht nur, was die Einrichtung der Wagen angeht, sondern auch ihre technische Konstruktion (Federung) - ein halbes Jahrhundert Vorsprung vor Europa!

dem so sehr im argen liegenden Problem der Waggonfederung angenommen. Er hatte ihn auf zwei vierrädrige "Bogies" gestellt und mit besonders weicher Federung versehen, und so rollte er sanft schaukelnd und leise über die im allgemeinen, wie früher schon erwähnt, miserablen Gleise Amerikas. Sein Waggongehäuse war breiter und höher als üblich und bot so mehr Platz und mehr Luft. Allerdings hatte diese großzügige Form auch ihre Risiken und hätte fast den Erfolg des neuen Wagentyps gefährdet. Oft genug nämlich kam er in Gefahr, die für die schmaleren üblichen Zugwagen gebauten Brücken zu rempeln.

Ein spezielles Ereignis sorgte für besonderes werbungsträchtiges Aufsehen. Abraham Lincolns Witwe wollte nach dessen Ermordung den noch ganz neuen Pullman-Wagen, von dem sie gehört hatte und der erst vor kurzem in Dienst gestellt worden war, zur Überführung des Sargs haben. Die

Im Vergleich mit dem Pullman-Standard sind die ersten europäischen - dreiachsigen - CIWL-Waggons erst Andeutungen davon, auch wenn der Abteilkomfort dem amerikanischen nahezukommen versucht

Eisenbahngesellschaft, über deren Strecke der Trauer-Zug führte, mußte eigens Brückenüberdeckungen erhöhen und andere Hindernisse entlang der Strecke, für die der Pullmanwagen zu breit und zu hoch gewesen wäre, beseitigen lassen. Wer weiß, wie Abraham Lincoln reagiert hätte, hätte ihm zu Lebzeiten jemand vorausgesagt, daß er auf diese Weise einer der werbekräftigsten Förderer der Pullman-Idee werde... George Pullman jedenfalls, der "wohltätige Mann von Initiative und Mut", wußte diese Verbindung des berühmten Namens mit dem seinen zu nutzen...

GEORGES NAGELMACKERS

Und damit zu dem anderen Mann, von dem schon andeutungsweise die Rede war. "Nagel... oder wie er heißt", wie die Franzosen den Belgier "mit dem unaussprechlichen Namen" zu titulieren beliebten...

Georges Nagelmackers (Georg Nagelmacher!) leidet an einer in der gesamten Geschichte der Menschheit weitverbreiteten und unausrottbaren Krankheit: er hat Liebeskummer. Jede Zeit hatte ihre eigenen Heilmittel dagegen, das seiner Epoche heißt: große Reisen. Nagelmackers, geboren 1845,

Nagelmackers weiß in seiner Werbung Träume zu wecken und den Orient in Mode zu bringen. Seit 1895 hieß sein Zug endgültig "Orient-Express"

Der Luxus des Orient-Expreß erreicht seinen Höhepunkt zwischen den beiden Weltkriegen. Die berühmten kleinen Tischlampen mit den rosafarbenen Lampenschirmen werden zum Inbegriff und Symbol dieses Luxus und dieser "Reisekultur" – nicht zuletzt für die vielen Neugierigen, die sie von außen sehen, ohne hoffen zu können, je die Mittel für eine Fahrt in diesem Traumzug zu haben

Sohn einer reichen Familie, hatte sich unsterblich in seine eigene Cousine verliebt und der Familienrat beschloß deshalb 1867, ihn besser ein Weilchen nach Amerika zu expedieren – unter der Obhut eines Freundes der Familie, des Comte de Berlaymont, der beauftragt war, den jungen liebeskummerkranken Mann von 22 Jahren nicht aus den Augen zu lassen und dafür zu sorgen, daß ihn die großartigen Eindrücke der Natur der Neuen Welt von seinem amourösen Siechtum heilten. Dieselbe Kur hatte kurz zuvor schon einen anderen großen Romantiker, einen gewissen Chateaubriand, geheilt, und wenn der auch Franzose war: wieso sollte die Kur bei einem Belgier nicht ebenso anschlagen?

Sechs Monate lang reist Georges Nagelmackers also kreuz und quer durch Amerika, jagt Büffel – und leider auch hübsche Frauen, was dem braven Berlaymont in seiner Rolle als Aufpasser so seine Sorgen macht; weiß er doch nicht mehr so recht, ist das noch Teil der Krankheit oder schon der Heilung...

Aber Nagelmackers reist auch im Pullman-Schlafwagen und weiß (wie alle großen Romantiker!) durchaus auch an sein materielles Wohlergehen und an sein Vermögen, auf lange Sicht, zu denken. Der Komfort der *Sleepings* konveniert ihm über die Maßen und er beginnt daran zu denken, daß man so etwas doch auch in Europa machen könnte. Er macht sich Notizen, fertigt Skizzen an, und veröffentlicht, kaum wieder daheim, im Selbstverlag ein Buch *Projekt der Einführung von Schlafwagen bei den Eisenbahnen des Kontinents*, nämlich *Projet d'installation de wagons-lits sur les chemins de fer du continent*. Allein der Titel erklärt schon, warum sich kein normaler Verlag dazu entschließen mochte, das Opus zu drucken. Der hölzerne Titel versprach weder einen Balzac

noch Zola und obendrein enthielt er das noch völlig unbekannte Wort *wagon-lits*, Schlafwagen, wörtlich Betten-Wagen. Und weil Europa zu dieser Zeit ohnehin vollauf mit dem deutsch-französischen Krieg von 1870/71 beschäftigt ist, interessiert dieses futuristische Wort schon gleich gar niemanden.

Doch das kann Nagelmackers überhaupt nicht mehr anfechten. Er macht es Pullman nach und baut auf eigenes Risiko seinen ersten europäischen Schlafwagen und bietet ihn seinerseits reihum den Eisenbahngesellschaften an wie sauer Bier, bis er tatsächlich einen Vertrag für die Strecke Paris-Wien bekommt. Ab 1872 fährt dieser Wagen mit und ist, genauso wie Pullmans erster Versuch in Amerika, ein Erfolg auf Anhieb. Bald folgt Paris-Berlin und Ostende-Köln und die Sache rollt buchstäblich, zu einem auch hier bescheidenen Preisaufschlag, der so kalkuliert ist, daß er eben noch schwarze Zahlen ermöglicht. Bald tut Nagelmackers sich mit einem risikofreudigen Finanzier zusammen, der sein Vermögen im amerikanischen Bürgerkrieg machte, dem Colonel Mann, der nun sein Geld einbringt, und die Partnerschaft der beiden entwickelt sich zur Gründung der *Compagnie internationale de wagon-lits*, die sich auch als stark genug erweist, selbst einem Pullman Paroli zu bieten. Dieser hat inzwischen den Versuch begonnen, mit seiner Idee auch in Europa Fuß zu fassen, sich dabei allerdings auf England und Italien beschränkt (muß aber, wie bereits früher erwähnt, zumindest in Italien bald wieder aufgeben). Etwas später – 1876 – gründet Nagelmackers dann die *Compagnie internationale* des *wagon-lits (CIWL)*. Die kleine grammatikalische Kuriosität des Artikels (zuerst *de* [Einzahl], nun *des*, [Mehrzahl]) ist nicht der einzige Unter-

Die internationale Hotel-Gesellschaft

Nach dem Vorbild der amerikanischen Eisenbahnlinien, die auch große Hotels besitzen, gründete die *Compagnie Internationale des Wagons-Lits (CIWL)* 1884 ihre eigene Hotelkette für ihr Eisenbahnnetz unter dem Namen *Compagnie Internationale des Grands Hôtels*. Das war schon deshalb unerläßlich, weil die großen Luxuszüge der Gesellschaft viele Städte und Länder berührten, in denen die wirtschaftliche und touristische Entwicklung weit zurück war und nicht annähernd dem gewohnten Standard der Klientel entsprach. Dieser Zustand bzw. Mangel veranlaßte Nagelmackers daher zur Gründung der ersten europäischen Hotelkette, die sicherstellen sollte, daß der Reisende überall auf der Strecke einen Standard und Komfort vorfand, der dem in den Zügen entsprach. Große europäische Touristenzentren wie Brindisi und Nizza, Monte Carlo und Lissabon und auch noch weiter entfernte Städte wie Konstan-tinopel oder Kairo kamen so zu großartigen Grand-Hotels, deren Luxus und Service-Qualität nicht zuletzt angesichts der örtlichen Schwierigkeiten der Versorgung und des Personals oder auch der klimatischen Probleme bemerkenswert war.

1904 eröffnete man ein solches Hotel sogar in Peking. 1905 indessen bremste ein einschneidendes Ereignis den ganzen Elan beträchtlich: nämlich der Tod von Georges Nagelmackers. Dazu kam, daß der russisch-japanische Krieg erzwang, das gerade erst eröffnete Hotel in Peking wieder zu schließen. Und nach und nach ging auch in den anderen Hotels das Geschäft immer weiter zurück, wozu nicht zuletzt der Erste Weltkrieg beitrug. Unmittelbar nach Kriegsende verkaufte die CIWL deshalb alle ihre Hotels, weil sie viel Geld für die Überholung ihres gesamten Wagenparks benötigte, und damit endete auch die Geschichte der ersten europäischen Eisenbahn-Hotelkette.

schied zur bisherigen Gesellschaft, denn nun ist Nagelmackers wieder allein. Mann hat sich auszahlen lassen und ist nach Amerika zurückgekehrt. Die CIWL aber, die keine Probleme hat, weil ihre Aktien von einer zunehmenden Zahl von Enthusiasten (unter ihnen der belgische König höchstpersönlich!) gesucht sind, macht sich an die Eroberung Europas und selbst anderer Kontinente: ihre Waggons rollen mit bis Wladiwostok, Peking und Kairo.

AMERIKA ERZWINGT KOMFORT AUCH FÜR EUROPA

Georges Nagelmackers' erste Schlafwagen sind noch sehr klein und eng, jedenfalls verglichen mit den quasi rollenden Palästen Pullmans auf "Bogies" in Amerika. Aber in seinem Wettbewerbskrieg gegen Pullman hat er, wo dieser seine

größeren Nutzlasten und sein Komfortangebot in die Waagschale werfen kann, die bessere betriebliche Organisation und Service-Qualität vorzuweisen.

Der *Sleeping* von Nagelmackers ist ein Wagen von 7,60 m Länge auf lediglich zwei Achsen und mit nur drei Abteilen. Er kann darin 12 Passagiere aufnehmen, die sich tagsüber im Sitzabteil mit seinen sehr komfortablen Polstersesseln - von denen jeder eine Abteilecke einnimmt - aufhalten. Nachts werden die Sitze jeder Abteilseite zu einem Bett, über denen weitere zwei Betten ausgeklappt werden, so daß das Abteil also in zwei zweistöckigen Etagenbetten gegenüber zweimal zwei Personen Nachtruhe bieten kann. Ein Mittelgang ermöglicht es, von einem Abteil zum benachbarten zu gehen oder die Toilette oder das gemeinsame Toilette-Abteil in der Mitte des Wagens aufzusuchen. Dieser 1872 konstruierte Wagentyp ist noch sehr beengt und stellt die bescheidensten Anfänge dar. Drei Jahre später jedoch sind bereits dreiachsige Wagen von 10,30 m Länge mit vier Abteilen für 20 Passagiere und einen durchgehenden Seitengang im Einsatz. Letzteres - der Seitengang - ermöglicht nun auch abgeschlossene Abteile mit geringstmöglicher Beeinträchtigung durch fremde Passagiere. Die Heizung erfolgt über einen Thermosiphon und die Beleuchtung mit Petroleum oder, je nach Wagen, auch mit Gas. Um 1880 werden die Wagen dann noch länger und geräumiger, sind aber nach wie vor dreiachsig, doch nun auch mit offenen Plattformen an beiden Waggonenden, die das Hin- und Hergehen im Waggon oder auch das Aufsuchen des Speisewagen weiter vorne oder hinten ermöglichen - einschließlich einer ordentlichen Mütze frischer Luft beim Übergang von einem Waggon zum anderen!

Gebaut werden diese Waggons von verschiedenen großen Firmen in ganz Europa wie etwa Dyle oder Bacalan in Frankreich und Rathgeber in Deutschland. Die Wagentypen des ersten Jahrzehnts ihrer Existenz haben den Vorteil, leicht und auf praktisch allen Strecken Europas einsetzbar zu sein. Ihr geringes Gewicht eröffnet ihnen auch die Einsatzmöglichkeit auf sonst ladungsmäßig sehr restriktiven Strecken und machen sie damit zu buchstäblichen "Passepartouts" – nämlich wörtlich: geht überall (durch); was umso günstiger ist, als die Schnellzugslokomotiven der Zeit noch sehr schwache Lastenzugrelationen haben. Außerdem entspricht der Waggon mit seinen drei Achsen und 9-12 m Länge in diesen Jahren des

In den Jahren vor dem Ersten Weltkrieg hat der Standard der CIWL-Waggons keinen Vergleich mehr zu scheuen: schwere stählerne Waggonrahmen, CIWL-eigenentwickelte Drehfahrgestelle, Teaktäfelung... Dies hier ist ein Waggon der Serie 2189-2198 von 1911 aus Saint-Denis

ausgehenden Jahrhunderts dem Schnellzugswaggontyp par excellence auf allen europäischen Strecken. Selbst große Gesellschaften wie die französische PLM wollen von Waggons mit Bogie-Drehfahrgestellen noch nichts wissen. Sie gelten als zu schwer und als zu große Zugkraftschlucker, auch wenn sie ein gutes Kurvenverhalten und viel Komfort bieten.

Und wenn auch die "Bogies" in Amerika mittlerweile ein erfolgreiches Dritteljahrhundert auf dem Buckel haben und man dort inzwischen schon vom zweiachsigen zum dreiachsigen Bogie fortgeschritten ist, fährt man in Europa nach wie vor in den engen hochsitzenden Holzgehäusen auf vier oder sechs Rädern und überläßt den gehobenen Komfort in Waggons mit zwölf Rädern und über 100 Federungselementen der Kundschaft eines Vanderbilt oder Pullman jenseits des Großen Teichs...

Aber auf die Dauer führt natürlich kein Weg an diesen Bogies vorbei. Die wohlhabenden Geschäftsleute und europäischen Krösusse reisen viel in Amerika und vermögen, wieder zu Hause, den beengten Holzkisten, die ihnen Nagelmackers anbietet, immer weniger Geschmack abzugewinnen. Und Reiseberichte aus Amerika häufen sich im übrigen schlicht überall: in den literarischen Zeitschriften wie in Wirtschaftsblättern oder Technikmagazinen.

Die erste Waggonserie auf Bogies – die Nummer 75 – kommt also endlich 1882 heraus. Erprobt wird in dem "Versuchszug", welcher der Vorläufer des Orient-Expreß ist. In dem Waggon ist Platz für 16 Passagiere.

Er ist vorerst der einzige, bis die eigentliche Serie fertiggestellt ist, die dann aber auch den Grundstock für den zu Beginn des Jahrhunderts bereits vorhandenen sehr ansehnlichen Wagenpark eleganter, teakgetäfelter Schlaf- und inzwischen auch Speisewagen bildet.

Die Bogie-Waggons, die dann auf der Internationalen Ausstellung in Lüttich 1905 vorgestellt werden, sind das helle Entzücken aller Kenner. Drei Waggons hat die CIWL zur Besichtigung herbeigeschafft. Der erste ist ein Salonwagen auf zwei Bogies mit je zwei Achsen, 19,74 m lang und mit dem respektablen Gewicht von 36,5 t. Er enthält ein Rauchzimmer mit Polstersesseln und Kanapees für 12 Personen, drei Abteile zu je drei Plätzen mit Polstersesseln und Kanapee, zwei Abteile zu je vier Plätzen mit Kanapees sowie ein Abteil mit einem Sessel, insgesamt also 30 Plätze. Die Wände sind mit grünem und gelbem schwerem Stoff in Mahagonieinfassung bezogen, an der Decke befinden sich auf Leinwand gemalte Bilder in Mahagonirahmen, die der Deckenform angepaßt sind; jedes Fenster hat einen eigenen, in ein Mahagonigehäuse aufrollbaren Store. Die Polstermöbelbezüge sind aus "pfauenblauem geblümtem Samt", die Türbeschläge und -griffe aus Gußbronze. Die Teppiche auf dem Boden sind blau Ton in Ton mit den Polstermöbelstoffen gehalten, die Tische aus lackiertem Mahagoni. Die Sessel des großen Rauchzimmers sind mit waffelfarbigem Stoff bezogen, die Wände brokatstofftapeziert und mit gelben Goldmotiven bestickt, die im Ton zu den Sesseln passen. Der Teppich dieses Rauchsalons ist von gedecktem Gelb.

DIE NÄCHTE DES BASIL ZAHAROFF

Die anderen beiden Waggons auf dieser Ausstellung sind schier noch bemerkenswerter. Sie stehen beide auf je zwei dreiachsigen Bogies, rollen also auf zwölf Rädern. Sie sind

Auch auf Strecken wie Luchon-Paris muß man auf Komfort à la Orient-Expreß nicht mehr verzichten. In der Belle Epoque stattet die CIWL zahlreiche Eisenbahnlinien mit ihrem hochklassigen Schlaf- und Speisewagenservice aus. Kaum noch ein selbst bescheidenere Heilbäder und Kurorte berührender Zug fährt ohne sie. Seite an Seite stehen der "Conducteur" des "Sleeping Car" und der ganz normale Zugschaffner, wobei sich allerdings allein schon in der Haltung des "Conducteurs" links der Unterschied des Prestige-Anspruchs ausdrückt...

Der Wien-Expreß bei der Abfahrt aus Ostende. Gezogen von einer kleinen, aber schnellen belgischen Lok, hier einer 121, besteht er aus lediglich drei Wagen, eingerahmt von zwei Gepäckwagen vorne und hinten, und ist mit seinen "aristokratischen" 80 km/h Geschwindigkeit charakteristisch für die den "happy few" reservierten CIWL-Züge des Jahrhundertbeginns

21,50 m lang und wiegen der eine 46, der andere 49 t. Der eine ist ein Speisewagen mit zwei Speisesälen - der eine für Raucher, der andere für Nichtraucher - und mit Tischen zu vier und zwei Plätzen. 46 Passagiere können in ihm zugleich Platz und die ausgesuchtesten Menüs zu sich nehmen. Am einen Ende befindet sich die komplett ausgestattete Küche mit Ofen, Anrichte, Kasserolen, zwei Ausgüssen und Warmhaltekammern für die fertigen Gerichte. Sie ist überhaupt ein Wunder an Planung und sinnvoller Anordnung und wird zum Vorbild und Anreger aller Architekten, die sich fortan um funktionale Küchen in Wohnungen oder auch auf Schiffen bemühen. In den beiden im Stil Louis-Quinze gehaltenen

Speisesälen selbst dominieren Brokat, Stickereien, erlesene Stoffe, Bronzen und Mahagoni überall. Auf jedem Tisch stehen die berühmten Lampen mit Bronzefuß und Seidenschirm, die jene Ambiance schaffen, welche auf Jahrzehnte hinaus den Inbegriff des "Charmes" der CIWL-Waggons ausmachen.

Der andere zwölfrädrige Waggon ist ein Schlafwagen. Er ist im Empire-Stil gehalten und enthält 17 Plätze, was nicht sehr viel erscheint angesichts seiner imposanten Dimensionen und seiner 49 t, aber dafür stehen diesen 17 Passagieren viel Luxus und Platz zur Verfügung. Jeder nimmt, anders ausgedrückt, 3 t "tote Fracht" in Anspruch - sechsmal soviel wie heute für Schlafwagenplätze gerechnet wird. Auch hier herrscht

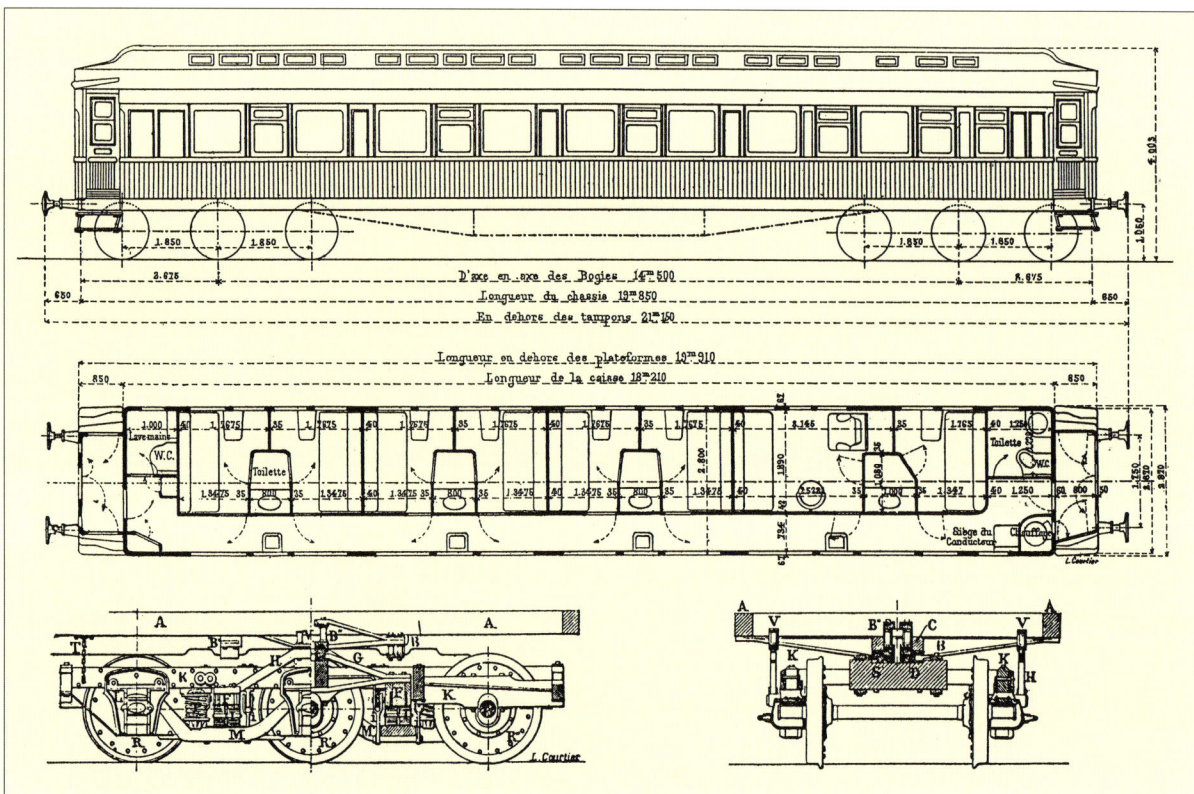

Die Krönung des CIWL-Standards zu Beginn des Jahrhunderts: 49 t-Waggon mit 17 Plätzen auf 12 Rädern. Dieser Waggontyp rollt vor allem auf den großen Fernstrecken Mitteleuropas

Der Komfortstandard der Jahre zwischen den Kriegen. Vom Train Bleu bis zum Orient-Expreß führen die Fernzüge auch den berühmten Waggon LX mit den zum Bett umwandelbaren Sitzbänken mit, wie heute noch im Eisenbahnmuseum Mülhausen zu besichtigen. Die letzten waren noch in den 50er Jahren im Orient-Expreß im Einsatz

Mahagoni überall vor – Täfelungen mit kunstvollen Intarsien in kontrastierenden Edelhölzern. Die Sitze sind mit blauen Blumenmusterstoffen bezogen und die Abteilwände mit farblich dazu passenden Stoffen. In den Türen der Toiletten sind - farbige Fensterglasscheiben! Alle Bronzen (Gepäckträger, Griffe, Verschlüsse) sind Empire-Stil. Die elektrische Beleuchtung - mit Nachtlichtern und Leselampen für jedes Bett - ist durch klassische Kerzenleuchter ergänzt; noch ist elektrisches Licht ja etwas Neues und Pannen sind jederzeit noch möglich.

Vor allem aber rollen diese Waggons ebenfalls auf Bogies mit insgesamt sechs Rädern mit 44 Blatt- und 24 Spiralfedern. Die ganzen 49 t schweben nahezu wie auf Wolken dahin und fast lautlos, ohne Ruck und Stoß, und kein Tropfen Champagner schwappt je aus einem Kristallglas und keine der Goldfüllfedern auf den Mahagonitischen rollt weg. Luxus hat immer auch schon Ruhe und Stille bedeutet, und in diesen schweren Luxuswaggons läßt das angenehme Leben alle Entfernungen vergessen und auch alle Grenzen. Und bestimmt ist es auch nicht die Schuld ihres Abteils, wenn die superreichen Kanonenhändler, die in ihm reisen, zuweilen einmal schlecht schlafen und Alpträume haben oder zweifelhafte Gefühle angesichts klappernder Soldatenstiefel in den Grenzbahnhöfen im frühen Morgengrauen samt dem Geklirr der Waffen, die sie den Feinden ihres eigenen Landes verkaufen. Der größte von ihnen übrigens ist ein gewisser Basil Zaharoff, Lieferant für die griechisch-türkischen Kriege ebenso wie die chinesisch-japanischen oder selbst für den Ersten Weltkrieg. Er hat seine Frau im Orient-Expreß kennengelernt und in diesem seine Hochzeitsnacht verbracht, auf zwölf Rädern. Sein Reichtum gründet sich auf Millionen - Toter. Der Lärm der - von ihm gelieferten - Waffen während seiner Durchquerung des Balkans kümmert ihn nicht.

Einen gibt es jedoch, dem es nicht mehr vergönnt ist, in diesen neuen Wundern von Waggons zu reisen: George Nagelmackers selbst. Er stirbt am 10. Juli 1905, zu früh, um noch zu erleben, wie sein Lebenswerk alle Schicksalsschläge überlebt und einem Goldenen Zeitalter entgegengeht.

Der Büffet-Stop von Frankfurt

Eine der bekanntesten Episoden in der Geschichte der Eisenbahnunglücke ist zweifellos die mit der Lokomotive des Ostende-Orient-Expreß, die am 6. Dezember 1901 ihre Fahrt im Bahnhofsbuffet von Frankfurt am Main beendete.

Die Lokomotive, eine bayerische S 3, hatte ein Bremsproblem. Sie überfuhr die Endpuffer des Frankfurter Kopfbahnhofs wie nichts, rollte weiter über den ganzen Bahnsteig und kam in einem wahren Trümmerchaos erst mitten im Buffetsaal zum Stehen, nachdem sie noch einige Tische und Stühle mitgerissen hatte. Und an der Lokomotive hing ja auch noch der ganze Zug... Zum Glück standen die meisten Waggons samt dem Tender noch auf dem Einfahrtgleis, als die Lok schon die Wand des Büffetsaals durchbrochen hatte.

Der Ostende-Orient-Expreß war nun allerdings, diesem Vorfall zum Trotz, ein sehr seriöser Zug. Er erfüllte das Bedürfnis der Engländer nach einer schnellen Verbindung zwischen London und Mitteleuropa. 1895 hatte deshalb die englische South Eastern Railway eine Linie zwischen London und Karlsbad, dem berühmten böhmischen Kurort, eröffnet. Sehr rasch wurde dieser Zug über den Anfangs-Zweck hinaus nicht nur das Transportmittel körperlich aufmöbelungsbedürftiger englischer Aristokraten zu den Heilwässern von Karlsbad (und auch des benachbarten Marienbad), sondern auch eine wichtige politische und wirtschaftliche Achse. Und vom Beginn des Jahrhunderts an entwickelte sich der Zug zum Ostende-Wien-Expreß mit nur noch einem Kurswagen nach Karlsbad - über Nürnberg - und wurde mehr der englische Zulieferer für den Orient-Expreß ab Wien.

DIE BELLE EPOQUE DES ORIENT-EXPRESS – ODER: PARIS-KONSTANTINOPEL IN 67 STUNDEN 46 MINUTEN

Die große Zeit des Orient-Expreß ist ganz ohne Zweifel die seiner Klientel, anders ausgedrückt, jener sogenannten Belle Epoque vor 1914, einer Zeit der sogenannten heilen Welt, in der die Reichen unter Kristallüstern tanzten und keinen Augenblick daran dachten, daß dies alles einmal enden und die Musik abrupt verstummen könnte: diese Welt aus Seide und Parfüm, des Golf und der Casinos, der Schlösser und Hetzjagden, der Mahagonibibliotheken und ersten Luxusautomobile, die entweder ignoriert oder tatsächlich nicht weiß, daß es auch die im frühen Morgengrauen verkehrenden, von

Die Orient–Expresse

Allgemein ist immer nur vom Orient-Expreß die Rede; Einzahl. Tatsächlich aber gab (und gibt) es eine ganze Anzahl Orient-Expresse. Denn die Geschichte dieses berühmten Zuges verlief seit seinen Anfängen bis heute sehr wechselhaft - auf verschiedenen Strecken und unter verschiedenen Namen. 1833, als der erste fuhr, nur mit zwei Schlafwagen, einem Speisewagen und zwei Gepäckwagen vorne und hinten, eröffnete er die Strecke Paris-Istanbul - oder vielmehr Konstantinopel, wie die Stadt damals noch hieß - und zwar über Straßburg, München, Wien, Budapest, Temesvar, Bukarest und Varna am Schwarzen Meer, von wo aus die Reise per Boot zur Endstation Konstantinopel weiterging. Die Fahrt dauerte rund 80 Stunden.
1889 wurde eine direkte Linie zwischen Budapest und Konstantinopel eröffnet, die über Nis und Sofia führte; und dies ist auch die Zeit und die Strecke, die in dem nebenstehenden Kapitel beschrieben sind. Die Fahrtzeit war nun schon auf knapp 68 Stunden geschrumpft. 1891 bekam der Zug offiziell den Namen Orient-Expreß.
1905 wurde der Simplontunnel eröffnet. Der Simplon-Expreß, jener andere große Luxuszug der Zeit, verband London mit Venedig über Paris, Lausanne und Mailand. Von Venedig aus gelangte man ebenfalls nach Konstantinopel - mit einem Konkurrenzzug zum Orient-Expreß.
1914 wurde "unser" Orient-Expreß hier eingestellt, des Krieges wegen natürlich, und fuhr erst ab 1919 wieder, nun aber unter dem kuriosen Namen "Militärischer Luxuszug". Seinen richtigen Namen bekam er erst 1920 zurück.
Danach aber erblickte der sog. "Simplon-Orient-Expreß" das Licht der Welt - als direkte Folge einer Bestimmung des Versailler Vertrags: Die Siegermächte wollten den Orient-Expreß nicht mehr durch Deutschland fahren lassen und führten die Linie bis Belgrad nunmehr über französisches, schweizerisches, italienisches, österreichisches und ungarisches Territorium bis Triest und Zagreb, von wo aus der Zug sich teilte und auf der einen Linie über Odessa nach Bukarest, auf der anderen über Athen nach Konstantinopel führte.
1920 wurde dann aber auch der Schweiz-Arlberg-Wien-Expreß gegründet, der Paris und Wien verband - über Basel, Buchs, den Arlberg, Innsbruck und Salzburg. Dieser Zug nannte sich ab 1932 Arlberg-Orient-Expreß.
1930 wurde dann auch noch der Taurus-Expreß eingeführt, der auf dem anderen Ufer des Bosporus die Strecke nun bis Beirut, Damaskus, Kairo und schließlich sogar bis Teheran, Bagdad und sogar Bombay verlängerte.
Während des Zweiten Weltkriegs verkehrte nur der Simplon-Orient-Expreß nach wie vor weiter, jedenfalls bis 1942, und Deutschland richtete sich seinen eigenen "Ersatz"-Orientexpreß zwischen Berlin und dem Balkan ein, der aber praktisch der politischen und militärischen Prominenz vorbehalten und mehr eine Art Dienst-Zug war.
1945 setzten die Alliierten ihrerseits einen solchen Ersatz- und Dienstzug zwischen Paris und Innsbruck ein. Die Waggons waren mit "Allied Forces" beschrieben.
Ab 1948 fuhr dann wieder der Orient-Expreß der ursprünglichen Strecke, nun jedoch als ganz normaler Zug, während der Simplon-Orient-Expreß schon seit 1945 wieder in Betrieb war. In den 50er und 60er Jahren wurden die Abzweigstrecken eingestellt und der Simplon-Orient-Expreß hieß ab 1962 Direct-Orient, bestehend aus einem oder zwei Waggons, die an den normalen Zug Paris-Istanbul angehängt wurden. Auch dies wurde 1977 wieder eingestellt. Und heute fährt nun wieder ein "klassischer" Orient-Expreß, auf der klassischen Strecke, aber als reiner Nostalgie-Zug des Luxustourismus, betrieben von einer Privatgesellschaft.

schmutzigen und trübe beleuchteten Bahnhöfen abfahrenden Vorortszüge gibt, auf deren harten Holzbänken sich Millionen durch die tagtägliche Fron eines zwölfstündigen Arbeitstags abgestumpfte, noch auf der Fahrt ein wenig schlafende Arbeiter drängen. Die Schüsse von Sarajewo transportieren sie direkt in die Schützengräben – und zwar in denselben Zügen, die längst zu einem Teil ihres täglichen Lebens geworden sind. Und dort draußen begegnen sie anderen Arbeitern, aber auch Bauern und Lehrern, und haben nun Zeit – vier lange Jahre lang genug Zeit -, sich den Kopf mit dummen Ideen zu füllen, so daß sie gefährlich verändert aus diesem Krieg zurückkehren, und von einer neuen Zeit und Gesellschaftsordnung träumen, überhaupt von einer neuen Welt...

Aber wen kümmert das vorerst? Noch ist diese düstere Zukunft nicht angebrochen, noch liegt sie Jahre entfernt und keiner der illustren Passagiere des Orient-Expreß verschwendet irgendeinen Gedanken daran, daß dieser Traum nicht ewig währen wird und alles bereits der Schwanengesang einer ganzen Epoche ist, wenn man um 6 Uhr 25 abends (noch hat man das weniger poetische, dafür aber sachlichere und sinnvollere 18.25 Uhr nicht erfunden) den Gare de l'Est verläßt, mit Ziel Konstantinopel, nachdem man sich auf dem Weg zum Bahnhof eines der neuen Auto-Taxameters der Hauptstadt bedient hatte, das einen zu der Halle brachte, vor und in der ganze Armeen von respektvollen und beeindruckten Dienstmännern und Trägern auf ihre Aufträge warteten.

Nachdem man erst einmal vom "Conducteur" in seiner kastanienbraunen Uniform in sein luxuriöses "Single" eingewiesen ist und die Lederkoffer auf dem bronzenen Gepäckträger ruhen und das kleine Toilettekabinett geöffnet und das Bett mit seinen feinen Laken, Kissen und der weinroten Decke bereits aufgedeckt ist, kann man sich die Zeit bis zur Abfahrt damit vertreiben, die in jedem Abteil ausliegende Begrüßungskarte zu studieren, von der man sich sofort bedienen kann: mit einem Klingelknopfdruck läßt man sich etwas von dem Angebot auf dieser Karte bringen: Champagner oder Wein oder jede Art sonstigen warmen oder kalten Getränks, kleine kalte Imbißteller oder warme Gerichte vom Feinsten, von der Gänseleber bis zum Lachs oder einer Scheibe Rehrucken mit Trüffeln, kurz, irgendetwas zum Überbrücken der Wartezeit für die Ungeduldigen und als erste Kostprobe dessen, was der Speisewagen zu leisten vermag...

Sobald der von einer zweiachsig gekoppelten Lok der Compagnie de l'Est gezogene Zug dann rollt, wird bereits zum großen Souper gebeten. In den Speisewagen zu gelangen, ist nicht schwer. Der ganze Zug besteht ja nur aus drei oder vier Waggons, von den Gepäck- und Frachtwagen vorne und am Ende abgesehen, und die Gänge sind breit und bequem; man kann mühelos aneinander vorbeigehen, ohne sich quetschen und Entschuldigungen stammeln zu müssen: "Entschuldigen Sie", "Aber bitte sehr", beziehungsweise "Je vous en prie" auf französisch, beziehungsweise "Prego" auf italienisch, oder "Pajalusta" auf russisch – denn man befindet sich ja in ebenso illustrer wie internationaler Gesellschaft.

Im Speisewagen erkennt der "Chef de Brigade", assistiert von seinem Commis, die Habitués des Zuges und begrüßt sie entsprechend respektvoll, ehe er sie plaziert. Man beobachtet und bemerkt sich von Tisch zu Tisch und die Habitués übersehen die Unbekannten demonstrativ und genießen, ohne es sich natürlich im geringsten anmerken zu lassen, die leichte Verlegenheit der Neulinge, die womöglich noch nicht so ganz genau wissen, daß dies ein Zug ist, in dem man anders lebt als sonst. In dem man sich, zum Beispiel, bei dem speziellen Personal im Wagen seinen gebührenden Platz erst erobern muß. Oder daß man hier auf bestimmte Dinge gefaßt sein

Eine sehr reizvolle Szene aus einem CIWL-Luxuszug des Jahres 1912. Die Speisewagenkellner in Livree "à la française" sind eines der typischen Details des Konzepts "Der Kunde (sprich Reisende) ist König" - zumal, wenn es sich um tatsächliche Könige oder sonstige hochherrschaftliche oder Personen "von Rang und Stand" handelte...

muß. Beispielsweise, daß es Situationen während der Fahrt gibt, in denen darauf zu achten ist, den Inhalt des Sektglases oder einer Tasse, die man gerade in der Hand hält, nicht zu verschütten. Oder seine natürliche Grazie und Distinktion auch dann nicht zu verlieren, wenn man seine Erbsen gerade über einer weniger ruhigen längeren Weichenstrecke wie etwa in Châlons-sur-Marne oder bei Belgrad bei 80 km/h zu essen gezwungen ist.

Assortierte Hors-d'Oeuvres, Austern, Käseomelette, fritierte Scholle, Chateaubriand mit Sauce Brumaire, Sellerie braisé im Saft, Käseplatte, Desserts – so oder ähnlich sieht die Speisekarte für das Abendessen aus, dazu natürlich die Aperitifs und passenden Spitzenweine zu den verschiedenen Gängen und zum Schluß die Cognacs, sonstigen Digestifs oder anderen Getränke.

Am nächsten Morgen erwacht man in Deutschland. Man wirft einen schnellen und eher trägen Blick auf den sagen- und märchenumwobenen und immer ein wenig beunruhigenden "dunklen Tann" des deutschen Waldes und widmet sich dann gleich den französischen Frühstücks-Croissants und der belgischen dito Schokolade. Anschließend macht man gelassen Morgentoilette, wobei man allenfalls aufpassen muß, sich nicht mit dem Rasiermesser zu schneiden, wenn es zuweilen ein wenig holpert, weil gerade wieder eine Weichenfolge überfahren wird oder der Zug eine etwas engere Kurve nimmt. Aber dergleichen gibt dann auch lächelnden neuen Gesprächsstoff im Speisewagen, wenn nach der Weiterfahrt aus München das Mittagessen serviert wird.

Auch dieses Mittagessen wird stilvoll serviert und dauert ausgiebig. Selbst die Franzosen, als die anerkannten Gourmets der Welt, sind immer wieder erstaunt über die Qualität der Menus und vergessen darüber sogar, daß draußen noch immer deutsche Landschaft vorüberzieht, für sie das Land ihres Erbfeinds – und das schon seit Avricourt, der elsaß-lothringischen deutschen Grenzstation seit 1871. Vor einem Rinderfilet Richelieu mit Gevrey-Chambertin wird aber auch das nationalistischste Ressentiments nicht mehr so wichtig. Ein hervorragendes Essen bringt allemal eine weniger pessimistische Vision der Welt mit sich – wenn auch, man muß es trotz allem natürlich festhalten, dies in jener Zeit nicht gleich so weit geht,

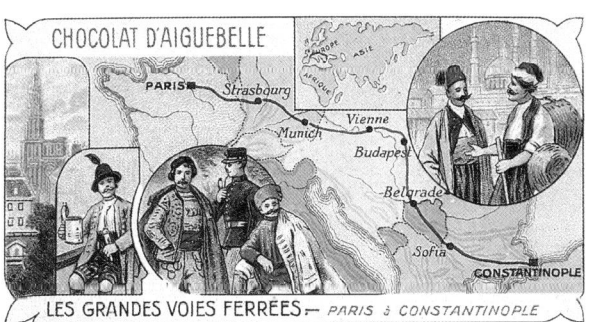

Auch die "Illustrationsindustrie" der Zeit findet im Orient-Expreß ein unerschöpfliches Thema - sei es auf der Verpackung der Aiguebelle-Schokolode (mit einer Strekkenkarte) oder bei den frühen "Sensations-Blättern", die die historische Episode des Wolfsangriffs anläßlich eines in der Türkei im Schnee steckengebliebenen Zugs (s. Kasten nächste Seite) ein klein wenig ausschmückten - einschließlich eines unglücklichen Popen...

Gelegentlich begegnen sich in manchen Ländern moderne Zeit und archaische Gebräuche noch auf einigermaßen kuriose Weise, so wie hier mit einem rituellen Tieropfer anläßlich der Eröffnung einer Eisenbahnstrecke in Saloniki 1888, direkt auf den Schienen, auf denen bald danach der mondäne Orient-Expreß verkehren wird... Später werden auch hier Streckeneröffnungen eher mit Champagner begossen

Elf Tage Verspätung

1929 wurde auf dem Balkan einmal ein Zug des Simplon-Orient-Expreß vom Schnee blockiert, gut hundert Kilometer vor Konstantinopel, also schon fast am Ende der Reise, und auf einer nur einspurigen Gleisstrecke. Der Zug war schon eine ganze Weile buchstäblich zwischen zwei Schneemauern gefahren, bis er schließlich endgültig in einer Schneeverwehung steckenblieb. Nicht nur war man steckengeblieben. In dem anhaltenden Schneetreiben begann der stehende Zug selbst bald fast zu versinken. Die Außentemperatur fiel auf -25° C und in der Nacht sank sie auch innen in den Abteilen gefährlich. Am nächsten Morgen wurde die Weiterfahrt versucht, während die Reisenden bereits erbärmlich froren, vor allem natürlich die sieben offiziellen Ehefrauen eines mitreisenden Maharadschas, die in ihrer üblichen leichten Schleierbekleidung auf Derartiges nicht vorbereitet waren. Ihr Herr kaufte für teures Geld alle Mäntel zusammen, die andere Passagiere herzugeben bereit waren. Das gesamte Zugpersonal und die Reisenden beratschlagten gemeinsam über die Lage und beschlossen, zu versuchen, einen Weg bis zum nächsten türkischen Dorf freizuschaufeln. Doch als man mühsam dort angelangt war, fand man es selbst in einem derart elenden Zustand vor, daß alles, was man auftreiben konnte, ein lebendes Lamm und ein Huhn waren. Damit nicht genug, wurde das Lamm auf dem Rückweg auch noch von Wölfen angegriffen – das Huhn übersahen sie wohl –, fielen dabei allerdings selbst wohlgezielten Gewehrschüssen zum Opfer. Und so gab es im Speisewagen noch am selben Abend Wolfssteaks... Eine zweite Expedition in das Dorf am sechsten Tag blieb zunächst erfolglos, bis der Maharadschah geradezu astronomische Summen bot. Am elften Tag endlich schaffte es ein Schneeräumpflug zum eingeschneiten Zug. Die Reisenden sind gerettet... Der Zug rollt im 5 km/h-Tempo und elf Tagen Verspätung in Konstantinopel ein.

daß der Seidenhändler aus Lyon sich mit dem deutschen Brauer am Nebentisch zuprosten würde...

Ohnehin ist dies hier eine Welt der Männer; der erfolgreichen Männer. Geschäftsleute, die merken lassen, daß sie Erfolg haben, Diplomaten, die in ihren Aktenkoffern selbstverständlich immer nur die allerwichtigsten Staatsangelegenheiten transportieren...

Diese vorwiegende Welt der Geschäftsmänner hat zur Folge, daß desto mehr bemerkt und zur Kenntnis genommen wird, wenn sich auch einmal ein paar Prinzen, Fürsten oder auch Könige im Zug befinden, und noch mehr, wenn Damen mitfahren – die hier überaus selten sind, nicht zuletzt daher erklären sich die alsbald wuchernden Legenden um sie. Die reisende Dame im Orientexpreß wird ganz von selbst immer schöner und geheimnisvoller und ist im Zweifelsfall immer entweder eine berühmte Spionin oder jedenfalls eine große Abenteurerin ... Jede eine Mata Hari, sozusagen. Der Wirklichkeit etwas näher sind natürlich die friedlichen Gattinnen von Diplomaten oder sonstigen Beamten des Auswärtigen Dienstes, die diesen auf ihre neuen Auslandsposten nachreisen, oder allenfalls Schauspielerinnen und Sängerinnen auf Tournee in Rumänien oder in der Türkei, und bestenfalls einmal eine Königin oder Prinzessin, die aber natürlich, wie es sich gehört, von ihrem Gatten, dem König oder Prinzen begleitet wird.

Am Abend langt man in Wien an, um 8 Uhr 13, im Prinzip. Unter den hier zusteigenden neuen Passagieren sind etwa ein paar Engländer aus dem Ostende-Wien-Expreß mit seinem direkten Kurswagen Calais-Wien, sofern sie nicht vielleicht von einem Abstecher aus Marienbad und dessen Grandhotels mit ihren barocken Kolonnaden kommen, wo sie sich zwecks "prendre les eaux" aufhielten, wie man das vornehm-französisch nannte, um sich damit von den körperlichen Belastungen zu kurieren, die ihnen das rauhe und neblige Klima an der Themse bereitete. Mitten in der Nacht, nämlich genau um 2 Uhr 10, hält der Zug danach in Budapest.

9 Uhr 09: Ankunft in Belgrad, Hauptstadt des Königreichs Serbien; und wenn es keine Verzögerungen an der Grenze

Der Orient-Expreß in Österreich 1913. Die Lokomotive ist eine 221 des gefeierten Konstrukteurs Gölsdorf, dessen persönlicher Stil sich vor allem in den über diese hinausragenden Verkleidungen der Räder ausdrückt. Die drei Waggons dahinter sind auf die klassische Art der Zeit teakgetäfelt

Ein österreichischer Expreßzug zwischen den Kriegen bei der Abfahrt aus dem Wiener Westbahnhof. Die Lokomotive ist eine starke 240, Serie 33, der österreichischen Eisenbahnen, wie sie durch das hohe Gewicht der Züge nötig war

gegeben hat, ist man auch pünktlich da. Tagsüber geht es dann durch Serbien und anschließend Bulgarien, letzteres ein nicht nur geographisch, sondern auch politisch schon sehr fernes Land.

Das Souper dieses Abends wird um 9 Uhr 03 nach der Abfahrt von Sofia serviert, und hier auf den weltverlorenen Gleisen Bulgariens rollt der Zug vor allem im Winter nur langsam durch den Balkanschnee. Manchmal bleibt er sogar im Schnee stecken.

Schließlich, wieder mitten in der Nacht (der Orient-Expreß hatte einen Hang zu obskuren, abgelegenen und kompli-

zierten Grenzstationen) wird die Grenze zum ottomanischen Reich überschritten, wo die Spezial-Grenzpolizei martialische nächtliche Staatsaktionen veranstaltet, gegen die der einzige Schutzwall die Erfahrung und das besänftigende Geschick der Schaffner und des sonstigen Schlafwagenpersonals sind. Wie soll auch ein einfacher türkischer Zöllner so genau wissen, daß es nun wirklich nicht geht, mitten in der Nacht das Bett einer puritanischen englischen Adeligen zu "filzen" ...

Dann endlich Konstantinopel: um "4 Uhr 00 morgens", fahrplanmäßig, und die beiden Nullen nach der Vier sind eine ebenso erfrischend-erheiternde wie eher romantische als realistische Präzisierung... Denn diese letzte Nacht der Reise ist immer auch die mit den größten Problemen und Schwierigkeiten: Entgleisungen auf schlechten einspurigen Strecken, von Hochwassern weggeschwemmte Brücken, Angriffe türkischer Räuberbanden mit Forderungen nach Lösegeld (das der Lokomotovführer mit der abgekoppelten Lok herbeiholen muß), Schneeverwehungen, fehlende Ablöseloks in den dafür vorgesehenen Bahnhöfen... Und das alles trägt dazu bei, daß die tatsächliche Ankunft sich statt vier Uhr morgens oft weit in den Tag hinein oder selbst bis zum Abend verschiebt. Was insofern nicht das Schlimmste ist, als es seine Schwierigkeiten hat, vor dem Bahnhof von Konstantinopel morgens um vier Uhr eine Droschke zu finden... Wenn dies auch, zugegeben, für die meisten Reisenden ohne Bedeutung ist, denn ihr sofortiger Transfer gleich nach der - wann auch immer - Ankunft des Zuges zum Grandhotel Péra Palace ist im Service inbegriffen. Die CIWL selbst hat dieses Hotel mit großem Aufwand gebaut und es überragt nun das Goldene Horn und die ganze Stadt.

Das Abenteuer der 3 186 km in - fahrplanmäßigen - "67 std 46 min" ist zu Ende. Es hat fast drei Tage gedauert.

Eine sehr typische Belle-Epoque-Szene aus dem Südbahnhof in Wien, zu der ganz unerläßlich auch die teakgetäfelten CIWL-Waggons gehören (Aquarell von F. Witt)

Ferdinand I. von Bulgarien, ein großer Eisenbahn-Narr, hier einmal nur als Begleiter eines Zugs zu Pferde. Sonst spielt er lieber direkt mit Märklin-, aber noch lieber mit echten Zügen auf deren Führerstand, indem er sie pausenlos pfeifen läßt und sich um keine Geschwindigkeitsbegrenzung kümmert. Die CIWL mußte alle Diplomatie aufbieten, ihn davon abzuhalten, den Orient-Expreß selbst zu fahren – was er für sein gutes Recht hielt, wo doch der Zug "seinem Königreich entsprang"...

DER "TRAIN BLEU"

Der Train Bleu *in seiner ganzen dunkelblauen Pracht mit Goldstreifen, wie ihn der Maler Albert Brenet 1929 sah ("kurz vor der Abfahrt vom Gare de Lyon in Paris") – mit seinen nagelneuen Waggons vom Typ LX, die in diesem Jahr noch einmal eine neue Ära des Eisenbahnkomforts einläuten. Alle Welt nennt ihn – zu Recht, wie man sieht – nur den Blauen Zug: Le Train Bleu, doch offiziell heißt er Calais–Méditerranée–Expreß. Erst 1949 wird der jahrzehntelang allgemein gebräuchliche Name auch offiziell – als seine große Zeit längst vorbei ist (CIWL)*

An sich ist er eigentlich nur einer von vielen Eisenbahnzügen für eine gewisse wohlhabende Schicht von Luxus-Reisenden jener Zeit, die sich während der in Frankreich so genannten "années folles" (nämlich der "Roaring Twenties" bzw. "Goldenen Zwanziger Jahre") an die Riviera begeben und dabei ihre empfindlichen Teints mit vorgehaltenen, Guerlain-betupften Tüchlein vor dem Lokomotivenrauch seiner schweren *Pacific*-Lok schützen. Aber er bekommt, dieser Zug, der offiziell *Calais–Méditerranée–Expreß* heißt, mit seinem bald allgemein gebräuchlichen Namen *Train Bleu*, der Blaue Zug, rasch einen besonderen internationalen Ruf. Seine blaue Signalfarbe, ohnehin schon Traum-Farbe, erzeugt in Verbindung mit seinem Ziel, der Côte d'Azur, zusätzliche "blaue" Erwartungen: von blauem Himmel und blauem Meer (wie romantisiert und überhöht auch immer).

Und obendrein ist Blau auch die Farbe des Tangos und die der Paradiesvögel aller Art – kurz, dieser Zug wird alsbald zum Transporteur aller möglichen Erwartungen und Leidenschaften, ähnlich wie schon der *Riviera–Expreß*, der die besseren Schichten Berlins in die Hotelpaläste von Nizza und Cannes transportiert, oder noch mehr der ungeheuer geheimnisumwitterte *Sankt Petersburg–Wien–Nizza–Cannes–Expreß*, der nach einer Strecke von 3400 km quer durch ein politisch schon unsicheres Europa und mit einer Geschwindigkeit von ganzen 55 km/h höchst exotische Russen, denen zuhause Modernismus und französische Raffinesse vorenthalten bleiben, unter die Lüster des Carlton oder Negresco befördert, jedenfalls so lange, bis Lenin sie dorthin auf Dauer vertreibt, wo sie dann die Chauffeure derselben Taxis werden, in denen sie nur wenige Jahre zuvor die ebenso vornehmen wie arroganten Fahrgäste

Es scheint eine Szene aus dem "Maxim" zu sein – aber es ist eine (von 1907) aus dem St. Petersburg–Wien–Nizza–Cannes–Expreß, in dem die extravaganten Russen mit ganzen 55 km/h der geliebten französischen Lebensart an der Riviera entgegenzuzokkeln pflegen

Wie schon dem Orient–Expreß (s. S. 87), zollte Aiguebelle–Schokolade auch dem faszinierend-skurrilen St. Petersburg–Wien–Nizza–Cannes–Expreß ihren Tribut und nützte ihn für ihre Werbung: 3400 km im Bummelzugtempo...

Die "Garden Party" eines Riviera-Aufenthalts begann meistens schon hier: in dem berühmten barocken Train Bleu–Bahnhofsrestaurant im Gare de Lyon in Paris

waren. So ändern sich die Zeiten und wir uns mit ihnen: "Tempora mutantur".

Der Train Bleu ist das Beispiel der Rivierazüge schlechthin, die für ihre Klientel, die reichen Habitués aus ganz Europa, das bequeme, luxuriöse und standesgemäße Transportmittel für die elegante Saison dort werden. Ihre schweren Hispano–Suiza, die sie an Ort und Stelle benötigen, kommen samt allem Gepäck, das zu schwer, zu umständlich, zu sperrig oder sonst hinderlich oder einfach unschön für die schönen Luxus-Eisenbahnabteile wäre, samt Chauffeur und sonstigen Domestiken – und den kleineren Kindern – nach oder sind schon vorausgefahren.

Zu diesen Habitués gehören zum Beispiel auch die Queen Victoria und nach ihr König Edward VII. Dieser sagt von der Côte, sie sei "eine gesellige Gegend, wo sich alle Welt wie auf einer Garden-Party trifft". Und diese Garden-Party beginnt in der Regel schon in dem barocken Dekor des berühmten Bahnhofsrestaurants des Gare de Lyon in Paris und setzt sich fort im Train Bleu selbst, in dem schon das Frühstück mit feinen Croissants und heißer Schokolade auf silbernem Geschirr serviert wird – zum Entzücken russischer Fürsten und englischer Lords gleichermaßen, welche schon voller Ungeduld dem Augenblick entgegenfiebern, da sie im Hafen von Monte Carlo oder Cannes ihre Dampfmotoryachten betreten können.

Anerkannte Fachleute und Kenner erklären diesen Zug zum "momentan schönsten der Welt", und dieser Ruhmes- und Ehrentitel wird sogar von der New York Times "höchstpersönlich" gedruckt und verliehen – und das in einer Zeit, da Amerika voller Selbstlob über seine eigenen Luxuszüge ist, die selbst den großen Ozeandampfern die Krone des Luxus und Komforts streitig machen. Der schönste der Welt? Damals vielleicht, denn da war der Train Bleu nicht nur er selbst, sondern zugleich auch seine ganze Legende; heute natürlich nicht mehr – denn es gibt ihn bis heute. Aber heute sind Züge sachlich und nüchtern, hochtechnisiert zwar, aber "kalt", und ausschließlich auf Rentabilität hin kalkuliert.

DIE RIVIERA WIRD ZUR CÔTE D'AZUR

Um 1850, kurz bevor die Eisenbahn Nizza erreicht, drängen sich die Touristen (oder Sommergäste/Sommerfrischler,

Die Reise an die Côte d'Azur ist nicht immer das reine Vergnügen. 1909 bleibt der Zug zwischen Wien und Cannes im Schnee stecken. Aber man weiß das hinzunehmen und trotzdem zu lächeln, zumindest in die Kamera, die den abenteuerlichen Zwischenfall der Nachwelt erhalten wird

wie man damals noch sagte) noch keineswegs an den Ufern des Mittelmeers, und das hat auch seinen Grund. Es dauert zwei bis drei Wochen einer ohnehin strapaziösen Reise, bis man überhaupt dort ist. Der Weg, um den "mediterranen Charme" zu entdecken, führt von Paris per Post- oder Privatkutsche über Berg und Tal, und allenfalls noch auf dem Wasser die Rhône hinab, es sei denn, man ist exzentrischer Engländer und reist gleich ganz über See mit der eigenen Yacht an, um dann in einer der kleinen Buchten zu ankern, wo sich malerische Fischerdörfer befinden, die Cannes heißen oder Saint-Tropez.

Die Eisenbahn bringt in diese verschlafene weltferne Idylle einen grundlegenden Wandel. Von jetzt an ist es möglich, dieses Paradies, für welches sich nun auch der Name Côte d'Azur einzubürgern beginnt, in einem Eisenbahnzug in einer Nacht und einem Tag erreichen. Lord Brougham entdeckt Cannes und zahllose seiner englischen Landleute – *les Anglais* – promenieren bald auch auf "ihrer" *Promenade des Anglais* in Nizza. So wie sie den Tourismus in der Schweiz begründet haben und beispielsweise Gstaad und Interlaken zu Namen von höchst mondänem Klang machten, so entwickeln die reichen und reisefreudigen Briten gegen Ende des 19. Jh. auch die mediterranen Küsten Frankreichs zum modischen Treffpunkt der großen Welt – des damaligen "Jet Set", auf heutige Art gesprochen. Die Reise von London dorthin dauert freilich noch immer ziemlich lange, selbst wenn man in den Genuß eines Schlafwagenabteils der CIWL auf der seit 1877 etablierten Strecke Paris-Menton gelangt, oder im Calais-Nizza-Rom-Expreß, der seit 1883 verkehrt. Die Beschwernisse der langsamen Kanalüberquerung samt ihrem Zwang zum mehrmaligen Umsteigen und nicht zuletzt den Unbilden der Überfahrt selbst während der ewigen Stürme auf dem Wasser jedoch sind groß. (Sie machen übrigens aus den Riviera-Habitués, soweit sie britisch sind, die frühesten und nachdrücklichsten Anhänger und Verfechter der Idee vom Kanaltunnel – einschließlich der Queen Victoria höchstpersönlich, die geradezu panische Angst vor Seekrankheit hat.)

Der Calais–Méditerranée-Expreß an der Côte d'Azur 1907. Noch ist der Vorläufer des berühmten Train Bleu *im zeit-üblichen gefirnißten Teakfarbton gehalten, noch hat er die berühmte Farbe nicht, die ihn so "unvergleichlich" machen wird*

Aber selbst mit diesem Handikap bleiben die englischen Touristen hartnäckig und treu. Das berühmte Reisebüro Cook, dessen Fahrpläne in der ganzen Welt Ruhm und Ansehen genießen und als leuchtendes Vorbild gelten, gibt z.B. für 1909 einen Fahrplan für die Überquerung eines einzigen schweizerischen Alpenpasses heraus, der vom sehr frühen Morgen bis zur sehr späten Abend- oder Nachtankunft reicht. Angesichts dessen sind die angegebenen 17-20 Stunden für die Reise an die Riviera sozusagen ein Klacks, speziell in einem von Calais aus direkten Zugwagen.

Die Engländer sind also die Vorreiter, und die ganze europäische große Welt folgt ihnen, und das wiederum führt dazu, daß bald jede größere Hauptstadt ihren eigenen Riviera-Expreß nach Nizza oder Cannes hat. Die Holländer, die Belgier, die Deutschen, die Schweden, aber selbst auch die Italiener füllen stetig die Hotelpaläste an der Croisette. Nach

*Ein sehr schönes Zeitdoku-
ment von 1912: Das Zugpersonal des Calais-Méditer-
ranée-Expreß posiert für das
berühmte Erinnerungsfoto;
selbst der Kartoffelschäler
(vorn mitte) durfte mit drauf...*

dem Ersten Weltkrieg dann werden die Amerikaner die eifrig-
sten "Konsumenten" der Côte d'Azur, und natürlich hat dies
zweifellos ihr Eintritt in den Ersten Weltkrieg 1917 mit verursacht, der zwangsläufig dazu führte, daß viele von ihnen den
Charme der französischen Landschaft entdeckten. Und da
viele von ihnen nach der achttägigen Atlantiküberquerung in
Cherbourg oder Le Havre von Bord der großen Ozeandampfer
gehen, werden sie dort "natürliche" Kunden der französischen Eisenbahn, und nicht nur zwischen den Häfen und
Paris, sondern vor allem auch von Paris zum Mittelmeer. Und
diese friedliche Invasion der Amerikaner an ihre "Côte" weckt
auch immer stärker das Interesse der Franzosen selbst, sich
von dieser Gegend verzaubern zu lassen, zumal sie ihnen
ohnehin von ihren großen Romanciers, Musikern und Malern,

die dort immer öfter und in immer größerer Zahl ihre Werke
schaffen, schon genügend romantisiert wird. Die Côte d'Azur
– das wird ein Signalwort für irreale und faszinierende Visionen privilegierter Künstler, die alles, was in dieser Region bis
dahin existierte, entweder ignorieren oder durch ihre Werke
oder Anwesenheit verändern. Dabei ist die Landschaft "eigentlich" auch nicht schöner als etwa die Toskana, oder der
Libanon oder andere mediterrane Gegenden wie Kreta und die
griechischen Inseln. Aber über sie alle erhebt sie die simple
Tatsache, frequentiert zu werden, und das wiederum verdankt
sie ihrer frühen Erreichbarkeit mit der Eisenbahn, die sich
ihrerseits dadurch eine Verdienstquelle zu sichern weiß.

Gegen Ende des 19. Jh. kann man Nizza von London aus
schon in 24 Stunden erreichen; Paris–Nizza dauert mit dem

Zur Faszination des großen Reisens gehören seit jeher auch die Statussymbole wie dieses prächtige bronzegegossene CIWL-Wappen, heute ein begehrtes Sammlerobjekt. Es prangte auf den berühmten Zugwagen, nicht zuletzt denen des Train Bleu

ist, mit anderen Worten, ein sehr ereignisreiches Jahre für die *Compagnie Internationale des Wagons-Lits* von Georges Nagelmackers. Vorerst ist nichts an diesem Zug blau, weder außen noch innen. Die Waggons entsprechen noch dem frühen Standard der ersten Holzgehäuse in Metallrahmen auf Metallfahrgestellen. Und die Außenfarbe entspricht auch für diese Luxuswaggons auf Drehfahrgestellen dem zeitüblichen gefirnißten Teak. Nachdem aber dann der Tunnel von Mont-Cenis eröffnet ist und damit die direkte Strecke Paris-Rom möglich wird, werden aus dem anfänglichen *Calais-Nice-Rome-Express* 1889 zwei Züge: der *Calais-Rome* und der *Calais-Méditerranée-Express*, den man somit als den eigentlichen Vorfahren des Train Bleu ansehen kann – bis auf die Farbe, denn auch dieser Zug ist nach wie vor im allgemein üblichen gefirnißten Teak gehalten.

Wirklich blau wird der Zug erst 1922, behält aber auch dann seinen offiziellen ursprünglichen Namen weiter. "Train Bleu" wird er erst nach und nach völlig inoffiziell genannt, oder noch kürzer, von seiner Stammkundschaft, mit dem in solchen Fällen üblichen Snob Appeal, "Le Bleu", der Blaue: "Die Bar im Bleu ist noch eleganter als die im Ritz!" – in diesem Stil. Erst 1949 kapituliert die SNCF endlich vor dem eingebürgerten Sprachgebrauch und nennt den Calais-Méditerranée-Expreß auch offiziell "Train Bleu" – aber da hat der Zug längst seinen Mythos verloren und ist ein ganz normaler Zug wie jeder andere. 1922 bleibt indessen ein sehr entscheidendes Jahr insofern, als es dem Zug auch wirklich äußerlich die Farbe seines üblichen Namens gab, mit der er in die Geschichte der großen Eisenbahnlegenden einging, auch in technischer Hinsicht. Denn die neuen blauen Waggons sind auch technisch eine Neuheit und revolutionieren damit nicht nur den Komfort, sondern auch die Sicherheit auf Schienen. Es sind die ersten Ganzstahlwaggons in Frankreich – drei Jahre, bevor die großen französischen Eisenbahngesellschaften sich zusammenschließen, um ihrerseits dann einen neuen Ganzstahlwaggon zu kreieren – unter der Ägide des *Office central des études du matériel (OCEM)*, unter welchem Namen später dann die berühmten "Nieten-Waggons" entstehen sollten.

Üblicherweise und traditionell sind Personenwagen und Güterwagen der Eisenbahn gleichermaßen ein auf ein Metallchassis gestelltes Holzgehäuse. Dieses Konstruktionsprinzip beherrscht den Eisenbahnwaggonbau das 19. Jh. hindurch, die "primitive" Frühperiode von 1830-50 mit ihren nur eisenbeschlagenen Holzchassis einmal außer acht gelassen. Gegen

Méditerranée-Expreß nur noch neunzehneinhalb Stunden; er verläßt den Gare de Lyon um 15.30 Uhr und kommt am nächsten Morgen um 11 in Nizza an, um dann in den folgenden eineinhalb Stunden auch noch Monte Carlo, Menton und Ventimiglia zu bedienen.

DIE GEBURT DES TRAIN BLEU

Die Entstehungsgeschichte dieses Zuges in seiner frühen Form ist die berühmte "lange Geschichte" und sie ist ein Teil der ganzen Entwicklung jener Jahre, in denen der Expreß Calais Paris Rom geboren wird – im gleichen Jahr, in dem auch der Orient-Expreß sein erstes Licht der Welt erblickt. Es

Ende des Jh. wird es dann üblich, die Holzgehäuse mit Metallblech zu überziehen – aus Gründen der leichteren Wartung und der Ästhetik zugleich. Das große Problem der Sicherheit ist damit aber nicht gelöst. Denn beispielsweise bei Entgleisungen zerplatzen sie förmlich, sei es durch den Aufprall an einem Hindernis oder einem anderen Zug, oder weil die sehr viel schwereren Fahrgestelle unter ihnen mit ihrer eigenen Fliehkraft sie selbst oder andere Waggons zertrümmern.

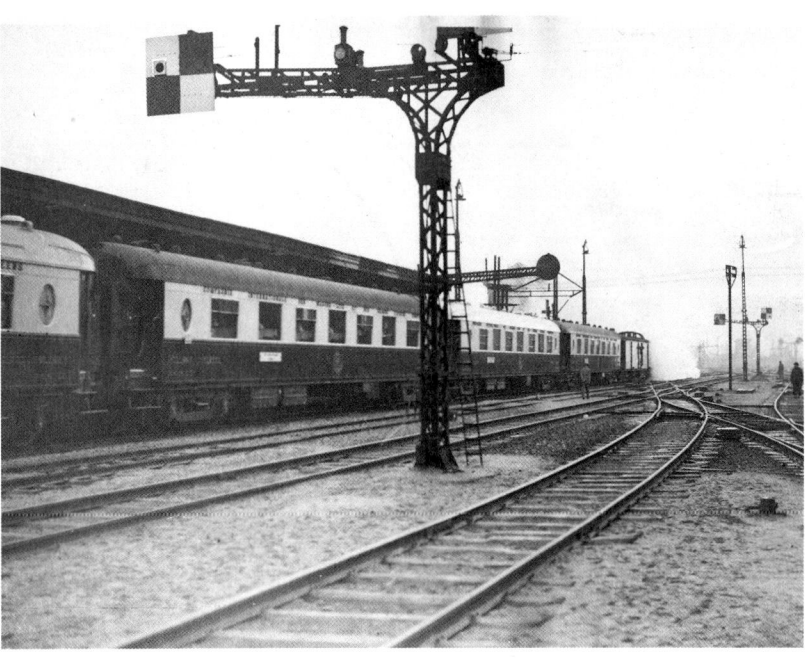

Ein CIWL-Zug (zweifellos der Côte d'Azur-Rapide*) verläßt den Pariser Gare de Lyon (1933). Die Waggons sind 1929 gebaute, 53 t schwere Ganzstahl-Salonwagen mit 28 Plätzen in den Farben beige und blau*

Die Toiletten der CIWL-Wagen. Dem Luxus der Mahagonitäfelung entspricht auch die Qualität des kleinsten Details, von der Seifenschale bis zu den ständig frischen Handtüchern oder der allgemeinen erstaunlichen Sauberkeit

DIE BLAUEN WAGGONS

Zahlreiche Eisenbahngesellschaften beschäftigen sich deshalb mit Entwürfen für Ganzmetallgehäuse auf entsprechend verstärktem Chassis. Die CIWL hat über ganz Europa verstreut mit der Zeit eine beträchtliche Anzahl ihrer Waggons verloren und deshalb, schon um die Verluste auszugleichen, umso mehr Anlaß, sich mit Nachdruck um eine neue Generation Waggons zu bemühen. Sie bestellt also eine Serie von 90 Waggons, 40 davon bei der englischen Leeds Forge Company Limited, die ihr per Fähre im August 1922 geliefert werden. Sie sind 23,45 m lang, 2,85 m breit und 4 m hoch. Die Drehfahrgestelle stellen eine große technische Neuerung dar, weil sie aus Gußstahl sind, also einfacher herzustellen und robuster als bisher. Das Chassis besteht aus mit Stahllängsträgern von 3,2 mm Dicke verbundenen Gußstahl-Ansatzstücken. Das Ganzstahl-Waggongehäuse ist 3,2 mm dick und mit einem Stahlband von 16 mm Dicke umgeben, einem buchstäblichen Sicherheitsgürtel in Passagiersitzhöhe. Alle Nieten sind Senknieten, also nicht sichtbar, was die Seitenansicht der Waggons glatt und sauber macht und ihnen eine gegenüber den Waggons mit sichtbaren Nietenreihen, wie sie die Eisenbahngesellschaften überall in den folgenden Jahren herausbringen, weit überlegene Ästhetik verleiht.

Die Trittbretter und die Einsteigplattformen sind aus 3 mm dickem Stahl. Die Innenverkleidung ist aus Mahagoni, aber die Seitenränder der Täfelung sind stahlgerahmt. Das Dach ist ebenfalls ganz metallisch aus 1,5 mm dickem Eisenblech auf 3 mm dicken gebogenen Stahlträgern. In der Mitte des Waggons gibt es vier Abteile zu je zwei Plätzen, jeweils getrennt

durch Toiletten. Zu jeder Seite dieser beiden Zweierabteile befinden sich acht Einzelabteile, sog. Kabinen mit Einbau-Waschbecken (Kalt- und Warmwasser). Nach Wunsch können die Einzelabteile auch zu größeren für zwei oder auch mehr Personen vereinigt werden. Dazu brauchen nur die Verbindungstüren geöffnet zu werden. Die Heizung kann entweder durch zirkulierenden Lokomotivendampf erfolgen oder durch einen kohlebefeuerten eigenen Heizwasserkessel im Waggon selbst, womit jeder Waggon also auch heizungsautark gemacht werden kann. Die elektrische Beleuchtung besteht aus zwei Lampen in jedem Abteil, dazu einem blauen Nachtlicht und einer Bettlampe pro Bett. Über allen Außentüren beleuchten Lampen die Ein- und Ausstiegtreppen bei Bahnhofsaufenthalten.

Die "Bogies" (Drehfahrgestelle) haben jedes vier große Spiralfedern (jede besteht ihrerseits aus drei konzentrischen) sowie 8 Blattfedern. Der ganze Waggon ruht also auf ingesamt 40 Federn. Das gibt dem 53 t wiegenden Waggon 9,65 mm Gesamtfederungsflexibilität.

Sitze und Lehnen sind noppensamtbezogen dunkelbraun, die Teppiche grün mit schwarzen Sternen. Die massive Mahagonitäfelung hat im Farbton lebhaft kontrastierende Intarsienmuster. Die Decke ist weiß gestrichen. Die Außenbemalung ist blau in zwei Tönen; der untere Teil ist etwas dunkler. Unter den Fenstern läuft ein goldfarbener Streifen den ganzen Waggon entlang.

Dieser neue Waggontyp "S" ist auf Anhieb ein Erfolg, insbesondere was die "Kabinen" angeht, die nunmehr jeglicher Promiskuität buchstäblich Tür und Tor öffnen. Die blaue Farbe wird so sehr zur Signalfarbe für Komfort, daß die Gesellschaft auch ihre alten, noch immer im gefirnißten Teak-Ton gehaltenen Waggons blau lackieren läßt. Und das Blau mit Goldstreifen wird, lange ehe dies auch ausdrücklich

und schriftlich fixiert wird, ein unverwechselbares Markenzeichen für "Luxuszug". Es beherrscht mit seiner Faszination fortan mehrere Jahrzehnte lang die Welt der Eisenbahnen. Es ist in verschiedenen Ausformungen sogar noch bis heute in den Schlafwagen Europas vorhanden.

1922 komponiert Darius Milhaud die Musik zu einer Operette, deren Libretto Jean Cocteau geschrieben hat. Die Kostüme sind von Chanel, die Choreographie von Nijinski und der Bühnenvorhang von Picasso. Und das Tüpfelchen auf dem i stellt das russische Diaghilew-Ballett dar. Das kleine Werk der ganz großen Namen heißt: *LE TRAIN BLEU.*

DIE LOKOMOTIVEN DES TRAIN BLEU

Das große Abenteuer des Train Bleu wäre nicht möglich gewesen ohne die erforderlichen Voraussetzungen: Gleise, Bahnhöfe, Signale und vor allem natürlich die Lokomotiven, die imstande waren, die 50 t schweren Waggons anzuziehen und dann mit passabler Geschwindigkeit hinter sich her durch die Landschaft zwischen Calais und der Côte d'Azur rollen zu lassen. Betrieben wurde das Unternehmen zwischen Calais und Paris von der Compagnie du Nord und zwischen Paris und Ventimiglia von der PLM.

Schon seit der Eröffnung des Calais-Nizza-Rom-Expreß 1883 und dann auch 1889 beim direkten Nachfolger Calais-Méditerrané-Expreß auf der Strecke zur Côte d'Azur von Anfang an dabei waren die Lokomotiven des schnellen Typs mit zwei gekoppelten Antriebsachsen und normalerweise einem "Bogie"-Drehfahrgestell vorne, also mit der Konfiguration 220. Kurz vor dem Ersten Weltkrieg 1914-18 erschienen dann die Lokomotiven vom Typ *Pacific,* deren Konfiguration 231 drei gekoppelte Antriebsachsen mit einem "Bogie" vorne und einer Tragachse hinten bedeutet. Diese Pacific bleibt die typische Schnellzuglok der 20er und bis in die 50er Jahre, also auch des Train Bleu.

In der ersten Lokomotiven-Generation, d.h. des Typs 220 mit seinen zwei gekoppelten Antriebsachsen, besaß die Compagnie du Nord eine bemerkenswerte Ausführung, die *Outrance* (so benannt, weil man sie, um das letzte aus ihr herauszuholen, wirklich bis zum Äußersten strapazieren konnte; outrance = das Äußerste, Maßlosigkeit). Und aus ihr entwickelte sich eine ganze Lokserie, alle mit zwei gekoppelten Antriebsachsen, die gegen Ende des 19. Jh. immer häufiger die Schnellzüge fuhren. Sie leisteten bei Expreßzügen bis zu 150-180 t Gesamtgewicht Geschwindigkeiten zwischen 60 km/h bei Steigungen von 5 Promille und 100 km/h, streckenweise sogar 115 km/h, auf ebenen oder abwärts geneigten Strecken. Zwischen 1875 und 1895 war die *Outrance* die Expreßlok schlechthin, also auch die der Anfänge des Calais-Méditerranée-Expreß – eine elegante Maschine, langgestreckt und niedrig, Zylinder innen, ganzverkleidet, außen sichtbar lediglich die Pleuelstange der gekoppelten beiden Antriebsräder. Erst nach 1900 endet dann die große Zeit der *Outrance* als Lok der Luxuszüge. Sie beendet ihre Karriere vor Sammelzügen und wird ersetzt durch andere, stärkere und "kombinierte" 220er, d.h. mit vier (statt nur zwei) so angeordneten Zylindern, damit der Dampf zweimal genutzt werden kann (er

Der Calais-Méditerranée-Expreß 1913 auf einer Strecke des Nord-Netzes mit einer der berühmten Pacific-Lokomotiven der Serie 3.1100.
Diese starken und schnellen Loks gewährleisteten Durchschnittsgeschwindigkeiten über 100 und Spitzen bis zu 130 km/h. Hinter dem Tender: ein für den Wagenpark der CIWL typischer dreiachsiger Gepäckwagen

Die PLM-Lok "Pacific"

Wenn die *Pacific* in der ersten Hälfte unseres Jahrhunderts die Schnellzugslokomotive par excellence war (als solche sogar buchstäblich verewigt in der berühmten Komposition "Pacific 231" von Arthur Honegger), so waren die der PLM zweifellos unter den bemerkenswertesten des Typs - nach Leistung und Ästhetik. "Pacific" oder einfach "231" (als Bezeichnung des Bautyps entsprechend der Anzahl der "Bogies", Antriebs- und Tragachsen): der Ruhm dieser Lok vereinigte schließlich beide Bezeichnungen, so wie dann auch bei Honegger.

Die Serie wurde 1909 erstmals gebaut und kaum eine andere erreichte in Frankreich eine ähnliche Gesamtzahl wie sie: 462 Lokomotiven. (Dies ein kurioser Zufall obendrein: 462 - das sind zweimal 231, und außerdem entspricht 462 der englischen und amerikanischen Bezeichnung eben dieses Typs - weil man dort nicht die Achsen zählt, sondern die einzelnen Räder.) Sie war eine Kombination aus vier Zylindern. Die Hochdruckzylinder befanden sich außen und trieben die zweite Achse, die Niederdruckzylinder innen über dem "Bogie"-Drehfahrgestell vorne und trieben die erste Antriebsachse. Dieses "Compound"-System diente dazu, den Dampf aus dem Kessel zweimal zu nutzen, zuerst in den Hochdruckzylindern und anschließend noch einmal in den Niederdruckzylindern – eine Methode, die die volle Ausnutzung der Dampfkraft ermöglichte und 10 Prozent Kohle und Wasser sparte. Die Hochdruckzylinder hatten einen Durchmesser von 390 und eine Länge von 650 mm, die Niederdruckzylinder 650 mm Durchmesser und gleiche Länge. Die Ober-

fläche des Feuerungsrosts betrug 2,80 m² und die Röhren des Heizkessels waren 4,40 m lang. Die Lokomotive wog 92,8 t und bildete mit ihrem Tender eine Einheit von über 120 t. Der Tender faßte 5 cbm Wasser. Die PLM-*Pacific*-Lokomotiven waren von großer Zuverlässigkeit - von der Serie A bis zur Serie G, deren 285 Stück die Schlußproduktion darstellten und von den 30er Jahren bis in die 50er die schwersten PLM-Züge zogen.

Die "G"-Loks schafften die Strecke Paris-Vichy (365 km) oder selbst von Paris nach Clermont-Ferrand (419 km) mit 400-500 t schweren Zügen. Mit Lasten von 600 t - wie etwa dem *Train Bleu* mit seinen schweren LX-Waggons der 30er Jahre - fuhren sie die Strecke Avignon-Valence oder Valence-Lyon in 1:15 bzw. 1:07 std, was einer Durchschnittsgeschwindigkeit von 99,2 bzw. 94,9 km/h entsprach. Die Strecke Sens-Laroche bewältigten sie mit durchschnittlich 105 km/h und trotz großer Zuggewichte gab es dabei auch sehr häufig Spitzen bis zu 130 km/h.

Die *Pacific*-Loks der PLM blieben auch noch in der Ära der 1938 entstandenen heutigen SNCF lange unentbehrlich, und auch nach dem Krieg fuhren sie überall auf den französischen Eisenbahnstrecken.

Auf der Strecke des *Train Bleu* und auf der großen "Kaiserstrecke" jedoch schlug den *Pacific*-Loks mit der Elektrifizierung zwischen Paris und Laroche 1950 das letzte Stündlein. Und je weiter diese Modernisierung gedieh, desto mehr Terrain verloren sie, bis sie nur noch auf kleineren und schließlich Nebenstrecken ihre Endzeit erlebten.

fließt zuerst durch die Hochdruckzylinder und anschließend noch durch die beiden Niederdruckzylinder). Die Loks schaffen Züge bis 300 t Gesamtgewicht mit einer mittleren Geschwindigkeit von 80-90 km/h und Spitzen bis zu 120 km/h.

Dann aber bringt die Compagnie du Nord eine wirklich bemerkenswerte ganz neue Lokomotive heraus: die 221, den Typ *Atlantic*, ebenfalls kombiniert, und Vorläufer des Typs *Pacific* als starke Schnellzuglok im normalen Betrieb. Die Konzeption "dreimal drei" macht die *Atlantic Nord* stark genug für 300 km in 3 Stunden mit 300 t Gewicht. Bei ihrer ersten Vorstellung auf der Weltausstellung von 1900 macht diese Lok großen Eindruck. Sie übertrifft alle Vorhersagen und leistet Hervorragendes. Sie zieht mehr als 300 t und bringt ohne Probleme mehr als 100 km/h Durchschnitt. Der Calais-Méditerranée-Expreß wiegt um 1905 lediglich 160 t. Es ist also leicht, ihn auf 120 km/h Durchschnitt mit Spitzen sogar bis 140 km/h zu bringen. Die Lok bleibt bis in die 30er Jahre hinein im Dienst, obwohl da schon die *Pacific* alles beherrscht. Doch sie konkurriert dessenungeachtet noch immer heftig mit ihr.

Die PLM ihrerseits praktiziert ebenfalls die Formel von der Lok mit zwei gekoppelten Antriebsachsen – und sogar mit besonderem Erfolg, in Gestalt eines Typs, der sich weltweites Renommée erringt: der berühmten *Coupe-vent* (Windbrecher), die von sämtlichen Herstellern von Spielzeugeisenbahnen nachgebaut wird, selbst von den deutschen Marken, weil sämtliche eisenbahnspielenden Knaben in ganz Europa (also alle!) zu Beginn des Jahrhunderts von ihr träumen.

Die *Coupe-vent* ist eine überaus glückliche Verbindung technischer Leistungsfähigkeit und ausgeklügeltster Ästhetik. Sie stammt von der Serie C der PLM um 1890 ab, einer kombinierten Vierzylinderlok. Diese Serie entwickelte sich zu einer Lok, die den Namen *Grosse C* (Dicke C) erhielt, in Arles gebaut und zwischen 1898 und 1901 in Dienst gestellt wurde. Der Name Windbrecher kam davon, daß der berühmt-berüchtigte südfranzösische Mistral im Rhônetal zuweilen so stark bläst, daß er die Züge damals merklich bremste, wenn nicht

Die Grosse C *(Dicke C) der PLM, eine Lokomotive des Achsentyps 220, wurde zwischen 1898 und 1901 in Betrieb genommen und fuhr die Schnellzüge zur Côte d'Azur. Mit ihrer windschlüpfrigen, bereits stromlinien-angenäherten Verkleidung war sie vor allem als Waffe gegen den heftigen Mistral gedacht und wurde deshalb auch allgemein* Coupe-vent *(Windbrecher) genannt. Man sah sie an der Spitze des* Calais-Mediteraneé-Expreß *oder, ab 1904, des* Côte d'Azur Rapide, *des weltweit schnellsten Zuges seiner Epoche. Ihre Karriere endete erst 1936 (Frz. Eisenbahnmuseum Mülhausen)*

sogar kaum noch vorwärtskommen ließ. Um sie windschlüpfriger zu machen, bekam die Lok deshalb schiffsbugartig eine "spitze Nase" vor den Kessel und eine aerodynamisch günstige glatte Schornstein- und Dampfventilverkleidung. Auch der Führerstand war vorne nicht mehr platt und lotrecht zum Kessel und der Feuerung, sondern strömungsgünstig aus zwei winklig zusammengesetzten Scheiben, die auch ihm eine Schiffsbug- oder Schneepfluggestalt verliehen. Diese Führerstandform wurde dann allgemein für alle PLM- und später auch die Nachkriegs-SNCF-Loks üblich. Sie stellte eine Art Charakteristikum französischer Züge dar und machte Schule auch in Deutschland und im übrigen Europa.

Die *Coupe-vent* wurde damit auch die typische Lok der großen Zeit des Calais-Méditerranée-Expreß und ebenso des berühmten Côte d'Azur-Rapide von Paris aus, 1904 der schnellste Zug der Welt auf Fernstrecken. 1906 betrug seine sog. kommerzielle Geschwindigkeit (Gesamtfahrzeit einschl. aller Aufenthalte) zwischen Paris und Marseille 83-87 km/h - und das trotz des Gesamtgewichts von 230-235 t. Zahlreiche traditionelle Postkartenfotografien vom Calais-Méditerranée-Expreß bei der Abfahrt vom Gare de Lyon oder Aufenthalten in Cannes oder Monte Carlo bezeugen bis heute den immensen Erfolg der *Coupe-vent*.

Allerdings hatte diese auch ihre natürlichen Grenzen - in ihrer Form mit nur zwei gekoppelten Antriebsachsen, was sich vor allem an der langen 8 Promille-Steigung in Burgund

zwischen Laroche und Dijon oder auch der von Carnoules zwischen Toulon und Fréjus bemerkbar machte. Dort brauchte es zusätzliches Gewicht für stärkere Schienenhaftung, um das Durchrutschen zu verhindern, also mehr Antriebsachsen. Das geschah mit der Umwandlung der Lokomotiven des Typs 221 in solche vom Bautyp 230 (indem die hintere Tragachse

Die Mountain, *"Königin" der Strecke Paris–Lyon–Mittelmeer, eine schwere Lok mit vier Antriebsachsen (Typ 241). Seit 1925 im Dienst, erwies sich allerdings als stärker denn schnell. Dies hier ist eine 241 A* vor dem *Côte d'Azur Rapide (in Laroche-Migennes, 1933)*

Nachfolgerin der Coupe-vent *ist die PLM-*Pacific, *die sich keineswegs von der* Mountain *entthronen läßt; ein "monstre sacré", das selbst Maler und Komponisten inspiriert*

Paris-Calais Express
(The fastest train in the World)

The Wrench Series Nr. 4502.

Die Engländer machen, ihrem Heimwärts-Richtungssinn entsprechend, den "Paris-Calais-Expreß" aus dem Zug, den die Franzosen "Calais-Méditerranée-Expreß" nennen. Auf dem Teilstück Calais-Paris (und umgekehrt) fährt dieser Zug mit Lokomotiven vom seit 1892 gebauten Typ "220 Compound" über 120 km/h Spitze und darf sich eine Zeitlang "schnellster Zug der Welt" nennen

zur dritten gekoppelte Antriebsachse gemacht wurde), und gleich anschließend befaßte sich die PLM 1909 auch gleich mit ihrem "großen *Pacific*-Abenteuer", nämlich dem Lokomotiventyp 231.

Mit dieser *Pacific* stieg die Nutzlast bis auf 420 t bei 100 km/h (ebene Strecke) oder immer noch 292 t bei 115 km/h. Und eine Steigung von 5 Promille mit über 400 t erlaubte immer noch 70 km/h. Der 278 t schwere *Côte d'Azur-Rapide* fuhr 1910 mit einer Spitzengeschwindigkeit zwischen 100 und 115 km/h auf teils ebenen, teils bis zu 3 $\%_{00}$ ansteigenden Strecken. Die burgundische Steigung schaffte er ganz oben mit immer noch über 80 km/h, wobei die Lok mehr als 1100 PS Leistung entwickelte. 1914 bringt die *Pacific* regelmäßig 120 km/h vor den Schnellzügen der PLM auf sämtlichen leichten Streckenabschnitten. Bis zum Ausbruch des Ersten Weltkriegs verbessern die Perfektionierungen der Lok ("Compondage" - Verbundmaschine - und Dampfüberhitzung) ihre Leistung noch einmal um 10 Prozent. In den 20er und 30er Jahren sind die *Pacific*-Loks integraler Bestandteil des Train Bleu.

Die Compagnie du Nord geht noch einen Schritt weiter und bringt die *Superpacific* heraus, eine tatsächlich erstaunliche Lok bei gleichwohl bescheidenen Dimensionen. Die *Société Alsacienne de Constructions Mécaniques* baute sie 1912. Diese Lokomotiven wiegen lediglich 85 t gegenüber den 92 t der *Pacific* der PLM. Gleich mit den ersten Versuchen im Auslieferungsjahr erweisen sie sich als imstande, Züge von 280 t mit 140 km/h zu fahren, und später im normalen Betrieb 390 t mit 135 km/h.

Die bis zu 540 t schwer werdenden Züge der 20er Jahre schaffen sie immer noch mit Durchschnittsgeschwindigkeiten über 110 km/h. Ständig weiterverbessert, leisten sie schließlich sogar 2800 PS und fahren damit bei den Versuchsfahrten von 1932 mehr als 600 t schwere Züge mit 122 km/h. Andere Versuchsfahrten erbringen 164 und selbst 175 km/h Spitze auf Neigungsstrecken.

Anzumerken bleibt auch die Fahrt des *Calais-Méditerranée-Expreß* vom 16.12.1925. Er wog 608 t und erreichte mit einer *Superpacific* als Lok 107,5 km/h Durchschnitt auf dem schwierigen Abschnitt bei Caffiers der Strecke Étaples-Amiens mit seiner Steigung von 8 $\%_{00}$.

In den 30er Jahren wird dann generell die Barriere der 600 t für Luxuszüge wie unseren Train Bleu durchbrochen. Mit 50-53 t wiegenden Schlafwagen - jeder für nur 10 Personen, für die es außerdem tagsüber auch Salon- und Speisewagen braucht - bestehen die Züge aus über 10 Waggons. Und die PLM sieht sich gezwungen, diesen ständigen Steigerungen der Zuggewichte mit immer stärkeren Lokomotiven zu begegnen. Also ersetzt auf den Streckenanstiegen dieser Linie eines Tages die *Mountain* die bisherige *Pacific*. Dieser neue Lokomotiventyp hat eine zusätzliche Antriebsachse und stellt somit den Typ 241 dar. Er ist zwar nicht so schnell wie die *Pacific*, entwickelt aber seit seinem ersten Einsatz 1924 als "Kraftlok" mehr als 3000 PS in der Spitze und zieht 700 t schwere Züge mit durchschnittlich 100 km/h.

Der Train Bleu hat fortan die *Pacific* und die *Mountain* als Loks. Sie wechseln sich zwischen Paris und Ventimiglia ab, wobei die *Mountain* die schwierigeren Streckenteile etwa zwischen Laroche und Dijon oder Marseille und Ventimiglia bewältigt. Auf der ganzen Strecke zwischen Calais und Ventimiglia ziehen den Train Bleu insgesamt sieben Loks: eine *Pacific Nord* von Calais bis Paris, eine Rangier-Tenderlok vom Gare du Nord zum Gare de Lyon in Paris (auf dem "Kleinen Pariser Ring"), eine *Pacific-PLM* von Paris bis Laroches-Migennes, eine *Mountain-PLM* von Laroche-Migennes bis Dijon, eine *Pacific* von Dijon bis Lyon und eine weitere von Lyon bis Marseile, sowie eine weitere *Mountain-PLM* zwischen Marseille und Ventimiglia besonders für die schwierigen Abschnitte Maures und Esterel.

DAS MÄRCHEN IM ALLTAG ODER: DIE TÄGLICHE FAHRT DES TRAIN BLEU

Die Reise hat tatsächlich schon in London begonnen, auch wenn der Zug eigentlich erst ab dem Gare de Lyon in Paris am Abend des ersten Tages als "berühmt" gilt und vor allem nach

landläufiger Ansicht dort überhaupt erst "wirklich" beginnt. Das hat natürlich damit zu tun, daß im Gare de Lyon in der Tat der "schicke" Teil seinen Anfang nimmt. Dorthin gekommen aber ist der Zug nun einmal schon von Calais; immerhin heißt er ja auch offiziell *Calais–Méditerranée-Expreß*. Und nach Calais mußten die Reisenden auch erst einmal von irgendwoher kommen. Und das tun sie in der Regel von jenseits des Kanals aus London.

London – das heißt Victoria Station, der große Bahnhof der Hauptstadt, ein Steinbau, den der Smog von Jahrzehnten bereits geschwärzt hat, auf dessen Fassade aber immerhin noch die Buchstaben "S.E. & C.R." erkennbar sind: South Eastern & Chatham Railway, die Gesellschaft, die ihn einst für den Zugverkehr nach Südengland und hinüber zum Kontinent erbaut hatte. Vor 1926 (dem Geburtsjahr des berühmten Zuges "Fléche d'Or" [bzw. "Golden Arrow": Goldener Pfeil] zwischen London und Paris) erreichten die englischen Reisenden Dover oder Folkestone mit einem der "boat trains", den leichten, schnellen Zubringerzügen zu den Kanalfähren, die aus drei oder vier Drehgestell-Waggons und einem oder zwei Gepäckwagen bestanden, von eleganten Loks des Typs 220 gezogen wurden und ohne Stop auch die mit ihren umfangreichen Weichensystemen schwierigen Streckenabschnitte von Tonbridge oder Ashford problemlos mit über 100 km/hm bewältigten. Nach der Ankunft in Folkestone oder dem rivalisierenden Dover rangiert der Zug neben das Fährschiff, und die Reisenden können über einen kuriosen Sonderbahnsteig quer durch den Ort und die Hafenanlagen direkt an Bord. Der Zug fuhr in London am frühen Morgen ab, jetzt ist es mittags, und die Fähre verläßt, vielleicht eine halbe oder dreiviertel Stunde verspätet, den Hafen, um am frühen Nachmittag nach einer Überfahrt von normalerweise rund zwei, nicht selten aber auch drei Stunden (wenn es wieder einmal etwas stürmischer war, obwohl die zu der Zeit noch nicht allzu starken Maschinen der Fährendampfer ihr Bestes geben) in Calais an der französischen Küste anzulegen.

In Calais wartet der Zug direkt an der Gangway, auf der die Reisenden von Bord der Fähre gehen: eben der Calais–Méditerranée-Expreß mit seinen schönen Wagen im gefirnißten Teakfarbton – sofern wir noch vor 1922 sind – oder seinen faszinierenden stahlblauen Waggons in den Jahren danach. Teak oder Stahlblau – was die zum erstenmal den Kontinent betretenden Engländer immer staunend zur Kenntnis nehmen, ist die schiere Breite der Wagen. Sie erscheinen ihnen schlicht gewaltig – von ihrer Breite und Höhe und den gerundeten Dächern, auf denen die Lüftungsschächte sitzen, bis zu den großen Trittbrettern, die bis auf die Bahnsteigebene, welche sich ihrerseits kaum über Bodenhöhe erhebt, heruntergehen. Denn ihre gewohnten englischen Züge sind vergleichsweise klein und die sehr hohen, bis zur Plattformhöhe der Wagen hinaufgehenden Bahnsteige der englischen Bahnhöfe lassen sie noch kleiner erscheinen. Hier auf dem Kontinent "steigt" man in den Zug und das ist für gewisse englische Ladys älteren Jahrgangs, die es zuhause gewöhnt

sind, in einen Zug einfach "hineinzugehen", gelegentlich keine ganz einfache Angelegenheit. Die Schaffner sind freilich mit diesem speziell englischen Problem vertraut und leisten Hilfestellung wo nötig, mit höflichen, aber sachdienlichen Griffen, um die "Ladies of the British Gentry" in ihren Reisemänteln, Pelzen oder bestickten Capes in ihren Waggon zu … hieven, müßte man fast sagen, wenn dies der angemessene Ausdruck für die delikate Aufgabe wäre, wenngleich die blankgeputzten Messinggeländer dies den Damen bereits erleichtern.

Gezogen von einer starken *Superpacific Nord* rollt der Zug dann sanft an und fährt rasch mit 120 km/h durch den nordfranzösischen Nachmittag, zunächst in Richtung Boulogne, die *Côte d'Opal* entlang, um über Amiens und Creil nach drei Stunden im Gare du Nord in Paris einzutreffen. Im "Rückwärtsgang" zieht ihn von dort eine Rangier-Tenderlok auf dem

Der tatsächliche Startpunkt des berühmten Train Bleu *ist bereits London, und er behält ja auch immer seine wichtige englische Klientel. Die englische Eisenbahn handelt bereits damals "psychologisch", um optisch die Reisezeit zu verkürzen, indem sie die erste Teilstrecke London– Paris als "Club Train" anbietet jeden falls auf ihrem Territorium…*

kuriosesten Abschnitt der Reise, nämlich über den sogenannten "Kleinen Ring" durch Paris zum Gare de Lyon. Die vermögenden Insassen – im wesentlichen die englische Aristokratie, die sich etwas darauf zugute hält, als die reichste der Welt zu gelten – rollen im hereinbrechenden Abend langsam durch das Arbeiterviertel La Villette mit seinen riesigen Schlachthöfen, deren intensive Gerüche und Dünste auch bis in die vornehmen Zugabteile dringen, vorbei am Park der Butte-Chaumont, und schließlich noch durch den kleinen

Die perfekt ausgeklügelte Toilette-Ecke der neuen LX-Schlafwagen. Jeder der 10 Passagiere hat seine eigene

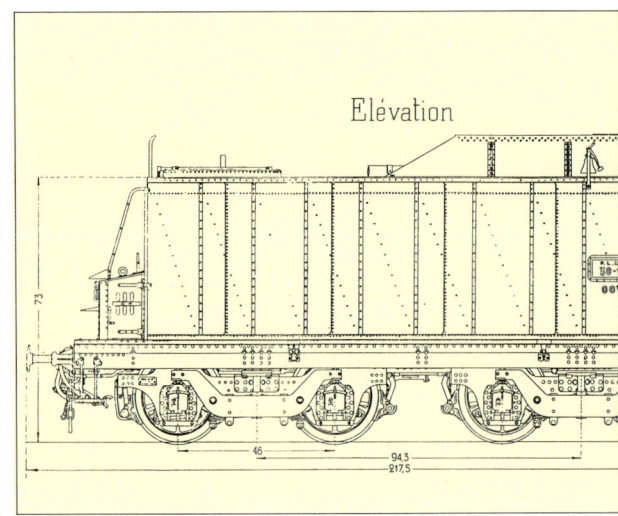

Der Waggon LX–10

1929 stieß die *Compagnie Internationale de Wagons-Lits (CIWL)* mit ihrem neuen Waggon LX-10 noch einmal in neue Dimensionen des Eisenbahnkomforts vor. Dessen Kennbuchstaben wurden alsbald als "Luxe" verstanden und gelesen. Denn Luxus besaßen die Waggons wahrlich und zwar in der geschätztesten Form: nämlich Platz. In der Tat war dieser großzügig bemessen. Ein solcher Waggon mit einer normalen Gesamtlänge von 23,45 m und rd. 50 t Normalgewicht bei Serienausstattung war gerade für nur 10 Passagiere vorgesehen. Und das macht diesen Waggon ganz ohne Zweifel zu dem geräumigsten in der Eisenbahngeschichte überhaupt. Das Eigengewicht pro Passagier betrug 5 t – zehnmal mehr als in einem normalen Eisenbahnwagen.

Von den zehn Einzelabteilen enthielten vier ein in ein Bett verwandelbares Sofa, die sechs anderen ebenso, aber dazu noch ein darüber ausklappbares Wandbett, falls eine zweite Person in dem Abteil mitreiste. Bei voller Ausnützung konnten also weitere 6 Passagiere und somit insgesamt maximal 16 pro Waggon untergebracht werden. Allerdings gehörte es beispielsweise im *Train Bleu* einfach zu den Gepflogenheiten, zugunsten der persönlichen Intimsphäre diese Möglichkeit ungenutzt zu lassen.

Jedes Abteil enthielt ein mit zwei schönen gerundeten Mahagonitüren schließbares Toilette-Kabinett. Die Kabinen 2 und 8 konnten durch Öffnen der Verbindungstür

kombiniert werden und natürlich war sonst der Zugang zu allen zehn Kabinen vom Seitengang aus möglich. Am Ende des Ganges gab es drei Notsitze, einen Sessel und ein herabklappbares Feldbett für den Schaffner; außerdem befand sich dort das WC und der Kühlschrank. Die gesamte Täfelung des Waggons bestand aus Mahagoni. Die Abteile waren reichlich mit runden und ovalen Spiegeln ausgestattet, ebenso mit Gepäckträgern, Ausklapptischen und verchromten Kleiderhaken. Die Ausstattung des Toilette-Kabinetts ließ nichts zu wünschen übrig: Drehbarer Spiegel, Waschbecken aus weißer Fayence, verchromter Wasserhahn mit fließendem Kalt- und Warmwasser, verchromte Karaffen-, Gläser-, Handtuch- und Seifenschalenhalter, ganzverspiegelte Innenseiten der Türen – und nicht einmal der damals so genannte "bourdalou" fehlte – auch der aus weißer Fayence... Nachttopf – auch der aus weißer Fayence... Außenanstrich dunkelblau mit Goldstreifen. Messingbuchstaben. Puffer und Radfelgen weiß gestrichen.

Aber der *Train Bleu* bestand ja nicht nur aus den Schlafwagen, sondern auch aus Pullman-Salonwagen und prächtigen, von Prou und Lalique ausgestatteten Speisewagen. In technischer Hinsicht glichen diese mit 23,45 m Länge und 53 t Gewicht den LX-Waggons. In den Salonwagen befanden sich bewegliche Möbel, was ihnen einen Komfort verlieh, der sich mit jeder Hotelhalle messen konnte.

Bahnhof Menilmontant im 20. Arrondissement, der zwischen den beiden Tunnels, die Belleville unterqueren, eingezwängt ist.

Im Gare de Lyon, also am Ort des eigentlichen "grand spectacle" der ganzen Reise, auf dem Bahnsteig A, den man auch den Ehren-Bahnsteig nennen könnte, weil auf ihm alle "großen" Züge abfahren, steigt die mondäne Reise-Welt von Paris zu. Die Schaffner haben dazu noch einmal die Messinggeländer der Waggoneinstiege nachgewienert und erwarten ihre Klientel neben den Türen auf dem Bahnsteig in ihren braunen Uniformen, von denen sie auch das letzte Stäubchen weggebürstet haben.

Um 19.30 Uhr erfolgt dann die jedenfalls in jenen Jahren weltberühmteste Zugabfahrt. Der Train Bleu schaukelt und windet sich so gut wie lautlos über die endlosen Weichensysteme der hunderte Gleise des Bahnhofs hinaus auf seine Strecke, vorbei an den zahllosen grün, gelb oder rot leuchtenden Signalen, deren Licht sich auf den Schienen widerspiegelt. Der Turm des Gare de Lyon – eine Nachahmung seines großen Bruders Big Ben in London – bleibt allmählich zurück und verschwindet in der Abenddämmerung und im Dunst und den Lichtreflexen der Stadt, von der die Engländer im Zug den letzten "heimischen", nämlich londonähnlichen Eindruck mitnehmen können, ehe sie den hellen mediterranen Himmel über sich erblicken.

Der Zug durchquert die Banlieue, die Vorortregion, wo sich ein kleiner Ort an den anderen drängt, und wenn erst einmal der große Bogen von Villeneuve-Saint-Georges passiert ist, wird er schneller. Die Reisenden ergreifen Besitz von ihrem kleinen privaten Reich, das in den mahagonigetäfelten Schlafwagenabteilen besteht, legen ihr Gepäck ab und ein ledergebundenes Buch auf das aufgedeckte Bett als Einschlaflektüre.

"Erstes Gedeck!" klingt das Glockenzeichen durch die Gänge, die im vornehmen Halbdunkel liegen. Die Tische im Speisewagen sind mit schweren Silberbestecken, weißem Porzellan und Blumen gedeckt und vor allem steht auf jedem eine der berühmten Lampen mit Bronzefuß und Seidenlampenschirm, die eine intime und warme Atmosphäre schaffen und längst so etwas wie das Wahrzeichen dieses Zuges sind. Fontainebleau und Sens fliegen draußen im 120 km/h-Tempo vorüber, während "das beste Essen der Welt" serviert wird, von einem Personal, das sich nicht den kleinsten Formfehler leisten darf und schon gar keinen des eigenen Benehmens.

Man sieht natürlich, daß dies keine lebensechte, sondern eine gestellte Werbeaufnahme ist. Aber gleichwohl vermittelt sie, was ihr Zweck ist: den Charme und Komfort des Train Bleu. Heute, im Zeichen der Plastik-Nivellierung des Massenreisens, kommt ein ganzes Stück Nostalgie bei der Betrachtung dazu: eine Zeit, in der das Reisen noch nicht genormte Mittelmäßigkeit des Service bedeutete. Hier wird das – individuelle – Frühstück noch auf Porzellangeschirr serviert

Kein Blick mehr, als einen kurzen wahrnehmend-erkennenden, auf alle die Filmstars oder gekrönten Häupter, die diesmal im Zug sind, kein aufdringliches Anstarren dieses großen Couturiers oder jenes weltberühmten Komponisten, der Primaballerina X oder des Malers Y, die alle Welt kennt und die hier des Privilegs aller Privilegien teilhaftig werden: sich zu den "Habitués" des Train Bleu zählen zu dürfen...

Nach dem zweiten Gedeck bleibt noch die Bar offen. Die Klügsten oder auch am wenigsten Verrückten enthalten sich der dortigen gefürchteten Pokerpartien, deren größte Verluste schon vom nächsten Tag an wochenlanger Gesprächsstoff in den Grand-Hotels an der Riviera sind, und ziehen sich lieber diskret in ihre Abteile zurück. Und während in der Bar mit den Karten oder auch allen möglichen Drink-Spielen mit harten Spirituosen gelegentlich ganze Vermögen ihre Besitzer wechseln, bringt das Zugpersonal bereits die starke Mountain-Lok auf Volldampf, damit sie die berüchtigte 8-Promille-Steigung der burgundischen Schwelle ohne große Tempominderung hinter sich bringt. Der schwere Zug geht sie mit 110 km/h an und wird nur ganz unmerklich langsamer. Der Heizer spürt es im stärkeren Vibrieren der Plattform unter seinen Füßen und umfaßt seine Schaufel fester und spannt alle seine Muskeln an,

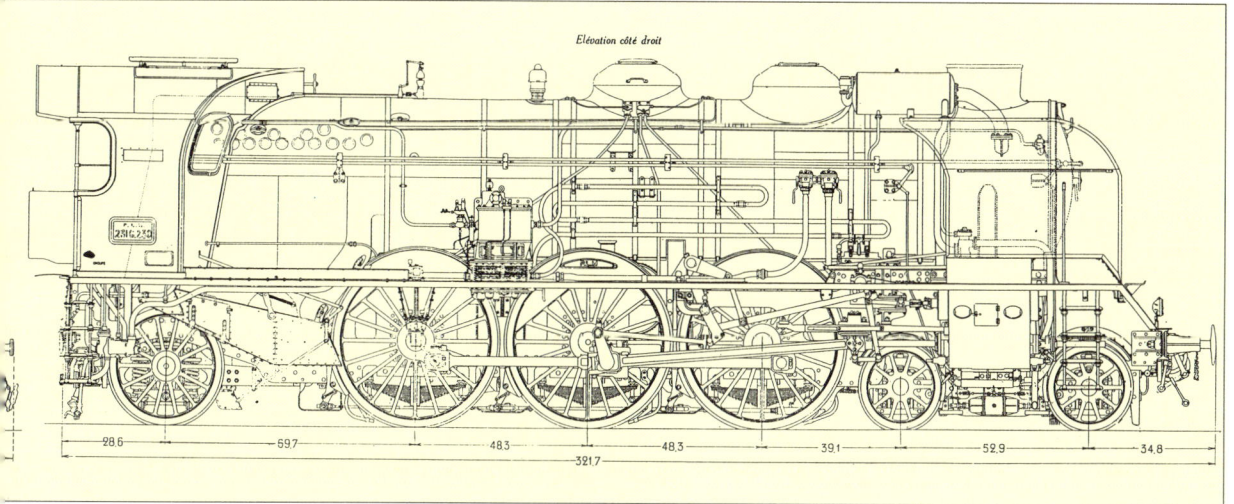

Die klassische Lok des Train Bleu, die PLM-Pacific, mit der ab 1910 die Sternstunden dieses Zugs verbunden sind: 120 km/h wird die ganz normale Geschwindigkeit, jedenfalls auf ebenen Strecken, und das mit einer Zuglast von 600 t

Berühmte "Habitués" des Train Bleu

Monarchen und Staatschefs: Leopold III. (belgischer König), Queen Victoria von England, Gustav VI. von Schweden. Edward VII. von England, die französischen Staatspräsidenten Millerand und Poincaré, Winston Churchill und viele bekannte Minister ...
Schriftsteller: Colette, Francis Scott Fitzgerald, Jean Cocteau, Paul Morand, Francis de Miomandre, Maurice Dekobra (Autor von *"Die Madonna der Sleeping"*), Alphonse Allais, Pierre Gaxotte, Ernest Hemingway, Marcel Pagnol, Louise de Vilmorin ...
Maler: Georges Rouault, Jean-Gabriel Domergue ...

Musiker (Komponisten und Interpreten): Reynaldo Hahn, Arturo Toscanini, Serge Rachmaninoff, Arthur Rubinstein, Andrés Segovia, Darius Milhaud ...
Geschäftswelt: Coco Chanel, Jaques Fath, André Citroën, Franck Jay Gould, Gaston Vuitton ...
Sonstige Prominente: La Belle Otero, Peggy Guggenheim, Florence Gould, Cécile Sorel, Mary Marquet, Brigitte Bardot, Gary Cooper, Sacha Guitry, Charles Trenet, Raimu, Jean Gabin, Fernandel, Fürstin Grazia Patrizia von Monaco (Grace Kelly) ...
(nach Jean de Cars)

Auch nach dem Zweiten Weltkrieg ist die Bar des Bleu *zumindest noch eine Zeitlang ein "Treffpunkt der Eleganten Welt". Aber dann werden das Aufkommen anderer Verkehrsmittel und auch die Tatsache, daß der internationale Jet Set der Côte d'Azur den Rücken zuwendet, die Ursache dafür, daß diese "berühmteste Bar auf Rädern" allmählich verödet*

um nun alle zwei oder drei Sekunden eine Schaufel Kohle in den lodernden Heizkessel zu werfen, in dem das Feuer eine Fläche von fünf Quadratmetern einnimmt. Jedes Kilogramm Kohle bringt ein PS, das ist die Faustregel, und von diesen PS muß die Lok immerhin 2000 entwickeln, um den Zug bis zum Tunnel Blaisy-Bas zu ziehen, wo sich der Gipfelpunkt des Streckenanstiegs befindet. Der Heizer erlebt die Geographie auf diese Weise buchstäblich am eigenen Leib. Er schaufelt auf so einer Fahrt in weniger als zwei Stunden 4–5 t Kohle vom Tender in die Feuerung, nur mit seiner eigenen Muskelkraft. Mit den Füßen rutscht er auf dem glatten Boden, vorne verbrennt ihn die Hitze aus dem Feuerungskessel schier, der Rücken ist eiskalt vom Fahrwind.

Der Lokomotivführer selbst hat seine Schutzbrille auf und lehnt sich die meiste Zeit weit hinaus aus seinem Seitenfenster, um die Signale vor allem in den Kurven, wo der Zug sich stark neigt, zu erkennen und nicht zu übersehen, und das bringt ihm stets binnen kurzem ein schwarzes Schornsteinfegergesicht ein. Eine Hand mit einem Schutzhandschuh hat er immer am Reglerrad. Ab und zu wirft er einen Blick auf seinen Heizer, und der versteht und reagiert: Wasserstandshöhe, Öl, Dampfdruck...

Um das Höllenwerk zu betreiben, müssen die beiden sich fast blind verstehen und perfekt zusammenarbeiten. Wie Tänzer erkennen sie jeder des anderen Aufforderung und Absicht und wissen stumm nur aus des anderen Blicken und Haltung und allenfalls einer Geste – wo nicht allein aus der Erfahrung –, worum es geht und was getan werden muß. Und die schwere *Mountain*-Lok hämmert mit ihren acht gekoppelten Antriebsrädern geradezu auf die Schienen - das ist ihr größter Nachteil - und stampft mit ihren langen - zweifellos

zu langen – Pleuelstangen die burgundische Schwelle hinauf und weckt die schon schlafenden Bewohner der wenigen Bauernhöfen entlang der Strecke auf, bis sie endlich, nur noch mit 80 km/h, den Gipfelpunkt der Steigung erreicht hat und im Tunnel von Blaisy und in ihrer eigenen Dampfwolke verschwindet. In den mahagonigetäfelten Abteilen aber brennen bereits die blauen Nachtlämpchen. Höchstens ein paar Nachteulen lesen noch mit dem Kopf auf den Kissen unter dem Licht ihrer elektrischen Bettlampe.

Dijon. Lyon. Marseille. Der Zug rollt, die Lokomotiven wechseln sich ab, in jedem Ablösebahnhof steht die nächste schon unter Dampf, mit der auch das Fahrpersonal wechselt, das sich vor zwei Stunden mitten in der Nacht aus dem Schlaf im warmen Bett reißen mußte. Im endlich leeren Speisewagen spielt sich ein seltsames Schauspiel ab. Die Lichter der vorbeihuschenden Bahnhöfe draußen werfen groteske Schattenspiele ins Innere auf eigenartige, schaukelnde Formen. Es ist das Personal, das dort in nachtsüber quer aufgehängten Hängematten schläft.

Am frühen Morgen erwacht der ganze Zug mit erwartungsvoller Freude. Das Tageslicht ist jetzt intensiver. Die dicken Vorhänge, die aufgezogen werden, lassen die sprichwörtliche mediterrane Helligkeit herein, und auch während des letzten Lokomotivenwechsels in Marseille teilt sich den Reisenden bereits andeutungsweise mit, was man in Frankreich den "Accent du Midi" nennt – wobei nicht nur der sprachliche Akzent des "Midi", also des französischen, mediterranen Südens gemeint ist, sondern beispielsweise unter anderem, ein kräftiger Mimosenduft. Der Train Bleu fährt weiter, etwas träger jetzt, da es auch immer wärmer wird, die Küste entlang bis Toulon, dann durch das hügelige Hinterland bis Fréjus, um dann vor Cannes und Nizza wieder zum Meer herabzukommen. Im Speisewagen wird noch die feinste heiße Frühstücksschokolade serviert, und dann erscheint zum allgemeinen Entzücken der atemraubende Ausblick auf das Meer über Esterel.

Das Azurblau des Himmels vereint sich am Horizont mit dem Azurblau des Meeres und hier spätestens begreift dann ein jeder im Zug, warum dieses sonnige Land hier die Côte d'Azur getauft wurde. Und fährt daraufhin wieder gelassen mit dem Löffel in die schottische Marmelade; denn à l'anglaise, also british cool, outriert man sich auch bei atemraubenden Anblicken allenfalls vorübergehend ...

Der Lokomotivführer der Mountain *nach Émile-André Schefer 1925. Das Gemälde wurde eines der berühmtesten Titelbilder der Zeitschrift* La Science et la Vie

DIE AUSFLUGSZÜGE

Die großen Züge: gehören die Ausflugszüge etwa zu ihnen? Natürlich nicht, wenn man sie mit dem Orient-Expreß oder dem Train Bleu vergleicht. Weder haben sie deren Komfort noch deren exotische, legendenumwobene Ziele, noch sind ihre Passagiere so distinguiert. Keine Rede auch bei ihnen von Mahagonitäfelung oder von Konstantinopel, weder von österreichischen Erzherzögen noch russischen Großfürsten. Dafür haben sie bei Wind und Wetter offenstehende Abteile, grobe Holzbänke und fahren etwa von Paris aus höchstens bis Nogent-sur-Marne oder Tréport. Und ihre Passagiere sind sonntagsgestimmte Arbeiter und nicht eben als spröde bekannte Midinetten. Und dennoch haben diese Züge auf ihre Weise ebenfalls ihren Platz neben und unter den "großen", denn auch sie haben Eisenbahngeschichte geschrieben, indem sie die Abenteuerträume von Millionen buchstäblich transportierten – von Millionen, die früher jahrhundertelang keinen Ortswechsel kannten und jetzt ebenfalls der Erfahrung anderer, neuer Umgebung teilhaftig werden, auch wenn dies nur ein Flußufer der Banlieue ist oder bestenfalls ein kalter, windiger Strand am Ärmelkanal. Nimmt man allein die Menge dieser so für Tausende und Millionen wahrgewordenen kleinen Träume von Reisen und Ferne, so wiegt das durchaus einen Orient-Expreß auf, der ein paar wenige Auserwählte zum Bosporus fährt. Und dazu kommt auch die nicht beschreibbare Atmosphäre dieser Züge, in denen man zwar eingezwängt sitzt, sich aber gerne den Sonntagsfreuden hingeben möchte und also den Rotwein aus der mitgebrachten Flasche trinkt. Man schert sich hier den Teufel um die feinen Teegesellschaften in den Speisewagen der CIWL der europäischen Expreßzüge, denen der Tee in der Silberkanne serviert wird, und singt, ohne etwas von den musikalischen Programmen des Bordorchesters im Salonwagen des Train Bleu zu wissen, dessen Repertoire unweigerlich von *Au Clair de la Lune* von Fauré bis zum *Sacre du Printemps* von Strawinski reicht, stattdessen gemeinsam aus vollem Halse das allgegenwärtige, volkstümliche *A la Bastille on l'aime bien Lilly Peau d'Chien..."*

Schon eine kuriose Einrichtung, diese Ausflugszüge; geboren aus einer ganz neuen Idee der Belle Epoque, nämlich der, daß sich das Volk am Sonntag erholen und trotzdem bezahlt werden (was damals eher noch bedeutet: keinen Lohnabzug für den Nichtarbeitstag bekommen) soll, auch wenn es an diesem Tag nicht arbeitet. Die Eisenbahngesellschaften, auf der Jagd nach jeder nur denkbaren Einnahmequelle, greifen die Konsequenz der Idee alsbald auf: Vergnügen auch für das Volk. Der Ausgangsgedanke dabei ist: wenn die Leute so gar nichts zu tun haben, dann muß man ihnen im gleichen Maße, wie sie nicht damit beschäftigt sind, ihr Geld zu verdienen,

Der Sonntags-Ausflugszug, wie ihn der Maler Detti sah: wochentags Vorortszug (mit Oberdeck!), nun im Sonntagsstaat – wie auch seine Klientel (dieselbe!)

Gelegenheit geben, es auszugeben. Es macht dieses alte Prinzip, das man schon in der Grundschule lernt, aus dem Nichtstun die Mutter der Laster. Aber man kann Geld ausgeben, wenn man nicht arbeitet; und diese Erkenntnis wiederum ist die Mutter der Konsumgesellschaft.

Außerdem macht man diese Volksschicht, die seit Jahrhunderten an ihren Arbeitsort gefesselt war, nun mit der Parole

Die Ausflugszüge erfreuen sich einer immer größeren öffentlichen Aufmerksamkeit; La Croix Illustré *widmet 1906 gar eine ihrer Titelseiten dem bewegenden Ereignis, daß nun auch die Stadtkinder (in der bescheidenen 3. Klasse, versteht sich) für einige Tage in die "Grand Air" dürfen, an die frische Seeluft...*

bekannt, daß "Reisen bildet", schon weil das moderne Erziehungssystem auf seine Fahnen geschrieben hat, das Volk unter anderem auch zu lehren, daß hinter dem Berg ebenfalls Leute wohnen. Und schließlich und endlich kommt die Tatsache dazu, daß die Mobilität ohnehin schon größer geworden ist als früher. Der Krieg von 1870/71 brachte es mit sich, daß Tausende Männer teilweise weit im Land herumkamen. Wobei noch niemand ahnt, daß der nächste – von dem die ganze Belle Epoque ihrerseits noch nichts ahnt – in noch viel größerem Maße den modernen "Kilometersoldaten" mit sich bringen wird (nebenbei ebenfalls eine zwangsläufige Folge des Eisenbahnzeitalters!). Arbeiter fahren jetzt zur Arbeit in die Banlieue hinaus, umgekehrt kommen viele an ihre Arbeitsplätze von dort in die Stadt hinein. Auch die Bauern haben schon begonnen zu lernen, über ihren Kirchturm hinauszublicken

Les petits enfants parisiens s'embarquent pour aller vivre quelques jours au grand air.

Die Eisenbahn und der Pauschaltourismus

Die "Ausflugszüge" waren zu Beginn des Jahrhunderts keineswegs die einzige Möglichkeit für die breite Masse zu (nach heutigen Begriffen) Pauschalreisen. Da gab es beispielsweise auch an den Freitagabenden spezielle Jäger- und Anglerzüge von Paris nach Fontainebleau in die dortigen Wälder oder zum Etang de Sologne, Rückfahrt Montagfrüh. Andere Züge gingen mit ähnlichen Abfahrt- und Rückkehrzeiten in die Normandie oder an die Strände am Ärmelkanal. Sie transportierten Millionen Passagiere zu den Orten der neuen, modernen "Freizeitgestaltung".

Allgemein gesprochen beschränkten sich die Eisenbahngesellschaften am Ende des 19. Jh. noch auf Strecken, die mit maximal 5 oder 6 Stunden Fahrzeit erreichbar waren, sofern es sich um Tages- oder Zweitagesausflüge handelte. Nicht zuletzt dies begünstigte ja auch so sehr die Entwicklung der zahlreichen Badeorte am Ärmelkanal - Trouville, Deauville, beide 4 Stunden Eisenbahnfahrt von Paris entfernt, Cabourg (5 Stunden), Le Tréport und Mers (3 Stunden) oder Saint-Quentin-Plage oder Berck-sur-mer - und später noch Le Touquet-Paris Plage - (eineinhalb Stunden). Die Jahre von 1900 bis 1930 waren deshalb die große Zeit der nordfranzösischen Küstenorte. Sie waren

alle für die hauptstädtische Bevölkerung in einer Zeit erreichbar, die Freizeit-Ausflüge hin und zurück an arbeitsfreien Tagen ermöglichten - zu Preisen, die für die einfachen und mittleren Schichten (Angestellte, kleine Beamte, Eisenbahner und sonstige Arbeiter) erschwinglich waren und auch deren Zeitverfügbarkeit berücksichtigten. Den kleinen Geschäftsleuten und den Bauern blieb dieses Angebot allerdings zeitlich und örtlich verschlossen.

1936 begann in Frankreich mit dem gesetzlichen Urlaubsanspruch und der Einführung der 40-Stunden-Woche eine neue Epoche. Die Eisenbahnen bekamen damit eine neue Klientel: die Leute hatten mehr Zeit für Reisen (und sei es nur einmal im Jahr) und sie verfügten nun auch über größere finanzielle Möglichkeiten. Die Eisenbahnen reagierten darauf mit einem entsprechend verbesserten und gehobenen Angebot und mit Zügen für 1000 Passagiere und mehr.

Eine unausbleibliche Folge dieser "Demokratisierung" des Reisens war aber auch, daß sie der bisherigen Klientel der Feriengebiete wenig gefiel. Die Reichen und Berühmten sahen den Einbruch des "Urlaubsplebs" in ihre bisherigen exklusiven Refugien ungern, wenn nicht gar mit gerümpfter Nase, und fühlten sich dort fortan nicht mehr wohl.

Zu den frühesten Nutzern der Plakatwerbung gehören in Frankreich die Eisenbahnen: sie "pushen" (wie man heute sagen würde) mit allen Mitteln die billigen Ausflugszüge: "Kilometer" müssen verkauft werden – nach dem Motto: "Kleinvieh macht auch Mist"... Der Erfolg gibt ihnen recht. Ab 1880 setzt der gelenkte Ausfliegerstrom zu den hauptstadtnahen Küstenorten ein

und, daß es beispielsweise den Markt in ihrer nächsten Kreisstadt gibt. Dorthin fahren sie nun in unbeschreiblich winzigen Nebenbahnzügen, in denen eine Fahrt von dreißig Kilometern noch einen halben Tag dauert, aber was spielt das für eine Rolle: es wird jedenfalls gereist.

Dazu muß man erwähnen, daß die Preise für das Reisen seit dem Aufkommen der Eisenbahn ganz gewaltig gesunken sind, und speziell für die einfachen Volksschichten, um die es ja hier speziell geht. Eine Broschüre der Eisenbahngesellschaft Paris-Orléans von 1908 listet auf, daß der allerbilligste Fahrpreis für eine Reise von Paris nach Nantes im Jahre 1798, also mit der Kutsche, 38 Francs kostete, 1892 dank der Eisenbahn nur noch 29 Francs und etwas später sogar nur noch 19 Francs. Auf dem gleichen Streckennetz dieser Gesellschaft, die den Westen und Südwesten des Landes bediente, hat sich die Zahl der Reisenden zwischen 1866 und 1906 mehr als verzehn-

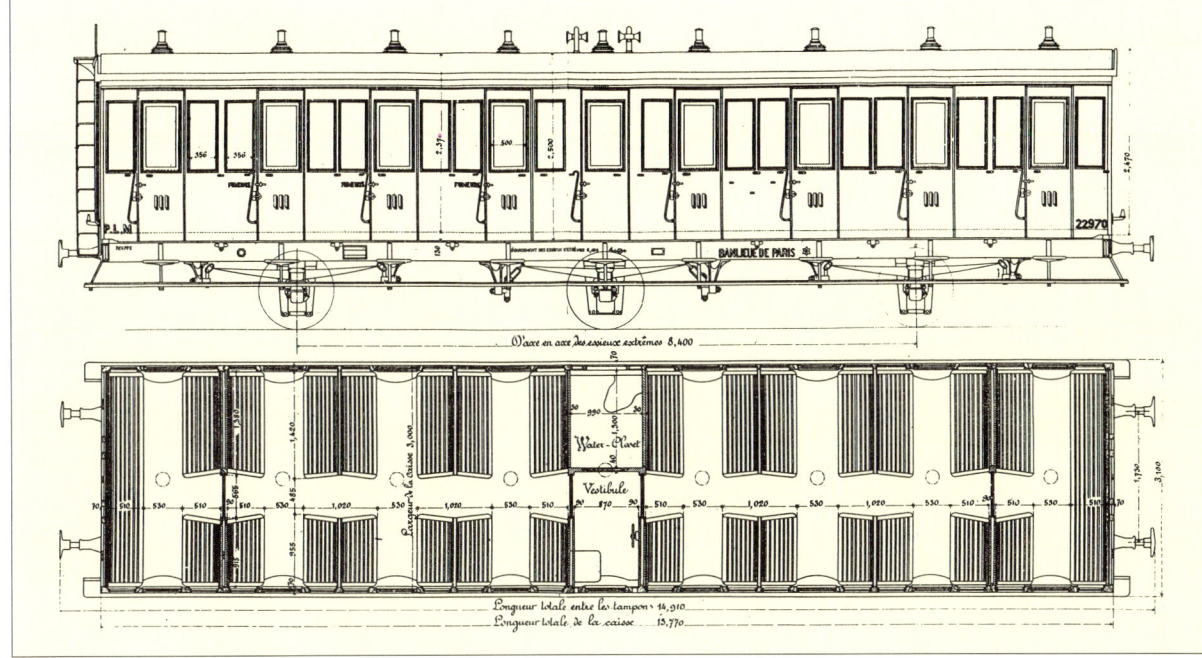

Der 3. Klasse-Waggon der werktäglichen Vorortszüge mit zwei oder drei Achsen war immer zugleich auch der für die sonntäglichen Ausflugszüge und wurde damit für die proletarische Bevölkerung eine Art ständiger Lebensbegleiter "in Freud und Leid"; so wie dieser hier: PLM, Anfang des Jh.

facht. In einem halben Jahrhundert hat die Eisenbahn praktisch die gesamte Bevölkerung zu Reisenden gemacht und der Fahrkartenschalter im Bahnhofsgebäude hat längst aufgehört, ein eher geheimnisvoller, aber sozusagen unerreichbarer Ort und ein Anlaß ebenso unerreichbarer Träume zu sein; er ist jetzt problemlos "erreichbar" – für sämtliche Schichten und Altersgruppen.

DIE DRITTE KLASSE

In jener Zeit der ausgehenden Belle Epoque, als man mit "Waggon" ebenso den Personenwagen eines Zugs wie einen Güterwaggon meinte, hatte der "Waggon" der 3. Klasse schon bald ein Jahrhundert treuer und loyaler Dienste für die Eisenbahngesellschaften hinter sich, aber auch das einigermaßen zweifelhafte Verdienst, auf sämtlichen Strecken einen hohen Damm gegen die Bequemlichkeit der Reisenden aufgerichtet zu haben. Denn die Eisenbahngesellschaften taten wahrhaft alles, um die Leute davon abzuhalten, in der 3. Klasse zu fahren, und versuchten dafür umso mehr, sie zu veranlassen, mehr Geld für die Benützung der teureren Klassen auszugeben, damit sie dort von den Annehmlichkeiten partizipierten, die diese besseren Klassen eben boten. Eher als "allen zu gefallen", haben die Eisenbahngesellschaften des 19. Jh., mit anderen Worten, die Politik der offenen Verführung praktiziert und mit kalkuliertem Machiavellismus den Reisenden der Billigklasse nicht mehr zugestanden, als - um 1830 – gerade eben in einer Kipplore zu stehen (wie es vor allem in England der Fall war, wo die "Stanhope"-Waggons deshalb alsbald zu "stand-up" verballhornt wurden). Später durften sie dann immerhin schon sitzen (wenn auch nur auf den einfachen lehnenlosen Holzbänken, die Daumier in Frankreich zum Anlaß vieler Karikaturen nahm!), bis sie schließlich, nachdem es endlich auch hier normale, wenn auch harte Sitzplätze gab, auch ein Dach über dem Kopf bekamen und ganz zum Schluß sogar Abteilwände und, um 1860, selbst Fenster...

Doch noch um 1900 ist der Waggon der 3. Klasse ein trister Anblick, speziell innen. Grobe Holzbänke mit geraden, ebenfalls hölzernen Rückenlehnen. Enge Abteile, in denen die Gegenübersitzenden mit den Knien aneinanderstoßen (wenn letzteres auch zum großen Pläsier der galanten Abenteurer und anderer Glücksritter bei entsprechendem Gegenüber!).

Ohne WC und Gang, Vorhang oder Heizung, holpert er ungefedert über die Schienenritzen und Weichen. Und in dem Holzgehäuse ohne jede Innenverkleidung dröhnt der Lärm doppelt laut, weil diese Waggons wie ein Resonanzkörper wirken. In Deutschland heißen die 3. Klasse-Waggons im Volksmund aus dem gleichen Grund "Donnerbüchsen", und das trifft die Sache ziemlich genau.

Man mag sich über diese wenig geschäftstüchtig erscheinende Politik wundern. Aber das sieht nur rückblickend so aus. Die Zahlen geben den damaligen Gesellschaften jedenfalls nicht unrecht. 1891 beispielsweise betragen die gefahrenen Durchschnitts-Kilometerzahlen pro Reisendem und Jahr auf dem gesamten französischen Streckennetz für die 1., 2. und 3. Klasse 107,7 bzw. 69,4 bzw. 37,3 km: Die Reichen reisen, wie immer, am meisten... Das durchschnittliche Einnahmenverhältnis dazu: 7,05, 3,75 und 1,44 Francs pro Kilometer. Das kann man immer noch mit der Tatsache erklären, daß die Reisenden der 1. Klasse eben auch öfter reisen. Aber wirkliche Aussagekraft bekommen diese Zahlen erst, wenn man das Aufkommen pro Kilometer und Klasse vergleicht; da sind die

"Weit hinten im Finistère", so lautet der sarkastisch-kritische Text zu dieser Illustration in der Zeitschrift L'Illustration, *"setzt die Eisenbahn in dreißig Jahren ganz neue Wagen ein, die vor zehn Jahren neu waren..." Aber das ist vergleichsweise harmlos gegen die jahrzehntelang nicht erneuerten primitiven Vororts- und zugleich Ausflugszüge der Pariser Region*

Ferienreisen mit der Eisenbahn werden Teil des bürgerlichen Lebens; es entwickeln sich Gebräuche. Die Ehefrauen reisen mit den Kindern schon voraus in die Sommerfrische, die Herren Gatten folgen später nach. Bei den Eisenbahnen heißen diese Nachzüglerzüge bald "Herrenzüge" oder, weniger galant, "Die Cocu–Züge". Dies hier ist die Ankunft eines solchen Herrenzuges in einem Ferienort, wo sie abgeholt werden, manche aber mißtrauische Blicke nicht unterdrücken können

Als es noch die "Eisenbahnzeit" gab

Bis 1893 hatten die europäischen Eisenbahnen noch das Problem der "Eisenbahnzeit" in ihren Fahrplänen, zumindest im Fernverkehr. Erst dann kam die Vereinheitlichung der Zeitzonen auf der Basis der weltweit vereinbarten Standard-"Greenwich Mean Time" (GMT). Von ihr bestimmte sich fortan auch die Mitteleuropäische Zeit (MEZ), die seitdem für ganz Kontinentaleuropa bis nach Rußland gilt. Der "Brockhaus" hatte in seiner Ausgabe von 1882-87 die "Eisenbahnzeit" noch erläutert:

Eisenbahnzeit heißt diejenige Zeit, auf welche die Fahrpläne der Eisenbahnen bezogen sind. In den für das reisende Publikum bestimmten Fahrplänen ist im Deutschen Reiche mit Ausnahme von Baden, Bayern und Württemberg die mittlere Ortszeit angegeben. Für den Eisenbahnbetrieb, ebenso wie für den Telegraphenverkehr, ist es von hoher Wichtigkeit, mindestens innerhalb der einzelnen Verwaltungsgebiete eine bestimmte «Normalzeit» zu haben. Fährt z. B. ein Zug von Berlin ab in östl. Richtung und hat der Zugführer bei der Abfahrt seine für den Dienstgebrauch bestimmte «Kurszuhr» nach mittlerer berliner Zeit gestellt, so wird die Angabe dieser Uhr mit jedem Längengrad, um welchen der Zug in östl. Richtung vorrückt, um —4 Minuten gegen die betreffende mittlere Ortszeit differieren. Das Eisenbahndienstpersonal kann sich deshalb nach den für das Publikum bestimmten, die mittlere Ortszeit jeder Station angebenden Fahrplänen nicht richten, es müssen für dasselbe vielmehr besondere, auf eine bestimmte «Normalzeit» bezogene Dienstfahrpläne aufgestellt werden. Um die aus diesen doppelten Zeitangaben für den Reiseverkehr und besonders für den Eisenbahnbetrieb entstehenden Unzuträglichkeiten zu beseitigen, ist in vielen Ländern eine sog. Normalzeit eingeführt, welche ebenso wohl für den Eisenbahnverkehr wie für das gesamte bürgerliche Leben maßgebend ist.

In Österreich-Ungarn wurde zuerst neben der Ortszeit eine Normal-E. eingeführt. Dieselbe genügte indessen den Anforderungen nicht, und ging man deshalb zur Feststellung einer allgemeinen Normalzeit über. Für Österreich wurde die Zeit von Prag, für Ungarn die von Pest als Normalzeit gewählt. Die Differenz zwischen Normal- und Ortszeit beträgt für Österreich im Westen —14 und im Osten + 22 Minuten. Für Ungarn beträgt die Differenz im Westen —19, im Osten + 29 Minuten. In Schweden ist für das ganze Reich seit Anfang 1879 eine Normalzeit eingeführt und dabei ein idealer Meridian zu Grunde gelegt, welcher 3° 12' westlich vom stockholmer Meridian liegt. Die Differenz zwischen Orts- und Normalzeit beträgt für die Westgrenze —16, für die Ostgrenze + 36 Minuten. In Dänemark, den Niederlanden, Belgien und der Schweiz ist der Meridian der respektiven Hauptstädte der daselbst bereits eingeführten Normalzeit zu Grunde gelegt. Für England und Schottland ist der Meridian von Greenwich und für Irland der von Dublin für die Normalzeit gewählt. Frankreich rechnet nach pariser und Italien nach röm. Zeit. Für das Deutsche Reich ist die Einführung einer einheitlichen Normalzeit ebenfalls ein bringendes Bedürfnis. Bayern, Württemberg und Baden sind einstweilen für sich vorgegangen und haben für ihre Länder auf den Meridian ihrer Hauptstädte bezügliche Normalzeiten eingeführt.

Vgl. «Centralblatt der Bauverwaltung», herausgegeben im preuß. Ministerium der öffentlichen Arbeiten (1881, Nr. 5, 9, 14, 26). und «Zeitung des Vereins deutscher Eisenbahnverwaltungen» (1880, Nr. 33, 36, 75, und 1881, Nr. 51).

Im Gegensatz zu den "Volkszügen" sind in den Schnellzügen der "Grandes Lignes", die oft bemerkenswerten Komfort bieten, Geschäftsleute, Offiziere und Honoratioren meistens ohne Gedränge unter sich

Unterschiede mit 0,0667, 0,0541 und 0,0386 Francs pro Kilometer und Passagier in den drei Klassen schon beträchtlicher: Der Reisende der 3. Klasse bringt um die Hälfte weniger ein als der der 1.

Gleichwohl zeigt die Statistik, daß von 100 Passagieren 1,65 auf die 1., 9,98 auf die 2. und ... 89,37 auf die 3. Klasse entfallen! Die Gesamteinnahmen des Jahres verteilen sich wie folgt: 6,97% 1. Klasse, 21,25% 2. Klasse und vor allem: 72,15% 3. Klasse; also: fast drei Viertel der absoluten Einnahmen bringen die "Ölsardinen" der 3. Klasse in ihren tristen rollenden Tonnen... Jeder Buchhalter würde angesichts dieser Zahlen sofort erklären, es müsse der Traum und das Glück für alle schlechthin sein, wenn alle diese Passagiere in der 1. Klasse reisten... Welche Gewinnspannen! Nun ja, die Armen eben.... Aber wo steht geschrieben, daß die Armen immer arm bleiben und vor allem sich in ihrer Armut auf ewig einrichten müssen? Und mit diesem Gedanken im Kopf gehen die Eisenbahngesellschaften alsbald daran, die Armen zu ermuntern, weniger armselig zu reisen; zu ihrem eigenen Besten, versteht sich, und in allen Ehren. 1891 haben 89,37% diese Botschaft noch nicht verstanden, gewiß. Aber sie leeren immerhin ihre Taschen, um gleichwohl schon 72,15 % der Erlöse zu bringen... 9 von 10 Passagieren bringen annähernd drei Viertel des Geldes. Was liegt näher, als ihnen Waggons zu bauen, in denen zehne in ein Abteil gehen, zusammengedrängt eben wie die Heringe, auf Holzbänken über die ganze Breite des Waggons? Wozu Gänge? Die nehmen nur Platz weg; und das gleiche gilt für Toiletten.

Es funktioniert sogar. Denn diejenigen, die in der 3. Klasse sitzen, haben ja überhaupt keine andere Wahl; die Bequemlichkeiten oder gar der Luxus der besseren Wagenklassen sind ihnen so unerreichbar wie die Sterne. Samtbezogene Kissen

und bestickte Vorhänge sind teuer, Teppiche auf dem Boden sind teuer, das Waschbecken mit fließendem warmem Wasser ist teuer, und selbst noch die in den "Commodités" am Ende des Wagens verbrachten Minuten sind es. Anders ausgedrückt: der Reisende der 1. Klasse bezahlt bis 1914 jeden Kilometer doppelt so teuer wie der in der 3. Eine Fahrkarte Paris–Rouen kostet 1867 in der 1. Klasse 15,25 und in der 3. 8,40 Francs. 1889 betragen die gleichen Preise 16,25 und 9,20 und 1914 15,25 und 6,70 Francs. Anders ausgedrückt: mit den Jahren wird die Schere zwischen der teuersten und der billigsten Klasse immer größer und desto relativ preisgünstiger wird es, in der 3. Klasse zu fahren. Nach dem Ersten Weltkrieg kehren die Eisenbahnen diese Entwicklung um. Die 2. Klasse bekommt mehr Komfort und die Preisunterschiede der Klassen werden geringer gemacht, was auf die Dauer in ganz Europa zur Abschaffung der 3. Klasse führt, wobei Frankreich (1956) zu den letzten gehört. Also: es lebe die 3. Klasse – zumindest in der Belle Epoque!

REISEN...

"... ich höre nachts die Lokomotiven pfeifen, sehnsüchtig schreit die Ferne, und ich drehe mich im Bett herum und denke: "Reisen..."
(Theobald Tiger [Kurt Tucholsky], "Mitropa, Schlafwagen")

Und noch ein anderer Faktor als der der Preise veranlaßt die Eisenbahngesellschaften zur "Demokratisierung" des Reisens und in deren Gefolge zur Einrichtung der Ausflugszüge: die erwachende Reiselust auch des "Volkes".

Wer hat diese Lust ausgelöst? Die Eisenbahngesellschaften? Gewiß nicht. "Marketing" ist etwas, das zu dieser Zeit weder als Wort noch als Ziel oder Absicht in den Köpfen der Vorstände der Gesellschaften existiert. Diese sehen sich allenfalls als mit der Abwicklung einer öffentlichen Dienstleistung Beauftragte und bescheiden sich trotz ihres damaligen praktischen Transportmonopols damit, denen, die sich eben an ihren Fahrkartenschaltern einfinden, ihre Dienste zu verkaufen, sei es im Personen- oder im Güterverkehr. Nein, es hängt vielmehr mit der Einführung des staatlichen Schulwesens zusammen, das zu dieser Zeit damals eben aufkommt und das gesamte öffentliche Leben grundlegend verändert.

In Frankreich wird 1881 der Schulbesuch kostenlos und 1882 gesetzliche Pflicht und prägt fortan allmählich, aber immer mehr, ganz besonders auf dem Land, die Lebensweise und die Vorstellungen. In den Städten setzt sich das neue staatliche Schulwesen besonders rasch durch, speziell in der Arbeiterklasse. Auf dem Land geht, wie alles, auch dies langsamer voran, doch auch dort hat sich bis zum Beginn des Jahrhunderts der allgemeine Pflichtschulbesuch durchgesetzt, so daß wirklich jedes Kind eine Schule besucht hat, wenn auch dort teilweise nur eine gewisse Zeit lang. Jedenfalls aber hat jedes Kind einmal ein Buch in der Hand gehabt und lesen und schreiben gelernt. Die Themen der Lesebücher sind natürlich die Arbeit auf dem Feld und das Leben der Familie, Tiere, die Natur. Aber auch ein anderes Thema hat sich inzwischen immer stärker entwickelt: die Geographie – zunächst selbstverständlich die des eigenen Landes – "notre belle France" hier, "Schönes Deutschland" oder "Bella Italia" dort, und so überall. Und all das setzte sich mit der Zeit in eine zunehmende Lust um, dies alles einmal persönlich kennenzulernen und selbst zu sehen, wurde für viele gar zur Obsession und verstärkte sich noch durch die bunten, verlockenden Ansichtspostkarten und Plakate an den Wänden der Bahnhöfe, an den Mauern, den Litfaßsäulen, den Aushangwänden in den Schu-

len... In Frankreich vergißt der Erziehungsminister nicht, daß er außerdem und vor allem auch Minister für die Kolonien ist, und also kommen Landkarten und Abbildungen des französischen Kolonialreichs ebenfalls zu diesem neuen Kommunikationsmittel der Bilder und Farben und wecken Vorstellungen und Wünsche in den Köpfen der Schulkinder, in denen sich auch bisher nur als Wortklang vertraute Namen wie Marseille oder Cherbourg zu konkreten Bildern verdichten, von denen große, dicke Pfeile ausgehen, weithin über die Meere (als

Dank der Ausflugszüge erlebten nicht weit von Paris gelegene Küstenorte wie Dieppe großen Aufschwung

Darstellung der Schiffsahrtslinien) bis hin zu Orten wie Pondichéry oder Hanoi oder Ouagadougou oder Mostaganem ... (und jenseits des Rheins spielt sich für die deutschen Kinder genau das gleiche ab mit Namen wie Windhuk oder Tsingtau, Togo oder Kamerun...). Jeder kleine Arbeiter oder Bauer kann jetzt, wenn er schon nicht wirklich hinkommen kann, davon träumen und zumindest sehnsüchtig den vorübersausenden Zügen nachblicken, oder wenn sie in einem der Bahnhöfe anhalten und stehen, die goldenen Lettern ablesen, die auf den Wagen der großen Expreßzüge prangen, die in jedem jungen

Die Aiguebelle–Schokolade, unermüdlich in ihrer Eisenbahn–Werbung, schlägt hier zwei Fliegen mit einer Klappe: Kinder (natürliche Schokoladenkonsumenten!) werden durch die Eisenbahn die Touristen von morgen

Am teuersten von allen fuhren die Engländer

Eisenbahntarife, die Verzeichnisse der für die Benützung der Eisenbahn zu entrichtenden Gebühren mit den für den Beförderungsvertrag maßgebenden Bestimmungen. Tarifsatz ist der Preis für die einzelne Verkehrsleistung, während man unter Nebengebühren die Entschädigung für besondere, nicht regelmäßig, sondern nur in gewissen Fällen vorkommende Nebenleistungen der Eisenbahn versteht.

Auf den deutschen Staatsbahnen galt seit dem 1. Mai 1907 ein einheitl. Normalpersonaltarif, der sog. Reformtarif, der die Unterlage für Einheitsfortbildungen schuf.

Auf ihm beruht auch der für die deutschen Eisenbahnen geltende »Deutsche Eisenbahn-Personen-, Gepäck- und Expreßguttarif«. Die seit dem 1. Mai 1925 geltenden Einheitssätze betrugen zunächst einschließlich der Anteile der am 1. April 1918 eingeführten Beförderungssteuer:

3,3 Rpf in der 4. Wagenklasse (1914 ohne Steuer 2 ₰)
5 » » » 3. » (1914 » » 3 »)
7,5 » » » 2. » (1914 » » 4,5 »)
10,8 » » » 1. » (1914 » » 7 »)

Das Spannungsverhältnis der Einheitssätze betrug also 1:1,5:2,27:3,27 (vor dem Kriege 1:1,5:2,25:3,5). Für die Beförderung in Schnell(D)zügen waren neben diesen Fahrpreisen noch besondere Zuschläge zu entrichten. Gegen 1914 waren diese Zuschläge in Zone I und II für die 3. und 2. Klasse um 100%, in der Zone III für die 3. und 2. Klasse um 50% und für die 1. Klasse um 200% erhöht.

Im Jahre 1928 zwangen die wirtschaftl. Verhältnisse die Deutsche Reichsbahn-Gesellschaft zur Erhöhung ihrer Einnahmen. Daher wurden die Personentarife mit Wirkung vom 7. Okt. 1928 geändert, gleichzeitig wurde die 4. Wagenklasse abgeschafft. Zum reinen Zweiklassensystem ging die Reichsbahn nicht über, indessen wurde die 1. Klasse nur in FD-Zügen, indessen wurde die 1. Klasse nur in FD-Zügen und den wichtigeren, bes. internationalen D-Zügen weitergeführt. Das neue Tarifsystem wird daher auch als Zweiklassensystem bezeichnet. Auch die deutschen Privatbahnen änderten ihren Tarif und schafften die 4. Klasse ab.

Die Einheitssätze der Reichsbahn betragen nunmehr (1929) für alle Zuggattungen je Kilometer:

3,7 Rpf für die 3. Klasse (Holzklasse),
5,6 » » » 2. » (Polsterklasse),
11,2 » » » 1. » (Luxusklasse).

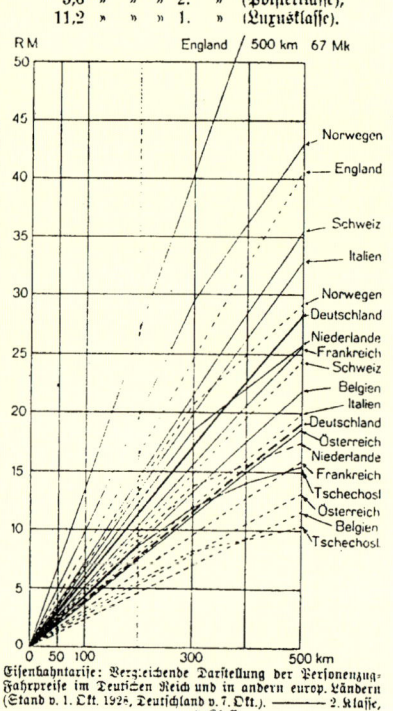

Eisenbahntarife: Vergleichende Darstellung der Personenzug-Fahrpreise im Deutschen Reich und in andern europ. Ländern (Stand v. 1. Okt. 1925, Deutschland v. 7. Okt.). 2. Klasse, 3. Klasse.

("Brockhaus", Ausgabe 1930)

EIN SONNTAG IN SAINT-QUENTIN-PLAGE (SOMME)

Nein, die Baie des Anges von Nizza ist es natürlich nicht und noch weniger die Plage du Majestic in Cannes, und erst recht nicht der weiße, mit Kokospalmen bestandene Strand einer Karibikinsel ... Aber für den bescheidenen Betrag von 6,25 F kann man im Jahre 1897 gleichwohl einen Tag am Meer verbringen, wenn man in aller Herrgottsfrühe am Gare du Nord den Ausflugszug genommen hat, mit dem man erst spät am Abend wieder zurückkommt. Für 6,25 F kann man wirklich nicht gleich das Mittelmeer oder die Ägäis oder den Indischen Ozean oder gar den Pazifik verlangen.

Nein, 6,25 F - das ist der Tarif für Saint-Quentin-Plage (Somme), wie es die Plakate in den Bahnhöfen der Compagnie du Nord präzisieren. Auf denen blickt eine schöne Badenixe - in keineswegs besonders ausgezogenem Zustand übrigens, aber im signalroten Badekostüm - sinnend in das eisige Wasser des Ärmelkanals, umsorgt von einer klassischen Zofe im großen formellen schwarzen Zofengewand vom hochgeschlossenen Hals bis zu den nicht sichtbaren Zehenspitzen samt weißer Zofenschürze. Die Plakate garantieren zwar nicht, daß man bei Inanspruchnahme des Angebots der Dame am Strand auch wirklich begegne (für 6,25 F kann man wirklich nicht alles verlangen!), versichern dafür aber, daß es dort auf jeden Fall ein Meer gibt. Und außerdem immerhin eine Dampf-"Tramway" (letztere jedenfalls "im Bau"). (s. Abb. S.111.)

Saint-Quentin-Plage? Wo ist das denn? Nur wenige nehmen dafür gleich den Atlas oder den *Petit Larousse illustré* zur Hand, um das festzustellen. Wo dieser kleine Badeort am Meer nun genau liegt, ist für die normalen Sonntagsbesucher nicht von so überragender Bedeutung. (Heißt offiziell "Station de

---

Rechts und unten: Illustrationen des Petit Journal illustré *vom Juli 1902 über die Ausflugszüge anläßlich des Nationalfeiertags*
(Unten: "Ich möchte gern mit dem nächsten Ausflugszug fahren."
"Unmöglich, Monsieur, Sie sehen nicht gerade vergnügt aus."
[Wortspiel; auf französisch hießen die Ausflugszüge "Trains de plaisir", Vergnügungszüge])

— Monsieur, je voudrais partir par le prochain *train de plaisir.*
— Impossible, monsieur, vous avez une figure qui manque de gaîté...

Kopf Sehnsüchte nach der "großen weiten Welt" und nach der "Ferne" ganz allgemein auslösen...

Zu dieser Zeit hat das seriöse, gediegene Bürgertum das neue Reisen mit der Bahn bereits in seine Lebensgewohnheiten und seine "Lebenskultur" aufgenommen und integriert. Reisen wird integraler Bestandteil des "Bildungsbürgertums" und dessen heranwachsendem Nachwuchs. Kein bekannter Autor, der nicht sein Reisebuch veröffentlicht hätte, und wenn ein Chateaubriand und ein Goethe noch ihre innersten, kaum realisierbaren Sehnsüchte auf "alle die romantischen Orte" Europas und Amerikas richten, so pflanzen nun alle die Toqueville, Custine oder Croisset in allen möglichen literarischen Formen das reale "Fernweh" in die Seelen ihrer Zeitgenossen – und sei es nur in Form der überflüssigen Apologie von Feststellungen wie der, daß das Gras überall grün sei.

Die eleganten Geister indessen streifen, den Baedeker in der Hand, mit Lackschuhen und Tweed-Reisepaletot durch die Lande, auf steilen Alpenwegen ebenso wie vor griechischen Ruinen. Und die Grundschulkinder fahren, wenn sie erst einmal groß sind, sonntags im Ausflugszug hinaus "ins Grüne" oder an die See, um am Abend in überfüllten Waggons zurückzukehren.

einen solchen Betrag, für den man immerhin mehr als einen Tag arbeiten muß, buchstäblich in den (Lokomotiven-)Kamin zu schreiben?

Aber der Mensch lebt neuerdings eben nicht mehr nur vom Brot und vom Nützlichen allein. Und also zwängt man sich mit möglichst angezogenen Ellbogen und Beinen, die quengeln-

"Eine schöne Frau reist niemals allein". Der joviale Schnauzbart im Hintergrund aber wird der Begleiter sicherlich nicht sein...

Quend" – heute Quend-Plage – und liegt dem kleinen Marktflecken Rue vorgelagert am Strand, zwischen den Mündungsbuchten der Somme und der Authie.) Der Strand ist kerzengerade, sauber gefegt – von den scharfen Winden vom Kanal her, nachdem sie schon über den ganzen Atlantik hinwegpfiffen – und das "macht eine gute, gesunde Luft", viel besser als die von Cannes, wenn Sie es genau wissen wollen. In den Strandbars des Carlton oder Palm Beach ist die Luft ohnehin schon völlig verseucht von den Whiskydünsten.

Und zudem fehlt es denen, die sich im Morgengrauen auf dem Gare du Nord von Paris drängeln, an der Möglichkeit, Vergleiche zu ziehen. Sie fahren "ans Meer", basta. Und stürmen die vierrädrigen Waggons mit ihren weit offenen großen Türen, in denen es nach den Lederriemen riecht, mit denen man die Fenster herunterläßt und hochzieht. Die den ganzen Waggon entlanglaufenden Trittbretter sind voller Leute, die ihre Ellbogen gebrauchen, um sich hineinzuboxen in eines der Abteile mit ihren rohen Holzbänken. Frau und Kinder zerren sie hinter sich her. Die Frau hält den Picknickkorb fest umklammert in den Händen, die liebe Kinderschar ergötzt sich an dem Gewühle und Gestoße der drängelnden Menge. Der Hund darf auch mit und selbst die alte Großmutter, die noch nie einen Zug gesehen, aber sich wie Peter Rosegger und sein Pate geschworen hat, niemals in ein solches Höllenwerk von Teufelskasten einzusteigen, und es nun doch noch erleben will. Das Meer ...

Für 6,25 F kann man im Jahre 1897 sechs Taschentücher in Geschenkpackung kaufen, mit zwei Nagasaki-Halstüchern als Zugabe, eine garantiert echt seidene gefütterte schwarze Schärpe, oder sechs verchromte Kaffeelöffel im Aufbewahrungskarton, ein 28 cm hohes (kleinste Ausführung) versilbertes Metallkruzifix oder ein Tintenfaß aus schwarzem Holz samt Bronzebüste von Ferdinand de Lesseps, wahlweise Victor Hugo. Das wären doch wohl nützlichere Anschaffungen als

den Kinder auf dem Schoß – das jüngste hat es schon satt und plärrt –, zu fünfen auf die engen Sitzbänke und harrt voll Ungeduld der Abfahrt. Endlich kommt der Pfiff und dann ruckelt der Zug los, nachdem erst ein Anfahrts-Stoß sich von Puffer zu Puffer den ganzen Zug entlang fortgepflanzt hat, ein Detail, das zum Ritual einer Bahnfahrt ebenso gehört wie der Bahnhofsvorsteher mit seiner Tafel und seiner Pfeife. Die

Saint-Quentin-Plage (Somme): dieses Werbeplakat für den berühmten Sonntagsausflug für 6,25 F dokumentiert ein ganzes Kapitel Sozialgeschichte

Selbst das Musée Carnavalet in Paris erinnert sich der Ausflugszüge (allerdings hier eines der gehobeneren Klasse!) mit der Ausstellung dieser Lithografie vom Ende des 19. Jh.: Einige lebenslustige Fünfziger haben sich mit "jungem Blut" umgeben, der Sekt fließt in den sprichwörtlichen Strömen – ein Sonntag der Lebensfreude; aber untergräbt die Eisenbahn auf diese Weise nicht die Moral?

Vom Wesen der Eisenbahn

Eisenbahnen (frz. chemins de fer, engl. railroads, railways, ital. strade ferrate, span. ferrocarriles, portug. caminhos do ferro).

I. Begriff der Eisenbahn. Unter «Eisenbahn» versteht man im weitesten Sinne des Wortes eine Straße, auf welcher sich die Fuhrwerke nicht beliebig auf allen Stellen ihrer Breite, sondern ausschließlich auf fest bestimmten eisernen Spuren (Schienengleisen) bewegen. Durch diese Anordnung wird an die Stelle der bei der Fortbewegung der Fuhrwerke zu überwindenden Reibung zwischen dem Metall des Radreifens und der mineralischen Oberfläche der gewöhnlichen Landstraße die weit geringere Reibung zwischen Metall und Metall gesetzt und hierdurch eine wesentliche Erleichterung für die Fortbewegung von Fuhrwerken herbeigeführt. Die bei den E. zum Zwecke der Fortbewegung der Fahrzeuge zur Anwendung kommenden Zugkräfte sind entweder animalische (Pferde) oder mechanische. Unter den letztern ist zur Zeit die Dampfkraft die wichtigste und am allgemeinsten in Anwendung befindliche; in neuester Zeit erst wird die Electricität als bewegende Kraft für E. in Anwendung gebracht.

In der neuern Gesetzgebung ist eine klare Definition des Begriffs «Eisenbahn» besonders in Bezug auf die «Haftpflicht» (s. d.) von Wichtigkeit. In dieser Beziehung ist das Wort «Eisenbahn» in Bezug auf das Reichs-Haftpflichtgesetz vom 7. Juli 1871 wie folgt erklärt worden: «Eine Eisenbahn ist ein Unternehmen, gerichtet auf wiederholte Fortbewegung von Personen oder Sachen über nicht ganz unbedeutende Raumstrecken auf metallener Grundlage, welche durch ihre Konsistenz, Konstruktion und Glätte den Transport großer Gewichtsmassen, beziehungsweise die Erzielung einer verhältnismäßig bedeutenden Schnelligkeit der Transportbewegung zu ermöglichen bestimmt ist und durch diese Eigenart in Verbindung mit der außerdem zur Erzeugung der Transportbewegung benutzten Naturkräften bei dem Betriebe des Unternehmens auf derselben eine verhältnismäßig gewaltige Wirkung zu erzeugen fähig ist.»

Eisenbahnnetz (frz. réseau, engl. network), die Gesamtheit der Eisenbahnen eines Landes oder Landesteils. Je größer die Bevölkerungsdichtigkeit eines Landes und je weiter dasselbe in wirtschaftlicher Beziehung vorgeschritten ist, desto mehr entwickelt und desto dichter ist im allgemeinen auch das E. desselben. Auf die Gestaltung des E. der meisten Länder haben neben der Rücksicht auf die volkswirtschaftlichen Bedürfnisse namentlich auch Rücksichten auf die Landesverteidigung eingewirkt.

Eisenbahnpolitik nennt man den Inbegriff derjenigen Grundsätze, nach welchen seitens einer Staatsregierung das Eisenbahnwesen behandelt wird; sie ist in den verschiedenen Ländern sehr verschieden.

Eisenbahnökonomie ist ein bei der hohen wirtschaftlichen Bedeutung der Eisenbahnen sehr wichtiger Teil der Nationalökonomie.

Eisenbahnkrankheiten. Die körperlichen Einflüsse, welchen das Maschinen- und Fahrpersonal der Eisenbahnen infolge der Art seiner Dienstleistungen ausgesetzt ist, wirken auf den Organismus derselben in besonders konsumierender Weise ein und führen eine relativ frühzeitige Invalidität dieses Personals herbei. Diese Invalidität hat zumeist einen eigentümlich veränderten Zustand der Nervencentra, einer Irritation derselben, ihren Grund.

Eisenbahnunfälle. Als E. werden diejenigen Unfälle bezeichnet, welche beim Betrieb der Eisenbahnen selbst und bei Thätigkeiten vorkommen, welche wenigstens mit demselben in direktester Beziehung stehen, nämlich die in Werkstätten, in Güter- und Verkehrsräumen, bei Reparaturen und Bauten auf im Betrieb befindlichen Bahnen u. s. w. Besonders sind es die durch die mechanische Bewegung des Betriebsapparats hervorgebrachten E., welche das öffentliche Interesse in weit höherm Maße erregen als sonstige Unfälle. Derartige E. kommen hauptsächlich vor als Entgleisungen und als Zusammenstöße.

("Brockhaus", Ausgabe 1882–87)

Kupplungen spannen sich und der Zug beginnt zu rollen. Mit dem anfänglichen Konzert der auf den Schienen quietschenden Rädern geht es an den Ausfahrten und Stellwerken des Bahnhofs vorbei und durch die Gleisgräben zwischen hohen Mauern, in denen das Fauchen der Lok dumpf widerhallt – einer alten *Outrance* übrigens mit zwei Antriebsachsen und "Bougie" vorne, die hier auf dieser Strecke ihre alten Tage verbringt; sie hat, damals in den 70er Jahren, schon strahlendere Zeiten und Züge erlebt... Und es dauert nur noch Minuten bis zum ersten Halt in Saint-Denis, wo noch einmal eine Menge sonntagssüchtiger Angehöriger der Arbeiterklasse den Sturm auf den ohnehin schon überfüllten "Bäderzug" versucht. In den Abteilen hat sich aber bereits die ungeschriebe-ne, bis auf diesen Tag in jedem Zugabteil stumme Solidarität derer gebildet, die zuerst da waren: Hier ist kein Platz mehr, hier ist alles besetzt. Und den hereindrängenden Bewohnern der Arbeitervorstadt im Norden stellen sich alle nur denkbaren Hindernisse entgegen, von Großmutters abblockenden Knien bis zum Schutzschild des Picknickkorbs. Was aber alles wenig hilft, denn dann wird eben ganz indezent und mit ein wenig Nachhilfe mittels roher Gewalt und grober Worte darüber hinweggeklettert - und dann ist Rue erreicht und Quend-le-Jeune, die Endstation für unsere 6,25 F-Reisenden auf der "Grande Ligne" nach Calais. Hier steigen sie um in die "Dampf-Tramway" zum Strand Saint-Quentin-Plage (sie wird inzwischen wohl fertiggestellt sein!).

"Quend-le-Jeune!" schreit der Bahnhofsvorstand und er verschluckt die Hälfte und es klingt wie "Ke-tschön". Aber wer legt darauf schon Wert. Es ist wie in allen Bahnhöfen der Welt, man weiß, jetzt muß man aussteigen. Die Dampf-Tramway wartet schon. Das *Café des Touristes* auch.

Die Kinder atmen die gesunde jodgesättigte Luft ein, schlucken auch schon mal unfreiwillig ein paar Portionen Salzwasser, fangen sich die eine oder andere elterliche Kopfnuß ein, dann gibt es die mitgebrachten Schmalzbrote und vielleicht auch einen Schluck Wein. Dann machen die Eltern wieder ein Nickerchen, diesmal aber im Sand und vor dem kräftigen Wind und der Brandung; das bläst die fabrikluftverseuchten Lungen so richtig durch, was? Und nicht einmal, wenn es ab und an ein wenig vom bleigrauen Himmel nieselt, wachen sie auf.

Am Abend, aufgekratzt von der Seeluft, geht es mit Gesang wieder heimwärts. Getrunken wird auch fleißig, die Flaschen kreisen, selbst von einem Abteil zum anderen – über die Fenster der Außentüren (jedes Abteil hat in diesen ganglosen Waggons seine eigene Eingangstür direkt von draußen). Die dröhnenden Lieder hallen durch die Bahnhöfe, die man passiert, und sie handeln in deftigen Versen von Zweifeln am häuslichen Glück des Bahnhofsvorstands oder auch vom Geisteszustand der Bourgeoisie, die das verständlicherweise nicht so gerne hört.

Die ganz Alten erzählen dazwischen ihre Heldentaten aus dem 70er Krieg und die Großmutter, die sich inzwischen mit dem Teufelswagen ausgesöhnt hat, berichtet ihre Erinnerungen an die Kaiserin Eugénie. Bei der Ankunft in Paris ist bei allen alles weg: Stimme, Wein und Geld. Dafür hat man aber etwas erlebt.

Und am nächsten Morgen wird man im *Café Universel* neben dem Fabrikeingang den Kollegen ernst und mit erhobenem Zeigefinger und emotionsfeuchten Augen von den Schönheiten des Meers und der fernen Horizonte berichten...

DER FLECHE D'OR

Es war von jeher ein mühevolles Abenteuer gewesen, diese Überquerung des "kleinen Meeres" mit dem Namen "Ärmelkanal", nämlich des "Channel" für diejenigen, die von dieser Schwierigkeit profitierten, beziehungsweise des "Manche" für die auf der anderen Seite, die ihn zu überwinden trachteten. Bis heute ist es, gleich, welches Wasser–Transportmittel man benützt, unmöglich, alle Komplikationen und Verzögerungen auszuschalten, die sich bei der Kanalüberquerung ergeben können, und es fällt wiederum der Eisenbahn zu, die neue Epoche nach der Eröffnung des endlich gebauten Tunnels zu bestimmen, wenn Britannien tatsächlich mit dem Kontinent verbunden ist. (Eine unendliche Geschichte für sich, dieser Tunnelbau, wie man weiß...)

Dreißig Kilometer nicht sehr tiefen Wassers trennen zwei Welten: die englische und den "Rest", wie sie dort drüben schon immer gerne zu sagen pflegten. Und dieses bißchen Salzwassers wegen haben die zahlreichen Invasoren aus diesem "Rest" des Kontinents jahrhundertelang hier an den Ufern der französischen Küste ihren ersten strategischen Rückschlag erlitten und begannen zu zögern. Alle. Jedenfalls nach Wilhelm dem Eroberer, der 1066 der letzte war, dem es gelang, also vor nun schon bald tausend Jahren. Andere nach ihm, ob nun Franzosen oder Deutsche, haben später ganz Europa und Rußland erobert, und sei es nur vorübergehend gewesen, sind aber niemals in Dover oder Folkstone gelandet, deren Klippen man von der französischen Küste aus bei klarem Wetter sogar sehen kann.

Als England sich dann mit Eisenbahnen überzieht und bereits sein erstes Schienennetz bekommt, während im übrigen Europa erst nach und nach einzelne isolierte Strecken entstehen, stellt sich das alte Problem der – diesmal friedlichen – Kanalüberquerung aufs neue. Das reiche, industrialisierte England, die große Handelsnation, kann einfach nicht länger in dem alten, rein militärisch begründeten Isolationismus und in seiner unfruchtbaren Insularität verharren. Zumindest teilweise unter dem wachsenden Druck der öffentlichen

Calais ist für die Seekrankheitsanfälligen nur mit Strapazen zu erreichen... Dies hier ist die Gare Maritime zu Beginn des Jahrhunderts. Noch ist die Ära der Raddampfer (Bildmitte) nicht vorüber und auch nicht die der Schnellzugwaggons aus Holz mit Eisenrahmen der Compagnie du Nord

Meinung, befreundet man sich tatsächlich mit der Idee des Kanaltunnels. Und tatsächlich beginnen 1875 bereits die ersten Erdarbeiten dafür, nämlich an der Steilküste von Abbott's Cliff.

Wie man weiß, wurde nichts weiter daraus. Aber man muß auch wissen, daß dies keineswegs der erste Tunnelversuch war (wie auch danach keineswegs der letzte). Bereits 1803, als noch kaum die Idee von der Eisenbahn existierte, gab es den ersten Plan eines Fußgänger(!)-Tunnels. De Mottroy schlug ihn einem Bonaparte vor, der damals allerdings noch wenig anderes im Kopf hatte, als der große Napoleon zu

So dramatisch ging es damals noch in Dover am Kanalfährenbahnhof zu, wenn das Meer wogte. Da kam es schon einmal vor, daß die Wellen auf die Gleise spülten und einen gerade vorüberkommenden Zug unfreiwillig wuschen (samt allenfalls vorwitzigen herausschauenden Passagieren!)...

werden. 1855 wird Thomé de Gamond, der mit einer Barke den Meeresgrund erforscht, dieserhalb auf Kongressen angegriffen. Er denkt nämlich an einen Tunnel oder einen Damm für Züge über den Kanal. Andere wie Payenne, Hawkshaw, Horeau und Bateman schlagen in der 2. Hälfte des 19. Jh. immer wieder Tunnelprojekte vor, die einen durch in das Wasser abgesenkte Fertigbauteile, die anderen gar als Schwimm- oder in einiger Tiefe schwebende Tunnels, wohingegen Schneider und Hersent sich einen gewaltigen Viadukt, eine Brücke, vorstellen. Ein gewisser Doktor Lacomme versteigt sich gar zu einem auf dem Meeresboden fahrenden Eisenbahnzug mit dicken Aussichtsfenstern "zum allgemeinen Ergötzen und auch lehrreichen Studium der Fische". Die

Fahrt soll, versteht sich, ohne Aufenthalt stattfinden, und bei kleineren Mißgeschicke wie etwa Entgleisungen wird der Zug nicht etwa, wie es oben auf der Erde in solchen Fällen geschieht, umkippen und liegen bleiben, sondern man läßt ihn per Auftrieb nach oben schweben, wo es dann genügt, sich von dem nächsten des Wassers kommenden Schiff abschleppen zu lassen.

Noch andere Vorschläge in ungefähr dieselbe Richtung regen rollende Plattformen mit Schienen auf dem Meeresgrund an, auf denen, weit unter der bewegten Oberfläche der unruhigen See in den – vermeintlich – ruhigen Gewässern unten die schnellen Züge Paris-London die Unterwasser-Überfahrt (oder vielmehr -Unterfahrt) im stehenden Zustand abwarten, bis sie durchgeschleppt sind. Und selbst die berühmte satirische Zeitschrift *Punch* läßt sich zu einem Vorschlag hinreißen: warum nicht gleich fliegende Züge? Der Zug fährt in Dover seine Flügel aus und schwebt über den Wassern hinüber nach Calais, wo er sich wieder herabsinken läßt... Weniger phantastisch-sarkastisch und der zumindest Denk-Realität vieler Engländer und ihrer Militärs näher, zeichnen andere Karikaturisten den Aufmarsch der britischen Flotte im Kanal mit allen ihren großen Schiffskanonen, die alle auf den Kontinent gerichtet sind, um gegen die finstersten denkbaren Szenarien bereit zu sein. Andere sehen aus einem Kanaltunnel hervorquellende Massen von Soldaten, die sich an der stolzen Navy feige unterirdisch vorbeigemogelt haben, statt sich ihr auf dem Wasser zum fairen Kampf zu stellen (klar, wie der nur hätte ausgehen können), und sich also zu Fuß der heiligen englischen Erde zu bemächtigen trachten. In finsterer Nacht kommen sie daraus hervor, entweder mit französischen Schirmmützen oder auch mit teutonischen Pickelhauben auf dem Kopf, deren Spitzen im bleichen britischen Mond fahl glänzen, und versuchen die weißen Klippen von Dover zu stürmen...

Nach dem kurzen Versuch von 1875, bei dem allerdings immerhin bereits 1800 m Tunnel auf der englischen Seite gegraben wurden, woraufhin dann aber die Regierung den Weiterbau per Dekret stoppte, arrangiert man sich wohl oder übel allseits mit der Realität: die Verbindung zwischen England und dem Kontinent ist allein mit Fährschiffen möglich. Und so wie auf der englischen Seite in Abbott's Cliff, läßt man auch in Frankreich in Sangatte die Tunnelbaustellen auf; nie wieder werden sie neu in Betrieb genommen. Die Preßluft- und Belüftungsmaschinen werden abgebaut, die schon gebuddelten Tunnels wieder zugeschüttet... Und die große Zeit des *Café du Tunnel* in Sangatte ist auch schon wieder vorbei.

WIE MAN IM 19. JH. ZWISCHEN PARIS UND LONDON REISTE

Von Paris nach London zu gelangen (oder auch umgekehrt), war eine mühsame Angelegenheit. Man konnte es machen, wie man wollte, es dauerte endlos. Man konnte beispielsweise im Gare St.Lazare einen Zug der Compagnie de l'Ouest (die 1909 in das staatliche Eisenbahnnetz übernommen wurde) nach Dieppe, Le Havre oder sogar Cherbourg nehmen, und das dauerte drei Stunden nach Dieppe und Le Havre und sechs bis Cherbourg. Dann nahm man vielleicht das Dampfboot, mit dem man, vorausgesetzt das Wetter war nicht schlecht und die See ruhig, die englische Küste in Newhaven von Dieppe aus in dreieinhalb Stunden erreichte, oder Southampton von Le Havre oder Cherbourg aus in viereinhalb bis fünf Stunden. Dazugerechnet die Umsteige- und Wartezei-

ten, war man nun über Dieppe und Le Havre schon neun Stunden unterwegs und gute dreizehn über Cherbourg.

Die andere Möglichkeit: Man fuhr mit einem Zug der Compagnie du Nord nach Boulogne oder Calais und langte mit der Fähre in Dover oder Folkestone an, um dann über Ashford und Canterbury wieder mit dem Zug nach London zu gelangen. Auf dieser Strecke wäre die Überfahrt am kürzesten – sie dauert keine zwei Stunden –, aber dafür sind die Zugreisezeiten länger: drei Stunden bis Boulogne, etwas mehr bis Calais, und drüben auf englischem Boden noch einmal zweieinhalb Stunden, insgesamt also alles in allem acht Stunden von der Abfahrt in Paris bis zur Ankunft in London.

Hatte auf diese Weise aber die Compagnie du Nord einen deutlichen Zeitvorteil, so gab sich die Compagnie de l'Ouest keineswegs geschlagen und tat sich noch enger mit ihrer englischen Partnergesellschaft - der London Brighton and South Coast Railway - zusammen, um möglichst schnelle Züge einzusetzen und dies auch noch zu besonders günstigen Preisen. Auf diese Weise gab es 1894 – wie aus einer Werbung von damals hervorgeht – die Möglichkeit, am Gare St.Lazare in Paris um 9.30 Uhr morgens abzufahren und um 19 Uhr in London zu sein, also nach neuneinhalb Stunden, und das zu einem Preis von je nach Klasse 23,25 bis 43,25 F. Die Compagnie du Nord wußte dem immer noch mit 7:50 Stunden Gesamtreisezeit entgegenzutreten, nämlich mit der Ankunft in London um 16.50 Uhr bei Abfahrt um 9 Uhr morgens. Es gab sogar eine zusätzliche Möglichkeit der Abfahrt um 10.30 Uhr von Paris und der Ankunft in London um 17.50 Uhr, also mit sogar nur 7:20 Stunden Reisezeit. Dabei bleibt bemerkenswert, daß es auch fast hundert Jahre später noch kaum schneller geht...

Die Compagnie du Nord kündigt sogar Überfahrten von traumhaften 60 Minuten an... was allenfalls annähernd an die Wirklichkeit herankäme, wenn man nur die reine Überfahrtzeit rechnete, im günstigsten Fall und in absehbarer Zukunft, ohne den ganzen Zeitverlust dazwischen: Ankunft, Umstei-

gen, Warten... Außerdem ist diese Gesellschaft auffallend zurückhaltend, was die Nennung ihrer Preise angeht. Und das läßt natürlich darauf schließen, daß sie in dieser Hinsicht mit ihrer West-Konkurrenz nicht mithalten kann oder will. Beide Gesellschaften bieten übrigens aber auch eine Nacht-Überfahrt an: Abfahrt Paris 21 Uhr, Ankunft in London auf der einen Strecke um 7.40 Uhr, auf der anderen schon um 5.30 Uhr, also elf bzw. achteinhalb Stunden Reisezeit. (Was würde ohnehin eine Ankunft vor halb sechs Uhr morgens nützen...)

Der Kanal? Aber gewiß doch: eine friedliche tropische Lagune, auf der sich die Paddler vergnügen können... zumindest, wenn man dieser Werbe-Idylle aus den 20er Jahren Glauben schenken will. Brighton, "das englische Nizza", wird täglich vorbildlich von nicht weniger als sechs schon elektrifizierten direkten Schnellzügen aus London und ganz England bedient (National Railway Museum, York)

Brighton, Folkestone, Dover, alles Orte an der englischen Südküste, werden regelmäßig von eleganten und schnellen Luxuszügen aus dem ganzen Land bedient. Deren distinguierte Farbgebung in Kastanienbraun und Beige wird zum Vorbild für die Zugzwillinge Flèche d'Or/Golden Arrow zu beiden Seiten des Ärmelkanals

Ein sehr schönes und seltenes Bilddokument: die Ankunft des ersten Flèche d'Or Paris-Calais im Bahnhof von Calais am 13. September 1926. Die Lokomotive ist eine Superpacific Nord, nämlich die Nr. 3.1205 aus der zweiten Serie von 1923–24, mit einem deutschen 64 t-Tender. Sie ist schokoladenbraun lackiert. Hinter ihr ist der völlig ungewöhnliche Gepäckwagen mit einer überhöhten Kabine in der Mitte und je zwei Gepäckcontainern davor und dahinter auf offener Plattform, die direkt auf das Fährschiff verladen werden. Es folgen die braunbeigen Salonwagen mit weißem Dach, die damals schönsten überhaupt. Im Hintergrund erkennbar eine Vielzahl mechanischer Signale, Saxby-Stellwerkposten und zeittypische Wasserkräne. Ganz rechts rangiert eben eine 040 T Petiet, die an ihrem Führerhaus erkennbar ist. Eine Entdeckungsreise für Eisenbahnliebhaber...!

Diese Lokomotive Atlantic Nord 221 war eine der besten und schnellsten des Jahrhundertbeginns und stand unter dem Signum der "dreimal drei": 300 t 300 km weit in 3 Stunden (neben der noch stärkeren Pacific auch Zuglok des Flèche d'Or)

Die Umstände sind nun einfach so, daß auch während vieler folgender Jahre und Jahrzehnte diese Reisezeit zwischen Paris und London nicht kürzer werden kann. Das gilt für die ganze Belle Epoque ebenso wie noch für die Zeit zwischen den beiden Weltkriegen. Denn diese Strecke besteht nun einmal aus drei Abschnitten, zweien mit der Eisenbahn und einem dazwischen zu Schiff. Um technisch wesentliche – und sich auswirkende – Zeitverkürzungen zu erzielen, ist sie einfach zu kurz. Die Compagnie du Nord stellt im Jahr 1900 auf der Strecke Paris-Calais bemerkenswerte neue Lokomotiven vom Bautyp 221 (also mit einem "Bogie"-Drehfahrgestell vorne, zwei Antriebsachsen und einer Tragachse hinten) für 300 t schwere Züge bei durchschnittlich 100 km/h Geschwindigkeit ohne jeden Zwischenhalt in Dienst. Und noch vor 1914 wird damit die Fahrzeit auf der 297 km langen Strecke auf 3:15 Stunden verringert. In den 30er Jahren bringt eine noch stärkere Lok, die berühmte *Pacific 231*, gerade noch 5 Minuten Zeitersparnis: 3:10 Stunden statt 3:15. Ist dies den Aufwand wert? Die gleiche Frage stellt sich im übrigen auf dem Wasser, wo immer noch motorstärkere Fährschiffe dennoch kaum nennenswerte Zeitgewinne erzielen können und im Gegenteil oft mindestens ebenso große Verspätungen haben wie ihre Vorgänger, wenn die See sehr rauh ist. Denn dann müssen sie ihr Tempo drosseln, schon wegen der Kollisionsgefahren mit anderen Schiffen auf der immer lebhafter befahrenen Kanalwasserstraße. Und noch sind zu dieser Zeit die Schiffe verhältnismäßig ungenau im Kurshalten. Das Radar muß erst noch erfunden werden.

Die Probleme der Eisenbahn sind auf der englischen Seite genau dieselben wie auf der kontinentalen, ganz gleich, ob man von Southampton oder Newhaven her mit der London

116

Brighton and South East Railway oder über Dieppe und mit der South Eastern and Chatham Railway nach London kommt. Diese beiden Gesellschaften bedienen Südengland, das im wesentlichen bereits fast völlig eine einzige, überaus dicht besiedelte Vorortregion von London ist. Die "Schiffszüge", hier "boat trains" genannt, haben ihre liebe Not, in dem unaufhörlichen Gewirr der zahllosen Vorortszüge eine Durchfahrtlücke zu finden, etwas überspitzt ausgedrückt. Das heißt, auch auf sie wirkt sich direkt und sofort die kleinste Störung oder Verspätung irgendwo auf dem ganzen Schienennetz aus, dessen Gleise in jeder Richtung im Minutenabstand befahren werden. Der Einsatz leistungsstärkerer Lokomotiven vom Typ 221 oder 230 auch hier, wie es die Southern tut – die "Erbin" der beiden oben genannten Gesellschaften bei der Neuorganisation 1923 – bringt deshalb auch hier keine nennenswerten Zeitgewinne außer bestenfalls fünf oder zehn Minuten nach Dover, und die können die Passagiere sich dann mit einer Tasse Tee wartend vertreiben, weil das Fährschiff wieder einmal Verspätung hat...

Die kaum zu beseitigenden naturgegebenen Verspätungen der Fährschiffe übrigens bringen sehr konkrete technische Probleme für die Fahrplan-"Regulateure" der Eisenbahnen mit sich. Die Fahrplanzeiten müssen eingehalten werden. Fahrpläne sind ein endlos verästeltes Gitterwerk sowohl für den Schienenverkehr selbst als auch für die Reisenden und ihre Anschlußzüge. Die Regulateure müssen jederzeit, ihre Kursbücher oder Streckenpläne vor sich, im Bilde darüber sein, wo sich jeder Zug gerade befindet, und von Bahnhof zu Bahnhof telefonieren. Es gibt Schienenstrecken, auf denen Züge im Minutenabstand passieren. Genaue Abfahrtszeiten sind deshalb unerläßlich. Hat nur ein Zug Verspätung, bewirkt das einen Akkordeon- und Staueffekt, der möglichst rasch wieder beseitigt werden muß. Jedesmal, wenn ein Fährschiff eine unvorhergesehene Verspätung hat, stellt ihre oft ganz unvorhersehbare Ankunft und damit die Abfahrt der Züge einen ständigen Alptraum für die Regulateure dar, zumal sie obendrein auch noch ständig mit gar nicht so seltenen Sonderzügen rechnen müssen, etwa für Staatsgäste, politische Prominenz oder Geschäftsleute, die viel Geld dafür bezahlt haben, rasch auf und über das Wasser zu gelangen...

Es kommt dazu, daß die Fährschiffe zwischen Calais und Dover im Rotationseinsatz fahren. Jede Verspätung überträgt sich also auch auf die nächste Fahrt. Ohnehin kann ein Schiff naturgemäß nicht exakt auf die Minute abfahren wie ein Zug; jedenfalls nicht auf dem Meer. Sollen die Ausflugsdampfer auf den stillen schweizerischen Seen denn in Gottesnamen den Pünktlichkeitsrekord haben, aber der Ärmelkanal ist häufig wind- und wettergepeitscht und unruhig und hat außerdem starke und vertrackte Strömungen! Und kommt ein Fährschiff mit Verspätung an, muß es oft genug auch noch warten, bis im

Hafen ein Anlegeplatz frei wird. Häfen wie Calais befinden sich im permanenten Ausbau- oder Überholungszustand. 1926, als die CIWL einen neuen "Prestigezug" zwischen Paris und London einführt, ist dies bereits überall die gleiche herrschende Situation, die auch die ganzen folgenden Jahrzehnte unverändert bleibt.

DER GOLDEN ARROW ODER: DURCHBRUCH EINER BARRIERE

Schon in der Belle Epoque gab es Luxuszüge zwischen London und Paris, die die schnellstmögliche Verbindung zwischen den beiden Hauptstädten darstellten. Der Simplon-

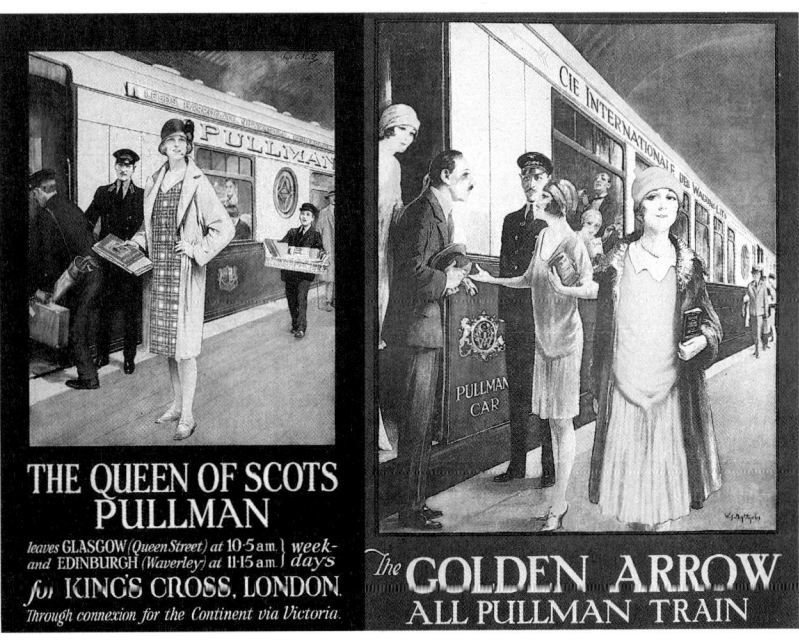

THE QUEEN OF SCOTS
PULLMAN
leaves GLASGOW (Queen Street) at 10·5 a.m.\ week-
and EDINBURGH (Waverley) at 11·15 a.m.\ days
for KING'S CROSS, LONDON.
Through connexion for the Continent via Victoria.

The GOLDEN ARROW
ALL PULLMAN TRAIN

Wie sich die Werbe–Bilder gleichen: hier für den Pullman–Luxuszug "Queen of Scots", dort für den Pullman–Luxuszug "Golden Arrow". Allenfalls der sichtlich bevorstehende Handkuß für den schließlich nach Frankreich fahrenden Goldpfeil wird bei diesem noch ergänzt ...

Der klassische Typ der Klientel des Golden Arrow/Flèche d'Or: Whisky, Pfeife, Times, vornehm–lässige Distinktion – "très british" eben... Das hier allerdings ist eine Szene aus dem Salonwagen des Royal Scot von 1928

Express London-Venedig zum Beispiel ermöglichte es, London um 11 Uhr zu verlassen und abends um fünf nach halb sieben in Paris zu sein – also nach siebeneinhalb Stunden. Nach dem Ersten Weltkrieg fuhr dieser Expreß dann um 8.50 Uhr morgens in London ab und war erst um halb acht Uhr abends in Paris, bevor er weiter nach Italien fuhr. Mit anderen Worten: in dieser Nachkriegszeit waren die Fahrzeiten merklich länger geworden. Erst allmählich verkürzten sie sich wieder und hatten in den 30er Jahren wieder den Vorkriegsstand erreicht: London ab 14 Uhr, Paris an 21.35 Uhr, gleich 7:35 Stunden Reisezeit.

Die "Barriere" der 7 Stunden zu durchbrechen, war lange ein besonders von der CIWL anvisiertes Ziel. Mit dem Gedanken im Kopf, daß es sowohl in London als auch in Paris eine Klientel gab, "die etwas Besseres verdiente als nur ein kleiner Teil einer längeren Europa-Strecke zu sein", beschloß sie, einen "echten" Zug Paris-London einzuführen, unabhängig vom Simplon-Expreß, der andere, entferntere Ziele hatte und dessen englisch-französische Etappe eben nur ein Teilstück einer größeren kontinentalen Strecke darstellte. Kurzum, 1926 schlug also damit dem *Flèche d'Or* die Geburtsstunde; beziehungsweise dem *Golden Arrow*, wie er auf der anderen Seite des Kanals auf englisch hieß: dem Goldenen Pfeil also.

Es ist ein eleganter Zug, ganz kastanienbraun und beige gehalten und mit Goldleisten. Wie der Orient-Expreß und der Train Bleu ist er von Anfang an ein "Prestigezug". Es ist bemerkenswert, daß die Hersteller von Modelleisenbahnen, wie besonders die Marke Jep, aus ihm ihren schönsten Zug machen, den sie jemals herausbrachten, und sogar nur ihn als Repräsentanten der Wagen der CIWL auswählten: dies allein schon ein Beweis für die Faszination dieses Zugs.

Mit ihm war es möglich, Paris mittags um Punkt 12 Uhr zu verlassen und um 19.15 Uhr in London anzukommen. In der Gegenrichtung fuhr man um 10.45 Uhr in London ab und erreichte Paris bereits um 17.40 Uhr - und damit war auch die bewußte 7-Stunden-Barriere durchbrochen, jedenfalls in einer Richtung ...

In der Tat existieren auch wirklich zwei "Flèche d'Or/ Golden Arrow". Es sind zwei verschiedene Züge auf den beiden Seiten des Kanals, ein englischer und ein französischer, weil es nämlich erst ab 1936 Fährschiffe gibt, in die ganze Züge einfahren können; zu diesem Zeitpunkt startete dann die englische Gesellschaft Southern ihren berühmten *Night Ferry* zwischen London und Paris mit Schlafwagen, die speziell in englischer Breite gebaut waren (also schmaler als die kontinentalen).

Von den beiden Goldenen Pfeilen ist schwer zu sagen, welcher der schönere ist. Der englische hat vorne auf der Lok sein Signum *Golden Arrow*, bekommt aber seine kastanienbraune und beige Farbgebung erst 1929, also erst drei Jahre nach dem französischen Partner, der seinerseits seinen Namen *Flèche d'Or* vorne an der Lok trägt.

Aber er hat alsbald den Ruf des elegantesten englischen Zugs. Das kann man verstehen, wenn man sich vorstellt, wie er in seiner makellosen Gepflegtheit und sorgfältigen Zusammenstellung durch die schöne Landschaft der Grafschaft Kent fuhr, das Entzücken britischer Ästheten, die zu jener Zeit in Sachen Schönheit ohnehin nichts über Lokomotiven und allenfalls noch Pferde kommen ließen. Die schönen Waggons mit ihren Fensterlampen und Oberlichten, ihren Holzgehäusen mit goldenen Zierleisten und nicht zuletzt vorne mit der Lokomotive des Typs *Atlantic* in hellem Kastanienbraun (das bei der Southern ohnehin ganz ungewöhnlich ist; deren Signalfarbe ist ansonsten ein helles Grün), wie sie ohne Halt an den Ziegelbauten der kleinen Bahnhöfe, den weißgestrichenen Stellwerken oder Weichenstationen aus bemaltem Holz entlang der Strecke vorüberbrausen, sind wirklich ein Symbol für Eleganz und Makellosigkeit, die Perfektion auf Schienen schlechthin, ohne jeden Verstoß gegen den guten Geschmack, wie es ja auch angesichts der Klientel, die man damit bedient,

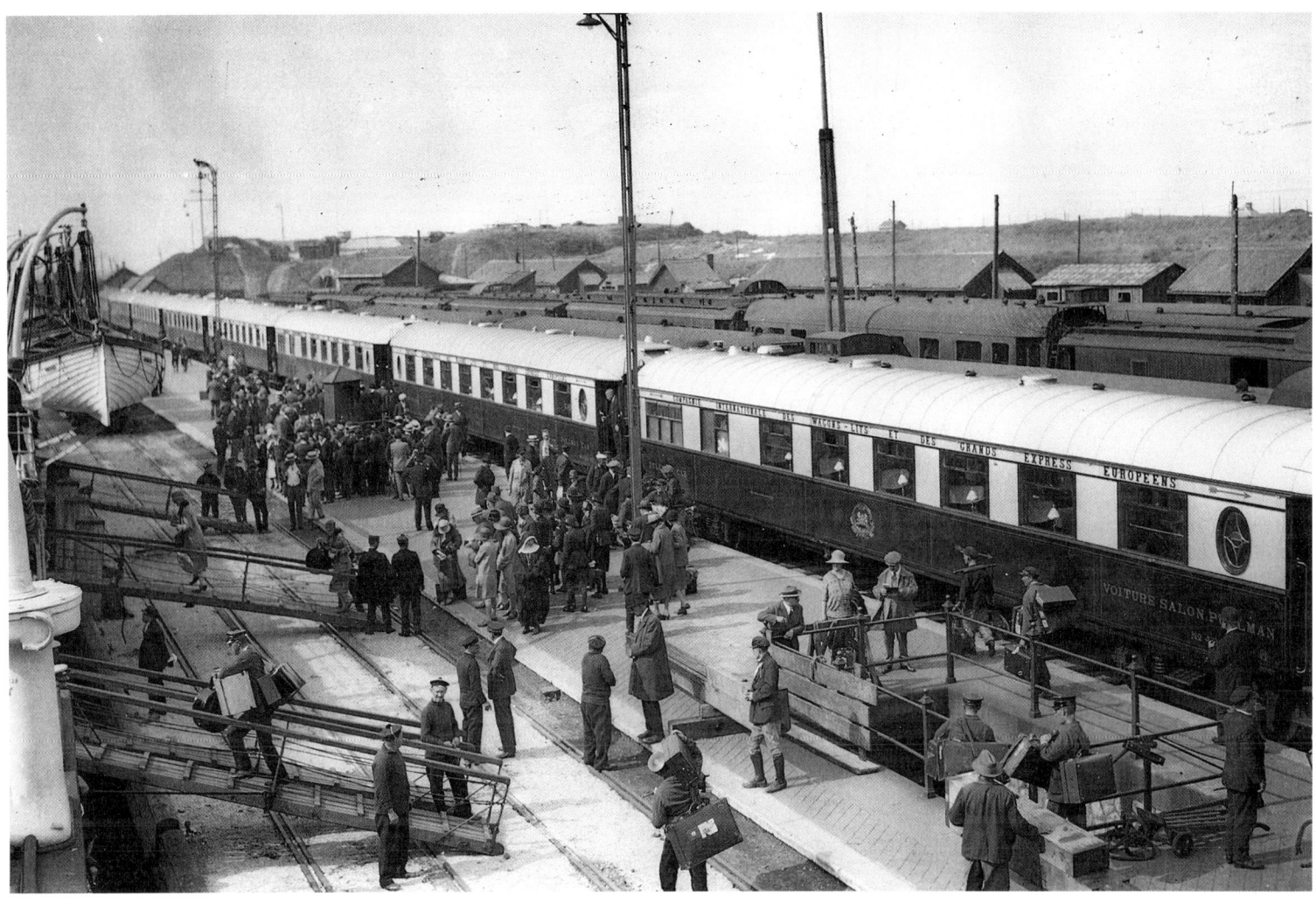

Der Flèche d'Or im Hafen von
Calais 1926. Die Reisenden
können direkt gegenüber das
Fährschiff besteigen. Die beiden Wagen im Vordergrund
sind ein Beispiel für die typische "Couplage" dieses Zugs:
Je zwei Wagen hintereinander haben eine gemeinsame
eigene Küche (erkennbar an
ihren anderen Fenstern; direkt hinter dem Lichtmast)

unerläßlich ist. Diese sitzt bequem in den mahagonigetäfelten Zugsalons und -abteilen bei einem Ceylontee oder einem edlen Whisky (Mindeststreifealter ein Vierteljahrhundert!) in verrückbaren schweren Lederfauteuils, und man kann von einem jeden dieser Reisenden vermuten, daß er direkt aus einem Schloß in Sussex oder im schottischen Hochland kommt. Jeder Waggon hat seinen eigenen Namen: "Iolanthe" und "Grosvenor", "Alberta" oder "Verona", alles Namen, die zwei-fellos einen schon leicht überständigen Charme signalisieren, aber auch gleichzeitig das Bemühen um Individualität und Ausgesuchtheit, wie sie nicht einmal Konkurrenten wie ein Pullmanwagen vorweisen können.

Das französische Gegenstück, der Flèche d'Or, ist vor allem technisch bemerkenswert, weil er mit einem ganz neuen Waggontyp ausgestattet ist, der in der Eisenbahnge-schichte Schule machen wird und dessen Abkömmlinge be-deutsame Auswirkungen auf die großen Züge der CIWL ha-ben. Der Salonwagentyp des Flèche d'Or wird in der Tat auch beim Train Bleu eingesetzt. Mit seinen 23,45 m Länge ist dieser Waggontyp in Ganzstahlbauweise gefertigt und entspricht ansonsten genau der im Kapitel 7 beschriebenen Ausstattung des Train Bleu. Seine Federung ist sogar noch besser, um jedes Holpern und jede Erschütterung zu vermeiden. Jeder Waggon ist anders eingerichtet, sei es in der Täfelung, sei es in der Polsterung, und zwar sowohl nach dem Material wie den

Farben. Die besondere Note ist, daß das Essen ins Abteil serviert wird – eine Erstmaligkeit in der Eisenbahngeschichte. Die Passagiere brauchen also nicht einmal mehr die bequemen Luxussitze ihres Abteils zu verlassen, um in den Speisewagen zu gehen, und können ihre Mahlzeit von einem daraufgestell-ten Mahagonitisch essen. Im übrigen besteht der Zug auch gar nicht aus Einzelwaggons, sondern aus "Couplages", jeweils zwei zusammengekoppelten Wagen. In einem davon befindet sich eine Küche; jeweils zwei gekoppelte Waggons haben also eine gemeinsame Küche.

Die Waggons mit Küche haben 24 Plätze und wiegen 51 t, die anderen bieten 32 Reisenden Platz und sind 47 t schwer. Ihre "Hausstrecke" ist zwar Paris–Calais, aber sie werden auch auf anderen Linien eingesetzt, beispielsweise zwischen Brüs-sel und Calais oder Paris und Amsterdam (wobei es auf dieser Strecke jedoch nur die festgeschraubten Sitze gibt, nicht die prestigeträchtigen verrückbaren Ledersessel, was nicht so "schick" ist, aber dafür mehr Plätze ermöglicht: zwischen 38 und 51, und damit ist die "Prestigequalität" auf der Linie Paris–Amsterdam merklich geringer als im Flèche d'Or. Außer-dem gibt es auch "Prestige"-Luxuswaggons auf der Strecke nach Vichy, sogar mit einer Direktverbindung aus London (Abfahrt 9 Uhr, Ankunft in dem berühmten Kurbad um 22.50 Uhr, in der Gegenrichtung mit exakt denselben Zeiten; und die Belegung dieses Zuges beweist ohne Zweifel, daß die Englän-

der sichtlich ihre Leberprobleme zu kurieren haben: Pudding oblige, sozusagen...

1930 ist der Flèche d'Or/Golden Arrow eine eingeführte Institution. Die 464 km von Paris bis London über Calais werden nun im besten Fall mit durchschnittlich 70,4 km/h in 6:35 Stunden zurückgelegt, wobei der Durchschnittswert die Kanalüberquerung einschließt; so hat es damals jedenfalls die *Revue générale des chemins de fer* ausgerechnet und berichtet. Doch schon macht sich auch ein mächtiger Konkurrent bemerkbar. Schon 1925 haben 20 721 Reisende den Kanal im Flugzeug überquert, und drei Jahre später, 1928, hat sich diese Zahl verdoppelt: auf 43 179...

Und schon wird dem ganzen Kanalverkehr der Tod infolge Auszehrung durch den Flugverkehr prophezeit, und die Panikmacher haben mal wieder Konjunktur. Noch hat sich nicht allgemein die bis heute geltende Erkenntnis durchgesetzt, daß ein neues Verkehrsmittel keineswegs zwangsläufig den Tod aller alten bedeutet...

Die Pacific Chapelon Nord *mit ihrer eleganten schokoladenfarbigen Lackierung, wie sie heute im Eisenbahnmuseum Mülhausen zu besichtigen ist. Über dem Puffer vorne das sog.* "Cinema": *ein Leuchtsystem für die Nummeranzeige des Zugs für das Bahnhofs- und Stellwerkpersonal*

Die "Chapelon"-Nord

Die von dem Ingenieur André Chapelon (1892-1978) umgebaute *Pacific-P.O.* revolutionierte die Welt der Dampflokomotiven der 30er Jahre. Mit dieser Lok wurden Geschwindigkeiten und Tonnagen möglich, die bis dahin im normalen Betrieb unbekannt waren. Erst die Elektrozüge der nachfolgenden Jahrzehnte nach dem Krieg waren imstande, sie noch weiter zu steigern. Mit ihrer Länge von 13,71 m und einem Gewicht von 102,7 t ohne Tender, mit dem zusammen sie eine 172 t schwere Einheit bildeten, waren diese Lokomotiven vom Bautyp 231: dem *Pacific*-Typ (= ein zweiachsiges Bogie-Drehfahrgestell vorne, drei gekoppelte Antriebsachsen, eine hintere Tragachse [Bissel]). Die Antriebsräder hatten einen Durchmesser von 1,95 m. Die Abmessungen der Hochdruckzylinder betrugen 420 cm (Durchmesser) auf 650 cm (Länge), die der Niederdruckzylinder 620 cm (Durchmesser) auf ebenfalls 650 cm Länge. Die Feuerungsrostoberfläche betrug 4,33 m², die Oberfläche der Heizkesselröhren machte 199 m² aus, die der Überhitzerröhren 80 m². Die Heizkesselröhren hatten eine Länge von 5,90 m. Der Zylinderdruck ("Arbeitsdruck", in der Fachsprache) betrug 17 hpz. Der innere mittlere Zylinderkörperdurchmesser des Heizkessels war 1,68 m.

Bei Tests der SNCF in den Jahren 1957-58, in denen Elektroloks und Meßwagen zu schieben waren, um deren Scherenbügel-Stromabnehmer zu prüfen, wurden mit normalen Serienloks problemlos Geschwindigkeiten von 180 km/h erreicht und zahlreiche andere Versuche erbrachten keine niedrigeren als 160-170 km/h. Dieser Lokomotiventyp konnte über 500 t schwere Züge mit Durchschnittsgeschwindigkeiten von mehr als 110 km/h auf den schwierigen Strecken des Nord-Schienennetzes fahren und dabei sogar Spitzen bis zu 130 km/h erzielen.

DIE "CHAPELON NORD": DIE KRÖNUNG DES FLÈCHE D'OR

1929 bringt André Chapelon, der als Genie der modernen Dampfklok weltbekannte französische Ingenieur, aus den Werkstätten der Eisenbahngesellschaft Compagnie de Paris-Orléans in Tours eine Lokomotive des Typs Pacific heraus, die mit einem Hochdruckkessel versehen ist und mit verlängerten Dampfröhren über wechselweise sich öffende Nocken sowie mit einer spezialgeschweißten Achse und einem besonderen Dampfablaßsystem (das seinerseits von dem finnischen Konstrukteur Kylalaä stammt), dem berühmten "Kylchap".

Die so verbesserte Lok setzt die ganze Welt in Erstaunen. Ihre Leistung ist von 2000 auf 3100 PS verbessert und das bei einem um 25 Prozent verringerten Verbrauch. Sofort beschließt die Compagnie de Paris-Orléans, eine ganze Pacific-Serie auf das neue System umrüsten zu lassen, es aber gleich noch weiter zu verbessern. Die Maximalleistung wird bis auf 3400 PS erhöht, und 1000 t schwere Züge können jetzt mit Leichtigkeit 120 km/h und mehr fahren.

Dies weckt das Interesse der Compagnie du Nord. Sie läßt sich von jedem der diversen französischen Streckennetze eine Lok kommen und stellt Leistungsvergleiche an. Die Est und die PLM schicken beide ihre neueste Maschine, nämlich die *Mountain* vom Typ 241 mit vier Antriebsachsen, die Nord die *Superpacific* und die P.O. eine von Chapelon umgebaute *Pacific*, die Nr. 3715. Und diese läßt alle anderen weit hinter sich. Am 12. Januar 1933 fährt sie an der Spitze des Flèche d'Or und holt mit einem 650 t schweren Zug, mit dem sie noch auf der großen Steigung von Gannes 120 km/h schafft, zwischen Paris und Calais 22 Minuten Verspätung auf. Die Nord ist überzeugt und bestellt sofort 20 *Pacific Chapelon* in Tours. Später sagen die Lokomotivführer der Nord: "Mit dieser Lok haben wir erst richtig erlebt, was Leistung ist." 1936 bestellt die Gesellschaft weitere 20 Stück dieser Lok und die jeweils gleiche Anzahl auch in den Jahren 1937 und 1938.

Die Lok macht in ihrem schokoladebraunen Farbton mit den Goldstreifen aber auch etwas her vor dem Flèche d'Or, und noch mehr, als 1932 das Braun und Beige von einem Dunkelblau abgelöst wird. Und nun hebt die verschiedene Fardgebung von Lok und Zug die Lok noch mehr als Besonderheit hervor. Und dies wiederum macht sie zur begehrtesten Lok aller Lokführer der Nord und weckt bei denen, die auf ihr fahren, den Ehrgeiz, sie besonders zu pflegen und zu wienern und in einem makellosen Zustand zu halten, bis hin zu den weißbemalten Räderfelgen. Diese alte Tradition französischer Züge war zu dieser Zeit damals auf den anderen Strecken und bei den anderen Gesellschaften schon im allmählichen Aussterben begriffen, aber die Nord hielt bis zum Ende auch damit ihr Image großer Leistung und gepflegtester Züge aufrecht.

Die *Chapelon* geht auf diese Weise in die Annalen der Eisenbahngeschichte ein, und das auf einem Streckennetz, dem sie eigentlich gar nicht entstammte, weil die Basis-*Pacific*, aus der Chapelon seine Speziallok entwickelte, ja, wie gesagt, eine Lokomotive des Paris-Orléans war, jener Gesellschaft, die den Südwesten Frankreichs bediente. Zusammen mit ihrem Spezialtender mit großem Fassungsvermögen repräsentierte sie eine sehr typische "Nord"-Ästhetik und reihte sich ebenbürtig in den Kreis der *Superpacific Nord* oder selbst der *Atlantic Nord* ein, die beide ebenfalls die schokoladenbraune Farbe und die gleichen Tender hatten.

Mit der *Chapelon* erreicht der Flèche d'Or seinen Kulminationspunkt. Für alle Jungen der Zeit damals – und kaum minder für ihre Eltern - ist es ein Schauspiel, ihn vorüberfah-

Eine Chapelon *in ihrem letzten Gewand, dem der SNCF zu Beginn der 60er Jahre. Kurz danach war das Dampfeisenbahnzeitalter zu Ende. Das damalige SNCF–Signal–Dunkelgrün ist mangels ständiger Pflege nachgedunkelt und fast schwarz geworden. Es demonstriert allen Nostalgikern den Niedergang des Zeitalters der auf Glanz polierten Luxuszüge – und, wie elegant das einstige Schokoladenbraun dagegen doch war...*

Im Depot von Calais, 1964. Die letzten Dampfzugjahre sind angebrochen... Am Boden: die typische Lokomotivführermappe von einst für die persönlichen Sachen und die Streckendokumente

Auch auf der englischen Seite der Goldpfeilstrecke läßt man die Dampfeisenbahn "nobel zugrundegehen". Bis zuletzt fahren die berühmten, von dem Ingenieur Bullied konstruierten Pacific–Loks auf dem Streckennetz der Southern samt ihrem Signum vorne auf der Lok sozusagen "erhobenen Hauptes" durch die Landschaft

121

Die schnellste von allen: die Compagnie du Nord

Im Jahr 1900 fuhren die Schnellzüge der sieben großen französischen Eisenbahnnetze mit Durchschnittsgeschwindigkeiten von 80 km/h. Auf den Strecken der Compagnie du Nord, die in ihrem Chefingenieur Gaston du Bousquet einen zielstrebigen Pionier hatte, lagen die Durchschnittsgeschwindigkeiten dabei immer am höchsten, und sie verteidigte diese vielbeneidete Spitzenstellung auch die ganzen folgenden Jahrzehnte hindurch bis zur Elektrifizierung des gesamtfranzösischen Eisenbahnnetzes bis zum

Südwesten und Südosten, die schon im Krieg begonnen und in den Jahren danach weitergeführt und in den 50er und 60er Jahren vollendet wurde, womit dann auch Spitzengeschwindigkeiten von 200 km/h möglich wurden, wie etwa mit dem *Capitole* von Paris nach Toulouse.
Eine 1904 in der *Revue générale de chemins de fer* erschienene Tabelle ist sehr interessant im Vergleich der Durchschnittsgeschwindigkeiten der damaligen französischen Züge:

	Fahrten mit Geschwindigkeiten von 80 km/h oder mehr	90 km/h oder mehr	Höchstgeschwindigkeit
Ost	10	0	82,7 km/h
Nord	40	10	96,9 km/h
West	8	0	89 km/h
Staat	0	0	-
P.O.	25	4	93,2 km/h
Midi	1	0	82 km/h
PLM	12	0	85,5 km/h
Total	105	24	

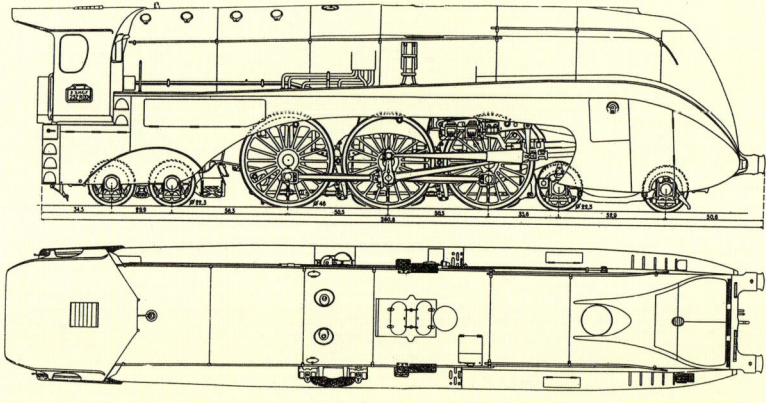

Die ersten Lokomotiven der "Nord", die englischen Stephenson-Loks, konnten 100 t schwere Züge mit 65 km/h auf ebenen Strecken ziehen, die letzten, wie die *232 U 1*, die nach dem letzten Krieg gebaut wurden, schafften 800 t mit 120 km/h unter den gleichen Bedingungen auf ebenen Strecken und hätten bei geringerer Last und Gleisstrecken hoher Qualität sogar bis zu 180 km/h im normalen Betrieb fahren können. Leider war dieser Lokomotivtyp dann

auch schon der Schwanengesang des Dampflokzeitalters in Frankreich. Die Elektroloks kamen und verbannten sie ins Museum, wo man sie heute bewundern kann. Ihr Ingenieur Marc de Caso hatte sie tatsächlich, möglicherweise in Vorahnung dessen, auf den Seiten mit der Silhouette eines Schwans versehen... und so verwirklichte sich das Bild vom Schwanengesang der Dampflokomotive in Frankreich hier auch buchstäblich.

Die Abb. oben im Kasten zeigt eine 232 R der Nord. Sie ist der 232 U sehr ähnlich und stammt ebenfalls von dem Konstrukteur Caso. Die 232 R, S und U bildeten eine Serie von acht Versuchsloks ohne Vorbild, die aber rasch Opfer der Elektrifizierung wurden

ren zu sehen oder sogar seine Abfahrt mitzuerleben, mittags auf Gleis 4 im Gare du Nord. Dieser Zug ist anders als alle anderen, allein schon wegen seiner Lok, aber natürlich auch mit seinen Pullman-Luxuswagen, aus denen er - ohne jeden Schlafwagen - besteht; eine Folge von Salonwagen, jeweils einer mit und einer ohne Küche, vergleichbar mit keinem der anderen großen Luxuszüge der Zeit, die praktisch alle mit Schlafwagen versehen sind. Und im übrigen ist auch ein

Waggon Bestandteil dieses Zugs, der ebenfalls aus dem Rahmen des Üblichen fällt: der Spezial-Gepäckwagen des Flèche d'Or, ein Plattformwaggon von ungewöhnlichem Aussehen. Er rollt auf Drehfahrgestellen, zwischen denen sich ein kurzes Gehäuse erhebt, über das ein kleines – natürlich ebenfalls braun-/beigefarbiges (und ab 1932 blaues) – Häuschen emporragt. Zu beiden Seiten dieses kurzen Gehäuses in der Mitte des Plattformwaggons ist leerer Raum für große Holzbehälter mit Eisenrahmen und großen Seitentüren. In diesen Behältern wird das Gepäck der Reisenden mitgeführt. Normalerweise stehen vier solcher Behälter auf diesem Gepäckwagen, je zwei vor und hinter dem Gehäuse in der Mitte. In Calais werden sie sofort von einem Kran direkt auf das Fährschiff gehoben, und man erspart dem Gepäck damit das rauhe Umladen von Hand; das feine Leder der eleganten Vuitton-Koffer wird auf diese Weise keinen Strapazen und Beschädigungen ausgesetzt. Wahrhaftig: welche buchstäblich "schöne Epoche", wo man auf solche kleinsten Kleinigkeiten noch sorgfältig achtete und für jedes technische Problem eine ebenso einfache wie wirksame Lösung fand, während die Mittel dafür noch recht rudimentär waren!

EIN GANZ NORMALER TAG VON BERTIN UND MADELEINE AUF DER "3. 1191"

An diesem Tag im Mai 1936 steht pünktlich um genau 12 Uhr mittags die Mannschaft Bertin-Madeleine auf ihrem Posten auf dem Führerstand der *Pacific Nr. 3.1191* im Gare du Nord in Paris.
Am Vormittag haben sich die beiden Eisenbahner in ihrem Depot Chapelle gemeldet, wo ihre Lok bereits fahrbereit unter Dampf stand. Sie haben sie pflichtgemäß noch einmal eingehend überprüft.
Sie sind "Titulaires" dieser Lok, d. h. es ist die ihre, sie fahren immer nur sie, niemals eine andere. Und natürlich erlauben sie auch nicht, daß außer den Werkstättenleuten jemals andere Hände als die ihren sie berühren.
Es dauerte acht Stunden, die Asche auszuräumen, die Feuerung zu reinigen, sämtliche Systeme neu zu füllen (Wasser, Öl, Antikalkmittel, Sand etc.), den Tender mit Kohle zu beladen, Mechanik, Maschine und alle beweglichen Teile zu überprüfen, alle nötigen sonstigen Wartungs- und Reparaturarbeiten auszuführen und die "Checkliste" durchzugehen sowie den Druckanstieg des Dampfkessels für die nächste Fahrt zu überwachen.
Bertin, der Lokführer, und Madeleine, der Heizer, haben ihre Lok schließlich übernommen und bestiegen und sie aus dem Depot gefahren, um sie vor ihren Zug zu rangieren, im Rückwärtsgang und vorsichtig über die zahllosen Weichen zwischen dem Depot Chapelle und dem Gare du Nord.
Mittag. Punkt 12. Die Pfeife ertönt auf dem Bahnsteig. "Dann los!" ruft Bertin seinem Heizer zu, und dies sind die letzten Worte, die sie wechseln. Die ganze Fahrt bis Calais verläuft in vollständiger Wortlosigkeit. Jeder weiß genau, was er zu tun hat, und ein Blickkontakt genügt völlig zur Verständigung von Fall zu Fall. Die beiden Männer und ihre Lok sind eine vollkommene Symbiose eingegangen, kennen einander bis ins Detail, können gegenseitig alle ihre Reaktionen voraussagen und wissen den ganzen Ablauf auswendig. Bertin löst die Bremsen und dreht den Regulator ganz auf, nachdem er den Dampfhebel gezogen hat. Er sitzt links im Führerstand und

beugt sich hinaus, um die Signale alle zu sehen, wie sie nacheinander von ferne auftauchen, eines nach dem anderen in langer Reihe hinaus unter den Brücken des Boulevard de la Chapelle, der Rues Doudeauville und Ordener, und so Zonenabschnitte bilden.

Bertin und Madeleine sind seit zehn Jahren eine "Titulaire-Equipe" und verbringen so die meiste und intensivste Zeit ihres Lebens miteinander – eine wahre Berufsehe. Am Abend in Calais schlafen sie im Eisenbahnerheim in zwei Betten nebeneinander im selben Zimmer, und sitzen auch bei Tisch gemeinsam vor ihren mitgebrachten Eßgeschirren. Bei der "Nord" heißen die Lokomotiven-Teams aus Paris seit 1870 *Maquedrats*, das ist eine Verballhornung von *Mangeurs de rats*, Rattenfresser, in Erinnerung an die Belagerungszeit, während die aus Calais die *Maquesaurets* genannt werden, und das kommt von *Mangeurs des harengs saurs*, Saureheringefresser... Im Augenblick aber ist es völlig egal, ob man nun ein Maquedrat ist oder ein Maquesauret, denn es gilt die schwierige Ausfahrt aus dem Gare du Nord fehlerlos hinter sich zu bringen. Der Zug muß allmählich auf Tempo gebracht werden, Stundenkilometer um Stundenkilometer, damit man ausreichend schnell ist für die erste große Steigung von Survilliers, die praktisch schon ab Saint-Denis beginnt. Ist man nicht mit der nötigen Energie angefahren, quält der Zug sich mangels aufgespeicherter Schnelligkeit mühsam langsam die nächsten 30 km dahin und langt oben auf dem Scheitelpunkt der Steigung von Survilliers buchstäblich außer Puste an und so langsam, daß wertvolle Fahrplanminuten verloren sind und es kaum noch möglich ist, sie wieder wettzumachen. Der Heizer muß hier also schaufeln, was das Zeug hält, und Madeleine bewegt sich denn auch im präzisen, gewohnten Rhythmus mit seiner Kohlenschaufel zwischen Kohlenlager und dem großen heißen Feuerloch hin und her.

Diese Feuerungen der Nord-Lokomotiven haben früher so manchem Heizer die Gesundheit ruiniert und die Hüften kaputtgemacht, weil sie so lang und schmal waren. Das erforderte vier Meter lange Kohlenschaufeln, die der Heizer mit Präzision wie ein Brotbrett in einen Backofen einschieben mußte. Auf der P.O., wie sie hier auf dem Nord-Netz die *Chapelon* kurz nennen, ist die Feuerung kürzer und breiter und ragt sogar über die Räderbreite hinaus, und das erleichtert dem Heizer die Arbeit beträchtlich und erlaubt präziseres Kohleneinschaufeln.

Die Geschwindigkeit steigt langsam an. 40 km/h waren es bei der Ausfahrt aus Paris. Dank der Neigung der Strecke sind bis Saint-Denis 100 km/h erreicht und die Pfeife gellt nach vorne, damit die Banlieusards aufpassen und ihre stets vorgereckten neugierigen Nasen auf dem Bahnsteig zurücknehmen, weil sie außer ihrem Banlieu-Vorortsbummelzug auch einmal einen richtigen wirklich schnieken Zug sehen wollen. Gleich hinter Saint-Denis dann wird die Strecke kurvig und der Zug neigt sich nach rechts in dem großen Bogen zur Strecke von Creil. Die Banlieue-Bahnhöfe fliegen vorüber, drüben an ihren ab Saint-Denis ein wenig abseits der Gleise der großen durchfahrenden Schnellzuglinien liegenden Bahnsteigen. Bertin paßt auf seine Signale auf und hofft, daß keines halb oder ganz zu ist und ihn also zum Langsamfahren oder sogar Anhalten zwingt. Aber die Strecke ist zum Glück frei, die großen 13 m hohen Lartigue-Signalmasten haben ihre 2 m langen Zeiger alle unten. Sie sind die schon von sehr weitem sicht- und erkennbaren Zeichen für freie und sichere Fahrt.

Der Geschwindigkeitsanzeiger beginnt zu fallen. Zuerst zeigt die schwarze Nadel noch 95 km/h, dann 94, dann 93. Bertin wirft Madeleine einen fragenden Blick zu und dessen Blick-Antwort besagt, daß kein Grund zur Beunruhigung

Eine "Titulaire-Equipe" eines Flèche d'Or. Zum Lokomotivführer und seinem Heizer hat sich hier noch der Chefmechaniker des Depots gesellt, der ständig für die Kontrolle und Leistungsüberwachung der Lok zuständig ist

besteht. Bertin sieht auf seinen Dampfdruckmanometer und auf die "Röhre"; diese, ein kleines Glasröhrchen, zeigt den Wasserstand im Kessel an. Alles sieht normal aus, bis eben auf die Geschwindigkeit. Bertin liest sein Fahrtenblatt. 400 t. Der heutige Zug hat Normalgewicht. In Goussainville und bei der Durchfahrt durch den Bahnhof von Louvres hat der Zug dann auch bereits wieder 112 km/h erreicht und in der großen Kurve danach, bei der "Seufzerbrücke", zeigt der Tachometer sogar 114 km/h. "Seufzerbrücke" heißt bei den Eisenbahnern die große Brücke über die hier viergleisige Strecke, weil hier die Steigung endet und die Heizer also erst einmal einen befreiten Seufzer ausstoßen können. Bis Chantilly und Creil hinab fährt der Zug nun "von selbst". Madeleine richtet sich auf und stützt die Hände in die Hüften. Jetzt kann er sich erst

Der Lartigue-Signalmast der "Nord"

Sehr charakteristisch für das Streckennetz der Compagnie du Nord, bevor sie auch auf den anderen französischen Schienennetzen eingeführt wurden, waren die sog. Lartigue-Signalmasten. Sie waren 13 m hoch und besaßen einen Signalarm für eingleisige Strecken und zwei für zweigleisige. Diese Signalarme waren 2 m lang und gelöchert (wegen des geringeren Windwiderstands). Die "Lartigues" dienten dem Abstandhalten zwischen den Zügen und waren eines der ersten (und wirksamsten) Block-Systeme der Eisenbahn. Das System besteht im wesentlichen darin, Eisenbahnstrecke in Abschnitte - Blöcke - zu unterteilen. Am Anfang jedes Abschnitts befindet sich eine Haltesignal. Fährt ein Zug in den Abschnitt ein, schließt sich das Signal solange, bis er ihn wieder verlassen hat, so daß stets der Abschnittsabstand zwischen zwei Zügen gewahrt bleibt. Verläßt der erste Zug den Abschnitt wieder, öffnet sich das Signal und der nächste Zug kann in ihn einfahren. Zugleich öffnet sich für den ersten Zug das Signal des nachfolgenden Abschnitts. (Heu-

te, mit dem dreifarbigen Ampelsystem, ist die Sicherheitszone auf zwei Streckenabschnitte erweitert.)

Der Lartigue-Signalmast war mit einem großen roten Signalarm bestückt, der dem Lokomotivführer das Hauptsignal gab, und mit einem zweiten kleinen darunter, von gelber Farbe, der mit dem großen Arm des nächsten Signals gekoppelt war und also ein Voraussignal darstellte, indem es den aktuellen Stand des nächsten Signals vorankündigte. Diese Kopplung geschah durch eine bereits elektrische Verbindung, weshalb das System auch den Namen "Electrosemaphore" bekam (Semaphor = Signalmast). Die anderen Hauptsignale wurden noch von Hand bedient, im wesentlichen von den Bahnhofsstellwerken aus, je nachdem, wo und wieviele "Lartigues" in den Bahnhöfen der Strecke installiert waren.

Das Signalsystem machte später enorme Fortschritte. Heute ist überall das automatische Brems- und Blockiersystem installiert, das über die Radachsen der Züge selbst funktioniert.

einmal seine Thermosflasche mit dem Kaffee holen und aus ihr einen langen Schluck trinken, solange die Lokomotive mehr als 120 km/h macht. Bertin achtet weiterhin sorgsam auf seine Signale vor dem Bahnhof Chantilly. Sie sind offen, nämlich oben, parallel zum Gleis, die Fahrt ist frei.

Creil. Ein ganz leichtes Abbremsen, um die hier vorgeschriebene Höchstgeschwindigkeit nicht zu überschreiten. Gleich hinter diesem Bahnhof geht es in eine lange Kurve, in die der Zug sich stark neigt. Die Strecke nach Brüssel geht rechts ab. Madeleine hat nun wieder zu tun. 37 km Steigung

von 1–3 Promille stehen bevor. Das ist zwar nicht viel, aber die Ehre verlangt, daß sie mit mindestens 115 km/h angegangen wird. In Gannes, auf dem Gipfelpunkt dieser Steigung, holt Bertin seinen "Regulator" aus der Tasche, die übliche Eisenbahner-Taschenuhr, und wirft Madeleine einen Blick des Einverständnisses und Lobes zu. 19 Minuten für den Anstieg, das sind 119 km/h Durchschnitt. Vom PK 108 (Kilometerpunkt 108) bis zum PK 121 steigt die Durchschnittsgeschwindigkeit auf 128 km/h, mit 132 km/h Spitze. Der große Kohlebahnhof Longeau am Teilungspunkt der Strecken nach Lille und Calais kommt hinter Boves am Horizont in Sicht, und man sieht schon von weitem das dortige riesige Stellwerksystem aus dem Dunst auftauchen, das wie Türme Kilometer um Kilometer Schienen überragt und überwacht, die einander kreuzen und auf verschiedenem Niveau übereinander verlaufen, ein schier unübersehbares Gewirr von Gleisen, Brücken, Tunnels, Unterführungen und Seitenmauern für einen Laien, aber ein geordnetes System für die Eisenbahner. Die Lokomotive schaukelt über die zahllosen Weichen, und die Seitenmauern werfen das Echo ihres Dampfschnaufens zurück. Der Bahnhof von Amiens, eingezwängt in die Altstadt, wird ohne Halt durchfahren, alle Signale sind offen. Sobald der Zug durch ist, legen die Weichensteller in ihren Kabinen die Hebel um und die hohen Lartigue-Signalmasten, Türme im Nebel des Nordens, sperren quietschend und mit dem metallischem Klang ihrer Zugkabel die Strecke hinter ihm wieder.

Von jetzt an ist die Strecke einfach. Bei Abbeville wird über die letzten Hügel hinweg die Küste erreicht, die Gleiseinschnitte in ihnen sind aber so tief, daß sich keine nennenswerten Steigungen mehr ergeben. Bertin verläßt seinen Platz gleichwohl nicht, und Madeleine wischt jetzt mit einem Tuch die Glasscheiben über den Anzeigeinstrumenten sauber und kontrolliert noch einmal den Wasserstand. Er öffnet den Ablaß, und mit ohrenbetäubendem Zischen stößt der Dampf das Restwasser aus. Nach Abbeville verläßt die Strecke bei PK 175 die Somme, der sie eine ganze Zeit gefolgt ist, und verdient sich nun ihren Namen "Küstenstrecke", indem sie ein Dutzend Kilometer lang direkt am Meeresstrand entlangführt. Bei PK 178 ist der Bahnhof Noyelles mit seinem lokalen Gleisnetz nach Cayeux und Le Crotoy erreicht und wird mit voller Geschwindigkeit durchfahren. Der kleine Zug dort kann auf den in respektvollem Abstand hinter dem Flèche d'Or nachfolgenden Schnellzug aus Paris warten. In Rang-du-Fliers wartet ein anderer "kleiner" Zug, der nach Berck-Plage, ebenfalls auf

Die Lokomotiven der Nord-Schnellzüge um 1930

Um 1930 hatte die französische Compagnie du Nord drei Lokomotiventypen für ihre Schnellzüge wie den *Flèche d'Or*, alle drei mit vier Zylindern und vom "Compound"-Typ (also mit Hoch- und Niederdruckzylindern zur zweimaligen Nutzung des Dampfes) sowie mit Dampfüberdruck.

Es waren dies die *Atlantic*- oder 221-Lokomotive und zwei Typen der *Pacific* oder 231, die eine davon eine sog. *Superpacific*. Maximal leisteten diese drei Loktypen, der Reihe nach, 1650, 2000 und 2300 PS.

Ihre sehr groß dimensionierten Tender erlaubten lange Fahrstrecken ohne Zwischenhalt.

Der bis auf 400 °C überhitzte Dampf ermöglichte durch sein Recycling über das Compound-System Energieeinsparungen von mehr als 10 Prozent.

Mit einer Tenderkapazität von 9 t Brennstoff und 35 m³ Wasser hatte der Flèche d'Or beispielsweise nach jeder Fahrt immer noch an die 5 t Brennstoff und 1 m³ Wasser übrig. Der Energieverbrauch hatte sich also auf nur 4 t belaufen, der Wasserverbrauch hingegen auf 34 m³.

Anders ausgedrückt: der Verbrauch pro km betrug 15 kg Brennstoff und 110 l Wasser. Dazu muß man im übrigen auch wissen, daß die Nord-Strecken – entgegen weitverbrei-

teter landläufiger Meinung – alles andere als eben sind. Auf der 297 km-Strecke des Flèche d'Or finden sich eine ganze Anzahl Steigungen: 41,6 km mit 5-8 und 32 km mit (gegenläufig) 5-10 Promille Steigung. Und auch auf der Strecke Paris-Lille gibt es 36,1 und, gegenläufig, 20,4 km Steigungen von 5 Promille.

Die Compagnie du Nord holte sich sehr früh schon allerlei Geschwindigkeitsrekorde. 1926 hatten ihre Züge wieder die Leistungen von 1914 erreicht, nämlich Durchschnittsgeschwindigkeiten von 80-97 km/h, auf das gesamte Streckennetz umgerechnet.

In den USA oder in England erreichten zwar einige wenige Strecken unter besonders günstigen Bedingungen und speziellem Material Durchschnitte von 123 km/h, wie z. B. zwischen Swindon und London.

Aber wenn man im weltweiten Vergleich alle Strecken mit Durchschnittsgeschwindigkeiten über 90 km/h nimmt, dann hatte England davon 67, Frankreich jedoch 90 (und dies mit bedeutend größeren Tonnagen).

Außerdem war in England die Eisenbahngeschwindigkeit nicht beschränkt wie in Frankreich, wo auch 1930 immer noch das Dekret Napoleons III. galt, der das 120 km/h-Limit festgesetzt hatte.

Der legendäre Salonwagen des Flèche d'Or. Selbst die Engländer anerkannten ihn als den schönsten und komfortabelsten Zugwagen Europas und seiner Zeit. Von 1926–32 war er in elegantem Kastanienbraun und Beige gehalten, danach in dunklem Blau, in Angleichung an die neue CIWL-Signalfarbe

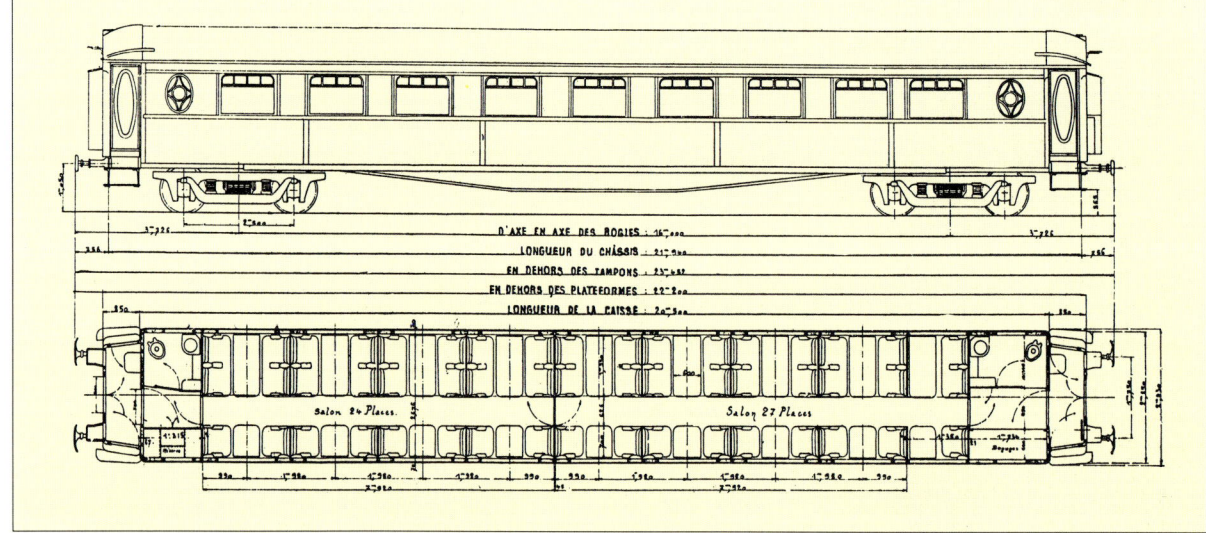

Auf einer Pacific Chapelon Nord. Während eines kurzen Bahnhofsaufenthalts ist einer der Eisenbahner auf den Tender geklettert, um ein Foto von seinem Kollegen und vor allem von "ihrer" Lok zu machen. Sie hatten noch ein persönliches Verhältnis zu ihren Maschinen, damals...

Und dieses Foto, könnte man glauben, ist vom gleichen Eisenbahner kurz danach auf der gleichen Fahrt aufgenommen worden: Der Flèche d'Or in Kurvenneigung vor einem der Tunnels in Boulogne. Die Tafel "R" markiert das Ende einer Geschwindigkeitsbeschränkung (= "Reprise", also "Wieder freie Fahrt"). Wegen des Gewichts des Zugs sind zwei Zugloks erforderlich. Vorne eine 141 R amerikanischer Konstruktion, dahinter eine 231 K, ausgeliehen von der Südost (vormals PLM); aus deren Archiv stammt diese Aufnahme auch – aber vom Ende der 60er Jahre, ganz am Ende des Dampfzeitalters...

die "normalen" Bade- und Kurgäste aus der Hauptstadt. In Étaples, 227 km von Paris, wird die Strecke engkurvig, so daß der Zug sich wieder stark neigt, bis ganz unvermittelt nach der Kreuzung mit der Linie nach Arras, auf der ein Triebwagen wartet, um dem Expreß die Vorfahrt zu lassen, der Bahnhof auftaucht. Bertin sucht den Horizont unter dem grauen dunstigen Himmel ab, in dessen diffusem Licht die Signale kaum noch zu erkennen sind. Madeleine kümmert sich wieder um die Feuerung und zerstößt mit einem Haken die Schlackenschicht, die sich über dem Feuer zu bilden und es abzudecken beginnt. Anschließend heizt er noch einmal mit vielen Schaufeln Kohle nach. Es muß sich "Gas" bilden, d.h. ein Maximum heißer Luft, die auf dem Durchfluß durch die Kesselröhren das Wasser verdampfen läßt. Und Dampf wird jetzt noch einmal gebraucht, denn noch steht der kräftige 8-Promille-Anstieg

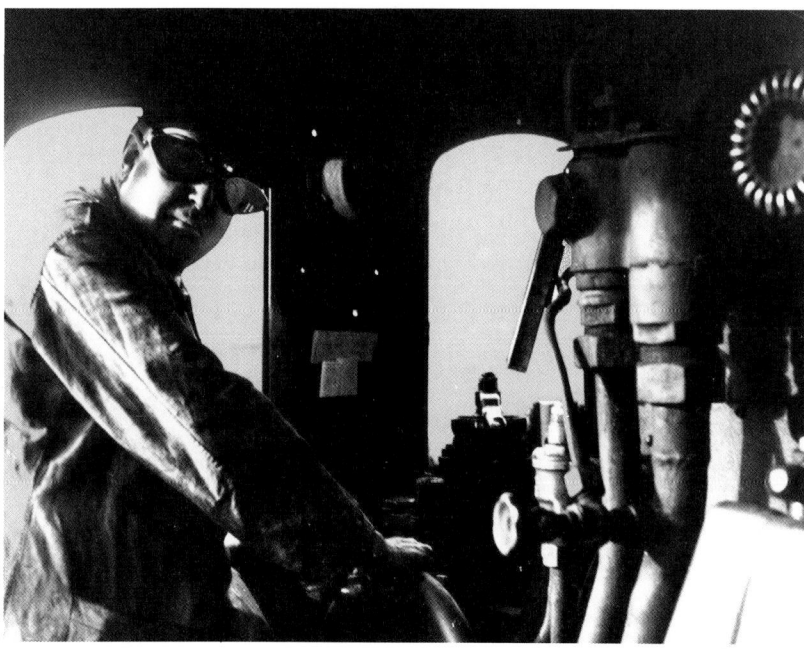

Der Führerstand einer Pacific *eines* Flèche d'Or *in voller Fahrt. Der Lokomotivführer hat die Hand am Regelrad der Dampfventile, womit er Leistung und Geschwindigkeit reguliert. Vor ihm in der Mitte der Bremshahn*

Am 8. Dezember 1968 enden für Frankreich eineinviertel Jahrhunderte Dampfeisenbahn. Die "Titulaire-Equipe" Gaucher und Lacroix läßt sich vor der letzten Fahrt des Flèche d'Or *fotografieren*

bevor, der die beiden Eisenbahner gleich hinter dem Bahnhof von Étaples erwartet - der von Caffier, nur allzu bekannt auf dem ganzen Nord-Schienennetz. Sie gehen ihn ab Étaples mit 120 km/h an und beenden ihn mit immerhin noch 110 km/h. Dahinter aber geht es wieder abwärts mit 125-130 km/h bis Boulogne, und da hat Madeleine erneut Zeit, ein wenig zu verschnaufen, auch wenn er jede Unebenheit der Gleise unter der Lok im ganzen Körper wahrnimmt.

Nach einigen Kilometern durch das Tal der Liane ist dann Boulogne erreicht. Die Stadt ist ein ausgedehnter Eisenbahnknotenpunkt. Nach links gehen über die Parisstrecke hinweg und durch den langen Ave-Maria-Tunnel die Zubringerlinien zu den Kanalfähren ab. Einige Kilometer weiter liegt der große Kohlengüterbahnhof mit der Strecke Boulogne-Maritime. Der Zug fährt rechtsab weiter in Richtung Boulogne-Stadt, dessen Bahnhof mit unverminderter Geschwindigkeit passiert wird, gefolgt von Boulogne-Tintelleries, einem zwischen zwei Tunnels und Seitenmauern eingezwängten Lokalbahnhof. Bertin zieht in dem Tunnel vor diesem Bahnhof, dem Hauteville-Tunnel, oft und lange seine Dampfpfeife und erkennt dahinter, sobald sich die Rauchwolke seiner Lok verzogen hat, eben noch den Lartigue-Signalmast, der ihm freie Fahrt anzeigt, ehe er, neuerlich mit langem Pfeifen, im zweiten, dem

Odre-Tunnel verschwindet, der ihn mit offenem dunklem Rachen verschluckt und in dem absolute Finsternis herrscht. Auf dem Führerstand der Lokomotive brennt nur ein schwaches gelbes Lämpchen, und man könnte angesichts des Fehlens von Bezugspunkten auch das Gefühl haben, der Zug bewege sich gar nicht mehr, oder nur auf der Stelle – obwohl er die höllische Finsternis doch mit 120 km/h durchbraust –, wären da nicht außer dem besseren Wissen die Vibrationen unter den Füßen und das Echo des Stampfens der Maschine und der rollenden Räder.

Hinter den Tunnels entfernen sich die Gleise wieder vom Meer, um den hohen Klippen des Cap Gris-Nez auszuweichen. In Marquise-Rinxent bei km 270 existiert nicht weit von diesem Bahnhof noch immer der Eingang zu dem Versuchsbohrtunnel für das Kanaltunnelprojekt von 1875 ... Aber seitdem glaubt hier niemand mehr an den Kanaltunnel.

Und dann ist Calais erreicht, die Endstation mit ihrem ausgedehnten Gleisnetz und den Verteilerbahnhöfen: Calais-Rivière-Neuve und Calais-Triage. Der danach kommende Bahnhof Calais-Stadt wird schon gedrosselt und gemächlich durchfahren, während die Passagiere des Flèche d'Or sich zum Aussteigen fertigmachen. Und nach einer letzten sehr langsam durchfahrenen Biegung fährt der Zug im Bahnhof Calais-Maritime ein. Er bleibt direkt am Hafenkai stehen, neben dem wartenden Fährschiff. Bertin, das Gesicht rußgeschwärzt, schiebt seine Schutzbrille auf die Stirn hoch, zieht seinen Taschenregulator und spricht nach einem Blick darauf die ersten Worte seit der Abfahrt in Paris: "Pünktlich wie immer, Alter." Und Madeleine nickt stumm. Alles andere wäre nicht normal. Mehr Worte werden auch hier nicht gewechselt. Die neue Arbeit wartet.

DER "TWENTIETH CENTURY LIMITED"

Das siegreiche Amerika der 40er Jahre sah sich selbst in den Schiffen seiner Kriegsmarine und seinen stolzen Stromlinienzügen symbolisch verkörpert, wie es dieses Foto geradezu exemplarisch zeigt (mit dem Broadway Limited, einem der Konkurrenten des Twentieth Century Limited auf der Strecke New York–Chicago)

Obwohl nun längst nur noch Nostalgie, bleibt mit dem Büffelrost vor der Lokomotive auch in den 30er Jahren die Pioniergeschichte Amerikas mit der Eroberung des Westen weiter gegenwärtig

Das "Land der unbegrenzten Möglichkeiten" liebt Chrom und Lokomotiven und Züge, die bis hinter zum letzten Wagen wie Granaten oder Raketen aussehen. Und deshalb spiegeln auch die amerikanischen Züge der 30er Jahre immer ein wenig die Maße dieses "maßlosen" Kontinents wider. 1938 wird ein Zug "gegründet", der schon von seinem Namen her all dies in sich verkörpern soll, was Amerika als "amerikanisch" versteht und wie es das ganze Jahrhundert schlechthin als das seine begreift: The Twentieth Century Limited: 20. Jh. GmbH ... Doch das ist auch ein Wortspiel. Im Amerikanischen bedeutet Limited auch einen Zug mit beschränkter Platzzahl; einen Luxuszug also, mit anderen Worten... "Gegründet" ist auch insofern nicht ganz das richtige Wort, als es diesen Zug, unter dem Kurznamen Century schon

seit 1902 gibt; jetzt ist er mit seinem aufpolierten verlängerten Namen einfach auf dem Höhepunkt seines Ruhms. Ein Zug mit Badekabinen, wahlweise mit Süß- oder mit Meerwasser! Ein Zug mit Friseur- und Manikürsalon. Ein Zug mit Büro für reisende Geschäftsleute, mit Bars und Luxusbetten – es ist alles vereint, was dem Service eines Luxushotels Ehre machen würde... Er ist "die absolute Sensation" und unbestritten der schönste Zug Amerikas. Er verkehrt zwischen New York und Chicago. Die New York Evening Times schätzt ihn als so prestigetrachtig ein, "daß sein Name nie anders als in Großbuchstaben geschrieben werden wird".

Vor dem Zeitalter des Flugverkehrs war die Konkurrenz der Eisenbahnen hart und man mußte schon alle Trümpfe ausspielen - Schnelligkeit und Komfort –, um die reichen

Viele der klassischen Züge der Jahre zwischen 1910 und 1930 fahren unverändert auch noch in den 30er Jahren und tragen das vertraute Bild weiter, bis ihnen dann die Stromlinienzüge allmählich den Garaus machen. Dies hier ist der Overland Limited Chicago–San Francisco mit einer Atlantic-Lokomotive

Das berühmteste Detail aller amerikanischen Züge: Die Balkonplattform des "Observation Car" am Zugende wie hier 1912 am Twentieth Century Limited; klassische "Bühne" für die Präsidentschaftskandidaten auf ihren Wahlkampfreisen

Businessmen davon zu überzeugen, nicht immer nur ihre teuren Karossen zu fahren. Es war absolut nötig, diese reiche Klientel nicht völlig an die Automobilindustrie zu verlieren, für die man schon Autobahnen zu bauen begann, und ebenso nicht an die gerade entstehenden Fluggesellschaften. Und tatsächlich setzten die amerikanischen Eisenbahnen in jenen Jahren alle ihre Karten auf Attraktion und jeden nur denkbaren Komfort und krönten das Ganze noch durch eine bewußt avantgardistische Ästhetik. Die Züge mußten schöner und moderner sein als selbst die modernsten Flugzeuge und zumindest suggerieren, daß diese fliegenden Maschinen mit ihren zahlreichen Propellern nicht etwa das Verkehrsmittel der Zukunft waren, sondern im Gegenteil schon wieder überholt und passé; weil nämlich die Züge inzwischen bereits aussahen wie Raketen. Davon abgesehen lieferten sich schon die Eisenbahnen untereinander einen gnadenlosen Konkurrenzkampf.

Zwischen New York und Chicago gab es nicht weniger als 18 eigene und konkurrierende Linien und sie kämpften alle auf dieser Strecke von 18 Stunden um jede Minute Vorsprung vor den anderen. Oft gab es auf den mehrgleisigen Streckenabschnitten wahre Kopf- an Kopf-Rennen der Züge, die so auf ihre Weise ganz direkt das große amerikanische Prinzip der Zeit schlechthin demonstrierten: den freien Wettbewerb als "die bewegende Kraft der Welt". Für Europäer klingt das völlig unwahrscheinlich. In Europa spielten überall die nationalen Regierungen die ausschlaggebende Rolle als Regulatoren des Eisenbahnwettbewerbs. In den eineinhalb Jahrhunderten Eisenbahngeschichte gab es nur sehr wenige Fälle wirklicher direkter Streckenkonkurrenz. In den Vereinigten Staaten aber war die freie Marktwirtschaft wirklich total, ganz besonders in den Jahren der ersten Hälfte unseres Jahrhunderts, und deshalb hatte dort im Jahre 1900 die Tatsache von 18 Eisenbahnlinien auf einer einzigen Strecke nichts weiter Ungewöhnliches an sich.

DIE AMERIKANISCHEN EISENBAHNEN IN DER WIRTSCHAFTSKRISE DER DREISSIGER JAHRE

1916 gab es in Amerika 409 000 km Eisenbahnstrecken – der absolute Rekord. Von diesem Jahr ab ging es dann bereits wieder abwärts und langsam, aber allmählich schrumpften die völlig übersetzten Gleisstrecken wieder. Zu Beginn der 30er Jahre waren es noch 401 000 km und es ging noch lange so weiter. Eine Strecke nach der anderen wurde aufgelassen, im Jahr 1930 allein insgesamt 1475 km. Die Gründe für diesen schleichenden Niedergang sind damals aufgeschlüsselt worden: 20 %, rechnete man, fielen der wachsenden Konkurrenz des Autoverkehrs zum Opfer, 17 % der direkten Konkurrenz der Eisenbahngesellschaften untereinander, 7 % der Auflassung alter Strecken zugunsten neuerer mit günstigerer Linienführung, und 53 % infolge wirtschaftlicher Schwierigkeiten (mangelndes Kapital und mangelndes Fahrgast- und Frachtaufkommen aus wirtschaftlichen und demographischen Gründen, insbesondere in Gebieten, wo die Eisenbahnlinien einst allzu hastig angelegt worden waren).

Noch 1930 gab in den USA außerdem nicht weniger als 150 Eisenbahngesellschaften, von denen nur etwa 50 ein Streckennetz von mehr als 1000 Meilen (1600 km) befuhren. Die größten hatten dafür respektable Streckennetze, z.B. die New York Central mit 18 363 km, die Atchison Topeka & Santa Fe mit 21 110 km oder die Southern Pacific mit 22 136 km, also drei- bis viermal so viel wie die normale europäische

Ein anschauliches Szenenbild der industriellen Energie Amerikas. Zu Tausenden gehen Lokomotiven im Serienbau von den Montagebändern, und in Rekordzeiten, wenn es sein muß. Dieses Foto zeigt eine Montagehalle der Werkstätten der New York Central, wo die Hudson 232 gebaut wird. Ganz rechts eine Elektro–Rangierlok für den Werksverkehr

Konkurrenz oder nicht? Tatsächlich hat die Dampflok in Amerika von der Elektrolok nichts zu fürchten. Diese schöne Elektrolok der Pennsylvania RR, die GG 1, ein Entwurf von R. Loewy, markiert zwar einen Höhepunkt, nicht aber den Beginn einer Ära. In Amerika macht nicht der Elektrozug nach dem Krieg der Dampfeisenbahn den Garaus, sondern die Diesellok. Für die Elektrifizierung der Strecken sind die Entfernungen Amerikas zu riesig

Eisenbahngesellschaft zu jener Zeit. Und alle Gesellschaften waren privat, wenn auch unter der Kontrolle der Bundesregierung, die zu Kriegszeiten das Recht hatte, sie zu verstaatlichen, wie es zwischen 1917 und 1920 der Fall war. 1930 gab es in den USA insgesamt 65 000 Lokomotiven, 57 000 Personenwagen und 2 400 000 Güterwaggons mit der überaus hohen Durchschnittskapazität von je 45,8 t. Die Einnahmen der amerikanischen Eisenbahnen überschritten 1930 5,343 Milli-

---

Der größte Bahnhof der Welt

Die Amerikaner, man weiß es, sind Anbeter von allem, was "das größte der Welt" ist (oder was sie gerne dazu erklären!). Gelegentlich stellen sie aber tatsächlich solche Welt-Rekorde auf. Der Bahnhof ihrer Bundeshauptstadt Washington, D.C., nur einige hundert Meter vom Weißen Haus entfernt, ist ein Beispiel dafür. Mit seiner prächtigen Fassade aus weißem Marmor, 231 m lang und 29 m hoch, ist er "der größte Marmorbau der Welt". Erbaut wurde er 1908 – so ausgedehnt, daß sich in seinen Gebäudetrakten, wie es damals ausgerechnet wurde, "die gesamte amerikanische Armee unterbringen ließe". Und sein Restaurant hat Platz für 1000 Personen. Ende der 30er Jahre - dem Goldenen Zeitalter der amerikanischen Eisenbahn - hat er eine Fluktuation von täglich 40 000 Menschen, die alle, sofern sie Zeit dazu haben, die Marmorböden bewundern, auf denen sie gehen, die hohen Gewölbe und die Büros und Schalter mit Granitverkleidung, die getäfelten und blattgoldverzierten Decken und die Mahagonimöbel. Draußen hat der eigentliche Bahnhof 32 Bahnsteiggleise.
Der größte Bahnhof der Welt ist Washington allerdings schon ab 1910 nicht mehr. Dann nämlich entthront ihn die "Penna" –

(nämlich Pennsylvania) Station in New York mitten im Herzen von Manhattan. Die Fassade ist zwar nur bescheidene 132 m lang, aber dahinter sind Bauten, in die der Höhe nach selbst der Kölner Dom hineingingel! Tausend Züge pro Tag werden auf den 22 Bahnsteiggleisen dieses Bahnhofs abgefertigt. Aber auch er bleibt keine drei Jahre der größte Bahnhof der Welt. Dann nimmt ihm seinerseits, 1913, die Grand Central Station, ein paar Straßenblöcke weiter, den Titel ab. Ihr Hauptgebäude mißt 92 x 204 m und hat die Gestalt eines halb dorischen, halb Renaissance-Triumphbogens. Die Halle ist riesengroß und ihre Decke ist als Sternenhimmel gestaltet. Marmor, Messing und Blattgold sind im Überfluß verwendet, und es gibt soviel Bahnsteiggleise, daß sie in zwei Ebenen aufgeteilt werden mußten: die obere, die Erdgeschoß-Ebene, hat 42 für die Fernlinien, die untere im Untergeschoß 26 für den Vorortsverkehr.
Die Bahnhofsanlage ist so ausgedehnt, daß die Vorortszüge buchstäblich in großen Kurven umkehren und dann direkt wieder ohne Rangieren in die Gegenrichtung abfahren können. Hier werden täglich 55 000 Fahrgäste durchgeschleust (20 Millionen im Jahr).

---

arden Dollar bei Ausgaben von 3,976 Milliarden. Doch gleichwohl war die große Wirtschaftskrise jener Jahre für die Eisenbahnen verheerend. Schon in diesem Jahr 1930 waren die Einnahmen um 16 Prozent gegenüber dem Vorjahr gesunken. Im Jahre 1932 betrug dieser Rückgang sogar schon 33,4 Prozent. Und in erster Linie gingen die Rückgänge auf das Konto des Personenverkehrs. Er brachte 1929 noch 874 Millionen Dollar ein, 1930 nur noch 730 Millionen und 1932 sogar nur noch 551 Millionen; und die Kurve ging weiter abwärts. Dennoch hielten sich die Gesellschaften im wesentlichen über Wasser, weil sie auch ihre Ausgaben drastisch senkten: von 1929 bis 1931 von 4,560 Milliarden Dollar auf 3,976 Milliarden und danach noch auf 3,266 Milliarden. Trotzdem war bereits das Aufkommen per Passagier und Meile und per Tonne und Meile das geringste seit elf Jahren, mit anderen Worten geringer als im Nachkriegsjahr 1920, dem bislang schwierigsten.

1931 war die Zahl der täglich nicht beanspruchten Waggons auf 611 853 gestiegen – gegenüber 233 956 zwei Jahre zuvor, und 9 728 Lokomotiven wurden nicht benötigt und blieben unbeheizt. Zum Vergleich: in derselben Zeit verfügte die französische Eisenbahn über 14 000 Lokomotiven. Die Zahl der amerikanischen Eisenbahner fiel von 1 511 000 im Jahre 1930 auf 1 278 000 im nächsten Jahr, und für die, die

nicht entlassen wurden, fielen die Löhne von Jahr zu Jahr. In der gleichen Zeit aber nahm die Zahl der Automobile um jährlich 4 % zu und der Individual-Straßenverkehr beförderte nun bereits zehnmal mehr Personen als die Schiene, der Autobusverkehr schon ebensoviel. Seit 1900 war das Aufkommen pro Passagier für die Eisenbahnen um die Hälfte zusammengeschmolzen.

Die unausweichliche Folge: eine höllische Preisspirale nach oben. Die drastischen Fahrpreiserhöhungen wurden nur notdürftig in einem völlig neuen Tarifsystem kaschiert, in dem nun auch die meisten Sondertarife und Nachlässe gestrichen waren. Um diese höheren Tarife zu rechtfertigen, warfen sich die Eisenbahnen auf eine andere Spirale nach oben: die der Geschwindigkeiten. Von Chicago bis San Francisco sinkt die effektive Reisezeit von 63 auf 58 Stunden. Auf der Strecke New York-Chicago fahren 1931, statt zuvor nur eine, nunmehr 17 Linien mit einer Reisezeit von weniger als 20 Stunden.

DER FORTSCHRITT DER AMERIKANISCHEN LOKOMOTIVE: KRAFT UND SCHNELLIGKEIT

Die leichte Lokomotive mit einem Bogie-Drehfahrgestell vorne und zwei Antriebsachsen sowie mit ihrem Büffelrost vorne und dem Kamin mit dem breiten Aufsatz als Funkenschutz, wie das Kino sie unsterblich gemacht hat, ist von den Gleisen der amerikanischen Eisenbahnen schon seit den Jahren nach dem Bürgerkrieg verschwunden. Gewiß, die klassische Bauart des Achsentyps 220 hält sich noch bis in die Jahre zwischen 1900 und 1914, aber die Lokomotive selbst ist nicht mehr dieselbe. Sie ist inzwischen sehr viel höher geworden und läuft auf Rädern mit über 2 m Durchmesser. Länge und Durchmesser des Heizkessel sind beeindruckend. Mit einem Gewicht von rd. 100 t, also dem doppelten der alten 220 aus der Zeit der Eroberung des Westens, fährt sie schwere Züge über 120 km/h schnell. Eine dieser neuen schweren 220 wird sogar berühmt: die leicht zu merkende Nr. 999 fährt mit dem Empire State Express aus vier Waggons von je 55 t Gewicht Weltrekord: 166 km/h. Dieser Rekord ist auch insoweit interessant, als er eine psychologische Barriere überwand, die für die Amerikaner von Bedeutung war: nämlich die 100 Stundenmeilen. 166 km/h entsprechen genau 102,8 mph. Und schon am nächsten Tag fuhr dieselbe Lok mit demselben Zug noch schneller: 180 km/h. Dieser Rekord ist unter Experten der Eisenbahngeschichte allerdings umstritten und nicht allgemein anerkannt.

Die 220er-Lokomotiven bringen fast jedes Jahr noch stärkere Nachfolgemodelle hervor, eine Folge der aus Komfortgründen zunehmenden Tonnagen der Personenwagen. Die Feuerung wird immer länger nach hinten zu und das hat notwendigerweise eine zusätzliche Tragachse zur Folge. Auf diese Weise entsteht der Typ 221 mit der Bezeichnung *Atlantic*, und für die Strecken mit schwerem Profil, auf denen sich die Notwendigkeit einer dritten Antriebsachse ergibt, der Typ 230 mit der Bezeichnung *Ten Wheels*. Diese Loks überschreiten bereits die Grenze der 100 t und wiegen bis zu 130 t.

Und der Trend zu immer stärkeren Loks setzt sich fort, bis in den letzten Jahren vor dem Zweiten Weltkrieg der Typ 231 entstanden ist, die sogenannte *Pacific*-Lok, von der die 7000 Exemplare vom Typ F 15 der Cheasapeake & Ohio zweifellos die renommiertesten sind. Mit ihren enormen Zylindern von 597 x 711 mm laufen sie auf 6 Antriebsrädern von 1,829 m

Durchmesser (zu denen noch das Bogie-Drehfahrgestell vorne und die Tragachse hinten kommen) und bringen eindrucksvolle 185 t auf die Waage. Das ist die klassische amerikanische Lok der ersten Hälfte des 20. Jh. Die Ära dieser F 15 dauert dank permanenter Weiterverbesserungen von 1913 bis 1950.

Ohnehin regiert bei den amerikanischen Eisenbahnen der Epoche allgemein dieses Gesetz des "Immer schwerer, immer schneller", besonders in den Jahren zwischen den Kriegen. Um die großen und schweren "rollenden Luxus-Hotels" zu ziehen, die aus fünfzehn Waggons zu je 80 t bestehen und mit Bädern, Musiksalons samt Orgeln für den sonntäglichen Gottesdienst, Bars und schweren Mahagonitäfelungen ausgestattet sind, und dies selbst über die Berge der Rocky Mountains, brauchen die *Pacific*-Loks allerhand Puste... Man muß sich zum Vergleich vergegenwärtigen, daß jeder einzelne dieser Luxuswaggons soviel wiegt wie ein ganzer englischer Expreß! Und wenn die Southern *Pacific*-Loks baut, die sogar noch schwerer sind und 225 t wiegen, übertrumpfen zu Beginn der 20er Jahre selbst dies andere Gesellschaften noch und steigern die Rekorde von "Schwer und Schnell zugleich" bis auf gewaltige 242-Loks, die nicht weniger als 335 t wiegen.

Diese wahren Schienenmonster rollen auf 8 Antriebsrädern von je 1,854 m Durchmesser mit zwei Bogie-Drehfahrgestellen (eines vorne, eines hinten) und ihre Zylinder haben Ausmaße von respektablen 711 x 762 mm. Der Tender läuft auf sieben Achsen und kann 58 t Wasser und 25 t Dieselöl laden. Es handelt sich um die berühmten *A Class* der Northern Pacific. Und ihr Gewicht beträgt 432 t! Das ist das Doppelte der schwersten jemals gebauten europäischen Lokomotive und das Dreifache der letzten normalen Loks in Frankreich und Deutschland.

Manche dieser Lokomotiven sind wahrhaftig großartig, weil sie außerdem auch verkleidet und nach den letzten Maßstäben des Designs in lebhaften Farben gehalten sind, wie es beispielsweise bei den *J Class* der Norfolk and Western, oder auch bei den *G Class* der Southern Pacific mit ihrem kombinierten Schwarz, Hellrot Orange und Weiß der Fall ist.

Aber als wolle Amerika sich bei seinen Monstern die letzten Exzesse versagen, sind es nicht diese größten Lokomotiven, die vor den großen "Prestige"-Zügen wie dem Twentieth Century Limited fahren, sondern die vom Typ 232, also mit drei Antriebsachsen, einem Bogie-Drehfahrgestell vorne und einem Bogie hinten mit den Bezeichnungen *Hudson* und *Niagara* und Besonderheiten des hinteren Drehfahrgestells.

Imposanter als die *Pacific*, aber weniger als die *242*, kombinieren diese Loks die Schnelligkeit der ersteren und die Kraft der letzteren, zugegeben in einer Art kleinsten gemeinsamen Nenners, aber gleichwohl in einer sehr wirksamen Balance. Immerhin wiegen sie, beispielsweise die *J3a* der New York Central, auch an die 350 t und sind über 30 m lang. Außerdem sind diese schönen Lokomotiven teilweise auch bereits geradezu futuristisch stromlinienverkleidet – nach dem Design von Henry Dreyfuss, einem der führenden Designer der 30er Jahre.

Mit ihren sechs Antriebsrädern von 2,07 m Durchmesser sind diese Loks "Kraftrenner", die Züge aus 18 Waggons mit 1270 t Gesamtgewicht mit einem Totaldurchschnitt von 90 km/h fahren, bei Spitzen von 130 und sogar 150 km/h. Der Century mit einem Gewicht von "nur" 900 t fährt daher leicht mit einem Durchschnitt von 110 und Spitzen über 150 km/h. So zuverlässig sind diese *Hudson*, daß sie 300 000 km und mehr zwischen zwei Inspektionen fahren können - ein wahrhaft eindrucksvoller Beweis für den Standard der amerikanischen Dampflokomotiven in den für das Land goldenen späten 30er Jahren.

DER AMERIKANISCHE EISENBAHNWAGGON IM ZENIT DES DAMPFZEITALTERS

Zahlen sprechen: beispielsweise das Gewicht der Waggons. Es erreicht 80 t, während die europäischen dieser Jahre

Zu Beginn der 30er Jahre endet in Amerika die "klassische" Eisenbahnepoche der Teppichböden und Mahagonitäfelungen ...

gerade 30 bis 45 oder 50 t wiegen — und heute sogar noch weniger. 80 t sind ein Gewicht, das einen Ingenieur europäischer Eisenbahnen eigentlich nur noch entmutigen kann — damals, aber selbst heute noch. Derartige (auch ausreichend vernietete!) Stahl-Kolosse auf Schienen zu stellen, verlangte nicht allein einen Energieaufwand, der selbst die nachsichtigsten Ökologen von heute entsetzen würde, sondern auch einen Arbeits- und Materialeinsatz für die Gleiskörper, der jede beliebige europäische Eisenbahn der Zeit geradewegs in

... und es beginnt die neue, "futuristische" mit ihren Stromlinienzügen (hier der Cincinnatian *zwischen Baltimore und Cincinnati)*

Die riesige Pennsylvania Station in New York ist nur zwischen 1910 und 1913 der größte Bahnhof der Welt. In diesen Jahren entsteht in Amerika ein "größter" Bahnhof nach dem anderen, einer überdimensionaler als der andere. Das Gedränge der Menge in der Halle ist beeindruckend und ein Zeugnis dafür, welche beherrschende Rolle in jenen Zeiten die Eisenbahn für den ganzen Verkehr und die Mobilität in dem riesigen Land spielte

bessere Kurvenfahrt, sondern ganz allgemein das sanfte und rüttelfreie Rollen. Das vierrädrige Drehfahrgestell hatte nun aber die Tendenz zu "schaukeln" (wenn auch, zugegeben, kaum wahrnehmbar), nämlich über dem schmalen Spalt zwischen zwei Schienen – der Ursache des typischen, klassischen Eisenbahn-"Tackatack".

Mit einem sechsrädrigen, also dreiachsigen Drehfahrgestell wird ein Rad, wenn es über einen Schienenspalt rollt, von den fünf anderen gehalten, und selbst wenn zwei Räder einer Achse zugleich über zwei genau gegenüberliegende Schienenspalten rollen (was in Amerika vorkommen kann, obwohl die Schienen dort, anders als in Europa, wo sie immer gegenüberliegen, versetzt verlegt werden), wird diese Achse von den beiden andern davor und dahinter getragen, die sich in diesem Moment nicht über Schienenspalten befinden. Mit anderen Worten, das dreiachsige Drehfahrgestell, das länger ist und auf sechs statt nur vier Punkten ruht, wird von den Schienenspalten auch weniger tangiert, weil zum gleichen Moment immer noch vier bis fünf andere Gewichtspunkte auf fester glatter Schiene ruhen und den Stoß des einen Rades entsprechend auffangen und vermindern.

Dazu bedarf es freilich eines Bogie von perfekter Nichtdeformierbarkeit. Ein solches Resultat erreicht man nicht mit einer Konstruktion aus zusammengesetzten Teilen. Die amerikanischen Ingenieure haben sich vielmehr einer sehr hochentwickelten Gußtechnik bedient, mit der die Bogie-Fahrgestelle in einem einzigen Stück gegossen werden. Dazu kommt dann die "Rolltechnik", nämlich in Form von "Rollboxen" (eine Nutzanwendung des Kugellagerprinzips) mit dem Effekt ruhigeren und leiseren Laufens. Schließlich ist noch die Qualität der Gleiskörper mit ihren sehr langen Schienen und dem festen Unterbau zu erwähnen (die Epoche der hastig verlegten "Billiggleise" ist längst vorbei).

Gleichwohl wird der Konkurrenzkampf in erster Linie mit der Ausstattung der Waggons ausgefochten. Attraktivität und Komfort lauten die Parolen dafür. Sicher sind ruhiger und leiser Lauf eine wichtige Voraussetzung dafür, aber die Reisenden in einem Land, in dem eine normale Eisenbahnreise selten kürzer als einen Tag (oder sogar zwei) dauert, verlangen und erwarten Geräumigkeit und anderen "direkten", "persönlichen" gehobenen Komfort. Die Wirtschaftskrise zu Beginn der 30er Jahre veranlaßt alle Eisenbahnen zu immer größeren Anstrengungen, ihre Passagiere, deren Zahl bedrohlich rückläufig ist, mit immer größeren Komfortangeboten zu halten oder zurückzugewinnen, nicht zuletzt durch "Prestige- und Statuskomfort" wie beispielsweise die Klimaanlage – ab 1933, und damit ein halbes Jahrhundert vor Europa.

den Konkurs getrieben hätte. Doch was tat's, Wirtschaftskrise von 1929 hin oder her, Amerika war schließlich das reiche Land schlechthin, dessen "Kinder" (jedenfalls seine verwöhnten) auch in Luxus reisen können mußten, basta. Wie auch könnte man sich Vivien Leigh und Clark Gable vorstellen, wie sie in *Vom Winde verweht* bei ihren schicksalsschweren Dialogen in der Eisenbahn auf harten, groben Holzbänken sitzen... Die blieben denn doch lieber der Realität der Siedlerzüge in den Westen vorbehalten. Nein, nein, ein echtes Himmelbett, ein echtes Bad, ein echtes Kanapee sind das Mindeste, wenn alle Scarlett O'Haras der 30er Jahre auf Reisen gehen. Und derlei bringt eben rasch gleich 10 t Gewicht mehr "pro 50 kg schöne Frau".

Außerdem gilt es jedes Rütteln und Stoßen zu vermeiden. Und die amerikanischen Ingenieure vollbringen auf diesem Gebiet mit den ausgetüfteltsten sechsrädrigen Bogies wahre Wunderdinge. Schon der traditionelle amerikanische Waggon des 19. Jh. war ja mit zwei vierrädrigen Bogies ausgestattet gewesen, auch schon aus Gründen des Komforts, hauptsächlich allerdings doch wegen der mangelhaften Qualität der in aller Eile verlegten Gleise und deren oft sehr engen Kurven. Da bringt ein Bogie-Drehfahrgestell mit seinen beweglichen Achsen unter dem Waggon viel dämpfenden Ausgleich. Diesen Vorteil entdeckt man in Europa übrigens erst, als die Amerikaner bereits auf dem Schritt zum sechsrädrigen Bogie sind...

Und jetzt ist das Problem auch nicht mehr in erster Linie die

DER "ALL ROOM TRAIN"

In den Jahren 1936 und 1937 liefern sich zwei Gesellschaften einen besonders lebhaften Konkurrenzkampf, nämlich auf der "klassischen" Strecke New York–Chicago, die die beiden wichtigsten Städte der USA miteinander verbindet. Die Pennsylvania Railroad befährt sie mit dem *Broadway Limited*, die New York Central mit dem *Twentieth Century Limited*.

Beide Gesellschaften versuchen, den "neuen Zug" zu etablieren und holen sich dazu die besten Designer der Zeit. Hat sich die New York Central der Dienste eines Henry Dreyfuss versichert, des Gründers der *American Society of Industrial Designers* und Professors am Technologischen Institut Los Angeles, so hat die Pennsylvania Railroad den Franzosen Raymond Loewy unter Vertrag genommen, zu dessen berühmtesten Designs die Coca-Cola-Flasche und der

Studebaker-*Avanti* gehören. Und die verkleideten Lokomotiven, die er nun für die Pennsylvania kreiert, machen ihn endgültig weltberühmt.

Am 15. Juni 1938 kündigt die New York Central also mit einem wahrhaft amerikanischen Publicity-Aufwand einen völlig neugestalteten *Century* an, der überdies die 961,2 Meilen (1 537 km) nach Chicago in nunmehr nur noch 16 statt bisher sechzehneinhalb Stunden zurücklegt. Und am selben Tag noch verkündet die Pennsylvania ihrerseits genau Gleiches für ihren neuen *Broadway*. Und alle beiden Züge sind "All Room Trains", womit Züge nur mit Waggons des "Salon"-Typs gemeint sind.

Der *Century* führt außer einem Gepäck- und einem Postwagen einen Barwagen mit, zwei Waggons zu je 17 *Roomettes* (=Schlafabteile), drei Waggons zu je vier Großabteilen, vier Waggons mit Groß-Schlafabteilen (nämlich groß schier wie Hotelzimmer), zwei Salonwagen, zwei Speisewagen, zwei Schlafwagen zu je 10 "Roomettes" , fünf Waggons mit Doppel-Schlafabteilen, einen mit 13 kleineren Doppel-Schlafabteilen und schließlich, in reinster amerikanischer Tradition, am Ende des Zuges einen Aussichtswagen mit großem Panoramafenster nach hinten hinaus. Doch auch dieser *Observation Car* enthält noch einen fürstlichen *Master Bedroom*, nämlich ein großes Luxus-Schlafzimmer, dessen Preis dazu angetan ist, selbst einem Rockefeller zumindest ein Hochziehen der Augenbrauen abzunötigen...

Der *Broadway* ist von vergleichbarem Luxus, hat allerdings weniger Wagen, ohne aber natürlich auf den Observation Car zu verzichten, der für einen amerikanischen Luxuszug völlig unverzichtbar ist, und auch nicht auf den nicht weniger unabdingbaren Master Bedroom. Kurz, der Unterschied der beiden Züge besteht einzig und allein in ihrem Ausstattungs-

Die "Roaring Twenties" sagten die Amerikaner, "Les années folles" die Franzosen, "Die Goldenen Zwanziger" sagte man in Deutschland. Auf der "Sonnenseite" sahen sie für Amerika etwa so aus: Szene aus dem Tanzwagen eines Luxuszugs von 1926; wenn die Räder nicht mehr zu sehr stoßen, klappt es vielleicht mit einem fehlerlosen Tango...

Raymond Loewy 1939 auf einer von ihm entworfenen stromlinienförmigen Lokomotive, einer 3223 der Pennsylvania vor dem Zug mit dem berühmten, traditionsreichen Namen The General. Lok und Tender wogen zusammen 481 t. Es war die größte Schnellzugslok der Welt

Seltenes Sammlerstück: Illustration des Inneren des Broadway Limited von Raymond Loewy. Der "Observation Car", 1938

design. Dreyfuss contra Loewy. Ein Exempel, das nur beweist, welche wichtige und entscheidende Rolle damals schon das Design spielte und wie sehr es deshalb möglich war, daß Designer bedeutsame und innovative Neuerungen sich nicht nur ausdenken, sondern auch durchsetzen und verwirklichen konnten. Diese beiden hier beschränkten sich dabei ausschließlich auf die Innenausstattung und die Raumaufteilung der Züge; mit durchschlagendem sofortigem Erfolg übrigens; was auch zeigte, wie aufgeschlossen das amerikanische Publikum jedem neuen "Way of Life" war – und schon ab der Entwurfskonzeption durch die bedeutendsten Meister, auch wenn es "nur" um die Eisenbahn ging. Heute ist schwer vorstellbar, daß sich die Leute wie wild auf einen Zug stürzen und mit ihm fahren würden, allein, weil er , beispielsweise, von Cardin oder Chanel oder Cartier entworfen/"gestaltet" wäre. Aber genau dies war damals 1938 in Amerika der Fall, als jeder Reisende seinem persönlichen Lebensstil gemäß sich entweder dem Design des einen Meisters zuwenden oder ein anderer mit einem anderen Geschmack sich in das Design-Universum des anderen begeben konnte.

Die zwei rivalisierenden Züge fahren genau zur gleichen Zeit ab, mit derselben Klasse von Passagieren, die sie sich gegenseitig abspenstig gemacht haben, und drängeln sich gegenseitig sozusagen kilometerlang nebeneinander auf der viergleisigen Strecke, ehe sie auf ihre eigene Strecke gehen, der eine auf die 907 Meilen durch die Allegheny-Berge – die kürzere, aber schwierigere Strecke –, der andere auf seine 961 Meilen "Am Wasser entlang", nämlich entlang der Großen Seen – die längere, aber einfachere Strecke, auf der es "besser rollt"; und dies ist natürlich, richtig geraten, die Strecke des schwereren *Century*.

DER "CENTURY"– DER ZUG DES 20. JAHRHUNDERTS

Zunächst die Lokomotive. Eine Hudson (Bautyp 232) der New York Central. Sie hat eine Verkleidung in Granatenform. Hellgrauer Anstrich mit blau abgegrenzten dunkelgrauen Streifen. Die Räder sind aluminiumfarbig gestrichen. Der Tender – ebenfalls verkleidet und in den gleichen Farben gehalten – hat hinten dieselbe Form wie die Lok vorne. Das Ganze ein imposanter Anblick. In den Prospekten der New York Central

Am schönsten, heißt es, sehen die amerikanischen Züge bei der Ausfahrt aus dem Bahnhof von Chicago aus – so wie hier 1935 ein Zug mit der berühmten Lokomotive Commodore Vanderbilt, *einer der ersten Stromlinienloks der New York Central*

steht, daß diese Lok "den Tausenden treuen Liebhabern des Twentieth Century Limited nicht nur eine ruhige und angenehme Fahrt garantiert, sondern mit diesem wunderbaren Zug eines wunderbaren Zeitalters *(a wonder train in a wonder age)* auch die unbezweifelbare Überlegenheit der amerikanischen Eisenbahn". Hinter der Lokomotive verlieren sich die Zugwagen sozusagen in der endlosen Ferne jenseits des normalen Blickfelds, stäubchenlos in ihren eleganten Grautönen mit den blauen Linien dazwischen, buchstäblich Ton in Ton mit der Lokomotive.

Dann der Gepäckwagen. Wir sollten ihn nicht einfach übersehen. Nicht nur wegen seiner Eleganz (wer hat jemals daran gedacht, einen simplen Gepäckwagen einem Zug anzugleichen und ihn mit derselben Sorgfalt auszugestalten wie die Salonwagen?), sondern auch wegen seiner Post, die er transportiert – die direkte zwischen New York und Chicago und die entlang der Strecke mitgenommene. Sie trägt nicht etwa die üblichen Briefmarken, sondern die eines Spezialtarifs – für das Privileg, mit dem berühmtesten Zug des Jahrhunderts transportiert und auch mit einer Schnelligkeit ohnegleichen zugestellt zu werden. Und wer sich schon keine Fahrt im Twentieth Century Limited leisten kann, will dem legendären Zug wenigstens seine Post anvertrauen. Amerika hat immer schon etwas übrig für "Prestige"-Sachen, und wer einen mit dem "Century" beförderten Brief bekommt, fühlt sein Herz so heftig schlagen wie ein kleiner Junge in Gedanken an diesen ihm ganz unerreichbaren Zug. "Via 20th Century Limited" sind diese Briefe stolz gestempelt – Erbdokumente, Sammler-Liebhaberstücke...

Nun die Barwagen. Jede Bar hat ihren eigenen Namen: *Century Club* und *Century Lounge* oder gleich *Century Tavern.* Die Traditionen der großen amerikanischen Hotels werden da respektiert ... Neben jeder Bar ist ein Frisiersalon. Einer der Barwagen enthält nebenan ein Abteil mit 18 Schlafplätzen für das Zugpersonal, samt Dusche und Toilette! Ein

Die "Big Boy"

Das amerikanische Dampfeisenbahn-Zeitalter hat wahrhaft außergewöhnliche Lokomotiven hervorgebracht, wenn man allein nur an die *Triplex* der Erie Railways denkt, die mit ihren nicht weniger als 12 Antriebsachsen (!) - zusammengefaßt in drei Gruppen zu je vier Achsen, die letzte unter dem Loktender - alle Maßstäbe sprengte.

Aber auch die *Big Boy* der Union Pacific gehört zu den *monstres sacrés* der amerikanischen Eisenbahngeschichte. Von diesem Lokomotiventyp für Güterzüge wurden zwischen 1941 und 1944 von der American Locomotive Company 25 Stück gebaut. Diese Lok hatte zwei Blöcke von je vier Antriebsachsen - also insgesamt acht -, davor ein Trag-Bogie und hinten ein weiteres unter dem Führerstand. Sie war 40 m lang, also dreimal so lang wie eine europäische *Pacific,* und wog nicht weniger als 351 t – ohne ihren Tender, der noch einmal 190 t schwer war! Sie hatte also, mit anderen Worten, ein Gesamtgewicht von sage und schreibe 540 t. Die Zugleistung dieser Lok war dementsprechend enorm. Sie konnte einen 4 300 t schweren Güterzug bei der enormen Steigung von 8,4 Promille 33 km/h schnell fahren. Sie fuhr Güterzüge von 7000 bis 9000 t Gesamtgewicht mit 100 bis 120 Waggons mühelos über die schwierigen Strecken der Sierra Nevada oder der Wasatch-Berge und entwickelte dabei Leistungen bis zu 6000 und 7000 PS. Sie vermochte Spitzengeschwindigkeiten bis zu und über 120 km/h zu erzielen und war die absolut stärkste Dampflok der Welt.

Barman oder Kellner des "Century" muß immer frisch und munter aussehen und sauber rasiert sein, auch wenn er dazu nicht gerade den selbstverständlich für die Reisenden reservierten Frisiersalon aufsucht. Dieser Salon ist übrigens achteckig im Innendesign und, abgesehen von seinen Waschbecken, ebenfalls ganz grau, Ton in Ton, gehalten. Ein "expert in tonsorial art", steht im Prospekt, habe ihn gestaltet und eingerichtet, und selbst die kippbaren Frisierstühle seien ein Wunder der Mechanik. Ist dieser Salon für die Geschäftsleute, die auch noch Zeit zum Leben haben (oder sich nehmen), so ist auch für die Betriebsameren gesorgt, deren Devise "Time is money" lautet; ihnen steht, im gleichen Wagen, ein voll eingerichtetes Zugsekretariat zur Verfügung, samt Stenotypistinnen, die nach den Kriterien Lächeln und Hollywood-Makeup ausgesucht sind, sowie mit den modernsten Modellen

Die "J3a"–Loks der "Twentieth Century Limited"

Die Lokomotive des Bautyps 232 ist die typische Schnellzugslok der New York Central in den 30er Jahren. 1926 baute diese Gesellschaft ihre letzte *Pacific* und setzte ihre Ingenieure dann darauf an, sich eine ganz neue Lokomotive einfallen zu lassen, für die folgende Vorgaben zu beachten waren: stärkere Anfahrleistung, stärkere Zylinderleistung bei erhöhter Geschwindigkeit, weniger Druckbelastung der Gleise als die *Pacific* die ihnen in dieser Hinsicht einiges zugemutet hatte.

Mehr Leistung bedeutet aber mehr Dampf und also die Notwendigkeit größerer Kessel; was aber den Druck auf die Achsen noch erhöht statt ihn zu verringern. Um also akzeptable Druckverhältnisse zu erreichen, beschloß man, unter die Feuerung nicht nur eine, sondern zwei Tragachsen zu setzen. Die Serie J3a, von der New York Central dann innerhalb ihrer insgesamt gebauten 5 200 Lokomotiven eigens numeriert, lief ab Februar 1927 von den Montagebändern der American Locomotive Company of Schenectady. Sie stellte nur mit ganz knappem Vorsprung die erste amerikanische Lokomotivenserie des Bautyps 232 dar. Andere Fa-

briken hatten sie nämlich ebenfalls schon im Bau. Im Vergleich zur *Pacific* hatte diese Lok eine von 6,3 auf 7,6 m² vergrößerte Feuerungsfläche und einen von 2,134 auf 2,226 m vergrößerten Kesseldurchmesser, während die Abmessungen der Antriebsräder und der Zylinder gleich blieben. Das Gewicht dieser Lok erhöhte sich um 22 auf insgesamt 350 t (dreimal soviel wie die europäische *Pacific*!)

Die Leistungen der 145 Loks dieses Typs auch vor den schwersten und schnellsten Zügen der Gesellschaft waren beeindruckend. Sie fuhren Züge von mehr als 1200 t Gesamtgewicht - 18 Waggons - mit über 90km/h Durchschnitt.

Die Serie blieb bis 1937 im Bau. Die letzten zehn erhielten noch eine von dem Designer Henry Dreyfuss entworfene spezielle Verkleidung, die sie unbestritten zu den schönsten Dampfloks der Welt machte. Sie fuhren im normalen Betrieb bis zu 150 km/h schnell und schafften die Strecke von New York nach Chicago in 16 Stunden. Heute brauchen die schnellsten Züge auf der gleichen Strecke neunzehneinhalb Stunden, und das mit Dieselbetrieb...

der Remington-Schreibmaschinen: hoch, schwarz. Das Ganze ist in helles Licht von kupfernen Beleuchtungskörpern an der Decke getaucht. Alle Salon- und Barwände sind mit Naturkork belegt. Die Möbel sind mit grau und rostbraun gefärbtem Schweinsleder bezogen. Die Deckenfarbe ist hellgrau, die Ablegeregale sind aus Rauchglas, sie ergeben *a dramatic effect when viewed from the foyer"*; und in diesem kann man "genüßlich seinen Bourbon schlürfen und sich ganz der Ambiance hingeben".

Das Besondere an dem Design von Dreyfuss ist, daß er den üblichen Tunneleffekt im Innern der Züge aufgelöst hat. Hier gibt es weder die Längsteilungen noch den durchgehenden Seitengang. Dafür sind die Salons in aufeinanderfolgende Räume aufgeteilt, mit quergestellten Sofas, von denen einige auch noch gerundet sind und um die der Reisende herumgehen muß. Auf diese Weise begeht man den Gesamtraum, geht um Möbelstücke herum, wechselt von einem "Foyer" in eine "Lounge", zwischen denen alle möglichen Winkel und Wegeswindungen liegen.

Der "Tunneleffekt" ist allenfalls noch in den Speisewagen vorhanden, dort aber zwangsläufig, weil eine bestimmte sinnvolle Anordnung der Tische mit einem für das Servieren erforderlichen Mittelgang unumgänglich ist. Doch auch hier ist noch eine individuelle Gestaltung vorhanden. Die Tische sind von den Wänden abgerückt, so daß die Gäste wirklich auf allen Seiten sitzen können wie in einem normalen Restaurant. Und der ganze Speisewagen ist in drei aufeinanderfolgende "Speisesäle" aufgeteilt, deren Abgrenzungen wiederum dem "Tunneleffekt" entgegenwirken, zumal sie durch die vergla-

Vielleicht das in ästhetischer Hinsicht gelungenste Beispiel aller amerikanischen Stromlinienzüge: der Mercury, der zwischen Cleveland, Toledo und Detroit verkehrte, ein weiteres meisterliches Eisenbahn-Design von Henry Dreyfuss. Die Scheinwerfer waren in die Verkleidung versenkt, und nachts waren die Räder und Pleuelstangen beleuchtet

sten Trennwände miteinander kommunizieren. Die Tische sind außerdem nicht genormt. Jeder hat seine eigene Form und Größe. Die Seitenwände, Stühle und Sitzbänke sind mit grauem Leder tapeziert, die Wände teilweise verspiegelt. Einige der Speisewagen besitzen kleine nußbaumgetäfelte Separées mit rostfarbig gehaltener Decke. Ist der Mahlzeitenservice beendet, wird der Speisewagen durch einige Handgriffe in einen Night-Club verwandelt – eine der Sonder-Spezialitäten des "Century" mit allmählich schummrig werdender Beleuchtung in ganz leichtem Rosafarbton, und *"swing music creates an informal atmosphere..."* Ach, Amerika!

Damit zu den Schlafwagen, die ja wohl auch ihre "informal atmosphere" haben werden... Sollte man meinen. Was aber zumindest in den Wagen mit den 17 "Roomettes" nicht so ganz der Fall ist. Es handelt sich dabei um 17 winzige Einzelabteile links und rechts eines Mittelgangs. Sie bestehen lediglich aus einem Doppelsitz, der in ein Bett verwandelt werden kann. Anders ist es da schon in den eigentlichen "bed rooms", die tatsächliche Schlafzimmer darstellen, nämlich große, geräumige Abteile mit Betten, in denen nichts von beengten Platzverhältnissen zu spüren ist. Ganz besonders gilt dies für die sogenannten "4-4-2"-Abteile, von denen jedes nach Art von Hotels seinen eigenen Namen hat. Sie bieten ihren Benützern 4 Abteile, die sich nachts in vier sehr geräumige Schlafräume und tagsüber in zwei mit normalen und verrückbaren Möbeln ausgestattete Salons umwandeln lassen. Anders als in den "Roomettes", die eher für das normale Volk sind, das sich auf diese Weise den Luxus einer Fahrt mit diesem Wunderzug gerade noch ebenfalls einmal leisten können soll, sind diese

"4-4-2"-Salons der Inbegriff schlechthin des luxuriösen Land-Reisens des Jahres 1938 mit der Bahn. Man stellt sich vor, wie in den Betten dieser Abteile morgens schöne Frauen in sündteuren Seidennachthemden erwachen, gelangweilt eine mondäne Kunstdruckpapierzeitschrift durchblättern (die natürlich in den amerikanischen Farben gehalten ist), während ein farbiger Kellner in weißer Uniform das Silbertablett mit dem Frühstück und dessen kleinen Köstlichkeiten serviert ... Wie wäre es mit Greta Garbo?

An der Bar tummeln sich indessen reihenweise drahtige, sportliche, männliche Cary Grants mit entschlossenem Kinn und kurzgeschnittenen Haaren, den Hut in die Stirn gezogen,

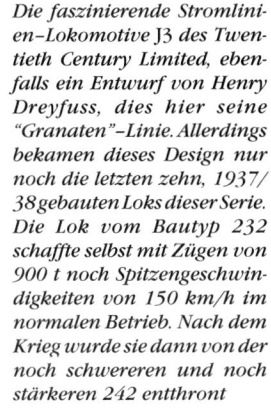

Die faszinierende Stromlinien-Lokomotive J3 des Twentieth Century Limited, ebenfalls ein Entwurf von Henry Dreyfuss, dies hier seine "Granaten"-Linie. Allerdings bekamen dieses Design nur noch die letzten zehn, 1937/ 38 gebauten Loks dieser Serie. Die Lok vom Bautyp 232 schaffte selbst mit Zügen von 900 t noch Spitzengeschwindigkeiten von 150 km/h im normalen Betrieb. Nach dem Krieg wurde sie dann von der noch schwereren und noch stärkeren 242 entthront

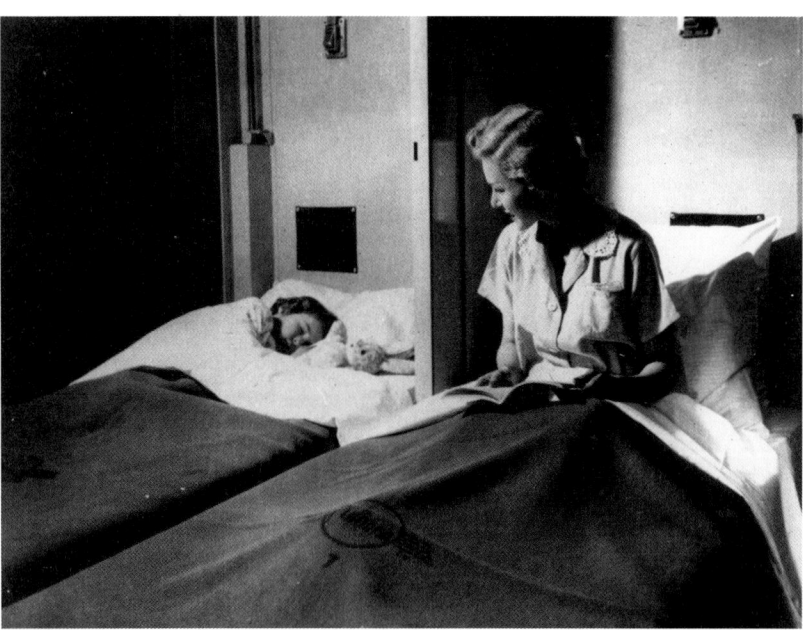

Ein weiteres Symbolbild eines glücklichen Amerika in seiner luxuriösesten Eisenbahnzeit (und zugleich glücklichsten Geschichtsepoche): Mutter und Kind friedlich und komfortabel im selbst-ausklappenden Bett auf sanfter, wiegender Fahrt durch ihr glückliches Land... (Nachts an Bord des Broadway Limited bei über 150 km/h)

trinken Kaffee mit Bourbon und horchen im Radio auf die Kurse von Wall Street.

Trotzdem, der speziellste Ort im ganzen Zug ist doch der "Observation Car". Für amerikanische Eisenbahnen ist es einfach eine Tradition, daß dieser letzte Zugwagen anders sein muß als alle anderen. Für Europäer ist schon deshalb schwer zu verstehen, wieso ein Zug einen ausdrücklichen ersten und letzten Wagen haben soll, weil europäische Züge in der Regel nach ihrer Ankunft am Zielort in der gleichen Wagenfolge "rückwärts" wieder die gleiche Strecke zurückfahren; nur die Lok rangiert ans andere Ende. Aber in Amerika sind Anfang und Ende eines Zugs eben schon immer unveränderlich. Kurz vor der Ankunft in ihrem Zielbahnhof drehen die Züge auf einem eigenen Gleisdreieck um und rollen dann mit dem Ende zuerst in den Bahnhof ein. Bei der nächsten Abfahrt stimmt alles wieder, Anfang und Ende ... Das ermöglichte zu den Zeiten der

Observation Cars mit Balkon hinten zusätzlich die triumphale Einfahrt in den Bahnhof beispielsweise von Präsidentschaftskandidaten auf Wahlkampfreisen. Der Balkon, normalerweise am Ende des Zuges, kam auf diese Weise zuerst in den Bahnhof hereingerollt, den ganzen Zug samt der Lok hinter sich. Majestätischere Auftritte vor den jubelnden Anhängermassen waren kaum denkbar, höchstens noch mit einem Schiff, das in den Hafen einfährt.

Auch diese Schluß-Balkone der Züge waren sehr charakteristisch in der Zeit der Eroberung des Westens. Im Laufe der 30er Jahre verschwanden sie dann allmählich. Die neuen Züge hatten ganz geschlossene Observation Cars, auf deren Ausgestaltung die besten Designer ihre Mühen verwendeten, denn "das Ende eines Zugs muß man zu gestalten wissen". Wenn die Lokomotive sozusagen die Spitze einer quasi interplanetarischen Rakete (nach damaligem Vortellungsstand) war, dann bildete der Observation Car also deren Heckflossen. Und also war es auch nur logisch, diese, wie beispielsweise bei einem Zug wie dem *Hiawatha*, orange und braun zu lackieren.

Beim "Century" allerdings herrscht statt dessen eine gewisse Zurückhaltung der Formen und äußeren Dekoration des Observation Car vor. Designer Dreyfuss wählt die Grundform eines Schiffes, die sämtliche Waggons bestimmt, wie es zu jener Zeit auch bei anderen Zügen allgemein üblich ist. Das bedeutet einen ovalen Aussichtssalon mit großer Glaskuppel, die den freien Blick auf die draußen vorüberziehende Landschaft ermöglicht. Frei plazierbare Naturleder-Sessel und -Sofas mit Blick nach hinten hinaus schaffen eine gemütliche, intime Atmosphäre im "Solarium", wie die Kuppel auch genannt wird. In der Mitte des Wagens steht auf der einen Seite ein Modell der Lokomotive, die den Zug vorne zieht, und auf der anderen ein Tachometer. Hier ist der Platz für die wahren Liebhaber der Eisenbahn. Auch eine Bar gibt es im Aussichtswagen und ein Salon-Abteil, das sein Benützer, sofern er über die nötigen finanziellen Mittel verfügt, wie in einem großen internationalen Hotel in eine Suite aus Salon und benachbartem Schlafraum verwandeln kann.

Wie man auch sonst an Bord des "Century" wie in einem großen Hotel lebt. Der Reisende soll nicht, lediglich, weil man sich bewegt, mit minderem Komfort als dort vorlieb nehmen

Der Twentieth Century Limited, der leistungsfähigste amerikanische Zug der 30er Jahre, sowohl was seinen Komfort und Luxus angeht wie seine Schnelligkeit und Pünktlichkeit. Der Standard (und die Konkurrenz!) ist so groß, daß man, bei praktisch identischen Abfahrts- und Ankunftszeiten auf der gleichen Strecke, sich aussuchen kann, ob man "mit Raymond Loewy" fahren möchte oder "mit Henry Dreyfuss"

müssen. Und noch hat das Zeitalter der in Plastikschale vorgefertigten, abgepackten, tiefgekühlten, mikrowellenerhitzten und mit Plastikbesteck servierten Fertigmahlzeiten in den Flugzeugen der ganzen Welt nicht begonnen. An Bord dieser Züge gibt es noch richtige Küchen und richtige Speiseräume und auch, wie in einem Palast in Florida oder an der Côte d'Azur, den Diener, der entweder die Schuhe putzt oder den Anzug aufbügelt. Es gibt Barkeeper, die jeden exotischen Cocktail zu mixen wissen, und Musiker und ganze Bands, die Swing und Tango spielen. Es gibt Platzanweiser und Bettenmacher. Reisen bedeutet jedenfalls zu dieser Zeit (und in diesem Milieu) damals noch nicht Enge und Hektik...

GRÖSSE UND DEKADENZ DER AMERIKANISCHEN LUXUSZÜGE

Die ausgehenden 30er Jahre sind, wie schon festgestellt, "goldene Jahre" für Amerika. Vielleicht ahnen die Leute, die mit dem "Century" reisen, der sich selbst den nun *"greatest train in the world"* nennt, daß es nach ihm wohl nie wieder einen so schönen und derartig luxuriösen Zug geben wird, allein schon deshalb, weil es gar nicht möglich erscheint, eine solche Perfektion noch zu übertreffen. Er kann sich höchstens selbst kopieren. Und genau das geschieht, denn der Erfolg dieses Zuges ist so groß, daß sieben gleiche Zuggarnituren nötig sind, um die Nachfrage zu befriedigen.

Aber diese Epoche der großen amerikanischen Züge ist auch schon rasch wieder vorüber. Alle die *Overland Limited, California Zephyr, Empire Builder, Empire State Express, Crescent Limited* oder *Sunset Limited* ("Limited" bedeutet hier immer, wie schon eingangs dieses Kapitels erwähnt, daß es sich um Erster-Klasse-Züge mit Reservierungspflicht handelt) und alle die anderen funkelnden und langen Züge finden ihr abruptes Ende im Zweiten Weltkrieg. Als erst einmal die "Boys" in ihren Invasionsbooten an der Küste der Normandie oder Italiens landen (und im Pazifik das "Island Hopping", das Inselhüpfen, praktizieren!), hat niemand mehr Sinn für die Atmosphäre des sorglosen Luxus der paar Jahre zuvor. Plötzlich ist das alles nur noch Erinnerung an eine versunkene Zeit. Zwar folgt noch einmal eine hektische Blüte. Sie erwächst aus dem Siegestaumel von 1945. Zwischen 1946 und 1950 erwacht die große Sehnsucht, den amerikanischen "Way of Life" der Vorkriegszeit zurückzuholen, und diese Glückszeit erreicht in den 50er Jahren einen neuen Höhepunkt an Lebensgenuß, Hoffnung und Konsum. Allerdings - nicht mehr für die Eisenbahn.

Durch die Straßen der Städte fahren immer mehr mehrfarbige, bonbonfarbene oder perlmuttlackierte Cadillacs und Chevrolets. Sie haben grotesk überlange Heckflossen und tonnenschwere Karosserien und sind exorbitante Benzinsäufer, was aber noch niemanden stört. In ihnen sitzen Mädchen mit zahnpastareklameweißen Zähnen und lassen sich von Boys mit sorgfältigen pomadisierten Schmalzlocken hofieren. Von immer mehr nüchtern-funktionell-modernistischen Flughäfen, auf denen kein Schnörkel mehr Platz hat, starten immer mehr drei- und viermotorige Verkehrsflugzeuge in alle Himmelsrichtungen. Nur die Bahnhöfe haben an alledem keinen Anteil mehr. Sie sind vergessen und verstauben und verfallen, und viele wissen nicht einmal mehr den Weg zu ihnen.

Die amerikanischen Städte wandern, neue Stadtteile verändern ihre Zentren, die Geschäftszentren verlagern sich, sie werden "autogerecht". Alles richtet sich nunmehr nach der Erreichbarkeit mit dem Auto, das auch neuen Platz braucht -

Die amerikanischen Eisenbahnen und der Zweite Weltkrieg

Es ist nur sehr wenig bekannt, welche wichtige Rolle die amerikanischen Eisenbahnen in einem Krieg spielten, dessen Schauplätze im fernen Europa lagen - und in dem sich aber auch das schicksalsträchtige Pearl Harbor ereignete...

Hatten die amerikanischen Eisenbahnen ihre größte Streckennetzausdehnung im Jahre 1916 erreicht, so im Zweiten Weltkrieg die absolut größte Zahl transportierter Passagiere. Das hatte aber auch damit zu tun, daß nicht weniger als 89 Armeedivisionen zu je durchschnittlich 15 000 Mann auf den gesamten riesigen US-Territorium hin- und herzubewegen waren. Für eine einzige Infanteriedivision brauchte man 48 Personenzüge zu je 16 Waggons und zwei Küchenwaggons sowie weitere 20 Güterzüge zu je 50-60 Waggons.

Im Rekordjahr 1943 der Truppenbewegungen betrug die Gesamtzahl der transportierten Soldaten 11 750 000 samt ihrer Ausrüstung.

Im Durchschnitt wurde mit einer Tonne Ausrüstung pro Soldat gerechnet. 1944 hatten die "Passagier-Kilometer" das Zweieinhalbfache von 1916 und das Fünffache von 1939 erreicht, der Gütertransport war gegenüber 1916 um 78 Prozent höher. Alle 42 000 Lokomotiven der USA standen praktisch pausenlos unter Dampf, und die Züge rollten Tag und Nacht, einer hinter dem anderen in einer einzigen endlosen Kette. Wie schon im Ersten Weltkrieg wurden auch nun die Eisenbahnen "nationalisiert", d. h. der Regierung unterstellt, die dafür eine eigene Behörde einrichtete, die United States Railroad Administration (USRA), die sogar Lokomotiven und anderes "rollende Material" für ihre speziellen Bedürfnisse nach eigenen Konstruktionsplänen selbst entwarf und baute.

und nicht zuletzt Parkplatz! – und so verwaisen die einstigen Zentren um die Bahnhöfe bald. In Salt Lake City ebenso wie in Los Angeles oder New Orleans finden sich die Bahnhöfe (und das bis heute) plötzlich in "toten" Gegenden wieder, abgelegen, buchstäblich an den Rand gedrängt und spätestens am Abend fast menschenleer. In den 50er Jahren wird eine Eisenbahnstrecke nach der anderen eingestellt. Die großen, stolzen Dampflokomotiven werden nachts auf die Schrottplätze geschafft und dort ausgeschlachtet. Alles, was jetzt überhaupt noch auf Schienen fährt, fällt der Diesellok anheim, und es ist ein wenig wie die Bürgerkriegsrevanche des Südens gegen den Norden: das Erdöl aus Texas hat die Kohle aus Pennsylvania verdrängt...

Und es gibt überhaupt immer weniger Züge; und sie werden immer kürzer, immer leichter und immer langsamer. Waren es einst die "Mehr"- Komparative nach oben, so gibt es

Werbeplakat der Pennsylvania Railroad für Kriegsanleihen 1943. Die M3-Panzer und 155er-Kanonen sind auf der Reise zu den "Boys" an der Front

In Amerika erlebt die elektrische Eisenbahn keinen Siegeszug. Die Diesellok verdrängt vielmehr die Dampfeisenbahn. Die Westinghouse-Ingenieure folgen mit der Comet dem Konzept der leichten automatisierten Schnellzüge, die die erfolgversprechende Lösung für die Fahrt der amerikanischen Eisenbahnen aus dem Tal ihres Niedergangs und ihrer Defizite zu sein scheinen. In den 60er Jahren setzt sich dann allerdings mehr und mehr die schwere Diesellok durch

Auch das Diesellokzeitalter experimentiert anfangs noch mit mancherlei eher kuriosen Designs wie dieser City of Denver *der Union Pacific und der Chicago and North Western. Mit ihrem "Oberdeck" und den Bullaugenfenstern ein halber Bus, ist dieses Monster der 30er Jahre ein Anzeichen des Styling-Niedergangs und der Beschränkung, die bald in den durch Sparzwänge verursachten Alerweltsfunktionalismus der Zukunft münden wird*

jetzt nur noch die "Weniger"-Komparative nach unten. Weniger komfortable Züge. Und viel, viel weniger Züge ganz allgemein... Und diejenigen, die am "amerikanischen Traum" nicht teilhaben und sich also keinen Cadillac und auch kein Flugticket kaufen können, drängen sich nun in den zahllosen Greyhound-Bussen, die über alle Straßen des Landes rollen und auch nicht das letzte Dorf auslassen, keinen noch so abgelegenen Weg, bis hinein in die letzte Indianerreservation in Arizona.

Am 2. Oktober 1967 verläßt dann auch der allerletzte Twentieth Century Limited die imposante Grand Central Station in New York. Er fährt auf die Minute fahrplanmäßig ab und kommt am nächsten Tag ebenso pünktlich auf die Minute in Chicago an. Aber was die Amerikaner *The Tide of the Time* nennen, die "Wende", die neue Zeit, ist damit auch nicht mehr

rückgängig zu machen. Und die Führungsmacht der Welt vergißt einfach, daß sie einmal Eisenbahnzüge hatte, und pünktliche obendrein.

Hitchcocks Helden können in keinem Zug mehr reisen. Sie müssen sich schon in den Greyhound-Bus zwängen oder sich einen Wagen mieten. Die allmählich zerfallenden Bahnhöfe sind leer und tot, und der Wind pfeift durch sie und über die Gleise, aus denen das Gras wächst. Die großen Chromzüge von einst fahren nicht mehr, und keiner ihrer luxuriösen Schlafwagen von einst bietet mehr undurchdringlichen Schutz und Schirm gegen die Wechselfälle des Lebens draußen.

"Amerikafahrt"

"Der Santa-Fe-Expreß erfüllte, wie sein Name, alle Knabenträume vom Wilden Westen, vom Indianerland, von Trapperfahrten, Cowboyweiden, Goldgräberglück, Desperadoschicksal, und Gerstäcker, Karl May, Cooper und Sealsfield reisten mit ...
Der Zug hatte Schlafwagen, einen Salonwagen, einen Restaurantwagen und einen Waggon, der wie die Bar eines großen Drugstores eingerichtet war. Man saß an langer Theke und konnte den schwarzen Köchen zusehen, wie sie Eier brieten, Kaffee brühten, Toast rösteten, Milchgetränke mischten, oder man konnte über die Wirtschaft hinweg durch die Fenster in die weite Natur blicken, die hier noch sie selbst zu sein schien, von keinem Menschen besiedelt und unterjocht...
Wir waren durch die Nacht gefahren, wir rollten durch den Tag, wir überwanden die ungeheure Entfernung, das weite Land, wir saßen ein jeder in seiner Roomette, jeder gewissermaßen in einen Lokus eingesperrt und in einem künstlich gehaltenen Klima, das uns am Leben erhielt, tragikomische Ritter des Fortschritts, der, was die Eisenbahn betraf, schon wieder überholt war..."

(Wolfgang Koeppen in seinem Buch "Amerikafahrt" aus den 50er Jahren)

DER ZUG ALLER REUSSEN: DIE TRANSSIBIRISCHE EISENBAHN

Die Russen sagen, daß ihre beiden großen Feinde immer schon der Schnee und die Entfernungen waren. Und in der Tat haben diese beiden natürlichen Feinde, selbst wenn sie auch immer einmal wieder Verbündete waren (wenn es Invasoren abzuwehren oder ihnen zu widerstehen galt), das riesige Land, als es Rußland hieß und auch danach noch, als es die Sowjetunion war, lange Zeit an seiner Entfaltung und Entwicklung gehindert.

Der Schnee und die Weite ... Aber die Eisenbahn fürchtet weder das eine noch das andere, und so hatten schon die russischen Zaren rasch deren Bedeutung begriffen – und dies nicht nur, weil sie westlichem Modernismus aufgeschlossen waren, sondern auch wegen der puren Notwendigkeit eines Verkehrssystems, das nicht im Winter auf verschneiten Straßen steckenblieb und im Sommer im Schlamm, und das auch noch im langsamen Tempo der Pferde, die vor den Gespannen und Fuhrwerken ohnehin ein Martyrium durchlitten. Nein, wirlich, die Russen waren von Anfang an Eisenbahnfanatiker, auch wenn ihnen einer ihrer Zaren-Ingenieure eine Spurbreite von 5 Fuß (1524 mm) verordnete und sie damit außerhalb der

Die "Transsib", das ist Rußland, und Rußland, das ist unermeßliche Weite und Schnee... Züge und Menschen gleichermaßen kämpfen gegen die Kälte und die Entfernungen an. Der strenge Winter von 1913, den dieses Gemälde von De Haeven zum Gegenstand hat, tut was er kann, um alles noch "russischer" zu machen...

europäischen Norm stellte. Der russische Eisenbahnzug der großen literarischen Szenen, von *Anna Karenina* bis *Doktor Schiwago*, der Bahnhof von Astapov (wo Tolstoj starb), oder der von St.Petersburg (in dem Lenin in seinem berühmten Zug, der Deutschland plombiert durchquert hatte, eintraf) – das alles ist nicht minder Teil der vielbeschworenen "russischen Seele" wie die Kirchen und Schlachtfelder. Und die Linie, die Nikolaus I. mit Bleistift und Lineal über die Landkarte von St.Petersburg nach Moskau zog, oder die Leidenschaft Alexanders II. für Dampflokomotiven dokumentierten nur einen allgemeinen Wunsch des Landes nach Fortschritt, dessen sich dann, in militanter Form, die Oktoberrevolution so exzessiv bediente... Und anders und geheimnisvoll (und geheim) wie der slawische Charakter selbst entstand dann auch diese phantastische Idee einer transsibirischen Eisenbahn, wie sie in dieser Größenordnung nur dem Kopf entweder eines Visionärs oder eines allmächtigen Tyrannen entspringen konnte.

Der Idee lag eine sehr konkrete politische Notwendigkeit

zugrunde. Der "Zar aller Reußen" mußte seine vielen und ausgedehnten Provinzen einigen und verbinden: alle die "Ruß-Länder", als Pendant zu dem, was auf der anderen Seite der Welt in Amerika geschah, wo diese vereinigten Staaten entstanden...

1891 wird mit dem Bau der Strecke begonnen, die an Länge nicht ihresgleichen hat. Der Zar tut persönlich den ersten Spatenstich.. Und nun bleiben "nur noch" die restlichen 9600 km menschlicher Anstrengungen und Leiden in Einsamkeit und Kälte, zwischen Eis und Tod von hier bis Wladiwostok, quer durch die endlosen, leeren, weiten Steppen. Die Strecke entlang der chinesischen Mandschurei ist noch völlig ungewiß hinsichtlich der russischen Interessen, und das Ausweichen erfordert Umwege von über 1000 zusätzlichen Kilometern: der Preis der Sicherheit. Die russischen Diplomaten könnten ja mit den Japanern verhandeln und ihnen eine privilegierte Strecke für den kommerziellen Verkehrs des Westens, vor allem der Engländer, anbieten. Jedenfalls beginnt hier am Ende des 19. Jh. ein immenses Abenteuer auf russischem Boden mit dieser wahrhaft gigantischen Eisenbahnstrecke von nahezu 10 000 km Länge. Aber was will man denn in Sibirien?

130 495 580 RUBEL

Die Gesamtrechnung, oder besser gesagt, der Kostenvoranschlag, der dem Büro des Zaren 1890 vorgelegt wird, beläuft sich auf exakt 130 495 580 Rubel: einhundertdreißigeinhalb Millionen. Die Endabrechnung später ist ein klein wenig höher. Sie übersteigt 600 Millionen Rubel! Allein 1895 werden 1 478 km Gleise verlegt, das heißt, die Strecke wird mit einem Eifer und einem Tempo ohnegleichen vorangetrieben. Die Gesamtstrecke der "Transsibirischen" beläuft sich nun bereits auf 2 654 km; bleiben also, auf die vorgesehene Gesamtlänge von 7 317 km gerechnet, "nur noch" 4663 km. Die 70 000 Arbeiter brauchen sich vorläufig keine Sorgen wegen Arbeitslosigkeit zu machen; eher schon, daß sie erfrieren.

Irgendwo zwischen Chabarowsk und Wladiwostok am anderen Ende der Transsibirischen Eisenbahn zu Beginn des Jahrhunderts: Kälte, Einsamkeit und Halbdunkel – gut, aber auch die Schönheit des haltenden Zugs im Zwielicht eines eisklirrenden Morgens... (Museum Chabarowsk)

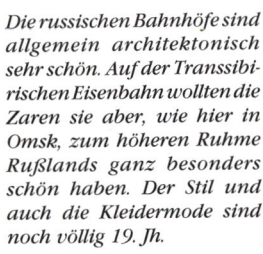

Die russischen Bahnhöfe sind allgemein architektonisch sehr schön. Auf der Transsibirischen Eisenbahn wollten die Zaren sie aber, wie hier in Omsk, zum höheren Ruhme Rußlands ganz besonders schön haben. Der Stil und auch die Kleidermode sind noch völlig 19. Jh.

Rußland hat es auch besonders nötig, sich mit dem Ausbau der Eisenbahn anzustrengen. 1892 hat das riesige russische Reich mit seiner Flächenausdehnung von 22 434 392 km² (davon 5 515 054 km² in Europa) gerade 0,14 km Schienenstrecke pro km². Nimmt man allein das europäische Rußland, dann werden es zwar 0,52 km, aber das ist vergleichsweise noch immer verschwindend gering (Belgien 17 km, England 10,3, Deutschland 7,9, Frankreich 7). Rechnet man Schienenkilometer pro 100 000 Einwohner, dann hat Rußland 3,2 (Schweden 16,8, Schweiz 10,9, Frankreich 9,6, England 8,5, Italien 4,3, Serbien 2,2). Kurz, Rußland ist in ganz Europa, dessen Standard in Lebensstil und Wirtschaft es doch anstrebt, das Eisenbahnschlußlicht in jeder Hinsicht. Im nichteuropäischen Rußland gibt es überhaupt nur ganze drei oder vier Eisenbahnstrecken – für ein Reich, das so groß ist wie ein ganzer Kontinent.

Es waren keine Schwierigkeiten des Terrainreliefs, die den Bau von Eisenbahnen so lange verzögerten. Das Land ist flach und das erleichterte die Anlage von normalerweise schnurgeraden Gleisstrecken. Nein, die Probleme waren anderer Art. Da war die Leere des Landes. Es fehlten industrielle und kommerzielle Zentren. Zwischen den Produktions- und Verbrauchsorten lagen riesige Entfernungen. Da war der Winter, in dem der Schnee rasch jede Schienenstrecke verwehte, was den Verkehr tagelang unterbrach und die Speditionsfirmen ruinierte. Und da waren auch sehr weite moorige und sumpfige Landstriche ohne festen Untergrund.

Dieser Art waren die Probleme, die den Ausbau des Eisenbahnnetzes in Rußland so lange erschwerten und verzögerten. Ein Problem anderer Art war aber auch die Tendenz, wegen des Kapitalmangels die Anfangsinvestitionen (Planung, Infrastruktur) so gering wie möglich zu halten. Das veranlaßte die Ingenieure, ihre Strecken auch durch schwieriges Terrain zu führen; mit der Folge, daß beispielsweise die transkaukasische Linie dann völlig neu trassiert und vielfach untertunnelt werden mußte, weil die trassierte Strecke praktisch nicht durchführbar war.

Der Gütertransport ist für die russische Eisenbahn am Ende des 19. Jh. der größte Bilanzposten. Im Zentrum des Landes befindet sich die fruchtbare "Tschernosem" (Schwarzerde)-Region , die "Kornkammer" Rußlands. Um sie herum gruppieren sich wenig besiedelte Provinzen, deren Reichtum noch unerkannt oder kaum erschlossen ist. Die Eisenbahn hat keinen Rückverkehr aus diesen Gegenden. Mit leeren Zügen zu fahren ist aber natürlich ein Verlustgeschäft für ein Eisenbahnnetz und damit für das ganze Land. Allein die industrielle Entwicklung des Landesinneren kann ein Gleichgewicht für den Eisenbahnverkehr herstellen und damit ihre Betriebskosten senken. Dies geschieht aber erst nach der Oktoberrevolution und in den 30er Jahren.

Die russische Eisenbahn ist der unentbehrliche Transporteur von Hafer, Weizen, Roggen, Salz, Weizenmehl, Erdöl, Bau- und Feuerholz, aber sie hat auch einen höheren Ehrgeiz und visiert andere Horizonte an. Die "Transsib" soll sie ihr eröffnen.

DER RUSSISCHE EISENBAHNZUG AM ENDE DES 19. JH.

Ganz anders als in Amerika, dem Land mit seinem ungeheuren Bewegungs- und Aktivitätshunger, hat die russische Eisenbahn, obwohl sie, was die riesigen Entfernungen angeht und die Schwierigkeiten des Streckenbaus, eine ganze Menge mit der amerikanischen gemeinsam hat, das Problem, daß in Rußland das Reisen von jeher einen viel geringeren Stellenwert hatte. Für Amerikaner ist der Eisenbahnzug gleichbedeutend mit Abenteuer, Eroberung, Aufbruch, Hoffnung auf Reichtum und Vermögen. Für Europäer ist die Eisenbahn ein Mittel zur Belebung ihrer Geschäfte und Kontakte und allgemein von Handel und Wandel, aber auch des Reisens zum Vergnügen und zum Kennenlernen der Welt. Für Russen hingegen bedeutet Reisen nur ein Unglück mehr... Reisen ist für sie Ausgeliefertsein an Schnee und Kälte und Fremde fern von den Lieben und der heimischen Geborgenheit. Man reist überhaupt nur gezwungenermaßen, also im Unglück: wenn Krieg ist und man vor fremden Invasoren flüchten muß, oder aus Not und

Ein sehr schönes Zeitdokument: Der Transsibirienexpreß 1902 in Omsk. Die Lokomotive, eine 040 mit separatem Tender, gleicht den mitteleuropäischen Mehrzweck- und Güterloks und weist auf einen schweren und langsamen Zug unter schwierigen Gleis- und Adhäsionsbedingungen hin

Die russische Dampflokomotive des Jahrhundertbeginns ist sehr hoch und elegant. Ihr Charakteristikum ist das Rundumeisengeländer, das dem Personal sichere Bewegungsfreiheit gestattet. Diese 230 fährt 1911 auf der Transsibirien-Strecke

Als wäre sie dafür geplant gewesen, kam die Eröffnung der transsibirischen Strecke gerade recht zum russisch-japanischen Krieg. Dieses jedoch rein zufällige Zusammentreffen nützte der Zar gleichwohl für den Truppentransport ins pazifische Sibirien; dies ist eine zeitgenössische Aufnahme davon

Woran glaubt er wohl? An die Größe Rußlands, den Ruhm des Zaren, den technischen Fortschritt, die Zukunft der Eisenbahn — oder eben einfach nur, daß ihm dieses neue Verkehrsmittel Arbeit und Brot gibt? Im Jahre 1900 Weichensteller bei der Transsibirischen Eisenbahn zu sein, bedeutet jedenfalls soziale Sicherheit ohne Not. Das Schild fordert übrigens die Lokomotivführer auf, für die bevorstehende Durchfahrt eines seichten Gewässers Siphon und Aschenkasten zu schließen

Zur Trassierung der Transsibirischen Eisenbahn wurde der amerikanische New-Era-Ausschachter verwendet, eine der wenigen überhaupt beim Bau verwendeten Maschinen

Der Bahnhof der "Transsib" von Irkutsk zu Beginn des Jahrhunderts – ein sehr schönes Bilddokument. Die leichten Holzkonstruktionen und die niedrigen Bahnsteige oder auch die Barrieren sind ein seltsamer Kontrast zu der sorgsamen Qualität des Gebäudes selbst. Ganz links ein typischer russischer Waggon der Zeit mit seinen kleinen Fenstern und dem überhöhten Lichtdach, auf dem noch die Kamine sitzen

Elend, weil man nicht bleiben kann; und einmal in der Fremde, beweint man die alte Heimat bitterlich und sehnt sich unentwegt nach der verlorenen Erde zurück. Russen sind im allgemeinen keine Geschäftsleute und noch weniger Kolonisatoren (sie verkaufen selbst Alaska wieder, und das um ein Butterbrot!). Sie sind ihrer Erde verhaftet, ihrer eigenen engeren Heimat, ihrer Stadt, ihrem Dorf, ihrem Wald hinter dem Haus. Und selbst wenn sie in ihrer Nähe neben der alten Kirche mit den Zwiebeltürmen einen kleinen Holzbau dazubekommen, der sich Bahnhof nennt, so nehmen sie ihn ohne Ablehnung in ihre kleine, festgefügte Welt auf, und sie akzeptieren die durchfahrenden Züge auch als belebendes Schauspiel ihres Alltags und als Besuch der Welt draußen bei ihnen, jener fernen Welt der großen europäischen Ideen, die den Zarenhof und die Salons in Moskau so heimsuchen, wie man weiß. Aber selbst in so einen Zug einzusteigen, käme ihnen nicht in den Sinn. Wozu denn? Bei ihnen gibt es schließlich kein Kalifornien zu erobern.

Es gibt gleichwohl ambulante Berufe in diesem Rußland des 19. Jh., und deren Angehörige sind es denn auch im wesentlichen, die die Kundschaft der russischen Personenzüge ausmachen; jedenfalls die der 3. Klasse. Die der anderen

Klassen ist sehr viel dünner gesät; ein Umstand, der die Einführung schneller und luxuriöser Züge nicht gerade beschleunigt. 1892 gibt es in ganz Rußland ganze drei Strecken mit Zügen, die schneller fahren als 40 Werst pro Stunde (ca. 41 km/h): die Nikolauslinie, die Strecke St.Petersburg-Warschau, und die Südweststrecke. Eine Geschwindigkeit von 40 Werst pro Stunde ist selbst für ein Rußland, das seinem bisherigen behäbigen Lebensrhythmus nur allmählich entwächst, nicht gerade atemraubend. Die Züge im übrigen Europa fahren auf ihren nationalen Streckennetzen im allgemeinen schon etwa doppelt so schnell. Lokalzüge, Militärzüge und die der nur 3. Klasse kommen nicht einmal über Durchschnittsgeschwindigkeiten von 15 bis 30 Werst pro Stunde hinaus, und da sind noch nicht einmal die Haltezeiten eingerechnet.

Der russische Eisenbahnwaggon – meistens in Deutschland gebaut, aber nach russischen Bedürfnissen – besitzt Schlafwagenabteile der 1. und 2. Klasse, die tagsüber Sitzabteile sind, mit durchgehendem Seitengang. Das Waggongehäuse aus Holz als Ganzes ist sehr breit und hoch. Die Innenhöhe beträgt nach den geltenden Normen mindestens 2,59 m und die Gesamtbreite 2,49, die Waggonlänge ab 1891 17 m, die Räder sind Bogie-Drehfahrgestelle. Die Wagen der 3. Klasse haben analoge Abmessungen, aber innen statt der Abteile mit Seitengang in voller Länge Holzbänke zu beiden Seiten eines Mittelgangs. Nachts werden über die Bänke Bretter als Schlafliegen gelegt und auch die Bänke selbst dienen dann als Schlafliegen. Nicht sehr komfortabel, aber man liegt und fährt immerhin...

Das Problem bleibt die Heizung. Die ersten russischen Waggons mit zur Wärmeisolierung wattiertem Holzgehäuse erweisen sich schon bei der kleinsten Kollision als wahre Zündlunten. Aber es ist nun einmal nicht nur durch ministerielle Verordnung vorgeschrieben, sondern auch einfach absolut notwendig, daß jeder Waggon einzeln beheizt werden muß – in allen Klassen. Allerdings schreibt die Verordnung die Dampfbeheizung nur für die 1. und 2. Klasse vor. Und wenn man anfangs in die 3. Klasse einfach normale Öfen stellte, so wurden sie später schlicht "vergessen" und das arme Volk dort blieb der Kälte überlassen, bis sich die Verwaltung vielleicht etwas anderes einfallen ließ ...

Was diese betrifft, so erklärt sie vieles an dem Stand der russischen Eisenbahn: 1889 gehörten etwa 20 Prozent der

russischen Eisenbahn der Regierung, zehn Jahre später 60 Prozent, mit steigender Tendenz. Bei den Russen braucht es nicht erst die Revolution von 1917, um Geschmack an der allgemeinen Verstaatlichung zu finden. Zumal die staatliche Verwaltung in diesem Fall durchaus ihre Vorteile bringt – ein System der Ermäßigungen und vor allem den Bau neuer Strecken. Der Zar und seine Regierung nehmen gegen Ende des 19. Jh. die Dinge sehr entschlossen in die Hand, stellen Kapital für die Eisenbahn bereit und verdoppeln zwischen 1889 und 1899 das Streckennetz. Sie vereinheitlichen die Tarife, modernisieren Strecken und Material und erwirtschaften schließlich auch 130 Millionen Rubel Gewinn jährlich. Da kann man sich eine "Transsib" schon leisten.

DIE LINIE AM 55. BREITENGRAD

Die Trasse, für die man sich entscheidet, verläuft entlang des 55. Breitengrads. Sie durchquert die am meisten besiedelte und auch fruchtbarste Region Sibiriens. Ein Zarenukas vom 17. März 1891 überträgt die Leitung der Arbeiten dem Großfürsten Nikolaus Alexandrowitsch, Sohn des Zaren Nikolaus III. Und der Großfürst legt auch höchstpersönlich den symbolischen ersten Stein am Endpunkt der geplanten Strecke in Wladiwostok. Und dort beginnt dann auch ebenso symbolisch im gleichen Augenblick wie am anderen Endpunkt der Strecke in Tscheljabinsk die Arbeit. 1900, neun Jahre nach Beginn, sind 5400 km Gleis verlegt, was rd. 600 km pro Jahr bedeutet; ein bemerkenswertes Tempo, berücksichtigt man die klimatischen Schwierigkeiten und das vielgestaltige Terrain mit seinen Problemen: zahlreiche Flußläufe, die überquert werden müssen, vor allem in den Provinzen Tomsk und Jeniseisk, häufige Überschwemmungen wie in Transbaikalien, und dergleichen. Die Gesamtlänge aller gebauten Brücken beträgt 48 km, die längste ist die 805 m lange über den Jenissei mit Bogenspannweiten von 150 m.

Im Jahr 1900 kann man endlich durchgehend von Europa aus nach Wladiwostok gelangen, allerdings noch nicht durchgehend mit dem Zug. Auf einigen Teilstrecken muß man sich nach wie vor der Schiffahrt bedienen. Dazu gehört insbesondere die 64 km lange Durchquerung des Baikalsees auf einem Spezialeisbrecher, der einen kompletten Zug transportieren kann und den riskanten Versuchen ein Ende setzt, im Winter provisorische Gleise über den zugefrorenen See zu verlegen. Auch auf den Flüssen Tschikla und Amur zwischen Sretensk und Chabarowsk (das nur noch 966 km von Wladiwostok entfernt ist) werden vorläufig noch 2240 km per Schiff zurückgelegt. Die ganze Reise dauert noch an die zweieinhalb Wochen. Allseits erwartet man mit Ungeduld die Fertigstellung der 250 km langen Umgehung des Baikalsees und der direkten, 1536 km langen Linie, die eine russische Privatfirma in der Mandschurei baut, als kürzesten Weg nach Wladiwostok und aber vor allem auch als Abzweigung zu den wichtigen eisfreien Häfen Port Arthur und Dalni, die Rußland von China zum Nießbrauch überlassen worden sind. Damit wird es möglich, statt in bisher 34 Tagen per Schiff nun unter Benützung der "Transsib" beispielsweise von London oder Paris aus in nur noch 16 Tagen nach Schanghai zu gelangen, obendrein zu nur einem Drittel des Preises der Schiffspassage (damalige 860 gegenüber 2450 FF in der 1. Klasse).

Doch nicht nur für die Reisenden der 1. Klasse spielt die Transsibirische Eisenbahn rasch eine wichtige Rolle, sondern auch in der 3. Klasse – und dort vor allem für die zahlreichen Auswanderer mit dem für sie und ihre Familien verfügten um

25 Prozent reduzierten Ermäßigungstarif. Nicht weniger als 30 Bahnhöfe sind eigens für ihre Abfertigung eingerichtet worden. In den Zügen werden sie auch verpflegt und medizinisch versorgt. Zwischen 1893 und 1899 transportiert die Transsibirische Eisenbahn nicht weniger als 971 000 Auswanderer.

Nach dem Beginn des Russisch-Japanischen Kriegs entdeckt die russische Regierung 1905, daß der Transport zehntausender Soldaten per Schiff über den Baikalsee enorme Zeitverluste mit sich bringt, und das führt zu der Entscheidung

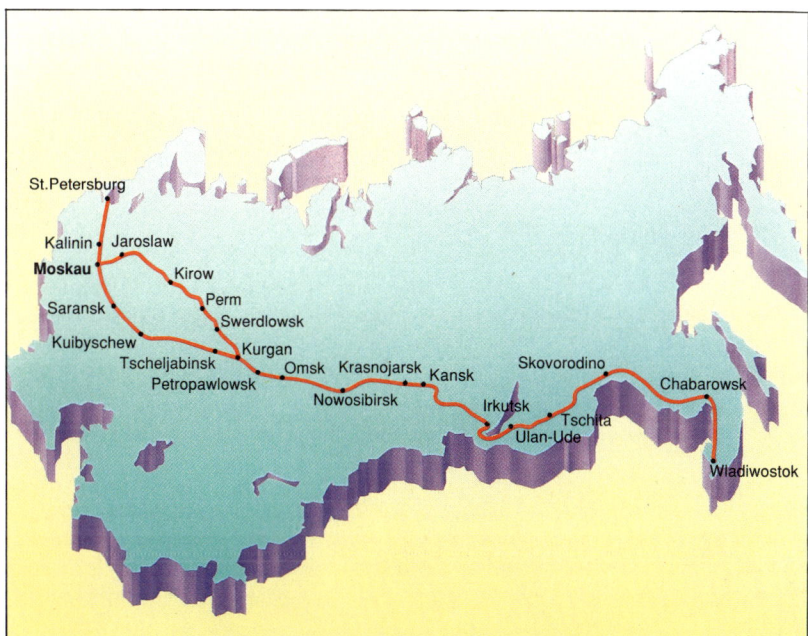

Transsibirische Eisenbahn: Was ist das genau?

Die Bezeichnung Transsibirische Eisenbahn umfaßt mehrere Realitäten. Im allgemeinen Bewußtsein ist das ein berühmter Zug. Aber tatsächlich und in erster Linie ist es eine Eisenbahnstrecke. Zwischen welchen Städten genau? Das ist die Frage. Sie läßt sich lösen, wenn man von der Entstehungsgeschichte und dem Bau ausgeht.

Die Strecke besteht aus zwei Teilen diesseits und jenseits des Baikalsees. Der eine wird Cis-Baikal genannt und ist 3 013 km lang, der andere besteht aus den 1 190 km Trans-Baikal bis zur mandschurischen Grenze sowie der anschließenden sogenannten "Ostchina" – oder auch Transmandschurischen Linie bis zur Stadt Harbin (7 900 km von Moskau), wo sich die Strecke dann teilt: nach Wladiwostok (8 682 km von Moskau) und nach Port Arthur (8 870 km von Moskau).

Wenn damit also klar ist, daß die "Transsib" (wie sie kurz auch genannt wird) im Osten

in Wladiwostok bzw. Port Arthur endet, so ist es etwas schwieriger festzustellen, wo genau sie denn im Westen beginnt. Üblicherweise gibt man Moskau an, weil der Zug tatsächlich als "Transsibirien-Expreß" dort abfährt. Wenn man aber davon ausgeht, wo 1891 offiziell der Bau der Strecke begann, dann muß man sich wohl oder übel auf die Ostseite des Urals begeben und zwar an einen bereits 2 145 km von Moskau entfernten Punkt der Landkarte, nämlich genau dorthin, wo damals das russische Eisenbahnnetz endete. Und dieser östlichste Endpunkt war Slatoust. Das gigantische Bauunternehmen von 1891 1902 betraf also "nur" die Strecke Slatoust-Wladiwostok, die immerhin aber auch noch 6 537 km lang war.

Der russisch-japanische Krieg von 1904/05 förderte die Fertigstellung der Transsibirienstrecke mit der 227 km langen Verbindung zwischen Cis- und Trans-Baikal.

des sofortigen Baus der Umgehungsstrecke. Sie ist 277 km lang. Die 31 Tunnels auf ihr bereiten den in dieser Art Bauen recht unerfahrenen russischen Ingenieuren besondere technische Schwierigkeiten. Aber dann sind die beiden Eisbrecher *Baikal* und *Angara*, die gerade fünf Jahre alt sind und von

denen der erstere 28 Waggons auf drei Gleisen nebeneinander übersetzen konnte, arbeitslos, und das, obwohl sie sündteuer waren und noch längst nicht amortisiert sind.

Ansonsten aber ist das eherne allgemeingültige oberste Gesetz für den Bau der Bahn: Geringstmöglicher Kostenaufwand. Und außerdem: so schnell wie möglich. Es wird an Zeit, Arbeit und Geld gespart; dafür gibt es aber natürlich nur mindere Qualität und folglich erhöhte Unterhalts- und Reparaturkosten. Für eine Gleisbreite von 1,52 m, wie es in Rußland der Fall ist, muß der Gleiskörper 5,55 m breit sein. Auf der "Transsib" ist er nur 5 m und sogar nur 4,70 m in Geländeeinschnitten. Der Schotter-Unterbau ist von üblichen 47 auf 25 cm vermindert. Auf Strecken, wo es möglich ist, hat man sogar völlig auf einen Gleiskörper verzichtet und die Gleise direkt auf dem Erdboden verlegt, lediglich mit einer zusätzlichen Querstrebe für jede Schienenlänge als Ausgleich. Gegen Rost und Verwitterung wird überhaupt nichts getan. Das Gleis ist vom Typ 24 kg pro Meter statt der sonst in Rußland üblichen Stärke von 32 kg/m. Und vor allem ist nur ein Minimum von Ausweichbahnhöfen eingeplant. Dabei bräuchte gerade eine eingleisige Strecke eine große Anzahl davon, um Staus und Streckenblockierungen zu vermeiden.

Kommt dazu, daß die Taiga mit ihren endlosen jungen Birkenwäldern einen sehr feuchten und weichen Boden zur Folge hat. Er ist moorig und sumpfig bis in 70 cm Tiefe. Zwischen Obi und Jenissei muß eine 266 km lange Schneise in den Wald gebrannt werden, um das für den Gleisbau erforderliche Gelände zu gewinnen, und für einen trockenen Schienenstrang ist eine Vielzahl kleiner Brücken, Viadukte und Aufschüttungen nötig. Zwischen Jenissei und Irkutsk erfordern die Sajanberge, will man sie auf sparsame Weise und ohne Tunnels überwinden, 9 Promille hohe Steigungen und Kurven mit einem 320 m engen Radius. An manchen sehr schwierigen Stellen werden selbst Streckenabschnitte mit 17,5 Promille Steigung und ganzen 256 m Kurvenradius trassiert. Das sind indessen Normen, die für schwere und für schnelle Züge nicht mehr akzeptabel sind. Ähnlich verhält es sich in den Jablonovy-Bergen hinter dem Baikalsee in über 1000 m Höhe, wo derartige Steigungen und Kurven nachgerade die Regel sind. Am Amur hingegen unterspült der Fluß die Gleiskörper regelmäßig. Sie verlaufen einfach zu nahe am Wasser und müssen etwas weiter weg neu verlegt werden.

Auf der transmandschurischen Strecke verhält es sich mit den Höhen und Streckenführungen nicht anders und hier zumindest kommt man schließlich um einen 3094 m langen Tunnel nicht mehr herum, auch nicht um 948, 735 oder 650 m lange Brücken über Flüsse wie den Sungari und seine Zuflüsse.

Schwierigkeiten dieser Art und dazu die Probleme mit der Kälte und den enormen absolut menschenleeren Strecken auf dem Wege unterstreichen die Bedeutung der Anstrengungen "gegen alle Gewohnheiten und Traditionen", wie es ein Jour-

Ein russischer Zug von 1933: der Inrus-Expreß, der zwischen Moskau und Tiflis fährt. Die Lokomotive ist eine 130 mit separatem Tender. Stil und Art sind sehr deutsch oder jedenfalls mitteleuropäisch

Ein Brücken-Belastungstest beim Bau der Transsibirischen Eisenbahn am Irtyisch bei Omsk. Ein "Lokomotivenzug" gilt wegen seines ausnehmend großen Gewichts als geeignete Materialfestigkeitsprüfung

nalist der Zeit beschreibt. Bis 1905 mußten bereits zwei Drittel der ursprünglichen Gleise repariert oder erneuert werden, weil sie einfach miserabel gebaut waren. 1904 mußten an die dreißig zusätzliche Ausweich- und Rangier-Bahnhöfe gebaut werden, um die Wartezeiten zu verkürzen und die Nutzung der Strecke zu erhöhen. 1905 erzwang der russisch-japanische Krieg sogar noch einmal 58 weitere dieser Ausweich- und Rangierbahnhöfe. Wobei man sich hier unter "Bahnhof" nicht mehr vorstellen darf als einen ausrangierten alten Waggon, um den dann, wenn die Zimmerleute erst einmal kommen, eine Hausfassade herumgenagelt wird. Mit anderen Worten, die ganze Strecke ist in den ersten Jahren ihres Betriebs im permanenten Reparatur-, Umbau- und Ergänzungszustand. Der Holzverbrauch der Lokomotiven für die Feuerung erhöht sich von 1900 bis 1905 von 300 000 auf 1,5 Millionen t. Ganz allmählich werden die Waldschneisen, durch die die Strecke führt, immer breiter. Die Lokomotivführer und Heizer müssen mit ihren Äxten über der Schulter immer weiter gehen, bis sie sich ihr Kesselholz schlagen können. Und auch dieser Umstand trägt nicht eben dazu bei, daß die Reisezeiten kürzer werden. Aber wie auch immer: die große Mammutstrecke existiert. Das monumentale Unternehmen der Russen ist vollendet.

GEORGES NAGELMACKERS BETRITT DIE SZENE

Für den uns als Gründer der berühmten Schlafwagengesellschaft CIWL bereits wohlbekannten Belgier Georges Nagelmackers ist die Transsibirische Eisenbahn selbstverständlich ein neues Objekt für seine rollenden Hotels. Wen wundert es also, daß er entsprechende Verträge abschließt, sobald das

nur möglich ist – nachdem er 1878 noch ausgebootet worden war. 1898 aber bekommt er einen Vertrag für Ausflugszüge zwischen Moskau und Tomsk (wobei "Ausflug" hier denn doch ein wenig tiefgestapelt ist!). Der Erfolg ist allerdings nur bescheiden. Noch haben die großen russischen Romane die Herzen der Europäer nicht ausreichend beflügelt, und noch sind sie zweifellos nicht in ausreichendem Maße hingerissen von all den mandeläugigen Nataschas der literarischen oder filmischen Superproduktionen mit oder ohne Krieg und Frieden oder mit oder ohne Schiwagos... Er ist noch nicht nostalgisch entdeckt, der slawische Charme, als Pendant zu den Ernährungsexzessen der westlichen Bourgeoisie, die in behäbigem Wohlstand und Komfort lebt. Und mangels geheimnis-

Ein sehr rares Bilddokument von 1902. Die Baikal *nimmt gerade einen Güterzug für die Überquerung des Sees, dessen Namen sie trägt, an Bord. Dieser Zugfähren-Eisbrecher stammte aus England und kostete ein Vermögen. Neben ihm liegt offensichtlich sein Schwesterschiff, die* Angara, *die jedoch nicht als Eisenbahnfähre dient, sondern nur normalen Fähr- und Eisbrecherdienst versieht*

Ein Weichenstellerhäuschen auf dem kleinen Bahnhof Kargat an der Transsibirienstrecke. Der Weichensteller und die Kinder des Dorfes warten auf den Zug. Die Blockhauskonstruktion des Häuschens und des Bahnhofs im Hintergrund dokumentieren die technische Einfachheit der ersten Jahre auf dieser Strecke

voller und unberechenbarer schöner Slawinnen legt diese Bourgeoisie auch kein besonderes Interesse für ein Sibirien an den Tag, das in ihrer Vorstellung ohnehin nur von einigen elenden Sträflingen und abschreckenden wilden Bären bevölkert ist und wo außerdem die Temperatur permanent mindestens 60 Grad minus beträgt, "wie man weiß".

Wie auch immer, seit 1898 verkehrt auf der Strecke auch der CIWL-Luxuszug, wenn auch mehr gelegentlich als regelmäßig, und auch nur bis Krasnojarsk, wo der Jenissei die Arbeiten erst einmal gestoppt hat, aber 1899 dann auch bis

Mit ihren Aufschriften in kyrillischen Buchstaben haben die Waggons der Transsibirischen Eisenbahn mit ihren kleinen Fenstern ein exotisches Element zusätzlich zu den Lichtdachaufsätzen und den hohen Kaminen darüber. Hier ein Speisewagen mit Teakholzgehäuse vom Anfang des Jahrhunderts

Irkutsk, jeweils nach dem Stand des Fortgangs des Streckenbaus. 1904 schließlich ist Nagelmackers schon bei einem wöchentlichen Zug jahrüber angelangt. Nur der russisch-japanische Krieg kompliziert die Dinge wieder. Der Belgier liegt ohnehin schon in Konkurrenz mit den eigenen Transsibirienzügen der staatlichen russischen Eisenbahn; und jetzt noch die pausenlosen Militärzüge, auch wenn deren Ziele und Reisezweck ganz anderer Natur sind...

Dazu kommen ohnehin noch andere Probleme. Die CIWL-Züge sind nicht gerade auf das extreme Klima Sibiriens hin konstruiert, es gibt Verwaltungs- und Versorgungsschwierigkeiten über so große Entfernungen, und die Verwaltung der russischen Eisenbahn ist auch nicht gerade sehr flexibel. Solcherart sind die Schwierigkeiten, die dem CIWL-Transsibi-

rienzug bestenfalls bescheidenen Erfolg bringen. 1910 gibt es, zählt man die beiden russischen Transsibirienzüge und den CIWL-Transsibirien zusammen, drei Verbindungen wöchentlich zwischen Moskau und Wladiwostok; der CIWL verkehrt als trotz aller angeführten Schwierigkeiten komfortabelster mit 4 Waggons für insgesamt 82 Passagiere der 1. und 2. Klasse. Aber die Züge der russischen Staatseisenbahn fahren schon ab St. Petersburg nach Wladiwostok, was vorteilhafter ist, ihnen dennoch aber keine größeren Fahrgastzahlen bringt. Der CIWL bietet einfach mehr Komfort und Service, vom Bad im Gepäckwagen bis zur Bar, wo immer auch die neuesten Nachrichtendepeschen aushängen, die im jeweils letzten Bahnhof übernommen wurden. Der Zustand, daß Reisende gelegentlich sechs Tage lang festsitzen, weil das Anschlußschiff den verspäteten Zug nicht abgewartet hat, wird mit der Zeit korrigiert. Eine Weltkonferenz im Jahre 1911 macht solchen Folgen mangelnder Koordination ein Ende, indem es die Anschlüsse fahrplanmäßig sichert. Fortan ist es möglich, ohne größere Probleme auf zwei Routen von London aus nach Japan zu gelangen: über Kanada für 68,15 £ oder über Rußland für 40,12 £. Man kann auch Phileas Fogg spielen und die beiden Routen kombinieren, dann kostet die Reise um die Welt 109,74 £ und dauert auch nur noch beträchtlich weniger als 80 Tage: der Fortschritt marschiert!

Auch davon allerdings profitiert die CIWL kaum. Der russische Staat sieht ihren Zug nicht so ganz gerne. Er ist ja zweifellos ein Schaufenster einer anderen Lebensart und eines ganz anderen Lebensstandards, und ein sehr demonstratives dazu, wie es da illuminiert durch ein Land rollt, das noch sehr weit zurück ist. Rußland versucht, die Wagen der CIWL den eigenen Zügen einzuverleiben, als zusätzliche Kurswagen nur. Da sich die CIWL auf einen entsprechenden Vertrag aber nicht einlassen will, zieht die russische Regierung die Daumenschrauben an und startet einen gnadenlosen Verdrängungswettbewerb. Der Erste Weltkrieg liefert ihr schließlich den Vorwand, den CIWL-Zug ganz einzustellen. Doch ihre eigenen Züge, eingeklemmt zwischen endlose Militärzüge und nur noch eher schlecht als recht funktionierend, können die Nachfrage nicht befriedigen. Die Diplomaten in erster Linie haben kein zuverlässiges Verkehrsmittel mehr für ihre zahlreichen unerläßlichen Reisen. Kurz, die russische Eisenbahn hat kaum mehr etwas zu bieten, weder ein ausreichendes Platzangebot noch Zuverlässigkeit des Verkehrs, von Komfort gar nicht zu reden.

Dann kommt 1917... Auch die Revolution hat erst einmal dringenden Bedarf an Eisenbahnzügen und nimmt sich also; und buchstäblich alle, die einfachen ebenso wie die "schönen" Wagen der Transsibirischen Eisenbahn. In denen reisen fortan ein Trotzki ebenso wie Tausende Flüchtlinge, ein Lenin und Tausende seiner Kampfgefährten; die einen in diese Richtung, die anderen in jene, alle aber direkt in die Weltgeschichte hinein...

DER SOWJETISCHE "TRANSSIB"

Die CIWL hat damals ihr gesamtes "rollendes Material", das sich auf russischem Boden befand, verloren. Von den 160 Waggons und Gepäckwagen, die sie dort vor dem Krieg besaß, fand sie hinterher gerade noch 9 Waggons und 4 Gepäckwagen vor. Sie versucht trotzdem, einen neuen Vertrag auszuhandeln, doch die nagelneue Sowjetunion der frühen 20er Jahre hat natürlich nicht gerade die Wiedereinführung eines Luxus-

schen Vorbildern inspirierten Lokomotiven weisen viele Gußeisenbauteile auf, was eine sehr schnelle Montage ermöglicht und auch eine verlängerte Lebensdauer garantiert. Der Lokomotivenpark wächst bis zum Ende der 30er Jahre auf diese Weise rasch bis auf 24 000 Stück an. Aber in den schweren genieteten Waggons der nunmehrigen sowjetischen Eisenbahnen, die sich in den sibirischen Bahnhöfen mit ungleich zahlreicheren Güterzügen treffen, haben Verfeinerung, "bourgeoiser" Komfort und Überfluß keinen Platz mehr. Das Nötige ist indessen vorhanden: man lebt, fährt, schläft, kann essen und sich pflegen und erfrischen. Es gibt Liegewagen und auch Tee und die allgegenwärtige Kohlsuppe, die ihren Mann jedenfalls ernährt. Wladiwostok ist nun nur noch 9 Tage von Moskau entfernt.

Was will man denn? Würde es etwa einen Tag Zeitgewinn bringen, wenn man französischen Champagner servierte? Also. Und transportiert das 1935 gegründete offizielle staatli-

"Der erste Zug der Sowjets!" lautet die Unterschrift zu dieser in der einstigen UdSSR allgemein, in Europa aber kaum bekannten Fotografie. Arbeiter haben diese Lok gekapert und überqueren mit ihr symbolisch als erste eine Brücke, die, wie das Band zeigt, kurz vor der Einweihung – durch "die anderen" – stand

zugs der 1. Klasse als eines ihrer obersten Ziele auf ihren Fahnen... und so ziehen sich die Dinge hin, bis endlich 1926 wieder ein transsibirischer Luxuszug fahren kann – als Fortsetzung von Zügen aus Calais, Ostende, Paris und Berlin –, mit dem es nun wieder möglich ist, von Moskau aus über Chabarowsk in 10 Tagen Wladiwostok zu erreichen. Dieser Zug enthält drei Klassen und alle drei leiden sie unter einer allmählich berüchtigten Besonderheit: im Speisewagen gibt es so gut wie ausschließlich mangelhaft gekochten Fisch mit Kohl... Die CIWL-Fahrgäste protestieren zwar, aber helfen tut es nichts. Wenn sie angekommen sind, bleibt ihnen lediglich die auf die Dauer katastrophale Erinnerung an den Service der Gesellschaft, die "auch nicht mehr ist, was sie einmal war"...

Inzwischen aber ist ein weiterer "Transsib" im Entstehen. Er ist dazu bestimmt, der Erschließung der Reichtümer Sibiriens zu dienen, in einer Art russischer "Eroberung des Wilden Ostens"; ein Zug, mit dem Ingenieure fahren, Techniker und die "Pioniere des Sozialismus auf dem Wege" mit ihren Arbeiterheeren und den durch Versprechungen eines besseren Lebens dorthin gelockten Bauern. Fahrten von Diplomaten oder Geschäftsleuten, die es sich auf weichen Samtpolsterbänken bequem machen und der so genannten verweichlichten und schmarotzerischen Klasse entstammen, entsprechen nicht mehr dem "Willen des Volkes", das sich auf dem Marsch "in eine harte, aber gerechte Zukunft" befindet und sich also auch demonstrativ und mit revolutionärem Stolz nur auf harte Holzbänke setzt. Denn die Zukunft, das sind von nun an die Erz- und Kohlenbergwerke und die Kollektivkombinate und weniger gedämpfte Konversation im Frack unter den Kristallüstern der europäischen oder japanischen Botschaften. Und ganz allmählich bemächtigt sich nun eben auch der Transsibirischen Eisenbahn dieser neue revolutionäre Sowjet-Geist. Er bringt "revolutionäre" Züge hervor wie den Turksib, den Transkaspischen oder den Transaralischen Expreß, alle entstanden in der erklärten Absicht, dem Land – und der ganzen Welt – zu zeigen, wie die neue Union Sozialistischer Sowjetrepubliken durchaus imstande sei, etwas für das Volk und die fernen Provinzen zu tun, die einst in Armut und Rückständigkeit dem reaktionären und volksfernen Zaren aller Reußen untertan waren.

In den 30er Jahren rollen Tag und Nacht Züge von einem Gesamtgewicht bis zu 10 000 t (!), gezogen von schweren Loks der Bautypen 150, 151, 160 und selbst 272 (also mit sieben Antriebsachsen!) über die Sibirienstrecke, um einer Industrieproduktion bisher ungekannten Ausmaßes zu dienen. Diese sehr modernen und von den fortgeschrittensten amerikani-

Wer die "Transsib" gebaut hat

Hatten die amerikanischen Eisenbahngesellschaften für den Bau der großen transkontinentalen Strecken eine große Anzahl Arbeitskräfte zur Verfügung, im wesentlichen erst vor kurzem ins Land eingewanderte Europäer und auch Chinesen, so konnten die Erbauer der Transsibirischen Eisenbahn nicht entfernt auf ein solches Potential an Arbeitskräften zurückgreifen, das ebenso qualifiziert wie wirklich beseelt von Aufbruchs- und Unternehmungsgeist gewesen wäre.

Im russischen Sibirien des 19. Jh. mangelte es ganz erheblich an Arbeitskräften. Die Gebiete, durch die die Linie trassiert war, hatten bestenfalls Bevölkerungsdichten von 5 Menschen pro km², falls sie nicht überhaupt total menschenleer waren. Und je weiter nach Osten die Strecke vordrang, desto seltener wurden auch die möglichen Zulieferbetriebe. Der Prozentsatz der am Bau beteiligten örtlichen Firmen betrug am Ural noch 85 Prozent, in Irkutsk gerade noch 55 Prozent, und fiel noch weiter östlich auf 28 Prozent und noch weniger. Die Regierung mußte sich also etwas einfallen lassen. Und ihre Lösung lautete: Sträflinge, die einzigen fast unbegrenzt verfügbaren Arbeitskräfte. Auf der Cis-Baikal-Strecke

wurden 1896/97 1 672 eingesetzt und auf der Trans-Baikal zwischen 1896 und 1900 1 700. Sie wurden ergänzt durch "einfache, normale" Deportierte, die statt eines Straf- oder Arbeitslagers den Arbeitseinsatz in Sibirien wählen konnten. Naheliegenderweise arbeiteten die Sträflinge mit sowenig Elan und Begeisterung, daß sie gerade nur 9 Prozent der jeweils vorgesehenen Planierungsarbeiten schafften.

Nun richtete die Regierung Aufrufe an die normale arbeitende Bevölkerung russischer und sibirischer Städte. Für diese freiwilligen Arbeiter wurden in Eile riesige Barackenlager errichtet. Die Löhne stiegen vom Ural (50 Kopeken) bis hinter den Baikalsee auf das Doppelte (1 Rubel).

Da die Russen mit dem Arbeiten mit Holz besonders vertraut sind, wurde schon aus diesem Grund wenig mit Stein gearbeitet. Deshalb mußten für die Brücken, Tunnel und Viadukte Gastarbeiter geholt werden: Italiener, Griechen, Rumänen, deren Löhne noch höher waren. Und sosehr auch entlang der Strecke Holz im Überfluß vorhanden war, sosehr mangelte es dort oft an Stein, gar nicht zu reden von dem benötigten Stahl, der als kostspielige Fracht herbeigeschafft werden mußte.

che Reisebüro Intourist schon einmal Reisende, die die Sowjetunion nur herablassend betrachten, dann sind der Kaviar und die stets frischen Laken für sie eben Teil der stalinistischen Überzeugung, daß Väterchen Stalin schlecht daran täte, diese ausländischen Devisenbringer abzuweisen. Und außerdem nimmt sich Väterchen Stalin selbst immer mal wieder zwischen zwei Säuberungswellen die Freiheit, sich für seine persönlichen Reisen des Komforts bequemer Luxuszüge zu bedienen, die selbstverständlich für die Honoratioren des neuen Arbeiter- und Bauernstaates samt ihren Gattinnen und sonstigen Angehörigen reserviert bleiben. Den mysteriösen "Blauen Expreß" beispielsweise hat noch kein Proletarier aus der Nähe gesehen, geschweige betreten, denn selbst bei seinen Aufenthalten in den Bahnhöfen ist es verboten, sich ihm auch nur zu nähern. Ist auch gar nicht nötig. Die Arbeit für den Sozialismus ist wichtiger.

In den 30er Jahren arbeitet die junge UdSSR mit Hochdruck am Ausbau ihres Eisenbahnstreckennetzes, wenn auch die Züge, die darauffahren, längst veraltet sind, so wie dieser hier, der noch aus der Zarenzeit stammt und auf der einspurigen Strecke nur langsam dahindampft. Aber der Ausbau geht zügig und enthusiastisch weiter. Die Szenerie hier sind die Jablonovi-Berge in Sibirien

Die P 36 – eine berühmte sowjetische Dampflokomotive

1930 baute die sowjetische Eisenbahn eine bemerkenswerte Serie von 3 000 Dampflokomotiven des Typs 232, die berühmte S, und danach ab 1932 die Serie JS (= Initialen Josef Stalins), und dies waren Loks des Bautyps 142, also mit vier Antriebsachsen sowie einer Tragachse vorne und einem Bogie-Drehfahrgestell hinten. Von 1934-41 wurden über 640 Stück dieser JS gebaut. Nach dem Krieg wollte die sowjetische Eisenbahn den Reiseservice ausbauen und speziell die Geschwindigkeit der schweren Züge erhöhen, insbesondere derer auf der transsibirischen Strecke. Dafür kam dann 1953 der Typ P 36 heraus, eine Lokomotive der Bauart 242, von der aber nur 249 Stück gebaut wurden. Verglichen mit dem riesigen Bedarf und Bestand des Güterzugarsenals mit seinen 10 000 Loks in den 50er und 60er Jahren waren diese paar Schnellzugsloks kaum der Rede wert. Aber trotzdem war die P 36 etwas ganz Besonderes vor den Personenzügen der Transsibirischen Eisenbahn.

der 50er Jahre. Die 70 Stunden Fahrzeit der noch nicht elektrifizierten Strecke erforderten nicht weniger als 19 Lok-Wechsel.
Die Lok wog 264 t, war 29 m lang und ihre Antriebsräder hatten einen Durchmesser von 1,85 m. Die Zylindermaße von 575 mm Durchmesser und 800 m Länge waren beachtlich. Die Achslast: 18,5 t. Die Feuerungsoberfläche der Kesselröhren: 243 m². Der Tender mit seinen 6 Achsen faßte 23 t Dieselöl und 6 t Wasser.
Auch ästhetisch war die Lok sehr gelungen und glich ein wenig amerikanischen Vorbildern desselben Typs. Sie bestand aus vielen Gußstahlteilen, darunter auch die charakteristischen Boxpox-Räder, die Drehfahrgestelle und das Chassis. Achsen und Pleuelstangen liefen auf Kugellagern. Der Führerstand war besonders sorgfältig konstruiert und bot großen Bedienungs- und auch Fahrkomfort, insbesondere was den Schutz gegen die grimmige sibirische Kälte anging. Noch 1970 gab es Lokomotiven dieses Typs.

DER TRANSSIBIRIEN-EXPRESS VON HEUTE

Der Transsibirien-Expreß von heute hat den Zweiten Weltkrieg überlebt und ist danach sogar elektrifiziert worden. Aber er fiel ein wenig der Vergessenheit anheim oder blieb jedenfalls kaum noch ein Gesprächsthema. Von seiner ungewöhnlichen Streckenlänge einmal abgesehen, ist er als Zug einer wie tausend andere moderne; Standard und Stil der Lokomotiven und Wagen sind allerdings immer noch eher ein Spiegel der 50er Jahre. Aber er ist das Rückgrat eines ganzen sich über Sibirien zu verästeln beginnenden Streckennetzes. Längst ist die Strecke auch zweispurig; die heroischen einspurigen Anfangszeiten sind schon lange Legende. Aber auch dies genügt den Anforderungen eines immer bedeutender werdenden Verkehrs schon lange nicht mehr. Die Baikal-Amur-Strecke (BAM) wurde als Parallelstrecke im Norden der alten transsibirischen gebaut, wobei die Entfernung zu dieser bis zu 400 km und teilweise sogar 700 km groß wird. Sie ist erst 1984 eröffnet worden. Ganz ohne Zweifel ist sie die Strecke, die in der ganzen Eisenbahngeschichte die größten Anstrengungen erforderte. Die Bauarbeiten mußten zuzeiten bei Temperaturen erfolgen, in denen Stahl wie Glas zersprang und kein Zement fest wurde und band. Bis in die jüngste Zeit hinein ist an der sibirischen Strecke ständig weitergebaut worden, und

Großen Eindruck macht auf der Pariser Weltausstellung von 1937 die russische Lokomotive "Josef Stalin". Sie zeigt den bemerkenswerten Fortschritt der sowjetischen Eisenbahnindustrie. Sie wiegt 240 t, entwickelt 3000 PS und bringt bis zu 145 km/h; allerdings erlaubt der Zustand der Gleisstrecken in der UdSSR so gut wie nirgends derartige Geschwindigkeiten. 1957 sind in der UdSSR noch 35 000 Dampflokomotiven in Dienst; das ist "Weltrekord"

Seit dem Ende des Zweiten Weltkriegs ist die "Transsib" elektrifiziert. Sie behält ihre Bedeutung als Rückgrat des gesamten nationalen Eisenbahnnetzes, von dem inzwischen 40 000 km elektrifiziert sind. Dies hier ist ein Stück der Strecke Irkutsk-Sljudjanka in Ostsibirien

Eine Reise mit der "Transsib" heute ermöglicht so manche erhaltene nostalgische Entdeckung des alten Rußland, wie hier des hübschen kleinen Bahnhofs von Kansk

Ein gewisser Modernismus hat auf den neueren Zügen der "Transsib" Einzug gehalten – im Vergleich zu so manchem alten russischen Stil ein eher unglücklicher Griff. Freilich bleibt die Reise auch in diesem "Rossiya" ein Erlebnis. Das draußen vorüberziehende Sibirien ist noch immer dasselbe und die ganze Transsibirienstrecke noch immer unverändert faszinierend

erst das Ende der Sowjetunion und die Bildung neuer einzelstaatlicher Strukturen aus ihren Ruinen in der allerjüngsten Zeit haben wirtschaftlich und finanziell bedingte Stockungen mit sich gebracht. Bis dahin aber hat sich die einstige Sowjetunion strikt geweigert, die europäischen und amerikanischen Entwicklungen zu größerer Förderung des Straßen- und Luftverkehrs auf Kosten der Eisenbahn mitzumachen – sichtlich nicht so ganz unbegründet angesichts der bekannten aktuellen Folgen westlicher, die Eisenbahnen fast zum Tode verurteilender Verkehrspolitik, deren Pendel ja inzwischen auch wieder zurückschwingt, mit wieder stärkerer Rückbesinnung auf die Vorteile des Schienenverkehrs... Jedenfalls ist eine der wenigen positiven Hinterlassenschaften der aufgelösten Sowjetunion heute ein intaktes, ausgebautes und wirtschaftliches Schienennetz.

In den 60er und 70er Jahren öffnete sich die damalige Sowjetunion im Zuge zunehmender westöstlicher Entspannung allmählich wieder dem Tourismus. Und neben den üblichen Allerweltsrouten zwischen Museen und Rotem Platz

in Moskau und den mehr verordneten als gewünschten Besuchen vorbildlicher sozialistischer Kombinate und Kolchosen richtete sich die Sehnsucht der Gäste zunehmend auf den Jaroslaw-Bahnhof als Abfahrtsstation der Transsibirischen Eisenbahn. Bei Intourist war man anfangs ziemlich verwundert darüber, ging aber dann darauf ein. Der Wunsch von Fahrten auf der "romantischen Transsib" war ja technisch leicht und einfach zu erfüllen. Was die Romantik anging, mußte der Reisende sie sich allerdings selbst mitbringen.

Trotzdem aber ist die Fahrt mit diesem Zug in einem der Zweibett-Schlafwagenabteile mit Toiletteschrank und Fenstern mit weißen Vorhängen auch heute noch ein phantastisches Erlebnis einer Eisenbahnreise. Sie hat ohne Zweifel bis auf diesen Tag noch immer einen kräftigen Duft von Abenteuer und Entdeckung.

Je weiter nach Osten die Fahrt geht, desto seltener werden Häuser und selbst Straßen. Kirow und Perm, von tristen Schlafstädten und grauen Fabriken umgebene Städte, bleiben in der Nacht und dem frühen Morgen zurück. In der folgenden Nacht wird Swerdlowsk erreicht, dann kommen Omsk und Nowosibirsk mit seinem langen Bahnhof, dessen monumentale Fassade die Bahnsteige überragt. Das ist am dritten Tag. In Krasnojarsk am Ufer des Jenissei dann hat man bereits 4000 km sibirischer Leere hinter sich. Nach weiteren 1000 km langt man in Irkutsk an ... und dies obwohl der Zug seit Moskau kaum je schneller fuhr als 60 km/h.

Die nächste Etappe führt zum südlich umfahrenen Baikalsee. Auf dieser Strecke folgt ein Tunnel dem anderen: endlich Schluß mit der brettflachen Landschaft!

Es folgt Ulan-Ude. Von dort aus zweigen nach rechts die Strecken des Transmongolei- und des Transmandschurei-Expreß nach Karimskoje ab, letztere die Verbindung Wladiwostoks mit China (mit 1000 km Streckenersparnis). Die "Transsib"-Strecke verläuft hingegen weiter hinter Ulan-Ude entlang der Jablonovi-Berge. Den Tälern des Schilka und Amur folgen Skovorodino und Chabarowsk. Dann biegt die Strecke fast rechtwinklig nach Süden ab, führt das Ussurital hinauf bis Nikolskoje und schließlich Wladiwostok, das bei km 9297, von Moskau aus gerechnet, erreicht ist. Sechs Nächte und sieben Tage; die längstmögliche Eisenbahnreise der Welt in einem Stück mit ein und demselben Zug!

DER "RHEINGOLD"

Das Rheingold... ein deutscher Traum. 1918, nach dem bitteren Zusammenbruch, wird der *Rheingold* aus der Taufe gehoben, ein Zug entlang dem "romantischen", dem "deutschen" Rhein... Von einem nebligen Hafen im Norden aus, dem holländischen Hoek van Holland, bis zu einer friedlichen Stadt der Schweiz, nämlich Basel. Und zwischen diesen beiden so wenig vermutbaren Endpunkten entfaltet sich nun wider alle Wahrscheinlichkeit die Großartigkeit eines internationalen Eisenbahnzugs, weil er zwar drei Länder bedient, aber doch fern ist den berühmten Routen eines Orient-Expreß, eines Train Bleu oder eines Flèche d'Or/Golden Arrow und deren Berühmtheit, anerkannter Klasse und quasi geheiligter Strecke. 1926 (als der erste *Rheingold* fährt) von Hoek van Holland den Rhein entlang nach Basel zu fahren – ist das so etwas Zwingendes wie etwa einen Zug zwischen Paris und London zu nehmen, von Paris nach Nizza oder gleich von London über Wien nach Konstantinopel, von den anderen "großen" europäischen Zügen nicht zu reden? Ist er überhaupt genauso schön? Kann er überhaupt genauso mondän sein?

Schön – keine Frage. Das Rheintal mit seinen romantischen Burgen und Schlössern hoch oben auf den Höhen, mit seinen Felsen und den Biegungen und Windungen des Flusses selbst, mit den Orten an seinen Ufern, die direkt aus den Grimm'schen Märchen stammen könnten, aus dem "guten, schönen" Deutschland des Barock und sogar noch des geruhsamen Mittelalters – dieses Tal ist ganz ohne jeden Zweifel schön und zauberhaft. Und wenn es dann dieser prächtige Zug mit seinen eleganten Wagen in violett und beige durchquert, vorbei an den Weinbergen und unter den schattigen Bäumen den Windungen des Flusses folgt und den Felsen, die ihn überragen, läßt er dem deutschen oder englischen Reisenden alle Zeit, dies zu genießen und ganz in sich aufzunehmen, an seinem Tisch mit der weißen Tischdecke im getäfelten Speisewagen, bei einem frischen Bier, das ihm von einem Ober serviert wird, der sich, Höflichkeit gehört sich, schier zerreißt vor Dienstfertigkeit.

Das besiegte und verachtete Deutschland von damals braucht zu dieser Zeit einfach seinen Luxuszug. Es braucht seinen Traum von Größe, damit die Nation sich in irgendetwas erkenne, und dieser Traum benötigt zwingend einen Namen aus der nationalen Mythologie. Das Rheingold signalisiert sowohl den nationalen und einigenden Fluß wie es das Genie Wagners und das "Gold" von Macht und Wohlstand bedeutet: es ist kurz, ein deutsches Signalwort. Die Franzosen haben ihren Train Bleu, die Engländer einen Golden Arrow und selbst die Russen besitzen ihren "Transsib" – die Russen ausgerechnet, die am rückständigsten in ganz Europa sind! Also muß dieser Zug auch der schönste sein. Der Zug Siegfrieds, der den Drachen tötet, vielleicht... Mit einem Wort, der *Rheingold*

Mit seinen violett-beigen Wagen ist der Rheingold *der 20er Jahre – hier bei Kaub – fast wie eine romantische Spielzeug-Zutat in dieser romantischen Landschaft. Vorne eine* Pacific S 3/6, *eine der besten* **deutschen Lokomotiven der** Zeit *(Verkehrsmuseum Nürnberg)*

wird in allem eine Prestigeangelegenheit. Er ist allein darin außergewöhnlich, daß er nicht einfach nur ein Verkehrsmittel ist, sondern auch das nationale Prestige verkörpern und hochhalten (und wiederaufrichten) will. Zum Ruhm der Nation und für ihre Zukunft...

DEUTSCHLANDS EISENBAHN ZUR RHEINGOLD-ZEIT

Die düsteren Jahre des Landes haben mit dem Ersten Weltkrieg begonnen und dauern noch weiter fort. In der schwachen und zerrissenen Weimarer Republik wachsen die sozialen Konflikte immer weiter. Immer häufiger wird gestreikt. Deutschland hat seine Kolonien verloren und dazu einen Teil seines Territoriums, und es kämpft nun mit enormen wirtschaftlichen Schwierigkeiten, die sich vor allem aus den gigantischen Kriegsschulden und Reparationspflichten des Versailler "Diktats" ergeben. Die immense Inflation von 1923/24 mit ihrer derartig galoppierenden Geldentwertung, daß in deren Verlauf bald selbst eine einfache Straßenbahnfahrkarte schon Millionen Mark kostete, zog eine alles mit sich reißende Mutlosigkeit und eine untragbar werdende allgemeine Desorganisation nach sich. Was die Eisenbahnen angeht, so wurden sie in diesem Jahr zur Reichsbahn verstaatlicht und neu organisiert, womit sie eines der ersten Beispiele vollständiger Verstaatlichung in ganz Europa waren. Die Eisenbahner aber verlangten Entschädigungen, Abfindungen, Zulagen für die ständig teurer werdenden Lebenshaltungskosten, und schon 1920 gab es den ersten großen Eisenbahnerstreik, in welchem nicht weniger als 50-70 Prozent Lohnerhöhungen gefordert wurden – und das von einer Regierung, die nicht einmal das Streikrecht der Eisenbahner anerkannte und deshalb alle Forderungen erst einmal grundsätzlich ablehnte. Von den 270 000 deutschen Eisenbahnern hatten aber 205 000 für den Streik gestimmt, und angesichts dieser Zahl blieb der

Regierung wenig anderes übrig, als schließlich doch nachzugeben. Die geforderten Lohnerhöhungen wurden tatsächlich bewilligt. Doch in den nächsten Jahren folgen auch die Streiks und Lohnerhöhungen einander so automatisch wie die Jahre selbst.

Ende der 20er Jahre dann (der *Rheingold* fuhr seit 1926) bessert und konsolidiert die Situation sich allmählich. Die statistischen Zahlen weisen bereits für 1926 eine Steigerung der Passagierzahl von 15,4 Prozent gegenüber 1914 aus. Mehr als 1,8 Millionen Eisenbahnpassagiere werden gezählt, und die Züge legen insgesamt 43 Millionen "Passagier-Kilometer" zurück. Dieser Verkehrszuwachs und dazu aber auch die beträchtlichen Fahrpreiserhöhungen tragen zusammen zu der Bilanzerhöhung von 46 Prozent gegenüber 1914 bei, allerdings nicht proportional zu den Preiserhöhungen, deren Folgen die fast leere 1. und 2. Klasse und die ständige Überfüllung der 3. und noch existierenden 4. ist, natürlich zu Lasten deren Komforts, in ganz besonderem Maße in der 4. Klasse.

Die Reichsbahn setzt daher Spezialzüge zu Spezialniedrigpreisen für die Sommer- und Winterferien und die Urlaubszeiten ein, verlängert auch die Geltungsdauer der Ausflugsfahrkarten und spart auf der anderen Seite Etatposten ein, wo es nur geht. Sie ist aber ebenfalls stark belastet durch ihren Anteil an den Reparationskosten, den sie seit 1924 abführen muß und die nach Plan bis 1945 dauern sollen. Das bedeutet in Zahlen eine Belastung von 600 Millionen nachinflationärer Goldmark pro Jahr, gleich 12 Prozent der Gesamteinnahmen.

Der einzige Vorteil dieser starken Schuldenbelastung ist die Tatsache, daß die Reichsbahn so gut wie keine Konkurrenz hat. In diesen 20er Jahren spielt der Automobil-Straßenverkehr und -transport noch kaum eine Rolle. Er ist in diesem Nachkriegsdeutschland auch noch erheblich geringer als anderswo: 1 Automobil auf 211 Einwohner, lautet die Statistik dieser Jahre (Schweden: 74, Frankreich 54, in England 49; gar nicht zu reden von den USA, wo bereits ein Auto auf je sechs Einwohner trifft). Auch angesichts dieser Verhältnisse wird verständlich, warum in dem viermal geringer als beispielswei-

Nach Hitlers "Machtergreifung" 1933 mußten Lokomotiven zu speziellen Anlässen, vor allem auf Schnellzügen und "Prestige"-Zügen, das Hakenkreuz tragen – zuallermindest ein Beweis, wie das Verkehrsmittel sich auch als Propagandamittel eignet... Aufnahme vom Anhalter Bahnhof in Berlin

Die schwierigen Jahre: Deutschland hat über sechs Millionen Arbeitslose und die sozialen Konflikte werden immer größer. Schon 1919, als diese Aufnahme entstand, gab es Zug-Besetzungen und –Kaperungen als politische Demonstrationen

se Frankreich motorisierten Land einige Jahre später der Volkswagen ein politisches Argument wird, das buchstäblich das "Volk" träumen läßt... Andererseits entwickelt Deutschland in diesen Jahren den kommerziellen Flugverkehr besonders stark. Der Flughafen wird mit seinen Betonbauten bald für jede größere Stadt ein Symbol von Prestige, Entwicklung und Modernismus. 1925 reisen bereits 55 185 Deutsche mit dem Flugzeug und im Jahr darauf 89 932 ; das nähert sich fast schon einer Verdoppelung von einem Jahr zum nächsten, und diese Entwicklung setzt sich von Jahr zu Jahr weiter fort, so daß auch die Flugtarife immer weiter gesenkt werden können, bis sie mit denen der Eisenbahn durchaus zu konkurrieren imstande sind. Berlin-Leipzig, beispielsweise, kostet 24 Reichsmark in der 1. Klasse der Eisenbahn und 25 mit dem Flugzeug, Berlin-Breslau 40 Reichsmark für beide Verkehrsmittel.

Im Güterverkehr aber hat die Eisenbahn einen unschlagbaren Tarifvorteil. Noch existiert kein Autobahnnetz; dessen Vorkämpfer sind noch nicht in die Geschichte eingegangen, und Fernlaster sind auf deutschen Straßen noch selten. Der Streik der englischen Bergleute bringt der deutschen Zechenindustrie einen bedeutsamen Arbeitszuwachs. Der Kohle-Exportüberschuß beträgt 1926 beachtliche 806 Millionen Reichsmark (Vorjahr: 238 Millionen). Die Gesamtzahl der Tonnen-Kilometer steigt um 14 Prozent gegenüber 1914, und die Umsätze erreichen die nationale Rekordzahl von 2,831 Milliarden Reichsmark. Auch hier bedeutet dies wie bei den Passagierzahlen, daß diese Umsätze trotz geringerer Anzahl von Zügen gegenüber den Vorkriegsjahren erreicht wird. Die Auslastung und damit Rentabilität ist jedoch erheblich größer geworden.

Die deutschen Eisenbahnen sind in diesen Jahren auch mit bedeutsamen Bauprojekten beschäftigt. 1926 werden über 267 Millionen Mark für den Bau neuer und die Elektrifizierung alter Strecken sowie für den Wohnungsbau für ihre Beschäftigten aufgewendet. Eines der bemerkenswerten Projekte dabei ist der Bau des Hindenburgdamms vom Festland zur Insel Sylt. Der Damm für die Eisenbahnanbindung der Insel ist 11 km lang und 50 m breit und führt direkt durch das Wattenmeer.

Die Elektrifizierung von Bahnstrecken wird im Tempo von 180 km pro Jahr vorangetrieben. 1927 sind bereits für die Zeit sehr beachtliche 1031 km deutscher Bahnstrecken elektrifiziert. Dabei wählt die Deutsche Reichsbahn den niedrigfrequenten

Im wiedererstarkten national-sozialistischen Deutschland war eines der werbeträchtigsten Mittel der politischen Propaganda die Ermöglichung der Familien-Ferienreise, wie sie dieses Plakat der Deutschen Reichsbahn anpries

PS: Zu dem in der nebenstehenden Tabelle aufgelisteten Anfangsprogramm kamen später auch noch die Serien der Bautypen 150, 141, 142 T, 151 etc. der 30er Jahre. Bei Beginn des 2. Weltkriegs besaß Deutschland den größten Park vereinheitlichter Lokomotiven der Welt, die einen Gesamtbestand von sonst nirgends erreichter Homogenität darstellten

Die Einheitsbaulokomotiven der Deutschen Reichsbahn

(Bauprogramm 1925/26)

	Bautyp	Serien-Nr.	Lok mit sep. Tender	Tenderlok	Anzahl der Zyl.*)	Raddurchm.(mm)			
						2000	1750	1400	1250
Linienverkehr	231	01/02, 03/04	•		4S od 2C	•			
	141	41	•		3S		•		
	230	–	•		2S		•		
	150	42, 43, 44, 45 u. 52	•		3S od. 2C			•	
	140	–	•		2S			•	
	130	24	•		2S			•	
	232	61,62		•	2S		•		
	131	64		•	2S		•		
	151	84,85		•	2S od. 3C			•	
	141	86		•	2S			•	
Rangierverkehr	050	87		•	2S				•
	040	81		•	2S				•
	030	80,89		•	2S				•
Schw.te Linien	130	24	•		2S			•	
	130	–		•	2S		•		
	141	86		•	2S			•	

*) C = Compound (Verbund), S = Einfachexpansion

Eine wunderschöne Pacific-*Lokomotive der Badischen Staatsbahnen. Es ist die erste deutsche* Pacific, *konstruiert 1907 von dem Ingenieur Anton Hammel und gebaut von* Maffei *in München. Die Serie bestand aus 35 Lokomotiven, die 460 t bei 110 km/h ziehen konnten. Diese badische* Pacific *war der Anfang des gesamten süddeutschen Schnellzug-Lokomotivenparks und ganz besonders die Vorläuferin der berühmten bayerischen* S 3/6

Wechselstrom von 15 000 Volt/16,66 Hertz, ein Standard, den danach auch die Schweiz und Österreich, Schweden und Norwegen übernehmen, weil er sehr vorteilhaft und wirtschaftlich ist und nur einfache Installationen verlangt. Die frühen elektrifizierten Linien gehen hauptsächlich von München und Berlin aus.

DIE EINHEITSBAU-LOKOMOTIVE ALS STOLZ DER DEUTSCHEN REICHSBAHN

Am 31. Dezember 1926 besteht der Lokomotivenpark der Deutschen Reichsbahn aus 25 616 Dampflokomotiven, 301 Elektro- und 4 Dieselloks. Der Dampfbetrieb ist also trotz des Voranschreitens der Elektrifizierung nach wie vor der bei weitem beherrschende für die 63 000 Personen- und 660 000 Güterwagen des gesamten deutschen Eisenbahnnetzes.

Die deutschen Ingenieure schaffen in dieser Zeit überdies nach Konzeption und Konstruktion die bemerkenswertesten Dampfloks der gesamten Eisenbahngeschichte: Die Einheitsbaulokomotive. Vor dem Ersten Weltkrieg baute jeder der deutschen Staaten seine eigenen Lokomotiven, mit dem Ergebnis, daß von Schleswig-Holstein bis zur Pfalz und von Bayern bis Pommern zwar überall ausgezeichnete Lokomotiven fuhren, aber überall nach eigener Konstruktion. Der gesamte nationale Eisenbahnfuhrpark war also ein sehr heterogenes und vor allem oft inkompatibles Gebilde. Am 1. April 1920 aber wurde entsprechend der Verfassung der neuen Weimarer Republik die Deutsche Reichsbahn gebildet. Nicht weniger als 210 verschiedene Bauserien von Dampflokomotiven waren damit nun unter einem gemeinsamen Dach vereinigt. Es war gar nicht daran zu denken, bei dieser Vielfalt das Rationalisieren auch nur zu versuchen, um alle die sächsischen, preußischen, bayerischen, württembergischen, oldenburgischen oder badischen Fuhrparks unter einen Hut zu bringen, gar nicht zu reden von den vielen Privatbahnen auf den kleinen Nebenstrecken, die einst soviel Stolz darein gelegt hatten, ihre eigenen Normen und Bauserien zu haben.

Es entsteht, mit anderen Worten, die Idee des Baus einer Einheits-Lok: von Lokomotiven mit einem Maximum an standardisierten Teilen für verschiedene Bauserien und Typen. Von 210 Serien kommt man damit auf nur noch 16, und diese 16 vorgesehenen neuen Lokomotiventypen lassen sich wiederum in lediglich noch drei Gruppen unterteilen: Passagier- und Güter-Linienverkehr, Bahnhofsgaragenverkehr sowie die nur schwach frequentierten Strecken.

Für die erste Gruppe, also die großen Linienstrecken im Personen- und Güterverkehr, werden 10 Lokomotiventypen vorgesehen, von der schnellen *Pacific 231* bzw. der schweren *150* bis zu den *230, 140, 141* bzw. *130* oder *151*, die einen mit Tender, die anderen mit in die Lok integriertem Tender. Für

Ein Speisewagen in einem deutschen Luxuszug der 20er Jahre? Nicht ganz. Es handelt sich vielmehr um einen einschlägigen Versuchswagen der Straßenbahn im Vorortsverkehr von Düsseldorf, 1932!

Bei den Speisewagen der Mitropa im Rheingold handelt es sich hingegen keineswegs mehr um einen "Versuchsbetrieb", sondern um ausgefeilte, erprobte Perfektion. Die Mitropa, 1917 als "deutsche CIWL" gegründet (mit deren nach Kriegsbeginn 1914 beschlagnahmten und übernommenen deutschen Wagenpark) garantiert Service hoher Qualität. Diese Aufnahme stammt aus dem Jahre 1937 von einem unbekannten Bahnhof

den Rangierverkehr sollen die Lok-Tender-Typen 030, 040 und 050 dienen. Für den sonstigen Bahnhofsverkehr und die schwach frequentierten Strecken sind Loks vom Bautyp 130 mit oder ohne separaten Tender oder Tender-Loks des Typs 141 vorgesehen.

Diese 16 Lokomotiventypen werden mit insgesamt nur vier Kessel- und 3 Zylindertypen und 4 Raddurchmessern der Antriebs- sowie 2 der Tragachsen (850 mm für die Bogie-Drehfahrgestelle, 1250 mm für die Bissel-Fahrgestelle) ausgestattet. Alle Bogies und Bissels sind identisch und gegeneinander auswechselbar. Aus diesem Konzept ergeben sich bemerkenswerte Einsparungen. Studien und Planzeichnungen verringern sich enorm, ebenso werden die Arbeiten sowohl bei der Vorbereitung wie bei der eigentlichen Herstellung auf ein Minimum reduziert, weil es ja nur noch eine sehr begrenzte, überschaubare und überall einsetzbare Anzahl von Gußformen, Matritzen und Schablonen gibt. Die Werke, die es mit diesem reduzierten Aufwand zu tun haben, können schneller, flexibler und kostensparender (und damit auch gewinnträchtiger!) produzieren.

Die Lokomotivenfabrikation wird in Serien geplant und vorgegeben. Dieser Plan erstreckt sich von 1925 bis 1947. Natürlich hat dann der Zweite Weltkrieg diese Planung gründlich über den Haufen geworfen, aber bis dahin hat er bereits zu einer geradezu phantastischen Beschleunigung der Entwicklung vor allem bestimmter schwerer Lokomotiven des Typs 150 mit separatem Tender geführt; deren Anzahl übersteigt

schließlich 7 500 Stück. Jede Serie bekommt eine Nummer, angefangen von 01 für die *Pacific* bis 99 für die Tender-Lokomotiven. Die Serien 01, 02 und 03 sind ebenfalls *Pacific* und zwar die leistungsfähigsten von allen. Die Serie 44 sind bemerkenswert robuste, schwere und leistungsstarke Loks vom Typ 150 mit separatem Tender. Bis zum Ende der Dampfeisenbahnära – sie reicht bis in den Anfang der 70er Jahre hinein – sind sie die Standardloks für alle deutschen Güterzüge.

AUF DER SUCHE NACH DEM KOMFORT

Nicht nur auf dem Gebiet des Lokomotivenbaus hat die Deutsche Reichsbahn Bemerkenswertes geleistet, sondern auch auf dem der Personenwagen. Im Deutschland der 20er Jahre wird das Reisen überaus beliebt. Man reist in den Ferien und im Urlaub nach Süden in die Berge oder nach Norden in die berühmten Seebäder an der Nord- und Ostsee. Man liebt den Komfort und wünscht ihn deshalb auch in der Eisenbahn, dem beherrschenden Verkehrsmittel schlechthin, ebenfalls vorzufinden. Die berühmte ISG (Internationale Schlafwagen-Gesellschaft) bemüht sich, es den einstigen deutschen CIWL gleichzutun und denselben perfekten und makellosen Service zu bieten. Die Gesellschaft ist zu Beginn des 1. Weltkriegs entstanden, um den gesamten zu dieser Zeit auf deutschem Boden befindlichen Fuhrpark der CIWL zu übernehmen, und hat deren Namen und Geschäft weitergeführt, aber eben nur national in Deutschland. Sie hat sich, Pressestimmen der Zeit zufolge, dabei zur "absoluten Spitzenklasse" entwickelt.

Die Waggons der deutschen Luxuszüge werden von Firmen wie der Waggon- und Maschinenfabrik AG Görlitz, der Waggonfabrik Wegmann & Co. Kassel oder der Eisenbahnwagen- und Maschinenfabrik Van der Zypen & Charlier Köln gebaut. Diese Waggons sind zum Ende der 20er Jahre 23,50 m lang und wiegen 50 und 57 t, also 8-12 t mehr als die "normalen" und älteren deutschen Personenwagen, die noch überall auf den anderen Strecken und im fahrplanmäßigen Zugverkehr im Einsatz sind. Alle haben sie Bogie-Drehfahrgestelle des einheitlichen deutschen Typs "Görlitz", deren Besonderheit der sehr große Achsabstand ist: er beträgt nicht weniger als 3,60 m, was eine Bogie-Gesamtlänge von 5,25 m bedingt. Diese Charakteristik sorgt für eine große Laufstabilität und praktisch völliges Verschwinden des Schlingerns. Die Nachteile sind eine gewisse geringere Kurvengeschmeidigkeit

sowie ein verstärkter Druck auf die Gleise, die dadurch stärker beansprucht werden. Dafür zählt der damit gewonnene Komfort umso mehr. In der 1. Klasse ist Platz für 28 Reisende pro Wagen, in der 2. für 43. Die Speisewagen bieten 20 bzw. 29 Plätze pro Klasse, was damit zusammenhängt, daß sich im gleichen Wagen auch die Küche befindet. Die Waggons sind alle Ganzstahlkonstruktionen und damit von großer Sicherheit bei Zusammenstößen, und natürlich auch von erhöhter allgemeiner Lebensdauer. Ihr Design ist das unverwechselbare der deutschen Eisenbahn: stark gerundete Dächer, große quadratische oder rechteckige Fensterfronten ohne abgerundete Ecken, und vor allem die Einstiege an den beiden Waggonenden mit nach außen öffnenden Türen mit breiten Treppen. Die solide und robuste Verarbeitung des gesamten deutschen Eisenbahnfuhrparks erweist sich im 2. Weltkrieg auch als vorteilhaft, für sehr lange und weite Transporte von Truppen und Material, und selbst noch jahrzehntelang danach.

Im Deutschland der ausgehenden 20er und frühen 30er Jahre reist man in schweren Schnellzügen mit einem ausgeklügelten Anschlußsystem, das einen rasch in alle großen Städte des Landes bringt, von Berlin nach Leipzig, von Hamburg nach Nürnberg, von München nach Köln und Dortmund... Die deutsche Geschichte hat es nicht wie in anderen, von jeher zentralisierten Ländern wie England und Frankreich mit sich gebracht, daß das Eisenbahnsystem sternförmig von der Hauptstadt aus ins Land ausstrahlte – was dort den bedeutenden Nachteil hat, daß es oft langer Umwege bedarf, um von einer Stadt der Provinz in eine andere zu gelangen. In Deutschland gibt es keine "Provinz" in diesem Sinne, sondern eine ganze Anzahl regionaler Zentren mit großen Städten, die zudem meistens relativ nahe (300-600 km) beieinanderliegen, was allein schon ein ineinandergreifendes, sich kreuzendes und verästelndes Schienensystem mit kurzen Einzel-Hauptlinien zwischen den großen Städten zur Folge hat.

KOMFORT, ABER AUCH PRESTIGE

Die Bahnhöfe der deutschen Städte sind üppig ausgestattet, ihr Baustil ist naturgemäß sehr deutsch, und vor allem haben sie alle eine Vielzahl von Bahnsteigen, auf denen im Durchschnitt alle zehn Minuten einer der Schnellzüge der langen Strecken vom einen Ende des Landes zum anderen einfährt. Auf dem gesamten Eisenbahnnetz herrscht ein sehr dichter ständiger Zugverkehr, und in den großen neugotischen, glasüberdachten Bahnhofshallen, vor Stuckfassaden oder Barockkirchtürmen, dampfen die *Pacific 01* ihre Wolken aus, und in den Zugwagen hinter ihnen sitzen bedächtige Bayern oder strenge Preußen, korrekte Hannoveraner oder gemütliche Sachsen, sprichwörtlich lebenslustige Rheinländer oder ebenso sprichwörtlich puritanische Westfalen, oder auch Franken und Thüringer oder mecklenburgische Bauern und badische Winzer und wie die Stämme noch alle heißen... Die Hauptbahnhöfe werden Zentren und Treffpunkte und stehen alle da wie massive Festungen von einst, wie die – modernen – Burgen und Schlösser der einstigen Fürsten oder Könige ... oder auch wie die Gedankengebäude der vielen Philosophen und Dichter, die dieses Land hervorgebracht hat.

Und selbst noch die Signalmasten mit ihrer Exaktheit und Würde, die von den Stellwerken aus gesteuert werden, sind das Abbild einer arbeitsamen, starken Nation, die sich müht, sich ihrer Demütigung, die ihr der Krieg und "Versailles" zugefügt haben, wieder zu entledigen. In den Maschinenfabri-

ken wird in Tag- und Nachtschichten rund um die Uhr gearbeitet, und die Dampfhämmer dröhnen ihren Rhythmus der modernen Industrie. In großen Fabriksälen nähen Frauen an ihren gutgeölten Pfaff-Maschinen, die ihnen ihren Lebensunterhalt garantieren. Der Reichspräsident, der alte Feldmarschall von Hindenburg, kann 1927 voll Stolz die Eisenbahnlinie eröffnen, die seinen Namen tragen wird: die Inselverbindung über den aufgeschütteten Damm vom Festland nach Sylt. Die deutschen Eisenbahnzüge können es an Komfort mit allen anderen aufnehmen. Nach dem Ersten Weltkrieg ist das Deut-

Die bayerische "Pacific" S 3/6, die schönste deutsche Lokomotive

Der "Rheingold" fuhr auf seiner Südstrecke in den ersten Jahren seiner Existenz mit den hervorragenden Dampflokomotiven des Typs S 3/6. Das war die *Pacific* der Königlich-Bayerischen Staatsbahnen, gebaut 1908, also lange vor 1925, als die deutsche Reichsbahn-Einheitslokomotive beschlossen wurde und entstand.

Die Charakteristik dieser Lokomotive war ihr Führerstand mit Windschutzscheibe – inspiriert von der französischen PLM-Lok – sowie ihre kegelförmige Feuerung. Es handelte sich um eine ausgesprochen schöne Lokomotive, die auf ihren sehr hohen Rädern sehr hoch ruhte. Das Fahrgestell war fein gelöchert und ließ unter dem Kessel freien Raum. Die ganze Linie war sauber und schnörkellos, die Außenlackierung in lebhaftem Grün mit goldenen und schwarzen Streifen, Räder und Pleuelstangen rot.

Der Konstrukteur war der bedeutende Inge-

nieur Heinrich Leppla von der berühmten Münchner Firma Maffei. Die S 3/6 fuhren 23 Jahre lang auf dem bayerischen Eisenbahnnetz und auch auf diversen anderen in Süddeutschland, sowie anschließend dann für die seit 1920 bestehende nationalisierte Reichsbahn. Die Lokomotive war 21,31 m lang und wog inklusive Tender 149 t bei einem Achsdruck von nur 18 t, was ihr praktisch das gesamte deutsche Schienennetz öffnete. Der Durchmesser der Antriebsräder betrug je nach Serie 1,87-2 m, die Heizoberfläche war 197,4 m² und der Dampfdruck 16 kg/m². Feuerungsoberfläche: 4,5 m². Fassungsvermögen des Tenders: 8,5 t Kohle, 27,4 t Wasser.

Die Lokomotive erbrachte brillante Leistungen mit Spitzen über 120 km/h im normalen Betrieb. Die letzte S 3/6 fuhr noch 1966. Eine Lokomotive dieser Serie steht im Verkehrsmuseum in Nürnberg.

sche Reich kein Kaiser-Reich mehr, sondern ein republikanisches. Und diese sogenannte Weimarer Republik – weil sie dort zwar nicht ausgerufen und gegründet wurde, aber ihre Verfassung bekam –, muß noch hart um ihre Anerkennung und ihren Bestand ringen. Das Ende der monarchischen Staatsform ist nicht über Nacht und für alle akzeptabel. Die Züge der – republikanischen – Reichsbahn auf dem reichs-weiten Schienennetz sind dagegen technisch und in ihrer Gesamtstruktur

Zwei deutsche Tender-Loks: links eine moderne 132 für Vorortszüge, rechts eine alte Rangier-030. Beide sind in tadellosem Betriebszustand, wie es seit jeher der Tradition der deutschen Eisenbahnen entsprach

Eine sehr stimmungsvolle Szene vom 20.Mai 1929 im Anhalter Bahnhof in Berlin kurz vor der Abfahrt des Schnellzugs nach Heidelberg. Das Mitropa-Personal verlädt gerade noch Getränke samt Kühl-Eisblöcken in den Speisewagen. Noch haben alle Wagen im alten Stil Holzgehäuse

Trotz der Wirtschaftskrise zu Beginn der 30er Jahre, die besonders auch Deutschland traf, blieb der Service in den Speisewagen der Züge erstklassig. Freilich, Luxus hat seinen Preis, in diesen schwierigen Zeiten ganz besonders

weiterhin intakt. (Eine leichte historische Ironie wollte es später, daß nicht etwa die westdeutsche Bundesrepublik – die gründete ihre "Bundesbahn" –, sondern ausgerechnet die Deutsche Demokratische Republik, der sich selbst so definierende, knapp 40 Jahre lang bestehende "Arbeiter- und Bauernstaat", der nachhaltig, aber nicht nur in diesem Fall nicht so ganz konsequent mit jeder Tradition des einstigen Reichs zu brechen vorgab, bis zu ihrem Ende 1990 den überkommenen Namen "Reichsbahn" für ihr "ererbtes" Eisenbahnsystem beibehielt.)

Die Reichsbahn der 20er Jahre jedenfalls braucht und will dringend auch einen "Prestigezug". Nun hat ein Zug, wie prestigeträchtig auch immer, erst dann einen Sinn, wenn er auch tatsächlich fährt. Aber wo soll er fahren, dieser Zug, der die Aufmerksamkeit der ganzen Welt erregen soll? Die Engländer haben ihre alt-traditionelle Strecke London-Edinburgh, die Franzosen ihre "empereur"-Linie von Paris über Lyon nach Marseille. Beide Strecken sind "wie von selbst" geeignet und bestimmt für Züge, die ausdrücklich außer ihren Passagieren auch das nationale Prestige, den nationalen Stolz transportieren sollen. In Deutschland aber gibt es aus den schon geschilderten Gründen der historischen Entwicklung keine vergleichbare Schienenstrecke, die quasi das Rückgrat, die Wirbelsäule des ganzen Netzes darstellt. Deutschland ist ein Netzwerk der einzelnen Reichsländer und ihrer Schienensysteme, in ihren wichtigsten Städten miteinander verbunden und innerhalb der regionalen Grenzen wiederum mit einem Netzwerk zwischen den einzelnen Städten. Auch seit Berlin – nach mehreren Jahrhunderten der Bemühungen darum – mit der Gründung des Bismarckschen Reiches endgültig und tatsächlich

Hauptstadt und "Motor" des Landes wurde (und es ganz besonders in diesen 20er Jahren in unvergleichlichem Maße ist), änderte sich daran, was jedenfalls die Eisenbahn angeht, kaum etwas.

Also, der Prestige-Zug. Hamburg-Leipzig? Warum nicht, dagegen läßt sich gar nichts einwenden. Allenfalls dies: Warum nicht, mit dem gleichen Recht, von Hannover nach Düsseldorf? Von Nürnberg nach Köln? Von München nach Dresden? Von Frankfurt nach Breslau? Oder was sonst noch für Kombinationen zwischen zwei großen Städten möglich sind (noch eine ganze Menge!). In Frankreich gäbe (und gab) es da, wie gesagt, nicht den mindesten Zweifel. Niemand wäre in Frankreich auf die Idee gekommen, darüber zu diskutieren, ob einer der "Grands Trains" etwa zwischen Rennes und Montluçon verkehren sollte, oder zwischen Dijon und Périgueux. Die Frage stellt sich in einem Land wie Frankreich einfach nicht. Wohingegen es in Deutschland eben nur Strecken wie "Dijon-Périgueux" gibt... Jede Erklärung einer bestimmten Strecke zur "Prestige"-Strecke hätte zwangsläufig den Ärger der vielen anderen möglichen Städte zur Folge.

Die Lösung dieses Problems ist sozusagen der Ausweg aus dem Dilemma mit einem Trick: Man setzt an die beiden Enden der deutschen Prestige- und Renommierstrecke den ganzen Rhein entlang zwei ausländische Städte: den holländischen Hafen Hoek van Holland bei Den Haag und die friedliche schweizerische Grenzstadt Basel; et voilà! Aber wer weiß, ob das wirklich ein auf diese Weise überlegter Schritt war oder ob er sich nicht aus irgendwelchen anderen Überlegungen oder auch Sachzwängen ergab; das ist heute nicht mehr so recht eruierbar.

Jedenfalls aber ist schon klar, daß man sich auch im Deutschland jener 20er Jahre sehr wohl der Tatsache bewußt war, wie sehr noch immer die Engländer die Maßstäbe gerade bei den Luxuszügen setzten. Der reiche und reiselustige, um nicht zu sagen reisewütige Engländer war sprichwörtlich. Und in der Tat, ob im französischen Train Bleu oder im legendären Orient-Expreß, und selbst auf der Transsibirischen Eisenbahn, überall reden die Barkeeper englisch und überall bestimmt ein überaus britischer Typ des Reisenden die Atmosphäre: Teetasse oder Whiskyglas in der Hand und blasierter Blick über die draußen vorüberziehende Landschaft hinweg, der allen zeigt, daß man Habitué ist. Der Engländer, das ist der Tourist

schlechthin, und infolgedessen ist es nur zwangsläufig, daß man auch im *Rheingold*, zumal über dessen "natürlichen" Zubringer von Holland her, vor allem mit ihm rechnet und sich also auch auf ihn einstellt. Von ihm wird ein Hauptteil des Einkommens erwartet, folglich bietet man ihm, was er erwartet oder verlangt. Ohnehin ist der englische Tourist in Deutschland seit langem kein Unbekannter. Schon seit dem 19. Jh. gehören Engländer mit zur wichtigsten Klientel so bekannter Heilbäder und Kurorte wie Bad Ems, Karlsbad und Marienbad, Bad Pyrmont und Baden-Baden. Der soignierte englische Sir mit dem permanent geröteten Gesicht und dem sauertöpfisch-arroganten Aristokratenblick ist dort seit eh und je ein bekannter Typus; in seiner Begleitung natürlich die opulente *madam* mit dem verkniffenen Gesicht und dem nicht minder verächtlichen, eben "englischen" Blick; wie sie sich ihrer durch überreichlichen Getränkegenuß, Gerichte mit üppigen Soßen, scharf gewürzte indische Küche oder mit Minze versetzte Schokolade strapazierten Mägen und Lebern wegen den strengen Riten der Trink- und Badekuren unterziehen ...

Nur handelt es sich nun beim *Rheingold* darum, eine ganz andere Klientel als die einstige der regnerationsbedürftigen aristokratischen Gourmets zu aquirieren: nämlich die (immerhin auch wohlhabende) Schicht derer, die nach der mediterranen Sonne hungern oder orientsüchtig sind und sich bisher, wenn sie erst einmal den Ärmelkanal überquert haben, hauptsächlich dem Calais-Méditerranée-Expreß anvertrauen oder dem Flèche d'Or oder anderen "Trains bleus" und damit ihre Devisen vorwiegend in Frankreich lassen, das für Deutschland obendrein noch immer der "Erbfeind" ist... Warum also nicht sich selbst ein Stück aus diesem Kuchen schneiden? Man hat

24. Juli 1936: Von Hamburg treffen zwei Sonderzüge am Lehrter Bahnhof in Berlin ein. Sie bringen die amerikanische Olympiamannschaft. Die Loks der beiden Züge sind Pacific der Serie 03. Die Zugwagen dahinter sind Ganzstahlkonstruktionen neuester Bauweise. Links oben sind Olympiafahnen zu erkennen. Auf dem Bahnsteig befindet sich auch das Empfangskomitee

In den 30er Jahren beginnt die Deutsche Reichsbahn auch mit einem Schnellzugsdienst mit elektrischen Dieseltriebwagen, die ihrer Zeit weit voraus und sehr schnell sind. Dies hier ist der berühmte Fliegende Hamburger *zwischen Hamburg und Berlin. Er fährt ab 1932 und ist 160 km/h schnell. Man erkennt die "Signalfarben" violett und beige, wie sie auch der* Rheingold *hat; es sind die Signalfarben der Reichsbahn für Schnelligkeit und Komfort*

Die Abfahrt des ersten Flie-
*genden Hamburger vor Inge-
nieuren und Eisenbahnlieb-
habern; 1932. Die Indienststellung dieses Schnellzugs
war ein Meilenstein in der
Geschichte der deutschen Eisenbahn. Für das ganze Land
bedeutete das Ereignis den
Eintritt in ein neues Zeitalter
der Effizienz und Leistung.
Nationaler Stolz erbaute sich
an ihm; er war, was später für
Frankreich der TGV oder für
Japan der Shin-Kansen wurde*

Die Reise mit dem Rheingold
*beginnt schon mit diesem Zug,
dem Hook Continental, der
zwischen London und Har-
wich verkehrt. Er ist innen
speziell geräuscharm konstruiert und einer der ersten europäischen Züge mit Klimaanlage. Das Foto hier stammt
vom 6. Oktober 1938*

*Deutschland 1935: überall
wird mit Hochdruck gearbeitet, so wie hier bei Borsig in
Berlin, wo die stromlinienverkleidete Lokomotive der Serie
05 mit 2,30 m großem Rad-
durchmesser montiert wird*

dem Touristen schließlich mit dem Rheintal mindestens ebensoviel landschaftliche Schönheit zu bieten wie die platte
Picardie, der allenfalls noch ein Fitzelchen von Burgund folgt
und ein banales Stück des Rhônetals... Und also beginnt der
Konkurrenzkampf zwischen Hoek van Holland und Calais,
und die Holländer, ihrerseits ja als germanische Vettern eher
nach England orientiert und den Engländern zugetan, als den
fremden und unberechenbaren Romanen, sind ihrerseits bemüht, die von Harwich aus übersetzenden Touristen zu sich
herzuziehen. Außerdem erhalten die Holländer selbst einen
Zubringer zum *Rheingold* von Amsterdam aus. Sie werden mit
zwei Kurswagen in Uetrecht an den von Hoek van Holland
kommenden Zug angekoppelt.

Und am Ende der Reise durch das romantische Rhein-
Deutschland kommen die Reisenden eben in Basel, also in der
Schweiz an. (Von dort aus wird der Zug übrigens später noch
bis Luzern verlängert.) Und die Schweiz ist ja nun ihrerseits

traditionelle Drehscheibe des europäischen Tourismus überhaupt. Von hier aus ist es ein Leichtes, nach Italien weiterzu-
reisen, überhaupt nach Südeuropa, auf den Balkan, in die
Türkei; man kann auch den Zug nach München oder Wien
nehmen und dort in den Orient-Expreß umsteigen. Die ganze
Reisezeit von London bis Luzern beträgt auf dieser Strecke
(1 182 km) 24 Stunden, jedoch nur 11:30 Stunden für die
819 km von Hoek van Holland bis Basel oder 13 Stunden bis
Luzern (914 km).

1928 kann man London um 20.30 Uhr verlassen, in Harwich um 22.15 Uhr ankommen, die Nacht auf der Überfahrt
verbringen, dann rechtzeitig und nicht allzu früh aufstehen,
um in den *Rheingold* umzusteigen, der Hoek van Holland um
6.30 Uhr verläßt. Um 8.35 Uhr ist man in Uetrecht, wo die um
7.35 Uhr in Amsterdam abgefahrenen beiden Kurswagen angehängt werden. Es folgt die landschaftlich sehr schöne
Fahrt bis Köln (Ankunft 11.28 Uhr), Mainz (14 Uhr), Baden-
Baden (16.18 Uhr) und schließlich bis Basel (Ankunft 18.22
Uhr) bzw. Luzern (Ankunft 20.23 Uhr). Das rollt ab wie die
Uhr, nur befindet sich der Passagier an der Endstation eben "im
Herzen der Schweiz und nirgends sonst", während die anderen, die sich auch weiterhin der französischen Strecke anver-
trauten, zu eben dieser Zeit schon in Nizza oder Italien sind.
Aber gewiß, wer mit dem *Rheingold* reist, will auch gar nicht
an die Côte d'Azur, sondern in die schweizerischen, österreichischen oder bayerischen Kurorte und Berge, um frische gute
Luft zu atmen oder skizufahren; und diese Reiseziele sind oft
noch am selben späten Abend erreichbar oder jedenfalls
spätestens am nächsten Morgen.

Am 15. Mai 1928 machte der erste *Rheingold* seine Jungfernfahrt. Bald schon war er ein etablierter "Grand Train". In
Presseberichten schlugen sich die landschaftliche Schönheit
der Strecke und der gediegene Komfort und Luxus des Zuges
selbst nieder, mit dem Hinweis darauf, daß er nun eine
Klammer zwischen England, Holland, Deutschland und der
Schweiz darstelle, kurz des Europas der seriösen und prosperierenden Länder. Freilich, die Weltwirtschaftskrise und insbesondere Deutschlands spezielle wirtschaftliche und soziale
Krisen der Jahre 1932/33 standen noch bevor, die natürlich
auch den Erfolg des *Rheingold* beeinträchtigten. Ein Luxuszug, der durch ein Land mit 6 Millionen Arbeitslosen fährt, ist
nicht mehr nur eine Ironie, sondern schon eine Provokation
und auf jeden Fall ein Wagnis angesichts einer Situation, in der
immer mehr Firmen in Konkurs gehen und deshalb auch die
Geschäftsreisenden, die natürlich ebenfalls einen wichtigen
Teil der Klientel ausmachen, immer weniger werden. Und

Der Rheingold *mit einer baye-rischen* Pacific S 3/6-Lok am *sehr fotogenen Oberwesel am Rhein, 1938*

selbst Touristen pflegen sich vom Besuch eines Landes mit Problemen nach Möglichkeit fernzuhalten. Die Reichsbahn ändert die Fahrpläne und die Streckenführung, weil sie ihren Vorzeige-Zug nicht schon wieder sterben lassen will. Zahlreiche Zubringer und Umsteigemöglichkeiten von allen an oder in der Nähe liegenden großen Städten werden eingerichtet: von Dortmund und Essen, Wiesbaden, Frankfurt und München, ebenso eine schnelle Anschlußmöglichkeit nach Genf. Ab 1932 fährt der *Rheingold* schließlich sogar bis Zürich, um auch die Möglichkeit, schweizerisches Fahrgeld abzuschöpfen, zu nützen.

1935 organisiert die Deutsche Reichsbahn eine prächtige Ausstellung in Nürnberg zu ihrem Jahrhundertjubiläum, nachdem bekanntlich der erste deutsche Zug 1835 zwischen Nürnberg und Fürth) verkehrte. Den staunenden Besuchern werden eindrucksvolle stromlinienverkleidete Dampflokomotiven mit 200 km/h Spitzenleistung vorgeführt, dazu mächtige neue Elektroloks, Schnelltriebwagen – veritable TGV/ICE der Epoche – und andere Prunkstücke. Die Farben des *Rheingold* (violett und beige) sind für alle "Prestige"-Züge Signalfarben geworden, so z. B. auch für den E-Triebwagenzug *Der Fliegende Hamburger* oder den kuriosen Stromlinien-Gelenkwagenzug, den die Firma Henschel-Wegmann ausstellt. Am 8. Dezember 1935 gibt es eine große Festvorführung. Vor 30 000 begeisterten Zuschauern werden hunderte Lokomotiven, Triebwagen, Personen- und Güterwaggons gezeigt. Auf der Ehrentribüne steht Julius Dorpmüller, Chef der Deutschen Reichsbahn. Er zeigt sich besonders angetan von dem lebhaften Interesse eines ganz bestimmten Besuchers, nämlich des Staatsgastes Nr. 1: er muß dem Reichskanzler Hitler auf dessen Wunsch auch sämtliche Details erklären. Am ebenfalls ausgestellten *Rheingold* hat der "Führer" allerdings weniger Interesse. Der "nicht mehr zeitgemäße" bourgeoise Luxus hat für ihn, der sich mehr für die Autobahnen und den Volkswagen engagiert, wenig Anziehungskraft. Ganz von ferne kündigt sich in jenen Jahren für diejenigen, die Augen und Ohren haben, schon der große Sturm an, der in wenigen Jahren über

Europa und die ganze Welt seinen verheerenden und zerstörerischen Brand entfachen wird.

DER ZWEITE *RHEINGOLD*

1945, nach dem großen Weltsturm, liegen halb Europa und vor allem Deutschland in Trümmern, nicht zuletzt alle großen Bahnhöfe. Wo nicht selbst die Schienen der Gleise

Die Kriegslokomotive der Serie 52

Ab 1943 herrscht in Deutschland der sogenannte "totale Krieg". Alle Kräfte des Landes, die gesamte Industrie und Wirtschaft wird kriegsdienstverpflichtet in einer "Kriegsanstrengung ohne Beispiel in der Geschichte", wie sie der Propagandaminister Goebbels verordnete und verkündete. Zu den wichtigsten Aufgaben dieser "totalen" Kriegsproduktion gehört der Lokomotivenbau. Die Reichsbahn muß, um alle Bedürfnisse der Armee und der Front zu befriedigen, eine eigene Serie neuer Lokomotiven entwickeln. Dies ist die sogenannte Serie 52 nach dem Bautyp 150, also mit einer Trag-, fünf Antriebsachsen und ohne hintere Tragachse. Es handelt sich um eine vereinfachte Version der Güterzugslok des Typs 150 der Serie 50 von 1938.
Der chronische Rohstoffmangel in Deutschland bedingt Ersatzlösungen aller möglichen Arten. Für die Lokomotiven gilt das ebenfalls. In erster Linie bedeutet es, ohne Kupfer und Bronze auszukommen. Man denkt sogar daran, die Verwendung von Metall auf das allernötigste Minimum zu beschränken und dafür einen speziellen Leichtbeton zu nehmen. Nur noch die Bewegungsteile und die mit starker Belastung sollen metallisch sein. Doch alle entsprechenden Versuche scheitern oder erweisen sich als unzulänglich, und man landet ganz im Gegenteil bei den Kriegslokomotiven aus Stahl. Sie werden "Übergangs-Kriegslokomotiven" genannt –, sind für Zuglasten von 1200t bei 65 km/h Geschwindigkeit auf ebener Strecke angelegt und werden nach völlig neuen, stark vereinfachten Produktionsmethoden hergestellt. Alle nicht unbedingt zum Antrieb nötigen Teile werden entfernt (Pumpen, Schmierleitungen, Geländer etc.), die Formen selbst werden drastisch vereinfacht, usw.
Insgesamt werden von dieser "Kriegslok" 1943-1945 7 559 Stück gebaut. Das ist ein Weltrekord für eine einzige Lokomotivenserie und ebenso einer der Fertigungs-Schnelligkeit. Die Anstrengungen, die dem deutschen Volk in dieser Periode des "totalen Kriegs" abverlangt wurden, waren schier übermenschlich.

grotesk verbogen in den Himmel starren, dorthin, wo die Bomben herkamen, die sie zerrrissen, stehen zumindest zerstörte, ausgebrannte, ausgeplünderte, verrostete und anonyme Zugwagen herum. Soweit sie noch brauchbar sind und noch rollen, hat man sie über- oder neu bemalt – tschechisch oder polnisch oder auch englisch: "US Forces" oder US-Zone heißen sie jetzt, die Überreste auch des *Rheingold*, dank der Wechselfälle, die Kriege so mit sich bringen. Lange vergangen und versunken die schönen Holztäfelungen, die eleganten Samtpolstersitze, die Mahagonimöbel. Längst schon sind in

Fensterhöhlen wohnt das Grauen/ Und des Himmels Wolken schauen hoch hinein..." Wo einst blühende schöne Städte standen, alt wie die Welt selbst, ist jetzt Zerstörung, soweit das Auge reicht. Die schönen Pacific-Loks von einst haben noch eine Weile lang makabre Frachten durch die Nächte gezogen, Tote und Verletzte von den Fronten, andere nächtens und heimlich auf dem Weg in die Krematorien, ehe sie dann von englischen und amerikanischen Bomben zerschmettert und zerschmolzen wurden.

Und dennoch – nur einige Jahre nach alledem fährt bereits wieder ein Zug mit dem Namen *Rheingold*, als sei er auferstanden aus der Asche wie der sagenhafte Vogel Phönix. War er überhaupt je tot? Noch immer reden die heute Älteren, wie dieser Zug selbst noch im Inferno des endenden Krieges 1945, als sei gar nichts, täglich von Hoek van Holland abfuhr, durch die deutschen Bombennächte, lautlos die bereits zerstörten Bahnhöfe passierte, in denen die Menschen, die irgendeinen Zug erreichen wollten, ganz gleich, welchen, sich drängelten (und es waren längst keine englischen Touristen mehr), und aber kaum noch jemals weiter fuhr als bis Köln – wofür er aber auch geschlagene 22 Stunden benötigte... und was sich alles für Szenen abspielten bei den Zugkontrollen oder den langen Aufenthalten in eisigen und verschneiten Bahnhöfen, bis eine Ersatzlokomotive kam, oder bis nur Stunden zuvor zerbombte Eisenbahnbrücken behelfsmäßig repariert waren. Das alles ist zugleich Geschichte und ins Reich mancher Legenden eingegangen.

1951, als im westlichen Teil von Rest-Deutschland bereits die neue Bundesrepublik installiert und das erblühende "Wirtschaftswunder" längst im Gange ist, werden auch längst wieder "besondere" Züge gebraucht. Am 20. Mai 1951 rollt der erste neue *Rheingold-Expreß* wieder: Der zweite *Rheingold* seiner Geschichte. Und wieder beginnt er in Hoek van Holland, und wieder fährt er auf seiner angestammten Strecke bis Basel, fährt an den Schönheiten des Rheins vorüber, wo jetzt allenfalls noch einige noch nicht beseitigte aktuelle Ruinen mehr als früher sichtbar sind. Die Reisenden aber sind nicht direkt Touristen. Der Generaldirektor der neugegründeten Bundesbahn – westliche Nachfolgerin der Reichsbahn –, Dr.ing. Helberg, begrüßt die Presse auf dem Bahnsteig und gibt symbolträchtig persönlich das Signal zur Abfahrt, assistiert vom Bahnhofsvorsteher. Der Zug ist aber nicht mehr violett und beige und hat auch nicht mehr seine aufwendigen Gepäckwagen von einst für das teure Luxusgepäck einer reichen Schicht reisender Müßiggänger. Vielmehr besteht er aus ganz

Ein sehr seltenes Fotodokument: Hitler und sein Außenminister Ribbentrop im Gespräch auf freiem Feld vor einer rangierenden Lokomotive vom Typ 230 der Serie 38; sie wurde im Polenfeldzug für die Nachschubzüge eingesetzt

Die berühmte stromlinienverkleidete Lokomotive 232 der Serie 05 der deutschen Reichsbahn

ihnen Verwundete von den Fronten in die Feldlazarette und nach Hause transportiert worden oder Deportierte, oder Flüchtlinge. Halb Europa war ja auf unfreiwilliger Wanderschaft gewesen... In den einstmals luxuriösen Wagen des *Rheingold* wurde schon lange geweint und gelitten und gestorben. Deutschland ist in Schutt und Asche gesunken und mit ihm seine Bahnhöfe. Leer und geisterhaft ragen allenfalls noch die Eckpfeiler der einst stolzen Gebäude in den Himmel. "Leergebrannt ist die Stätte", hatte eineinhalb Jahrhunderte zuvor Deutschlands klassischer Dichter Schiller im "Lied von der Glocke" gedichtet: "...wilder Stürme rauhes Bette. In den öden

normalen Zugwagen der Jahre 1942-43 aller Klassen, die zusammen einen eher tristen grünfarbigen Zug darstellen, der außer dem Namen und seiner Strecke in nichts an seinen prestigeträchtigen Vorgänger erinnert. Aber das Wesentliche ist: er fährt, und nicht einmal schlecht, denn vorne ziehen ihn *Pacific*-Loks, die den Krieg überlebt haben und genauso zuverlässig, stark und schnell sind wie eh und je, wenn nicht noch stärker. Und tatsächlich kommt der Zug jetzt sogar eine halbe Stunde früher in Basel an als ehedem. Allmählich kehren auch die Speisewagen wieder zurück, nun in der Regie der DSG (Deutsche Schlaf- und Speisewagen-GmbH), die ihrerseits die Nachfolgerin der 1917 entstandenen "Mitropa" (Mitteleuropäische Schlafwagen- und Speisewagen-AG) ist. (Ebenso wie die "Reichsbahn" existiert aber auch die Mitropa unter diesem Namen in der DDR und auch nach deren Ende 1990 noch bis auf diesen Tag weiter...). Ihre Waggons sind jetzt blau oder rot. Und während sie sich daran machen, zumindest einen Teil des alten Ruhms zurückzuerobern, wachsen im gleichen Rhythmus auch die neuen oder wiederaufgebauten Bahnhöfe und fahren die neuen anderen Züge mit ihrer einfacheren, aber modernen Konstruktion und Stilistik.

1958 wird der allgemeine Diesellokverkehr eingeführt. Die Lokomotiven sind aerodynamisch und dunkelrot mit erhöhter Fahrerkabine: die berühmte *V 200*.

Der berühmte Zug, der schon 1953 wieder den alten klassischen einfachen Namen *Rheingold* angenommen hatte, hat sich inzwischen kräftig modernisiert und zu einem gewissen Grad auch standardisiert, womit er sich allerdings in die Anonymität der deutschen Nachkriegs-Schnellzüge einordnete, auch wenn diese, als spätere Intercity-Züge, mancherlei eigene Namen bekamen: "Rheinpfeil" und "Edelweiß", "Dompfeil" und "Drachenfels", "Glückauf", "Gürzenich", "Hercules", "Hölderin", "Karwendel", "Kurpfalz", "Meistersinger", "Münchner Kindl", "Patrizier", "Rheinkurier", "Roland", "Senator", "Tiziano", "Werdenfels" ... und noch eine ganze Anzahl anderer.

DER DRITTE *RHEINGOLD*

1962 ersteht er in seiner dritten Gestalt, dieser deutsche Prestige-Zug, in überraschend neuer Gestalt. Seine Waggons sind mit 26,40 m sehr lang und weisen neue Normen für die

Eisenbahnen in ganz Europa. Der Komfort ist beachtlich. Drei Plätze pro Reihe in den Abteilen, Klimatisierung, Telefon im Zug, und eine sehr ausgetüftelte Federung, die ein fast lautloses Fahren ohne Vibrationen ermöglicht. Vor allem aber hat dieser Zug erstmals in Europa einen Aussichtswagen amerikanischen Stils mit einer vollverglasten erhöhten Kuppel. Die "Dome Cars" Amerikas der großen transkontinentalen Strecken haben ihren Einzug in Europa gehalten. Hier und nun heißen sie "Aussichtswagen", und auf einem der 22 Plätze in der Kuppel zu sitzen und so den Rhein entlang zu fahren, ist in der Tat ein privilegiertes Erlebnis, wie es das bisher noch nicht gab. Mit einem Schlag gibt dieser Aussichtswagen dem *Rheingold* sein "drittes Leben" und macht ihn wieder zu etwas Besonderem, Außergewöhnlichen, Luxuriösen, zum Inbegriff modernen Eisenbahnreisens. Alsbald muß auch unter jedem Weihnachtsbaum der 60er Jahre, unter dem etwas für die Modelleisenbahn liegt, auch ein solcher *Rheingold*-Aussichtswagen im Spielzeug- und Modellformat sein, will der Vater sich nicht alle Sprößlings-Sympathien verscherzen. Doch dies ist nicht die einzige Besonderheit dieses dritten *Rheingold*. Die

Die eindrucksvolle Serie 52 der deutschen Kriegsloks liefen buchstäblich eine nach der anderen vom Band: in drei Jahren wurden nicht weniger als 7 559 Stück gebaut – ein niemals irgendwo mehr erreichter Weltrekord

Der Nachkriegs-Rheingold mit seinem Aussichtswagen mit erhöhter und ganzverglaster Kuppel, von dem aus man das atemberaubende Panorma des romantischen Rheins betrachten konnte

Der Rheingold der allerjüngsten Zeit in seiner Form als TEE bzw. danach Intercity, bevor ganz diskret der feste Fahrplan aufgehoben und einfach der Stundentakt eingeführt wurde. Vorne die Elektrolok E 103, die 200 km/h schnell ist. Dahinter modernste klimatisierte Waggons

Mailand (Ankunft 22.23 Uhr), Chur (Ankunft 19 Uhr) oder München (Ankunft 17.45 Uhr). Schnelligkeit und Fahrgastfreundlichkeit plus Komfort heißt die Devise.

Die Fahrtzeit von Hoek van Holland bis Basel, die 1928 noch 12:18 Stunden betrug, 1939 10:36 und 1956 9:06 Stunden, hat sich nun seit 1962 auf 8:45 Stunden verringert; das bedeutet also eine Zeitersparnis von einem Drittel. Nur sehr wenige Eisenbahnen können sich mit ein und demselben Zug auf ein und derselben Strecke eines derartigen Fortschritts rühmen.

Zusammen mit anderen Schnellzügen wie dem Lorelei-Expreß oder auch dem schon erwähnten Rheinpfeil bildet der *Rheingold* heute ein umfassendes Schienenverkehrssystem auf einer Strecke, die mittlerweile ein wichtiges Rückgrat des gesamten Europaverkehrs auf der Schiene darstellt. 1966 wurde der *Rheingold* äußerlich dem rot-beigen Farbenstandard der TEE-Züge (Trans-Europa-Expreß) angeglichen; dieser Farbenstandard war bis dahin der der holländischen und schweizerischen Eisenbahnen für deren internationale Züge, so daß also auch damit ein europäischer Signalfarbenstandard begründet wurde – Vorboten des europäischen "Geschäftsreisen-Zuges" im Kampf gegen den Flugverkehr.

Um sich in den Standard der TEE-Züge einzupassen, und sich dabei zugleich ein Image erhöhter Leistungsfähigkeit zu geben, mußte sich der *Rheingold* allerdings (aber sozusagen nur heimlich, still und leise) seines "besondersten" Kennzeichens wieder entledigen: des berühmten Aussichtswagens. Er verschwindet zu Beginn der 70er Jahre, und 1972 haben auch im Zuge dieser – vor allem von Frankreich geforderten! – Standardisierung/Rationalisierung die zweistöckigen Speisewagen schon wieder ausgedient...

1979 trifft ein weiteres neues Marketingkonzept die letzte Schönheit und Poesie der deutschen Luxuszüge, und damit verschwindet auch der *Rheingold* in der allgemeinen Normierung und Normalisierung: Das Netz der Intercity-Züge wird aus der Taufe gehoben. Eine neue Einsenbahnepoche hat begonnen.

luxuriösen Speisewagen mit ihren 48 Plätzen sind für den Service teilweise zweistöckig, mit einer Küche und dem darüberliegenden Büro, was dank der verdoppelten Platzausnutzung eine bedeutende Rationalisierung und Service-Verbesserung erlaubt. Alles ist in lebhaften Farben gehalten. Dunkelblau außen (untere Hälfte), darüber die obere Hälfte beige mit Silberstreifen unter dem Dach. Jeder Waggon trägt den Namen *Rheingold* aus aufgesetzten Aluminiumlettern.

Gezogen wird der repräsentative und inzwischen ganz elektrifizierte Komfortzug vom Lokomotiven-Prunkstück der Deutschen Bundesbahn, der *BB* der Serie E 10, die im normalen Betrieb mit 160 km/h Durchschnitt fährt, aber auch leicht 180 km/h schafft, wenn es sein muß. Mit dieser Geschwindigkeit von 160 km/h hat die Bundesbahn erstmals wieder den "Rekord-Standard" der Reichsbahn von 1939 erreicht.

Abfahrt London: 20 Uhr, auch heute wieder. In Hoek van Holland muß man ebenfalls immer noch früh aufstehen, will man mit ihm reisen, denn er fährt dort um 7.15 Uhr ab. Abfahrt Köln: 10.40 Uhr, Ankunft Basel 15.45 Uhr, Anschluß nach

Der Bahnhof von Köln heute. Im Herzen eines sehr verzweigten und perfektionierten Eisenbahnnetzes gelegen und ebenso wie von sehr farbenfrohen Personenzügen aus modernsten Materialien auch von Güterzügen angefahren, ist an diesem Bahnhof wie in allen deutschen längst keine Spur der schweren Kriegszerstörungen mehr zu sehen. Effizienz ist oberstes Gebot überall

DER "SHIN KANSEN" IM LAND DER AUFGEHENDEN SONNE

In den 50er Jahren ist die Eisenbahn weltweit eher im Ruf eines überlebten historischen Verkehrsmittels, das eigentlich nur noch wegen des Trägheits-Beharrungsvermögens der politischen und wirtschaftlichen Systeme weiterexistiert. Sie wird quasi verleugnet von ihrem Ursprungsland – England ist eines der ersten europäischen Länder, das systematisch seine Schienenstrecken stillegt – und ebenso von dem Land, das sie großgemacht hat, nämlich den USA. Amerika hat die Eisenbahn ganz drastisch zum alten Eisen erklärt und macht sogar den Eindruck, sich völlig vom Schienenverkehr verabschieden zu wollen. Ähnliche Entwicklungen gehen in allen Industrieländern Europas und Nordamerikas und selbst in Ländern, die man um diese Zeit "Entwicklungsländer" zu nennen beginnt, vor sich.

Die Zukunft, die Dynamik, die Öffnung dem Fortschritt, der Unternehmungsgeist personifizieren sich inzwischen in dem hektischen "Businessman", der mit Hoollywoodlächeln auf den Lippen flott aus seinem chromstarrenden "Straßenkreuzer" oder aus der viermotorigen Superconstellation springt, aber längst nicht mehr in dem passiven Handlungsreisenden, diesem gewohnheitsmäßigen Gefangenen träger Eisenbahnverwaltungen, der mit trübseliger Miene in einen dunkelgrünen Waggon 3. Klasse einsteigt. Nein, die Eisenbahn ist tot, und tot mit ihr ihre vergreiste Verwaltung und ihre phantasielos gewordenen Ingenieure im perlgrauen Anzug, tot sind die alten Streik-Funktionäre der Eisenbahnergewerkschaften, tot die alten Eisenbahnübergangsschranken, diese Verkehrsblockierer, tot die ewig übermüdeten Weichensteller, die dauernd Zugunglücke verursachen...

Wer gibt denn noch einen roten Heller für eine Zukunft der Eisenbahn? Der VW-Käfer, der Renault 4, der Citroën 2CV, der Mini-Austin und der kleine Fiat 500 haben den Menschen ihrer und auch der benachbarten Länder im Wechselspiel die Freiheit der Mobilität verschafft, und sie bedienen sich ihrer auch ausgiebig, für die Fahrt zur Arbeit ebenso wie für die Urlaubsreise. Und die Bahnhöfe beginnen überall langsam, aber sicher immer mehr zu verwaisen, wenn sie nicht neues Leben als Autobusbahnhöfe bekommen oder als Jugendfreizeitheime, sobald erst einmal ihre Gleise tüchtig verrostet sind.

Die Eisenbahn? Langsam, schmutzig, defizitär!

Der Wahrheit die Ehre: so ganz unbegründet sind diese abwertenden Vorwürfe nicht.

Langsam? 120 km/h Spitze ist das Normale für die schweren Dampfzüge, die in den meisten Ländern Europas und auch in Amerika nach wie vor den Schnellzugsverkehr zwischen den großen Städten besorgen. 120 km/h Spitze bedeutet allerdings in der alltäglichen Praxis einen Normaldurchschnitt von kaum 80 oder 90 km/h angesichts der Belastungsgrenzen eines Schienennetzes, das aus mittlerweile ziemlich alten Zeiten stammt, und angesichts auch der Leistungsgrenzen der Dampflokomotiven bei immer größeren Gütertransportanforderungen. Pendlerzüge und Triebwagen kommen kaum je über Durchschnittsgeschwindigkeiten von 60 oder sogar nur gerade 40 km/h hinaus. Die Wagenparks sind überaltert, und selbst die Triebwagen stammen in der Regel aus der Vorkriegszeit und rütteln und schütteln in allen ihren Bestandteilen auf den schlechten Gleisen der Nebenstrecken.

Ein Design, das inzwischen üblich und alltäglich wirkt, 1964 aber noch schockierte: Dieser Zug der damals neuen Shin-Kansen-Linie sah vor allem vorne wie ein überlang gestreckter Flugzeugrumpf aus. Heute ist diese Formgebung auch für Züge allgemein anerkannt

Ein traditioneller japanischer Zug. In einem Salonwagen sitzt man sich entlang der Fenster und Außenwände eng und auf niedrigen Sitzen gegenüber, mit niedrigen Tischen dazwischen. Ganz hinten eine "moderne Tradition": der Fernseh-Bildschirm

Schmutzig? Doch, ja; wenn man jedenfalls an die Flugasche und den Lokomotivenrauch denkt. Jedenfalls aber noch mehr trist als schmutzig! Doch das eine bedingt das andere, der Schmutz zieht die Tristesse nach sich... In den Bahnhöfen mit ihren jahrzehnte- und jahrhundertlang verrußten Mauern fegt der Wind das weggeworfene Papier aus den Wartesälen vor sich her, vorüber an den Werbeschildern von anno dunnemals, die niemand je wieder abnahm und die den Charme der Côte d'Azur preisen oder Leibniz-Keks/Gefüllte Waffeln, die es schon seit vielen Jahren nicht mehr gibt... Natürlich sind die Bahnhöfe der Großstädte nach wie vor voller Menschen, aber dort drängeln sich eher die Vorortspendler und die Ferienreisenden zu ermäßigten Tarifen, die einmal pro Jahr ans Meer in billige Urlaubspensionen, alles inklusive, zu Pauschalpreisen reisen. Die betuchtere Klientel von einst, gleich ob reiche Müßiggänger oder Geschäftsleute auf beruflichen Reisen, sitzt jetzt im Flugzeug oder im eigenen DS 19 oder Mercedes oder Jaguar und füllt den Tankwarten die Taschen mit ihrem Geld und den staatlichen Autobahngesellschaften an deren Mautstellen (so daß auf diese Weise jedenfalls der Staat wieder sein Scherflein abbekommt).

Defizitär? Das ist allerdings eine alte Geschichte und sie gehört zur Eisenbahn wie ihre Existenz selbst. Die großen Kapitalisten der Anfangszeiten, die "Eisenbahnherren", sind bekannt genug dafür, wie eifersüchtig sie über ihre Eisenbahnen wachten, solange sie üppige Gewinne einbrachten, aber sie sofort in die sorgenden Hände des Staates übertrugen, sobald das nicht mehr der Fall war und sie auch etwas hätten investieren müssen ... Die Eisenbahnen der Rothschild, Pereire in Frankreich, oder der Rockefeller in Amerika, um nur ein

paar wenige Beispiele anzuführen, haben alle keine Ausnahme von dieser Regel gemacht. Seit den 20er Jahren hat, auf verschiedene Weise und in verschiedenen Formen, überall dieser Prozeß eingesetzt, und noch ehe die eigentlichen Verstaatlichungen begannen, die beispielsweise in Frankreich erst 1938 erfolgten. Länder wie Deutschland, die Sowjetunion, Italien hatten zu dieser Zeit ihre Eisenbahnen schon längst verstaatlicht, und in England war zumindest seit 1923 in mehreren Etappen der Neugruppierungen die dann endgültig 1948 vollendete Verstaatlichung im Gange. Allein die USA, traditionell allergisch gegen alles, was Verstaatlichung heißt und also nicht dem "private enterprise" entspricht, vielmehr "Kollektivierung" signalisiert oder auch nur signalisieren könnte, wagen sich buchstäblich niemals an die Idee der Verstaatlichung der Eisenbahnen heran. Man sieht sich dort genötigt, schamvoll das Wort "defizitär" auszusprechen, zu Lasten aller Eisenbahner, obwohl sie doch hier ebenso eine öffentliche Dienstleistung erbringen wie die Eisenbahnen aller europäischen Länder, die sich die Aufwendungen dafür aber auch öffentlich ersetzen lassen... In Amerika aber werden diese Eisenbahndefizite, so sehr sie doch "öffentlich" zu verantworten und zu begleichen wären, als "Skandale" in den Schlagzeilen der Zeitungen abgehandelt - und die Lobbyisten der Automobilindustrie machen sich das selbstverständlich zunutze und argumentieren damit; denn im Gegensatz zu der Eisenbahn besitzt die Autoindustrie ihre "pressure groups" - von den Spitzenmanagern der großen Konzerne, die sich der Minister annehmen, bis hinab zum letzten Tankwart, die jedem ihrer Kunden das Jammerlied von der fiskalischen Ungerechtigkeit vorsingen, das sich auf deren Rechnungen niederschlage ...

Kurzum, die 50er Jahre sind für die Eisenbahn wirklich eine schlimme und harte Zeit. Aber ausgerechnet in diesen Jahren betritt am anderen Ende der Welt das Land, von dem man es im Westen am allerwenigsten erwartet, jedenfalls, was die Eisenbahngeschichte angeht, die Szene des Schienenverkehrs mit einem ganz neuen Kapitel seiner Geschichte: Japan nämlich; und beweist, daß es auf seinem einige zehntausend Kilometer umfassenden Schienennetz doch noch eine Zukunft gibt, und zwar auf dem paradoxerweise am wenigsten erwarteten Gebiet: der Schnelligkeit. Das Land der aufgehenden Sonne bietet der restlichen Welt damit nicht seine erste und beileibe, wie man mittlerweile weiß, nicht letzte technologische Überraschung.

EIN ÜBERFÜLLTES LAND

Japan hat nach seiner tiefen Demütigung durch den Zweiten Weltkrieg das unstillbare Bedürfnis, vorwärtszumarschieren und die schwierige Vergangenheit hinter sich zu lassen: die eines Besiegten, der auf das falsche Pferd gesetzt hat. Die Japaner bauen mit großer Anstrengung ihr Land wieder auf und entdecken dabei, daß viele ihrer Geräte und Maschinen der Wirtschaft und Industrie veraltet und überholt sind, weil sich das Land zu lange nicht um diesen Aspekt gekümmert hat und zu lange in seiner selbstgewählten Isolation verharrte.

Die japanischen Eisenbahnstrecken, die ab 1870 entstanden, sind in dem Maße, wie das Land damals rasch lernte, sich sein eigenes Eisenbahnsystem zu entwickeln, auch ein in sich selbst ruhendes und abgeschlossenes System gewesen, ganz im Gegensatz zu anderen asiatischen Ländern, die, in ihrer Mehrzahl zu jener Zeit europäische Kolonien, auch finanziell und technisch ihre Eisenbahnnetze aus Europa bekamen. Die erste Strecke, Tokio-Yokohama, wurde 1872 eröffnet. Sie war

noch unter der Leitung eines englischen Ingenieurs entstanden, der eine Japanerin geheiratet hatte und damit dafür sorgte, daß er bald entbehrlich wurde und das Land sich in Sachen Eisenbahnbau autark machen konnte; indem er nämlich den Landsleuten seiner Ehefrau alles technische Wissen, von der Planung bis zur praktischen Ausführung des Streckenbaus, vermittelte. Aber zumindest hinterließ er ihnen, wenn er ihnen schon ihre Eisenbahn-Unabhängigkeit ermöglichte, doch die britischen Maße: die Spurbreite von 3 Fuß 6 Inches, also 1067 mm, was aber das verhältnismäßig schmale Maß vorwiegend für Neben- und Kolonialstrecken ist und für ein nationales Netz nicht eigentlich geeignet. Es ist zwar dem "metri-

schen" vieler europäischen Nebenbahnen sehr nahe, entspricht aber eben doch nur etwa zwei Dritteln des europäischen und amerikanischen Standardmaßes von 1435 mm. Japan aber baut sein Eisenbahnnetz weiter aus und übernimmt die schmale Spurweite als Norm. 1906 besitzen 17 Eisenbahngesellschaften 4 500 km Strecken, ohne die 1 920 km des Staates selbst, der im gleichen Jahr übrigens alle diese 4 500 übrigen km verstaatlicht.

Ab 1925 wird dieses Streckennetzes dann auch elektrifiziert. Bis heute hat die Elektrifizierung 75 Prozent des gesamten japanischen Streckennetzes erreicht. Gleichwohl ist der Dampfbetrieb noch immer nicht völlig eingestellt. Die Lok des Bautyps 141 z.B. ist eine japanische Entwicklung, was ihr auch in der ganzen Welt den Zunamen *Mikado* eintrug – so wie beispielsweise auch jede *231* eine sog. *Pacific* ist. Eine andere bedeutende historische Tatsache verdient als einzig in den Annalen der Eisenbahn erwähnt zu werden. Am 17. Juli 1925 wurden auf einen Schlag in einer Aktion buchstäblich des gesamten Volkes, die Armee eingeschlossen, an allen 55 000 Eisenbahnwaggons des Landes die manuellen Kupplungen gegen automatische ausgewechselt. Die auszuwechselnden Kupplungen waren entlang der Gleise ausgelegt, wo sämtliche Züge zur festgesetzten Stunde "H" halten sollten. Auf den Schlag genau zu dieser Stunde blieben auch tatsächlich sämtliche Züge ganz Japans für einige Stunden stehen und die Fahrleitungen der Bahnhöfen wurden abgeschaltet. Und nach einigen Stunden fuhren alle Züge wieder los, nun mit den neuen automatischen Kupplungen.

Die dreieinhalb Fuß Spurbreite aber blieben und machten genug Probleme. Sie ließen nur Züge verhältnismäßig geringer Dimensionen zu, also mit schwacher Transportkapazität und auch schwacher Fahrleistung. Wohl haben die Japaner aus den

Ein sehr seltenes Bilddokument aus früher japanischer Eisenbahnzeit (1903): ein Gepäckwagen und einer der 1. Klasse. Selbst wenn man in Rechnung stellt, daß Japaner nach europäischen Begriffen klein sind, mutet das eher wie eine Park- oder Spielplatzbahn an, von Vergleichen mit modernen Zügen erst gar nicht zu reden...

1927: Kaiser Hirohito nimmt in seinem Sonderzug bei der Abreise zur Insel Ogasavara, wo er den Marinemanövern beiwohnen wird, die formelle Abschieds-Ehrenbezeugung entgegen. Die Wagen dieses Zugs sind von ausgesuchter Sorgfalt, mit Holzgehäuse auf Metallchassis. Die japanische Schmalspur erzwingt eine entsprechend geringe Breite der Waggons, die tatsächlich recht klein sind

Die japanischen Züge im Jahre 1905

Japanische Züge mögen heute dank der im normalen Betrieb mit 210 km/h dahinrasenden "Bodenflugzeuge" der Shin-Kansen-Strecke zu den schnellsten der Welt zählen, aber das war nicht immer so. Im Jahre 1905 lag die durchschnittliche Geschwindigkeit eines japanischen Zugs bei gerade 46 km/h – für die schnellsten Züge! Der nationale Gesamtdurchschnitt befand sich bei etwa 30 km/h. Ein zeitgenössischer westlicher Pressebericht konstatierte: "Das Sprichwort 'Zeit ist Geld' ist im Reich der aufgehenden Sonne noch unbekannt. Allein die Europäer halten etwas von Schnelligkeit, während es in Japan sogar primitive Anstrengungen gibt, die Geschwindigkeit der Züge noch weiter zu verlangsamen, weil der Fahrpreis für die Dauer der Fahrt zu hoch erscheine."

Immerhin aber waren die japanischen Züge dieser Zeit sprichwörtlich pünktlich, und sie waren sauber, und das Personal war von beispielloser Höflichkeit und Servilität. Es war eine Selbstverständlichkeit, daß jeder Schaffner die Mütze vor den einsteigenden Fahrgästen zog, ihnen beim Platznehmen behilflich war, ihnen Reiseinformationen gab und Tee brachte – und sogar Pantoffeln, wenn einzelne Fahrgäste etwa nasse Füße hatten!

Der Komfort war dagegen noch rudimentär. Es gab Holzbänke, Abteile waren unbekannt. Hingegen erschienen dem schon erwähnten Zeitungsbericht die Spucknäpfe als "sehr prunkvoll und nützlich". Im Winter schätzt man außerdem die großen Wärmflaschen. Die Waggons aber sind klein. Für Europäer ist deshalb das Reisen in japanischen Zügen nicht gerade bequem. Speisewagen gibt es, aber sie servieren nur europäische Speisen. Japaner bringen ihren Proviant mit und essen Fisch und Reis, "und auch davon", notierte unser Pressebericht, der im übrigen die "Unbekümmertheit" der Japaner vermerkte, "nur wenig".

Gegebenheiten ihres Eisenbahnsystems das Beste gemacht und sie bis zu einer Perfektion ohnegleichen entwickelt. Bemerkenswerte Eisenbahnbauten erschlossen selbst schwer zugängliche Gegenden. Die Zentralberge des Landes überqueren nicht weniger als zehn Eisenbahnstrecken, eine mit einem Tunnel von sage und schreibe 14 km Länge, die anderen mit teilweise recht gewagten Abschnitten. Ein unterseeischer Tunnel, 10 km lang und zweigleisig, verbindet die Hauptinsel Hondo mit der Insel Kyushu. Tokio mit seinen 15 Millionen Einwohnern hat in seinen Bahnhöfen ein tägliches Passagier-

Eisenbahnszene aus dem Japan der Jahrhundertwende. Man sitzt asiatisch auf den Bänken entlang der Außenwände. Die traditionellen Holzsandalen stehen auf dem Boden. Bis zu einem modernen Shin-Kansen-Zug, in dem man europäisch sitzt und westliche Lederschuhe an den Füßen hat, sind es noch Äonen hin ...

aufkommen von 600 000. Die aus der Hauptstadt abfahrenden Züge verbinden diese mit dem ganzen Land – und umgekehrt. Die alte Tokaido-Schmalspurstrecke transportiert 40 Millionen Einwohner zwischen Tokio und Kobo über Yokohama, Nagoya, Kyoto und Osaka. Praktisch überall sind die Schienenstrecken zweigleisig. Sie bilden eines der dichtesten Streckennetze der Welt. Kein anderes Schmalspur-Eisenbahnsystem in der gesamten Geschichte der Eisenbahn hat vergleichbare Resultate aufzuweisen. Ein Netz von 24 000 km, von denen 10 000 elektrifiziert sind – das bleibt unerreicht. Nur die Geschwindigkeiten...

In diesem so übervölkerten Land ist auch die Eisenbahn überall ebenso beengt und eingezwängt wie sämtliche Straßen und selbst der Luftraum. Und diese engen Schienenstrecken bedeuten auch, daß noch in den 60er Jahren die knapp 500 km zwischen Tokio und Osaka eine Reisezeit von fast zehn Stunden erfordern. Das hat außerdem zur Folge, daß auf dieser wichtigsten Strecke des ganzen Landes jede Verspätung einen Akkordeon-Staueffekt erzeugt. Und selbst wenn die Züge mit Spitzen von 100 km/fahren, kommen sie nicht mehr pünktlich an, so gesättigt und sogar überlastet ist die ganze Strecke. Man denkt an die Vervierfachung der Gleise oder gar an die Versechsfachung. Es gibt auch welche, die von überbreiten Autobahnen träumen, was in diesem beengten Inselland, wo praktisch jeder Quadratmeter kostbar ist und zählt, aber allzuviel Bodenverlust bedeuten würde. Andere Pläne wieder versuchen das Dilemma mit zusätzlichen Flughäfen zu lösen. Aber jeder einzelne Flughafen braucht nun einmal mehr Platz als eine 500 km lange zweigleisige Bahnstrecke.

Und damit ist die Idee auch schon geboren und die Entscheidung gefallen; die Lösung des Problems heißt: eine zusätzliche zweispurige Eisenbahnstrecke mit Zügen, die so schnell sind wie Flugzeuge.

Und 1964 erlebt eine ungläubig staunende Welt einen neuen ovalen Eisenbahnzug, der ein wenig aussieht wie ein ziemlich langer Flugzeugrumpf und mit 200 km/h sozusagen im Tiefstflug über das japanische Land hinwegrast. Rechtzeitig zur Eröffnung der Olympischen Spiele von Tokio. Aber es handelt sich nicht um eine neue Sportart. Sondern schlicht und ergreifend um nichts Geringeres als die Geburt der Eisenbahn der Zukunft...

DIE WIEDERGEBURT DER TOKAIDO

Tokaido, das ist der Name der bedeutendsten und wichtigsten Eisenbahnstrecke Japans zwischen Tokio und Osaka. 1958 wird die ganze Strecke eine riesige Baustelle. Eine neue Tokaido wird gebaut. Und sie wird so berühmt, daß sie die alte, deren Namen sie übernahm, inzwischen in völlige Vergessenheit geraten ließ. Das Jahr 1958 ist fast symbolisch, als wäre es extra danach ausgewählt worden. Denn zu dieser Zeit, Ende der 50er Jahre, sind die amerikanischen Autos so groß wie nie, so verchromt wie nie und mit so mächtigen Heckflossen versehen wie nie zuvor (und, Gott sei Dank, nie mehr danach!) Und dieser amerikanische Auto-Gigantismus hat sogar ein wenig auf Europa abgefärbt. Der französische "Versailles" oder der deutsche "Opel Kapitän" imitieren fleißig diese amerikanischen Straßenkreuzer (die man bald treffender Dinosaurier nennen wird!) ... "Kein vernünftiger Mensch" käme im Jahre 1958 auf die Idee, eine Eisenbahn zu bauen: niemand denkt an etwas anderes als an das Auto. Allein die Japaner werfen sich auf ein so überholtes, rückständiges Verkehrsmit-

Sie ist zweispurig und 515 km lang. Davon sind 65 km Tunnels, 18 km Brücken und 45 km Viadukte. Sie führt also nicht eben durch flaches Gelände. Diese Streckenbauten aber ermöglichen sehr lange gerade Streckenabschnitte, sehr wenige Kurven, und wenn, dann mit sehr großem Radius (mehr als 2,5 km!), und keine einzige niveaugleiche Straßenkreuzung. Es ist eine regelrechte isolierte und autarke "Rennstrecke", ohne jede Verbindung zum übrigen Schienennetz, allein schon natürlich wegen ihrer anderen Spurweite, und somit auch frei von jeder Gefährdung durch Störungen und Verzögerungen im übrigen Eisenbahnbetrieb.

Die Strecke ist elektrifiziert mit Gleichstrom 25 000 V/ 60 Hz, der normalen Industriestromspannung des japanischen Nordens (der Süden arbeitet mit 25 000 V/50 Hz). Diese Stromart als Elektroantrieb der Eisenbahn ist ebenfalls eine Innovation, jedenfalls für Japan. Die japanischen Ingenieure hatten sie bei Studienbesuchen in Frankreich auf der Savoyen-Linie und den Streckennetzen Nord und Ost (insbesondere der Linie Valenciennes-Thionville) entdeckt.

Wirkliche Innovationen hingegen betrafen auf dieser Strecke das Zugmaterial selbst. Es handelt sich technisch um

Anfang der 60er Jahre: Bauarbeiten der neuen Tokaido-Schienenstrecke für die Shin-Kansen-Hochgeschwindigkeitszüge der Zukunft, eine gewaltige Kraftanstrengung des Landes. Besonders zu beachten: die ausschließlich verwendeten Betonschwellen und die un-japanische Weststandard-Spurbreite von 1,435 m

Die Tokaidostrecke und ihr gedrängter Fahrplan

Die tägliche Realität auf dieser Strecke kann man sich nur schwer vorstellen, wenn man sie nicht einmal mit eigenen Augen gesehen hat. Es handelt sich weniger um eine Städteverbindung oder Überlandstrecke als eine zugegeben etwas ausgedehnte Vorortsschnellbahn. Die Züge folgen in Abständen von wenigen Minuten aufeinander auf einem Schienenband, das aussieht wie eine Hochgeschwindigkeits-Versuchsstrecke mit schnurgerader freier Fahrt durch offenes Gelände. Mit 210 km/h Geschwindigkeit braust jeder Zug buchstäblich einem anderen hinterher, der im gleichen Tempo erst ein paar Minuten zuvor vorüberfuhr; und dies ist die schiere Notwendigkeit, denn wie sonst hätte man 2 Milliarden Fahrgäste in etwas mehr als 20 Jahren transportieren können, also über 400 Millionen pro Jahr? Es gibt zwei Zugarten auf dieser Strecke, die

Hikari und die Kodama. Die Hikari sind die schnelleren. Sie halten auf der ganzen Strecke nur zweimal, in Nagoya und Kyoto, und legen den Gesamtkurs in 3:10 Stunden zurück. Sie fahren von Tokio und von Osaka aus jede volle Stunde ab und zur Zeit des morgendlichen und abendlichen Berufs-Stoßverkehrs sogar alle 20 Minuten. Pro Tag gibt es auf diese Weise, in beiden Richtungen, an die 30 Hikari-Züge. Die Kodama-Züge fahren alle halbe Stunden ebenfalls sowohl von Tokio wie von Osaka ab, halten aber je nach Fahrplan bis zu zehnmal auf der Strecke. Die Durchschnittsgeschwindigkeiten sind bemerkenswert, wenn man sich vor Augen hält, wie ungeheuer dicht auf diese Weise die Verkehrsbelastung dieser Strecke ist, auf der es mittlerweile täglich nicht weniger als 444 Zughalts gibt. Der höchste Durchschnitt wird mit 171,5 km/h erreicht.

tel – so rückständig tatsächlich, daß die Nachricht den meisten Zeitungen kaum der Erwähnung wert ist. Selbst in Ingenieurs- und Eisenbahnerkreisen außerhalb Japans bleibt man reserviert und skeptisch.

Dabei macht diese neue Linie noch einen zusätzlichen Sprung. Sie übernimmt die europäisch-amerikanische Spurbreite von 1435 mm! Wenn dies auch nur sinnvoll und logisch ist, erscheint es dem Rest der Welt gleichwohl wie ein Nachhutgefecht. Es bedarf keiner besonderen Erwähnung, daß es bei dieser neuen Spurbreite natürlich nicht einfach mit der Gleisverlegung getan ist. Eine neue Spurbreite benötigt auch alles, was dazugehört, das gesamte Drum und Dran, neu, vom Stellwerk bis zu jeder Lok und jedem Waggon. Und obendrein geschieht das Ganze ja auch mit Blick auf die Olympischen Spiele von 1964. In solchen Fällen pflegen alle Länder, in denen sie stattfinden, sich zu spektakulären Bauten aufzuraffen. Die einen bauen Prachtbahnhöfe, die anderen neue U-Bahnen. Doch noch nie ist aus diesem Anlaß eine wahre technologische Revolution ins Werk gesetzt worden. Die Spiele sind üblicherweise dazu da, ihnen selbst den repräsentativen Rahmen zu geben, dazu das allgemeine Image des Landes zu verbessern und den Besuchern und der Weltpresse einen Eindruck von Modernismus und Fortschritt zu vermitteln. Dies im Sinn, läßt man die Japaner in Ruhe ihre vermeintliche bloße "Olympialinie" bauen.

Triebwagenzüge, nicht um klassische Eisenbahnzüge mit einer Lokomotive. Jeder Zug besteht aus 12, später sogar 16 Waggons, deren sämtliche Achsen Antriebsachsen sind. Jeder Zug wiegt 800 t und seine gesamte Schubkraft beläuft sich auf 11 480 kW, was in Laien immer noch besser vertrauten PS nicht weniger als 16 000 bedeutet. Das entspricht der Motorenleistung eines Ozeandampfers – und doch ist es weniger, als ein Auto benötigen würde, das mit derselben Geschwindigkeit fahren wollte: es macht nämlich nur 18 erforderliche PS pro Tonne aus. Auf der Straße werden über 150 PS pro Tonne benötigt, um 200 km/h schnell zu fahren...

Die Züge der neuen Tokaidostrecke sind nämlich von Anfang an auf diese (Mindest!)-Geschwindigkeit von 200 km/ h ausgelegt. 210 km/h Durchschnitt sind für die fahrplanmäßigen 3:10 Stunden von Tokio nach Osaka nötig. Möglich sind Spitzen von 240 km/h. Von der Inbetriebnahme der Strecke 1964 ab waren diese und die Züge auf ihr ein einziger Erfolg. Sie machten sogar gegen alle ursprünglichen Erwartungen Gewinn und brachen damit auch, was dies angeht, mit allen

In der japanischen Modernisierungswoge ist die traditionelle Eisenbahn von einst gleichwohl noch nicht restlos verschwunden. Der sehr schöne erste Bahnhof Tokios aus der Zeit der Jahrhundertwende existiert bis heute, auch wenn er mittlerweile von neuen Stahlbetongebäuden umgeben ist

"Traditionen" der japanischen Eisenbahngeschichte. Die Züge fahren im Stundentakt von Tokio und Osaka ab, jede volle Stunde von 6.20 Uhr, mit Ausnahme nur der Mittagsstunde. Auf der ganzen Strecke gibt es lediglich zwei Halts, in Nagoya und Kyoto. Zwischen 6.30 Uhr und 19.30 Uhr, jede halbe Stunde zwischen den vollen also, verkehren weitere Züge mit je 10 Halts, deren Gesamtfahrzeit ursprünglich 5, seit 1965 nur noch 4 Stunden beträgt. Das bedeutet 26 Züge pro Tag in jeder Richtung, also insgesamt 52. Jeder einzelne bietet Platz für 1340-1480 Passagiere, je nach Zugtyp. Ab Oktober 1964 beläuft sich die tägliche Passagierzahl auf 56 000. Ein Quartal später sind es bereits 70 000. Und schon am 19. März 1965 wird der 10millionste Fahrgast gefeiert. 1971 ist die Zahl der

wie ökologischen Gründen (die japanischen Ökologen sind ebenso mächtig wie gefürchtet!). Aber das reicht immer noch für eine Fahrzeit von nur 6:50 Stunden bei einer mittleren Geschwindigkeit von 156 km/h. Früher, auf der Schmalspurlinie, war man für die gleiche Strecke fast 15 Stunden unterwegs.

Diese nunmehrige "Shin Kansen"-Strecke ist für Japan eine Art Blitz-Pendlerzug geworden. In Tokio fahren inzwischen die Züge alle sechs Minuten ab und rasen mit 210 km/h buchstäblich hintereinander her. Die Strecke ist noch etwas länger geworden und beträgt im Augenblick 1 177 km. Sie macht lediglich 5,3 Prozent des gesamten japanischen Schienennetzes aus, bewältigt aber 22 Prozent des gesamten Eisenbahnverkehrs – den Vorortsverkehr eingeschlossen. Auf der Strecke sind normalerweise über 200 und maximal bis 225 Züge im Einsatz. 1964 fuhren 360 Züge, 1975 1 820 und 1980 2 415. Gegenwärtig sind neue Züge im Bau. Die alten haben nach über 20 und teilweise fast schon 30 Jahren allmählich ausgedient.

Auch das Eisenbahnnetz mit der traditonellen schmalen Spurbreite von 1,067 m hat sich der allgemeinen Modernisierung nicht verschlossen. Leichte und schnelle Züge, wie hier der Azusa, fahren heute auch 120 km/h schnell

täglichen Reisenden auf der Strecke auf nicht weniger als 288 000 gestiegen, was überhaupt nur noch durch Doppelzüge zu bewältigen ist.

Im März 1975 wird diese Tokaido-Linie durch die Sanyo-Linie bis nach Hakata verlängert und mißt nun insgesamt 1 070 km. Neue und noch stärkere Züge werden in Dienst gestellt. Sie entwickeln an die 16 000 kW, also fast 22 000 PS! Sie können bis 250 km/h schnell fahren, sind aber gegenwärtig auf maximal 210 km/h beschränkt – sowohl aus technischen

SCHNELLIGKEIT UND SICHERHEIT DAZU

Was außer der allgemeinen Öffentlichkeit nicht zuletzt auch die Eisenbahntechniker der ganzen Welt frappiert, ist das auf dieser Shin-Kansen-Linie verwirklichte Maß an Sicherheit. Ganz im Gegensatz zum Automobil, dessen Lebensgeschichte in eben dieser Zeit in allen Ländern wahre Hekatomben von Opfern zu fordern beginnt und die Behörden überall aufschreckt und beunruhigt, beweist dieser Zug zur allseitigen Verblüffung und scheinbar paradoxerweise, daß es möglich ist, sich je schneller, desto sicherer fortzubewegen.

Die Statistik jedenfalls ist sehr eindeutig. Von den 2 Milliarden (!) Reisenden in den Shin-Kansen-Zügen seit ihrer Inauguration ist nicht einer Opfer eines (Verkehrs-)Unfalls geworden. Nicht ein einziger! Und dabei fieberte die gesamte Weltpresse in den ersten Jahren geradezu der ersten "unvermeidlichen" Entgleisung entgegen, der gewaltigen Katastrophe, dem "Was habe ich gesagt!", bis sie schließlich, nach und nach, enttäuscht nachgerade, resignierte und sich wieder ihren zuverlässigeren Wochenendkatastrophen auf den Straßen zuwandte.

Der erste Grund, der diese wahrhaft exemplarische Sicherheit erklärt, ist der direkte und schiere Respekt vor dem Prinzip der Eisenbahn schlechthin: dem Fahrzeug auf fester Führungslinie. Bewegt sich ein Fahrzeug auf einer solchen festen Führungslinie und gerät ihr kein Hindernis von außen in den Weg, kann gar nichts passieren. Diese Strecke, wie erwähnt, ist "isoliert" und autark und steht mit keiner anderen und keinem anderen Verkehrsweg in Verbindung. Sie hat keine Abzweigungen und keine Einmündungen und es gibt keine Wege- oder Straßenkreuzungen an ihr. Darüberhinaus wird die ganze Strecke ständig seismographisch überwacht. Die kleinste Erdbebenwelle 100 km voraus wird registriert, denn dieser mögliche Feind liegt hier in Japan eben auch unter der Erde.

Ein anderer Grund ist das Betriebssystem. Es ist in einem einzigen Hauptstellwerk zentralisiert (eine Lösung, die auch die französische SNCF für ihre TGV-Linie Paris-Lyon übernommen hat). Von dort aus besteht eine permanente Sprechverbindung mit allen Zügen auf der gesamten Strecke, auf der es keine herkömmlichen Signalmasten mehr gibt. Alle Anweisungen, insbesondere über Halt, Verlangsamung oder Beschleuni-

gung der Fahrt, erscheinen elektronisch auf den Armatureninstrumenten des Führerstands direkt von der Kommandozentrale aus, die auf einer optischen Kontrollwand jeden Augenblick die gesamte Lage auf der gesamten Strecke vor sich hat. Mit anderen Worten, die gesamte Schienenstrecke ist mit elektronischen Sensoren versehen und erfaßt. Automatische Begrenzungen der Höchstgeschwindigkeit sind dadurch ebenso von der Zentrale aus möglich wie automatische Bremsungen über die Stufen 210, 160, 110, 70 und 30 km/h.

Automatisierte Abläufe, die wie in der Luftfahrt doppelt und dreifach gesichert sind, spielen dabei eine große Rolle. Sobald der "Zugpilot" abgefahren ist, tritt – von 0,9 km/h bis 210 km/h Geschwindigkeit – die automatische Steuerung in Aktion, es sei denn, er geht ausdrücklich aus irgendeinem gebotenen Anlaß von "Autopilot" wieder auf manuelle Steuerung. Auch die Beschleunigung, die jeweilige Streckengeschwindigkeit und jede Bremsung werden automatisch geregelt. Verlangt die Streckenkontrolle eine Geschwindigkeitsverminderung, beispielsweise wegen zu gering gewordenen Abstands zum vorausfahrenden Zug, wird das elektronische Steuerungssystem nach den Vorgaben des Zentralstellwerks und dessen Streckenübersicht wirksam.

EIN MEHR EFFIZIENTER ALS LUXURIÖSER KOMFORT

Zu alledem kommt noch ein bedeutsamer weiterer Fortschritt: der Sprechfunk. Ein hochfrequentes eigenes und internes Radiosystem erlaubt die ständige Sprechverbindung in beiden Richtungen zwischen Zentrale (und auch jedem Bahnhof an der Strecke) und jedem Zug. Das System funktioniert auch in den Tunnels, weil in diesen Relais und Verstärkerantennen eingebaut sind. Es ermöglicht zusätzlich den Passagieren, vom Zug aus zu telefonieren. Jeder japanische Anschluß ist erreichbar. Sicherheit mit Komfort als Zusatzprämie!

Schließlich sind in das umfassende Sicherheitssystem auch noch die Elektriker eingeschlossen. Sie können in jedem unvorhergesehenen Gefahren- oder Katastrophenfall binnen kürzester Zeit das Stromnetz der Strecke abschnittsweise oder ganz abschalten und damit sämtliche Züge zum Stehen bringen.

Der "Club der 200er" der 60er Jahre

Es handelt sich hier nicht etwa um 200 Persönlichkeiten, sondern – sehr viel prosaischer – um Zuggeschwindigkeiten. Der "200er-Club" ist dabei eine natürlich höchst inoffizielle Institution, die auch nur in der Presse, insbesondere der Eisenbahnfachpresse, existierte, um einen Tatbestand anschaulich zu machen. Gemeint sind jene Länder, in denen es in den 60er Jahren Züge gab, die mindestens mit der besagten runden Zahl von durchschnittlich 200 km/h Geschwindigkeit fuhren – und zwar im täglichen Normalbetrieb, nicht etwa auf besonderen Versuchsstrecken oder eigenen Renommier-Rekordfahrten.

Den Club sozusagen gegründet haben die Japaner, als sie 1964 ihre Schnellstrecke der Shin-Kansen-Züge eröffneten, die neue Tokaido-Linie zwischen ihrer Hauptstadt Tokio und Osaka. Die Spitzengeschwindigkeit dieser Züge lag bei 210 km/h. Sie wurde auf dem größten Teil der 515 km langen Strecke erreicht und ergab (einschließlich Aufenthalten und verlangsamten Streckenabschnitten) einen Durchschnitt von 177 km/h. Danach unternahm Deutschland einen Beitrittsversuch zum "200er-Club", indem es anläßlich der Internationalen Verkehrsausstellung in München 1966 (der berühmten IVA) einen aus normalen Wagen bestehenden Zug mit einer E 103, einer klassisch starken Lok, zwischen München und Augsburg fahren ließ, der das magische Limit überschritt. Allerdings fand dieser "Sonderzug" keine direkten Nachfolger und blieb auch nicht nach der IVA im Fahrplan. Er bleibt aber gleichwohl einer der ersten europäischen Hochgeschwindigkeitszüge. Seit damals hat Deutschland jedoch einen neuen Anlauf für Gleiserneuerungen und auch den Bau neuer Strecken für Hochgeschwindigkeitszüge mit Durchschnittsgeschwindigkeiten zwischen 160 und 200 km/h unternommen, und die jüngste Entwicklung des ICE-Konzepts enthält Teilabschnitte der eigens dafür neugebauten Strecken mit Durchschnittsgeschwindigkeiten von 250 km/h und mehr.

Frankreich trat dem "Club" dann 1967 mit seinem *Capitole* auf der Strecke Paris-Toulouse bei, einem "klassischen" Zug auf normalen Schienen.

Etwas verspätet wurde dann Großbritannien 1976 Mitglied des exklusiven "200er-Clubs", immerhin aber auf originelle Weise, denn es handelte sich um einen Zug mit Diesellok, während alle anderen Hochgeschwindigkeitszüge der Welt elektrisch fuhren. Der H.S.T.(High Speed Train) London-Bristol fuhr Weltrekord für Dieselloks.

Als letzte wurden schließlich die USA Mitglied im Club 200: mit ihrem *Metroliner* zwischen New York und Washington, der die 200 km/h zwar nicht regelmäßig erreichte und hielt, aber immerhin in der Spitze.

Ganz gewiß handelt es sich nicht um den Orient-Expreß oder die Transsibirische Eisenbahn mit ihren schweren Vorhängen, Spiegeln, Mahagonimöbeln, und eben der Art Luxus nach den Begriffen von einst. Hier, in den Shin-Kansen-Zügen, regieren Aluminium und Plastik. Und die Bogie-Drehfahrgestelle auf geräuscharmen Gummi-"Silentblocs" und Luftkissen sind bloß Teil moderner Eisenbahntechnik. Ansonsten aber ist der Flugverkehrskomfort Vorbild und Meßlatte: Einzelsitze mit Lehnen zu beiden Seiten eines Mittelgangs, drei Sitze

Die Joetsu-Strecke in der Umgebung von Yusawa ist eine der jüngsten des Shin-Kansen-Systems. Sie wurde 1982 eröffnet und demonstriert im übrigen Japans größtes Problem: den Platzmangel. Pfeiler, Schallschutzmauern, "akrobatisch" hohe Fahrleitungsmasten und städtisches Gedränge auf engstem Raum sind die Norm. Aber der Zug quetscht sich jedenfalls durch

Das Shin-Kansen-Strecken-netz in seiner gegenwärtigen und (rote Linien) weiter ge-planten Ausdehnung, die nach der Privatisierung des Netzes im April 1987 (Ver-kauf an die Shin Kansen Hol-ding Corporation) kräftig vor-angetrieben werden soll. Im Augenblick ist das Strecken-netz 1 832 km lang, bis zum Ende des Jh. sollen es dann 3 297 km sein – vorausge-setzt, die Regierung genehmigt alle Projekte

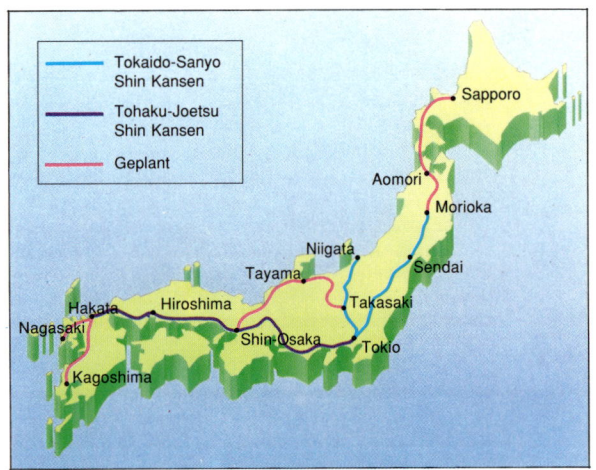

einen Tunnel mit großer Geschwindigkeit einen plötzlichen Luftdruckschub verursacht, der sich für die Passagiere sehr unangenehm als heftiger Druck auf die Ohren auswirkt. Die Lösung des Problems war ein Luftkompressionssystem, das sich automatisch vor Tunneleinfahrten einschaltet und die Waggontüren hermetisch verschließt. Der Zug behält auf diese Weise während der ganzen Tunneldurchfahrt seinen normalen Innendruck.

Ein letztes Komfortelement, aber vielleicht das Wichtigste für eine Eisenbahn: die Gleise. Es ist eine Tatsache, daß auf einem ungenügenden, schlechten oder mangelhaften Gleis-körper die beste Zugfederung nicht viel ausrichten kann. In dieser Hinsicht unterscheidet sich der Schienenverkehr funda-mental von der Straße und dem Automobil. Die Bewegungs-amplituden, ihre Frequenzen und Vibrationen, alles ist anders. Ein auf einer Stahlschiene rollendes stählernes Rad ist in keiner Weise mit einem auf einem Luftreifen und einer Straße oder auch auf einem unplanierten Weg rollenden Gefährt vergleich-bar.

Die Gleise des Shin-Kansen-Netzes sind auf ganzer Strecke auf 5 m langen Betonschwellen verlegt, die ihrerseits auf einem Gleiskörper mit Betonfundamenten ruhen, der oben mit einer Zement-Bitumenschicht abgedeckt ist. Das ist eine sehr aufwendige und teure Lösung und in anderen Ländern allenfalls für kurze Versuchsstrecken angewendet worden; hier aber wurde sie zum erstenmal auf einer langen, für den täglichen Verkehr geplanten Strecke verwirklicht. Die Kosten waren zwar doppelt so hoch wie für Normalstrecken, aber dafür bekam man eine vielleicht etwas härtere, aber sonst außergewöhnliche Laufstabilität und -ruhe vor allem bei grö-ßeren Geschwindigkeiten. Kurz, dieser Schienenweg ist in jeder Hinsicht mehr auf Solidität als auf Nur-Komfort angelegt, ist von erheblich längerer Lebensdauer als normale Gleise und hält auch den großen Belastungen durch die hohen Geschwin-digkeiten der Züge außergewöhnlich gut stand; mit anderen Worten, die teure Investition hat sich aufs überzeugendste rentiert. Die Tokaidolinie, zuvor wie alle normalen Strecken gebaut, hat nach ihrem Neubau für das Shin-Kansen-Netz alle düsteren Prophezeiungen über die zu erwartenden enormen Unterhaltskosten Lügen gestraft.

DAS PHÄNOMEN SHIN KANSEN

Der schlagende Erfolg dieser japanischen Shin-Kansen-Züge ist ganz unbestreitbar. Die erste Tokaido-Linie ist sogar so erfolgreich, daß bald Planungen für ihre Verlängerung und Verzweigung im Gange sind. So ist die 1975 eröffnete Sanyo-Strecke bis Hakata die erste Verlängerung, wenn auch mit erheblichen Schwierigkeiten und Kosten, wenn man nur an den Tunnel unter der 18,6 km breiten Meerenge von Kammon denkt (der zweitlängste Tunnel der Welt nach dem berühmten schweizerischen Simplontunnel!) oder an die insgeamt 111 "normalen" Tunnels der vorerst 398 km langen Strecke, von der nun insgesamt 222 km untertunnelt sind.

Und fortan purzeln die Rekorde nur so und vor allem steigen die Fahrgastzahlen praktisch täglich. Am 5. Mai 1975 ist bereits die Millionenzahl überschritten. Nur zum Vergleich: der französische TGV, der ja auch nicht gerade abgelehnt wird oder eine Nebenstrecke befährt, wird mit Sicherheit niemals Beförderungszahlen von 88 000 pro Tag wie die Japaner erreichen. Die japanische Regierung aber treibt die Entwick-lung noch weiter. Sie denkt an den Bau einer Linie in die andere Richtung nach Morioka, die Tohoku-Linie, nämlich nach Nor-den, und an die Joetsu-Linie von Tokio nach Niigata im

Das Hauptstellwerk der Strek-ke befindet sich in Tokio und überwacht auf einer optischen Kontrollwand sämtliche Strek-kenabschnitte, den Betriebs-ablauf, die Energieversorgung und alle Signale. Sie hat Sprechverbindung mit allen Zügen, und der gesamte Ver-kehr ebenso wie der techni-sche und Verwaltungs-Betrieb bis hin zu täglichen Statisti-ken, Meldung und Behebung von Störungen und Wartung von Gleisen und Zügen läuft computerprogrammiert ab

nebeneinander auf der einen, zwei auf der anderen Seite, was gegenüber den modernen europäischen Schnellzügen (TGV und ICE im Großraumbereich inbegriffen) mit ihren vier Sitzen pro Reihe einen Platz mehr bedeutet. Angesichts des allgemein kleineren und schmaleren Körperbaus der Japaner gegenüber Europäern ist diese Erhöhung der Passagiersitze auf 110 pro Wagen aber eine allenfalls relative Beengung.

Die frühen Züge hatten noch zwei Klassen. Ende der 60er Jahre aber schaffte die JNR (Japan National Railways, japani-sche Staatseisenbahn) die 1. Klasse ab und gab auch damit dem Zug eine endgültige "Nutz- und Gebrauchs"-Funktion statt der eines Luxuszugs. Jeder Zug führt zwei Speisewagen mit, und in jedem Waggon gibt es zusätzlich einen Imbißstand, eine Bar und ein "Restaurant-Abteil", in dem Speisen und Getränke konsumiert werden können. Den ganzen Zug durch gibt es auch einen fliegenden Speisenverkauf mit warmen Gerichten und Getränken am Sitzplatz.

Attraktionen der Speisewagen selbst sind die permanente elektronische Fahrtgeschwindigkeitsanzeige und eine sche-matische Streckenkarte mit der Anzeige des jeweiligen Zugstandorts mittels einer Quecksilbersäule nach Art eines Fieberthermometers.

Noch ein weiteres kurioses System der Zugsicherheit: Bei den ersten Versuchsfahrten entdeckte man, daß die Einfahrt in

Nordwesten, die zugleich den Tokioter Flughafen Narita bedienen kann. Selbst das monumentale Projekt einer Verlängerung der Nordlinie von Morioka bis nach Sapporo auf der japanischen Nordinsel Hokkaido wird erwogen und diskutiert. Und das ist mit dem Bau des nicht weniger als 53,9 km langen Seikan-Tunnels, des längsten der Welt (noch ein Stück länger als Europas 50 km-Mammuttunnel unter dem Ärmelkanal), nach Hokkaido hinüber verbunden. (Dieser reine Eisenbahn-Tunnel wird tatsächlich am 13. März 1988 eingeweiht; er liegt 240 m unter dem Meeresspiegel und 100 m unter dem Bett der Meerenge von Tsugaru. Kritiker dieses überdimensionalen Projekts stoßen sich nicht nur an den astronomischen Baukosten von umgerechnet ca. 10 Milliarden DM, sondern auch an dem vergleichsweise geringen verkehrstechnischen Nutzen: zwar werde die Übersetz-Zeit von Hondu nach Hokkaido von vier auf zwei Stunden verrringert, doch die Gesamtfahrzeit von Tokio nach Hakodate auf Hokkaido dauere immer noch 16 Stunden; das Transportmittel der ersten Wahl von der Hauptstadt zur Nordinsel werde also wohl nach wie vor das Flugzeug bleiben; und schließlich sei die Sicherheit eines derart langen Tunnels in einem häufig von Erdbeben heimgesuchten Gebiet nicht ausreichend genug geklärt worden.)

Das gesamte Ausbauprogramm jedenfalls sieht einen Endzustand von nicht weniger als 7000 km Schienenstrecke dieser neuen Linien vor, was Japan zum mit modernen Eisenbahnen bestausgestattetsten Land der Welt machen würde.

Doch dann wird das Programm 1978 erst einmal drastisch auf 3 640 km beschnitten und 1980 noch weiter auf weniger als 2000 km. Es bleiben nur die Tohoku- und die Joetsu-Linie übrig, die lediglich eine Verlängerung um 766 km ergeben. Und der Tunnel von Seikan ist zwar fertig, wird aber nicht in Betrieb genommen... Wieso nach all den spektakulären Erfolgen und Neubauten plötzlich diese Aufgabe der Idee, sich das

Die Wartung der Shin-Kansen-Züge

Das Eisenbahnzugsystem Shin Kansen ist eines der ersten, das auch die Wartung als fundamentalen Bestandteil in die Gesamtkonzeption des "rollenden Materials" und seiner Nutzung einbezogen hat. Die tägliche Hochgeschwindigkeitsbelastung hat natürlich auch erhöhte Wartungs- und Unterhaltskosten für das Material und den Gleiskörper zur Folge; deren Ausmaß läßt sich mit den einschlägigen Kosten normaler Strecken nicht vergleichen. Für die Shin-Kansen-Züge muß für Unterhalt und Wartung mit einem Drittel der Gesamtaufwendungen kalkuliert werden, während die Personal- und Energiekosten nur mit 25 bzw.15 Prozent zu Buche stehen. Auf üblichen Eisenbahnstrecken stellen die Personalkosten mit nicht weniger als 75 Prozent den größten Etatposten dar, während Wartung und Unterhalt sich mit den Energiekosten in den Rest teilen. Das bedeutet aber keineswegs, daß etwa das Personal des Shin-Kansen-Netzes schlechter bezahlt wäre; es sind nur die Ausgabenproportionen anders.

Das größte Problem sind die Räder. Sie müssen alle 70 000 km neu profilgeschliffen werden, und noch häufiger sind Risse und Sprünge in ihnen. Das Profilschleifen ist ein mechanischer Vorgang und geschieht in einem darauf eigens spezialisierten Werk in Hakata.

Auch der Gleiskörper unterliegt naturgemäß sowohl durch die Schnelligkeit wie die Häufigkeit der Züge sehr starken Beanspruchungen. Ein ausgeklügeltes Niveaukontrollsystem der Gleise sorgt permanent für die nötigen Korrekturen und Reparaturen. Jede Woche fährt ein spezieller, mit modernsten und empfindlichsten Instrumenten ausgestatteter Kontrollzug die Strecke ab, um auch die kleinsten Schäden und Veränderungen aufzuspüren und ihre Beseitigung zu veranlassen, ob es nun die Schienen betrifft oder die Signale oder die Fahrleitungen. Alles wird in einen Computer eingespeist, der die erforderlichen Maßnahmen optimal programmiert und so ständig für optimale Betriebskonditionen sorgt.

größte moderne Eisenbahnnetz der Welt zu geben? Wie in solchen Fällen immer, haben die Zahlen das entscheidende Wort gesprochen. Die große Geschwindigkeit auf Schienen ist teuer, ganz besonders der Bau neuer Strecken für Hochgeschwindigkeitszüge. Kommt dazu die allgemeine Inflation (und sie schlägt in Japan ziemlich hart zu Buche!), so ergibt sich unter dem Strich, daß die Investitionskosten sich zwi-

Die neuen Zugwaggons seit 1985 sind teilweise zweigeschossig, so die Speisewagen (links): vorne der einstöckige Restaurantbereich, daneben der zweistöckige mit der Küche oben. Dahinter ein zweistöckiger Wagen, dessen Obergeschoß der "grünen" Luxusklasse vorbehalten ist, zu der Passagiere der anderen Klassen keinen Zutritt haben und die für Geschäftsleute gedacht ist, die sonst in der 1. Klasse fliegen. Die Waggonhöhe ist 4,49 m (normale Höhe 4 m), beide Ebenen weisen gleichwohl mindestens 1,94 m Deckenhöhe auf

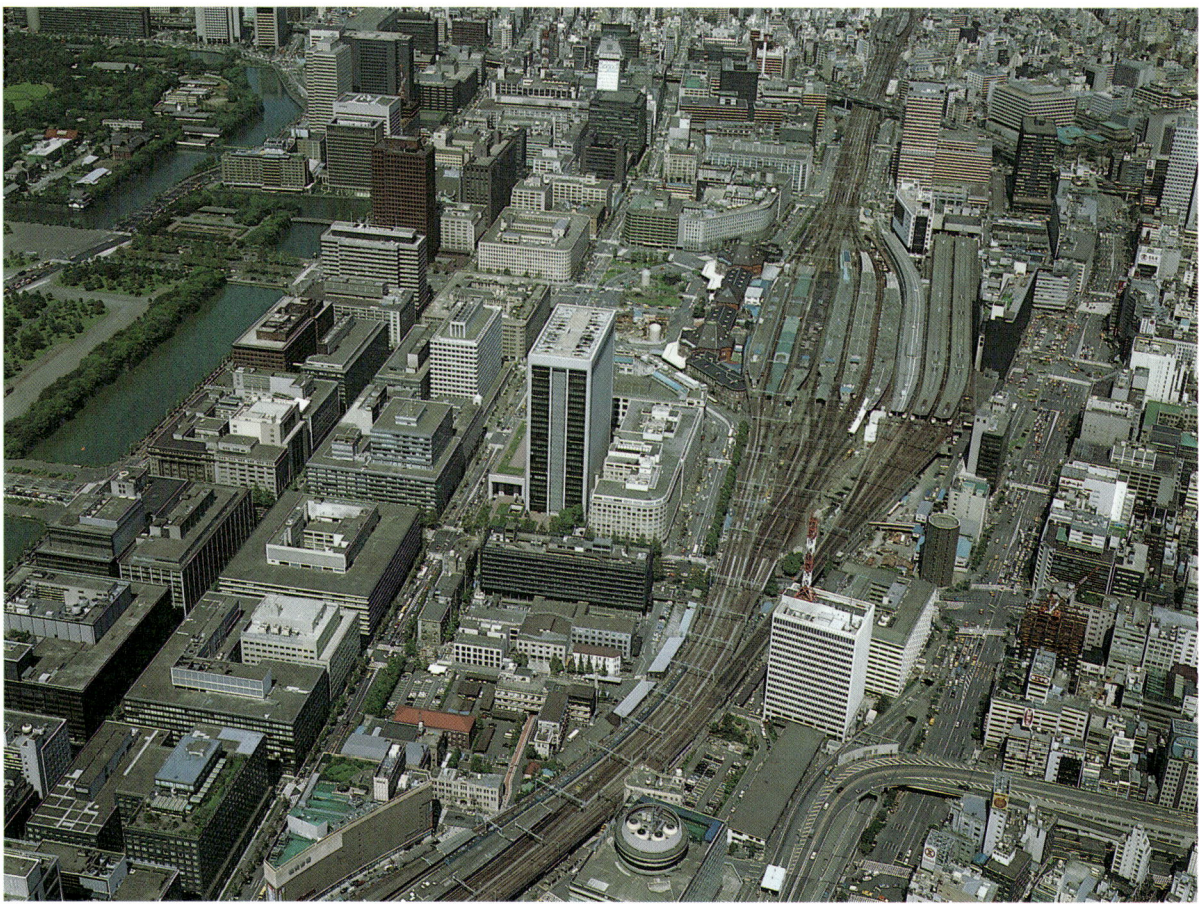

*Luftaufnahme des Haupt-
bahnhofs Tokio. Hier wird zu
den Berufsverkehr-Stoßzei-
tem die schier unglaubliche
Zahl von 3,6 Millionen Passagieren stündlich (!) "umgesetzt", was Züge mit je 10
Waggons alle zwei oder drei
Minuten bedeutet. Der Vorortsverkehr bewegt in einem
Umgebungsbereich von 50 km
täglich 25 Millionen Fahrgäste! Die Züge sind zur besseren und schnelleren Orientierung in den Kennfarben ihrer
Linien gehalten. Die japanische Staatseisenbahn JNR ist
nach wie vor eine überaus ef-
fiziente "Transportmaschine"*

schen 1960 und 1972, bis zur Eröffnung der Sanyo-Verlänge-
rung, auf den Tokaido-Baustellen glatt verdoppelt haben. Und
1977 ist man bereits beim Fünffachen der Kosten von 1960.

Irgendwie müssen diese enormen Kostensteigerungen
hereinkommen. Die Regierung hat keine andere Wahl, als die
Fahrpreise drastisch zu erhöhen, nämlich 1977 um nicht
weniger als 50 Prozent – die Normaltarife! –, während sie
versucht, die Shin-Kansen-Züge mit lediglich 15 Prozent Fahr-
preiserhöhung davonkommen zu lassen. Aber das japanische
Defizit ist mittlerweile so gewaltig, daß die Ausgaben 40
Prozent über den Einnahmen liegen. Die Fahrpreiserhöhungen sind bestenfalls eine kurzfristige Lösung und haben auch
zur Folge, daß sich zumindest ein Teil der Klientel von der
Eisenbahn abwendet und sich anderer Verkehrsmittel bedient. Unnötig zu sagen, daß davon in erster Linie die Fluggesellschaften profitieren und sich, die Chance erkennend, vor
allem der Verbesserung der Zubringerdienste zwischen Flughäfen und Stadtzentren widmen.

Zu den rein finanziellen Problemen kommen noch andere.
Die Japaner gehören zu den frühesten und sensibelsten Um-
weltschützern (jedenfalls an Land!) und sie hören in zunehmendem Maße auf die Klagen der Anwohner der Shin-Kansen-
Strecken. Der Lärm der mit der Zeit mehr oder minder pausenlos vorüberbrausenden Züge wird für diese zunehmend zum
Alptraum. Alle sechs Minuten ein Zug, von morgens sechs Uhr
bis abends 23 Uhr, alle mit 230 km/h, auf einem erhöhten
Gleiskörper mit Betonschwellen und Betondecke, also ziemlich dröhnend… Und so wird von diesem Aspekt der stolze Shin
Kansen, das Symbol des großen technischen Fortschritts,
gleichzeitig auch das Symbol einer gigantischen Zerstörung

dessen, was Japan bedeutet, schlechthin (und muß auch für
alle anderen Umweltsünden büßen). Die Umweltschützer
erreichen den ruinösen Pflicht-Bau von Schalldämmungsmau-
ern die ganze Strecke entlang und teilweise sogar den Rückbau
der Gleiskörper. Zahlreiche Brücken, vor allem solche aus
Metallkonstruktionen, geraten speziell ins Visier, und da der
Gleiskörper direkt auf einem Betonfundament ruht, ohne den
traditionellen und lärmschluckenden Schotter, läßt sich leicht
errechnen, was an "Baukorrekturen" in dieser Richtung an-
fällt: 1972 allein umgerechnet fast eine Milliarde DM! Und
diese Summen hat natürlich die JNR selbst zu tragen.

Zu allem Überfluß haben sich auch alle Hoffnungen zer-
schlagen, das neue, moderne Eisenbahnsystem gegen gutes
Geld zu exportieren. Wäre das gelungen, so hätte sich das
selbstverständlich auch im Lande selbst gewaltig prestigesteig-
gernd auf die Shin Kansen ausgewirkt, ganz davon zu schwei-
gen, daß die Deviseneinnahmen gut gebraucht worden wären.
Angeboten an Südkorea, den Iran und Saudiarabien kommt,
wenn sonst nichts, die Weltgeschichte dazwischen: der israe-
lisch-arabische Krieg 1973, die Ölkrise 1974 bringen in vielen
Ländern, vor allem im Mittleren und Fernen Osten, gerade
langfristige Planungen zu Fall.

Es ist in der Tat ein Jammer, denn schließlich haben die Sei-
Kensan-Züge damals 1964 eine neue Epoche der Eisenbahn
eröffnet, und dessen existierendes Streckennetz bleibt auf
jeden Fall ein Vorbild und Modell der Möglichkeiten der
Zukunft, nicht zuletzt für Europa, wo sich derzeit angesichts
des absehbaren Kollapses des Straßenverkehrs ein Umdenken
in Richtung auf eine Eisenbahnrenaissance mit den Hochgeschwindigkeitszügen anbahnt.

TGV und ICE

Am 14. Dezember 1988 morgens fährt der Zug TGV Nr. 88 über die Strecke Paris-Südost mit 408 km/h. (TGV: Train à Grande Vitesse, Hochgeschwindigkeitzug.) Der Zug rollt gut und sanft und will nur noch schneller werden. Aber man hält ihn zurück. Für die SNCF ist dies noch nicht die Stunde, im Gegenteil, man versucht das Ereignis eher herunterzuspielen, im Nachrichtenbrei untergehen zu lassen. Lediglich einige Radiojournalisten erwähnen das Ereignis. In den Printmedien und im Fernsehen wird überhaupt nicht darüber berichtet.

Einige Monate zuvor hatte der deutsche Hochgeschwindigkeitszug ICE, der große Konkurrent des französischen TGV, eine Fahrt mit 406,9 km/h absolviert und über sämtliche Medien laut davon getönt. (ICE: Inter-City-Expreß): Es war der Weltrekord auf Schienen. Bis dahin hatte ihn ein TGV mit 380 km/h (1981) gehalten. Nun ist der deutsche ICE zu dieser Zeit noch ein einzelner Prototyp, während die französischen TGV schon seit Jahren mit über hundert Zügen regelmäßigen Linienverkehr fahren. Für den einen ist es jedoch eine außergewöhnliche Leistung mit dem Recht auf die volle entsprechende Resonanz sämtlicher Medien, der andere behandelt die neuerliche Überbietung dieser Höchstmarke als eher "ganz normale Sache", die man quasi "im Vorübergehen" erledigt, indem man eben noch ein bißchen bis zum Nötigen zulegt... Immerhin aber, so oder so, war die Fahrt des ICE am 1. Mai 1988 nun einmal die erste überhaupt auf Eisenbahnschienen mit einer Geschwindigkeit über 400 km/h. Aber das Konkurrenzdenken ist natürlich noch immer groß. Bei der SNCF will man außer der gelassenen Überlegenheitsgeste – daß man das jederzeit ebenfalls könne – auch eher darauf hinweisen, daß die Rekordjagd im Bereich über 400 km/h auf Schienen gar nicht mehr so entscheidend und wichtig sei, sondern daß für Theorie und Praxis der modernen Hochgeschwindigkeitsära der Eisenbahn tausend andere Dinge wichtiger seien.

Wie nun auch immer, auch der französische TGV existiert nicht so ganz ohne Widersprüche. Zwar kennt ihn alle Welt, aber andererseits ist er doch ein quasi unbekannter Zug. Sein charakteristisches Frontdesign und seine Signalfarbe Orange (bald auch Blau und Silbern für den TGV Atlantique) sind mittlerweile weltbekannt und verkörpern in zahllosen Fachpublikationen und in der Tages- und Publikumspresse und in Reiseprospekten allüberall den modernen Aspekt des Reisens mit der Bahn. Andererseits aber weiß kaum jemand, wie denn dieses neue Eisenbahnsystem funktioniert, wie es sich von anderen, (noch) normalen Zügen unterscheidet, beziehungsweise, wo noch Übereinstimmungen damit vorhanden sind. Und wenn man ihm seine große Geschwindigkeit zugesteht, so auf die Art, wie man eben zur Kenntnis nimmt und akzep-

tiert, daß es nun mal auch Reiche auf dieser Welt gibt, und "nun ja gut, das funktioniert wie ein Roboter, so etwas gibt es heutzutage, oder es fährt auf Luftkissen oder irgendsowas ... oder hat das nicht sogar Atomantrieb?"

Und dieses Zugsystem, das inzwischen längst zur Alltagsnormalität Frankreichs gehört und sogar Jahr um Jahr beacht-

TGV – das bedeutet für die Öffentlichkeit vor allem die "sichtbaren" rund 100 Züge mit ihrer Signalfarbe Orange und der charakteristischen "Schnauze", wie sie vom Gare de Lyon in Paris abfahren

Die Bemühungen um Hochgeschwindigkeitszüge sind keineswegs so neu, wie vielfach geglaubt wird. Schon 1903 hat Deutschland mit elektrisch betriebenen Lokomotiven einen Schienen-Weltrekord von 202 km/h aufgestellt. Das war zwischen Berlin und Zossen mit einem Dreiphasenstrom-Triebkopfzug

Ebenfalls in Deutschland fuhr am 21. Juni 1931 der Kruckenberg-Triebwagen mit einem Flugzeugmotor und Propeller 230 km/h ...

liche Gewinne einfährt, war auch das Kind anfänglicher Verachtung, Verweigerung und empörter oder auch wegwerfender Opposition, von prinzipieller Obstruktion oder wenigstens leicht überheblich amüsierter Gleichgültigkeit. Es gab wahrhaftige Meinungsschlachten in den Büros uninteressierter oder gelangweilter Ministerbüros über den Plänen und Modellen dieser "Concorde auf Schienen", und bis in die 70er Jahre hinein wollte Frankreich eigentlich nichts davon wissen.

DER "SENATOREN-ZUG"

Im Französischen gibt es den Begriff "train de sénateur". Damit ist aber nicht etwa ein neues Antriebssystem für Züge gemeint oder wörtlich ein Senatoren-Zug, also ein vermutlich

... und fast schon TGV-Allüre, wenn nicht im Tempo, so doch im Aussehen, hat dieser weitere deutsche Kruckenberg-Zug von 1937, ebenfalls ein Triebwagenmodell. Bei einem Gewicht von nur 114 t fuhr diese Maschine mit 100 Passagieren 160 km/h schnell

besonders vornehmer (so wie in den Flughäfen die Senator-Lounges die exklusiveren Warteräume für "VIPs" bezeichnen). Nein, gemeint ist eine Art gemessener Fortbewegung: der "Senatorenschritt". Schon La Fontaine verwendet den Begriff in seinen berühmten Fabeln für die gravitätische und langsame Fortbewegungsweise der Schildkröte. Das Wortspiel liegt auf der Hand. Genau zu diesem "train de sénateur" nämlich sind die französischen Züge der Nachkriegszeit verdammt, nicht nur im öffentlichen Bewußtsein, sondern auch in dem der "Entscheidungsträger". Die Eisenbahn, das ist nun allgemeine Übereinkunft, ist ein ganz gutes, langsames Verkehrsmittel zum Transport schwerer Massengüter wie Kohle oder Stahl. Schnelligkeit jedoch ist die Domäne des Personentransports, und der gehört in der modernen Zeit dem Auto.

Und infolgedessen baut Frankreich neue Autobahnen. Und die Nationalstraßen werden drei- oder vierspurig ausgebaut, und auch der Ausbau des Flugverkehrs genießt Priorität, und mit Stolz weiht man jeder größeren Stadt von einiger Bedeutung ihr eigenes Orly und Roissy ein... Und diese Prioritätensetzungen verankert sich derart in allen Köpfen, selbst denen bei der SNCF, daß auch deren Manager und die Eisenbahner sie wie selbstverständlich akzeptieren. Auf allen "großen Linien", wie man in Frankreich die Fernverkehrsstrecken nennt, gibt es keine höheren Spitzengeschwindigkeiten der Züge als 120-140 km/h. Gelegentliche 160 km/h sind Ausnahme- und Sonderfälle auf ohnehin nur bestimmten Strecken und kommen außerdem höchstens auf kurzen Streckenabschnitten vor. Kurz, von irgendeiner Konkurrenz mit dem Flugverkehr in dieser Hinsicht kann keine Rede sein. Typische Beispiele für diese damalige Politik der 160 km/h, die ab 1958 als die naturgegebene Obergrenze im elektrischen Schienenverkehr angesehen wurden, sind etwa die Strecken Paris-Lille, oder (auf bestimmten Abschnitten) Paris-Dijon, Paris-Le Mans oder Paris-Rouen.

So sind die Verhältnisse in den 60er Jahren. Die Autobahnen sind nicht mehr nur Stummelflügel, die sternförmig von Paris ausgehen bis in die Banlieue, wo sie dann irgendwo schon enden. Sie haben sich inzwischen hunderte von Kilometer immer weiter auf die großen Zentren der Provinz zugeschoben. Die lange schon bei Fontainebleau endende Autoroute du Sud erreicht endlich teilstückweise Lyon und Marseille, und Lille wird die überhaupt erste französische Stadt, die eine direkte Autobahnverbindung mit Paris erhält. Und die Porsche, BMW und DS 19 haben jetzt ihre Rennbahnen, die sie noch immer wie Spielwiesen betrachten. Die Eisenbahn, das ist allenfalls noch etwas für biedere Beamte, aber ansonsten passé, überholt, OUT. Das Auto ist das angemessene Transportmittel der Privatinitiative und des dynamischen freien Wettbewerbs...

Und der Flugverkehr schließt sich dem an. Air Inter eröffnet mit ihren Caravelles ihr Städteflugnetz mit fast stündlichen Flugverbindungen. Die Geschäftsleute beginnen "in japanischer Hast" herumzureisen, Quarzuhr am Handgelenk und Flugplan im Aktenkoffer. Effizienz, Effizienz, Zeit ist Geld, ich muß zum Flughafen... Die anderen, die nicht mitmachen wollen und noch immer mit dem Zug reisen, sehen sich im Bahnhof Laroche-Migennes festsitzen. Dort gibt ihnen der krächzende Lautsprecher mit dem ortsüblichen breiten burgundischen Akzent bekannt, daß der Anschluß nach Auxerre zehn Minuten Verspätung hat. Was man so hört, soll es ja neuerdings in Japan Züge geben, die mit sage und schreibe 210 km/h durch die Gegend brausen, Abfahrt von Tokio alle fünf Minuten, von richtiggehenden "Flughäfen" aus, und

pünktlich auf die Sekunde... Und dann ruckelt der Triebwagen nach Auxerre endlich los, quietschend und vibrierend, und sein Auspuff hinterläßt eine Rauchwolke, der die Blumen und das Gemüse in den Eisenbahnergärten neben den Schienen auf die Dauer mit einem schwarzen Film überzieht, und vorneweg tutet die Zweitonhupe und jagt die Hühner des Weichenstellers von den Gleisen. Und so rast man mit satten 60 km/h durch die Provinzlandschaft, auf einer rüttelnden, stoßenden, schaukelnden Strecke, zwischen deren Schwellen der Löwenzahn wächst. 60 km/h: wahrhaft ein "train de sénateur", und wer jetzt das Wortspiel noch nicht verstanden hat...!

Nun geschieht es indessen, daß sich zu dieser Zeit ein (mangels Senatoren!) veritabler Minister auf Einladung der SNCF anläßlich einer Eröffnungsfahrt irgendeiner lokalen Strecke in den Führerstand einer Lokomotive begibt. Wir befinden uns im Jahre 1966. Der Minister — es ist Edgar Pisani — erlebt anläßlich des bedeutenden Ereignisses das Ergebnis der "Bastelei" einiger Ingenieure, die "ein kleines Tempo 200" zwischen Paris und Vierzon zurechtgezimmert haben, und ist entzückt. Er träumt ja schon lange von einer "Demokratisierung der Geschwindigkeit" für das Volk und will nun sogleich von den Bastel-Ingenieuren wissen, wie schnell sie denn diese 200 km/h zur SNCF-Dauereinrichtung machen könnten. Und er meint: alle Züge, und er meint: sofort... Man sagt ihm: Das läßt sich durchaus machen; die Bereitstellung der nötigen Mittel vorausgesetzt, selbstverständlich; und auf einer speziell dafür ausgebauten Strecke; und, nun ja, in einigen Jahren... Aber: Papperlapapp, sagt der Minister. Ich gebe euch ein halbes Jahr Zeit, und dann hat gefälligst zumindest der erste solche Zug zu rollen, und zwar im täglichen Linienverkehr, alles klar?

Und sechs Monate später rollt dieser erste Zug tatsächlich. Das autoritäre, bedingungslose Machtwort eines Ministers hat es zuwegegebracht! Frankreich hat am Ende den Eintritt ins Zeitalter der (all)täglichen Hochgeschwindigkeitszüge doch noch geschafft! Eine Strecke zumindest stellt sich schon mal auf Tempo um: die von Paris bis Vierzon, die sich dazu besonders eignet. Sie ist gut ausgebaut und brettflach auf der Ebene von La Beauce. Natürlich bedurfte es noch bestimmter Nivellierungs- und sonstiger Ausbauarbeiten, aber das war zu schaffen. Und man setzt vier Loks auf die Strecke, die klassischen *BB 9 200*, deren Getriebe man etwas verändert, um die Hochgeschwindigkeit zu ermöglichen, und lackiert sie auch knallrot, um ihre Besonderheit zu signalisieren und zu unterstreichen und sie von den normalen SNCF-Loks abzuheben, und möbelt Zugwaggons auf, die zwar schon alt, aber mit Spezialbremsen ausgerüstet sind, die sicheres Bremsen auch von 200 km/h herunter zulassen, und vor allem lackiert man auch sie in flammendem Rot – und voilà, ein neuer Zug ist geboren: der *Capitole*. 1967 stürzt er sich auf die Linienstrecke nach Toulouse.

DER "CAPITOLE"-EFFEKT

Dieser neue *Capitole* nun fährt zwar richtig mit 200 km/h in Richtung Toulouse los, das ist schon wahr. Nur hält er dieses Tempo nicht bis nach Toulouse durch. Hat er nämlich die leichte platte Ebene von La Beauce erst einmal hinter sich, wird die Sache wieder schwierig. Da wird es kurvig und hügelig und da rollt dann auch unser Schnell-Zug wieder ganz vorsichtig und vorwiegend gemächlich. Denn es geht hinein ins Limousin und ins Zentralmassiv und da sinkt die Geschwindigkeit oft bis auf 140 und sogar nur noch 110 km/h. Das Wesentliche und Entscheidende ist freilich andererseits das

öffentliche Bewußtsein, daß es jetzt eine Verbindung gibt zwischen der Spitzengeschwindigkeit eines Zugs und seinem Image, wie es sich auf der aggressiven Werbung der Plakatwände widerspiegelt, auf denen sogar die Lokomotive vorne durch die wahnwitzige Geschwindigkeit verformt erscheint...

Im Zug erfolgt jedesmal kurz vor Erreichen der magischen 200er-Grenze die Lautsprecherdurchsage: "Mesdames, Messieurs, in wenigen Augenblicken erreichen wir die Geschwindigkeit von 200 Stundenkilometern." Die Reisenden sind gerührt und bewegt und allenfalls etwas unsicher, wie sie reagieren und sich verhalten sollen: FASTEN YOUR SEAT BELTS oder vielmehr: ATTACHEZ VOS CEINTURES vielleicht, oder was?

Doch mehr als ihr Gerührtsein verlangt man gar nicht von ihnen. Und natürlich, daß sie hinterher ausgiebig über das

200 km/h im Normalbetrieb mit einem "klassischen" Zug aus Lok und angehängten Wagen und auf einer "klassischen" Gleisstrecke: das war der berühmte Capitole *von 1967 zwischen Paris und Toulouse. Seine lebhafte tiefrote Farbe markierte den Beginn einer neuen Design-Ära der Eisenbahn und der Hochgeschwindigkeitszüge*

1970 bekommt der Capitole *sein endgültiges Aussehen mit den starken Lokomotiven CC 6 500, die 8 000 PS entwickeln, und vor allem mit den sehr schönen neuen Zugwagen des Typs "Grand Confort" in Orange und Grau*

Erlebnis sprechen. Denn so wird jeder *Capitole*-Fahrgast zum Werbe-Multiplikator. Und in der Tat ist der Erfolg dieses Zugs schon von den ersten Wochen an ganz bemerkenswert. Das Interesse flaut nicht etwa nach Verbrauch des Neuheitseffekts wieder ab, sondern wächst und wächst, die Züge müssen verlängert werden, zusätzliche müssen eingesetzt werden, ein neuer Wagenpark ist nötig, der alte muß neu lackiert werden, und schließlich braucht man auch eine eigene neue Lok dafür,

und das wird die *CC 6 500*, die imstande ist, die nötigen 8 000 PS für die 200 km/h des immer länger und schwerer werdenden Zugs zu entwickeln. Der neue Waggontyp für den *Capitole* nennt sich *Grand Confort* und macht den Zug zum schönsten seiner Zeit. Er ist der ganze Stolz der SNCF.

Also Stolz ... gut: das wohl auch. Aber vor allem ist man nicht zuletzt bei der SNCF selbst anfangs eher überrascht und ungläubig. Denn für die französische Eisenbahn war die Geschwindigkeit eigentlich niemals die oberste Priorität. Sie hält bis dahin rein gar nichts vom Marketingwert der Geschwindigkeit auf Schienen. Viel wichtiger sind ihr die langfristigen Gütertransportverträge mit den Bergwerken und Stahlhütten und dem Gemüse- und Obstgroßhandel. Doch nun erweist sich am *Capitole*, daß sich mit eben dieser Geschwindigkeit gutes Geld verdienen läßt und man obendrein zu einem verjüngten Markenartikel-Image gelangt.

Jean Dupuy ist der Technische Direktor der SNCF-Region Süd-West, also dort, wo der *Capitole* seine besondere Rolle spielt. Die Vorbereitung der Strecke für ihn war tatsächlich sein Werk. Er ist Techniker und Verfechter von Leistung und

Der TGV beginnt seine Existenz erst einmal auf den Zeichenbrettern des französischen Designers Jacques Cooper. So futuristisch wie dieser Entwurf des SNCF-Konstrukteurs Alsthom von 1971 wurde er dann aber doch nicht

Eisenbahn-Fan dazu. Dies alles zusammen bringt ihm 1967 den Umzug nach Paris in das große SNCF-Verwaltungsgebäude in der Rue St.-Lazare 88, nämlich in das Büro des Generaldirektors der französischen Eisenbahn, wo er als eine seiner ersten Amtshandlungen sein eigenes neues Lieblingsprojekt in Angriff nimmt, das er schon lange im Sinn hat: das "Projekt C 03".

In dieser Zeit kommen mehrere Besuchsdelegationen nacheinander aus Japan nach Frankreich, um Fahrten auf den Lokomotiven der *Capitole* zu unternehmen. Sie wollen die Gleiskörper und die Signalanlagen studieren und staunen, daß es Frankreich schafft, normale schwere Züge auf normalen Schienenstrecken praktisch ebenso schnell fahren zu lassen wie ihre Shin Kansen zuhause. Sie haben bei den Hochgeschwindigkeitszügen bereits einen Zeitvorsprung von drei Jahren.

Die neue Tokaido-Linie ist 1964 eröffnet worden. Sie gewinnen den Eindruck, daß die Franzosen offenbar nicht die Absicht haben, es bei dem, was sie erreicht haben, bewenden zu lassen und sich also wohl etwas Geheimnisvolles tue in diesem Land, das doch bisher der Eisenbahn keinerlei Zukunft mehr gab.

Und in der Tat ist dieses "Geheimnis" die Akte "Projekt C 03". Kaum jemand weiß überhaupt, was dieser Codename bedeutet. Denn C 03, das ist schlicht die dritte Rangstufe der Projekte: dritte Dringlichkeitsstufe. Mit anderen Worten: nicht sehr wichtig, nicht vordringlich. Und dennoch ist es – das Projekt TGV...

Das Projekt TGV bedeutet, zumindest für Dupuy und seine Mitverfechter einer modernen visionären Zukunft der Eisenbahn, das Ende des "train de sénateur".

DAS PROJEKT C 03

Tatsächlich ist das TGV-Projekt schon alt. Oder jedenfalls stammt es von einem schon alten Konzept ab, nämlich dem von Zügen großer Geschwindigkeit auf einer eigenen, exklusiven Schienenstrecke. Die Vorfahrenreihe der Idee ist lang: Louis Armand; Camille, zwischen 1955 und 1971 Technischer Direktor; die Ingenieure Garreau und Cossié, bekannt für ihre Arbeiten zum elektrischen Gleichstromantrieb; Nouvion, der Mann des französischen Weltrekords von 1955 (331 km/h); Geais, der schon seit langem die TGV-Idee für die Region Nord mit sich herumtrug (der Name und das Kürzel stammen von ihm); oder Senac, der Spezialist für Turbinenantrieb.

Jean Dupuy holt sich die besten SNCF-Techniker zusammen und macht sie mit der Aufgabe des "Projekts C 03" bekannt, das er nun systematisch ins Gespräch bringt. Gleichwohl ist das anfangs alles gar nicht leicht, denn die "Anti-TGVisten" haben noch lange nicht aufgegeben und bekämpfen das Projekt mit allen Mitteln als ein absehbares zweites und ruinöses "Schienen-Concorde"-Desaster ohne jede Zukunft und wirtschaftliche Perspektive. Und die Nachrichten aus Japan von den dortigen gewaltigen und chronischen Defiziten der Shin-Kansen-Züge sind in der Tat zusätzliches Wasser auf ihre Mühlen. Es ist zwar ungerecht angesichts der großartigen Leistung, aber das ist schon lange kein Argument mehr. Und neue Munition liefert schließlich die Kunde von der Beschneidung, um nicht zu sagen Aufgabe des weiteren Ausbauprogramms in Japan wegen der nicht mehr verantwortbaren Kostensteigerungen. Die ursprünglich vorgesehenen insgesamt 7 000 km Shin Kansen sind für 1978 auf 3 640 und zu Beginn der 80er Jahre schließlich sogar noch weiter bis auf nur noch 2 000 km gestutzt worden. So stehen die Dinge.

Das Ganze ist auch wieder ein Beweis dafür, daß der technische Entwicklungsstand tatsächlich noch niemals letztlich ausschlaggebend war. Mindestens ebenso entscheidend sind die Rentabilitätszahlen. Will man bei Regierungen oder sonst Verantwortlichen offene Ohren finden, muß man finanziell diskutieren, von rentablen Investitionen und von Gewinnen sprechen, und eben dies ist nun einmal in aller Regel nicht die Sache und das Talent der großen technischen Köpfe. Damit der TGV Realität werden kann, muß man ihn im Rahmen eines Gesamtkonzepts "verkaufen", das sehr viel komplexer ist als der reine Vortrag technischer Möglichkeiten. Und an diesem Punkt der Überlegungen wurde dann auch die Idee vom "TGV-System" statt nur einfach eines speziellen Zugs auf einer einzigen, bestimmten Strecke geboren. Das war nicht einmal so schwer, weil das französische Eisenbahnsystem ja nun einmal zentralisiert ist und alles sternförmig von Paris ausgeht beziehungsweise auf Paris zuläuft (und sich in einiger Entfernung von der Hauptstadt zu bündeln beginnt), was dann immer dichtere Zweige ergibt. Schon aus diesem Grund kann der TGV nicht in das existierende Schienennetz eingefügt werden, sondern benötigt, ganz wie es in Japan praktiziert wurde, seinen separaten, exklusiven Gleiskörper. Dazu kommt das Verbindungssystem mit anderen TGV-Strecken.

Vorgesehen sind von Anfang an Verbindungen des TGV-Atlantique mit dem TGV Nord oder auch des TGV-Atlantique mit dem TGV-Südost, was damit Direktverbindungen ohne Umsteigen in praktisch alle Ecken des französischen Sechsecks ergäbe. Und damit hätte man auch das Diagonallinien-netz, das anzulegen man vor 150 Jahren versäumte und seitdem bereute. Beispielsweise bräuchte es dann keinen TGV Paris-Lyon in der einen Richtung und einen TGV Paris-Nantes in der anderen, sondern man könnte direkt Lyon-Nantes oder umgekehrt reisen, ohne gleichwohl auf das "Reservoir" der

Parisreisenden verzichten zu müssen. André Ségalat, der in den 70er Jahren an der Spitze der SNCF steht, kämpft sich mit diesen Plänen bis ins Büro von Präsident Pompidou vor und versucht diesen davon zu überzeugen. 1974 kann er sogar einen besonderen Trumpf ausspielen. Die Weltölkrise dieses Jahres hat den Verfechtern der Eisenbahn-Zukunft wieder kräftig Oberwasser gegeben. Und in der Tat geht nun die Entscheidung, den TGV zu verwirklichen, durch, mit der Maßgabe allerdings, daß der Gasturbinen-Prototyp still und leise beerdigt wird, obwohl er bereits über 15 mal mehr als 300 km/h gefahren ist, am 8. Dezember 1972 auf einer Versuchsfahrt sogar 318 km/h.

DER BAU EINER GROSSEN EISEN-BAHNLINIE: EINE BEREITS VERGESSENE KUNST

Über ein Jahrhundert lang hat es in Frankreich schon keinen völlig neuen Bau einer Eisenbahnlinie mehr gegeben. Da und dort hat man wohl bestehende Strecken verlängert, ausgebaut oder auch verlegt. Aber eine tatsächlich völlig neue Strecke ist in diesem Jahrhundert eine Neuheit. Und außerdem endet auch jeder Vergleich mit dem Streckenbau im 19. Jh. hier schon. Natürlich sind dafür heute ganz andere Gegebenheiten

vorhanden als damals, planerische wie technische. Man hat inzwischen gewisse moderne Erfahrungen im Autobahnbau, und mit dessen Maschinen geht die Trassierung auch sehr rasch. Brauchte es damals 20 Jahre zur Fertigstellung des Gleiskörpers zwischen Paris und Lyon, so ist die neue Strecke zwischen den beiden Städten nunmehr, 1978 begonnen, 1983 komplett, nach einer bereits abschnittsweisen Indienststellung 1981.

Natürlich ist es auch nicht die gleiche Art Eisenbahn wie seinerzeit. Damals mußte man buchstäblich planieren, was nur ging, Gräben baggern, Brücken und Viadukte bauen und Tunnels bohren. Die frühen Lokomotiven konnten ja keine größeren Steigungen als maximal 3 Promille bewältigen. Der TGV aber ist inzwischen zehnmal so zugstark und schafft Steigungen bis zu 35 Promille, was es erlaubt, seine Strecke praktisch wie eine Autobahn anzulegen. Sie kann fast vollständig einfach dem Gelände folgen und erfordert deshalb nur ein Minimum zusätzlicher Planierungsbaumaßnahmen und beispielsweise überhaupt keinen Tunnel. Das bringt überdies zusätzlich einen lebhafteren Landschaftsreiz für den im Zug sitzenden Reisenden mit sich. Nichtsdestoweniger müssen für den Bau dieser ersten Strecke immer noch nicht weniger als 24 Millionen Kubikmeter Erdreich abgetragen und 18 Millionen Kubikmeter aufgeschüttet werden. An der Côte d'Or erreichen die Aufschüttungen vor und hinter dem Viadukt von Saulieu stellenweise die Höhe von 49 m. Und nachdem es eine völlig kreuzungsfreie Strecke werden muß, sind auch 380 Über- oder Unterführungen erforderlich, und dabei sind die

Die Arbeiten an der ersten TGV-Strecke, genannt LGV (Ligne à grande vitesse) an der Bois-Clair-Steigung im Departement Saône-et-Loire. Wenn es auch im wesentlichen die moderne Leistungsfähigkeit der Triebköpfe heute erlaubt, dem normalen Terrain zu folgen, ohne aufwendige Senken und Brücken bauen zu müssen, so mußten gleichwohl doch noch 24 Millionen Kubikmeter Erdreich abgebaut und 18 Millionen Kubikmeter aufgeschüttet werden, von den sonst ebenfalls noch unvermeidlichen Streckenbauwerken nicht zu reden. Insgesamt aber beanspruchte die ganze Strecke nicht mehr Land als der Flughafen Roissy, und der Bauaufwand insgesamt war beträchtlich geringer als für eine Autobahn gleicher Länge

183

Nebeneinander in Konkurrenz, aber auch in europäischer Partner-Ergänzung zueinander: der deutsche ICE (hier noch als der Prototyp ICExperimental) und der französische TGV, von dem zur Zeit dieser Aufnahme bereits 110 Züge existierten und schon seit mehreren Jahren im normalen Betrieb waren

unterirdischen Tierpassagen (da die gesamte Strecke eingezäunt ist) noch gar nicht gerechnet. Als Fluß- und sonstige Wasserlaufübergänge sind zehn große Viadukte nötig, von denen einige 386 oder 420 m lang sind. 100 000 t Schienen und 1,4 Millionen Schienenschwellen müssen verlegt werden.

Vor allem aber muß die Strecke über die ganzen 410 km eine fabrikmäßige Präzisionsarbeit sein. Jeder Fehler ist bei 270 km/h fatal. Genauigkeit auf Zehntelmillimeter ist erforderlich, damit die fehlerfreie Höchstleistung überhaupt möglich ist. Die Schwellen, von denen eine jede 240 kg wiegt, bestehen

aus zwei Betonblocks mit Stahlstabverbindung und werden in Abständen von genau 58 cm auf einer Ballastunterlage von 32 cm Dicke verlegt. Der Gleiskörper wird mit einem Achsdruck von 17 t bei der enormen Zahl von 1 500 U/min belastet und ist damit zweifellos der entscheidende Punkt dieser "LGV" (Ligne à Grande Vitesse). Der normale Eisenbahnpassagier sieht immer nur den Zug selbst. Aber auch der modernste Zug wäre nichts ohne die Basis-Voraussetzung eines perfekten Gleiskörpers; und dies ist umso wichtiger, je schneller der Zug fahren soll.

Da der TGV aber elektrisch fährt, muß die gesamte Strecke auch elektrifiziert werden. Die ersten Elektrifizierungen Frankreichs vor dem Krieg und in den 50er Jahren geschahen mit 1500 V Gleichstrom. Der TGV nützt die modernsten Erkenntnisse und fährt mit 25 000 V einphasigem Wechselstrom, der nur verhältnismäßig leichte Fahrleitungen erfordert und auch über große Entfernungen gut leitet.

Der tägliche Strombedarf für den Betrieb der Strecke von 110 000, zu den Spitzenzeiten sogar 135 000 kW wird von acht eigens gebauten Filialkraftwerken der EDF (Electricité de France) in der Nähe der Strecke und mit Transformatorenstationen alle 15 km gedeckt.

PATRICK, SOPHIE UND HUNDERT ABKÖMMLINGE

"Patrick" und "Sophie" sind die Namen zweier Züge, im Februar 1976 bei Alsthom-Atlantique und MTE bestellt wurden. Diese beiden Züge verlassen die Werke im Juli 1978. Sie haben lange Studien und technische Diskussionen über den "klassischen" Zug (Lokomotive mit Wagen) hinter sich, auch über die Antriebsarten durch Gasturbinen oder Strom. Der erste eigentliche TGV ist einer mit Gasturbinenantrieb. Dieser Wahl liegen Rentabilitätsüberlegungen zugrunde. Züge dieser Art sind stets fahr- und in Gegenrichtung abfahrbereit, was also auf Sackbahnhöfen das Rangieren selbst überflüssig macht und auch die dafür erforderliche Zeit spart. Die Wahl des Gasturbinenantriebs kommt außerdem von den Erfahrungen mit den berühmten Turbozügen, die einst eine Revolution auf der Strecke Paris-Caen waren und sich dann auch auf den Transversalstrecken Lyon-Straßburg und Lyon-Nantes sehr gut bewährten.

Dieser TGV 001 ist an jeder Antriebsachse mit zwei Turmo III G ausgerüstet. Die Versuchsfahrten verliefen sehr zufriedenstellend. Aber die Realität des Ölkrisenschocks von 1974 machte diesem Antriebssystem dann den Garaus. Lieber wollte man sich auf heimisch erzeugten Strom verlassen als von den Unsicherheiten des Ölimports abhängig zu sein. Infolgedessen hat dieser TGV 001 keine direkten Nachkommen, wenn auch natürlich alle sonstigen Erfahrungen und Bestandteile außer dem Antrieb für alle folgenden — bisher rund 100 — TGV übernommen und genutzt wurden.

"Patrick" hatte, als er aus dem Werk kam, keine Innenausstattung. Jeder verfügbare Platz war von Meßinstrumenten belegt. Kilometerlang zogen sich Kabel durch den ganzen Zug, der eher einen Eindruck wie eine Raumfähre machte. "Sophie" dagegen war voll fahrbereit, transportierte aber mangels Passagieren nur Sandsäcke auf den Sitzen.

Beide Züge sind insgesamt 200,19 m lang und wiegen 386 t. Gegenüber traditionellen Zügen sehen sie sehr langgezogen aus. Die Triebköpfe an beiden Enden jedes Zugs rahmen einen in sich gegliederten Zug ein, der sich damit von einem "normalen" Zug mit Lokomotive und einzelnen Wagen dahin-

---

Die Wartung des TGV

Es war von Anfang an vorgesehen, daß nicht nur die Konzeption der Züge selbst größtmögliche Effizienz und Schnelligkeit ermöglichen sollten, sondern das ganze TGV-"System" dazu, das den dauerhaft reibungslosen, jederzeit funktionierenden und allen Situationen gewachsenen Betrieb ohne Mängel und Zwischenfälle garantiert. Die TGV-Züge kommen nach diesem System automatisch alle 18 Monate zur "großen Inspektion" und in der 9-Monats-Halbzeit dazwischen zur "Normal-Inspektion" sowie noch einmal in der Halbzeit dazwischen, also alle viereinhalb Monate, zur "kleinen Inspektion". "Allgemeine Wartungsarbeiten" werden jeden Monat fällig. Zwischen der monatlichen Wartung und der großen Inspektion befinden sich alle nur denkbaren Prüfungen und Materialchecks je nach Wichtigkeit und Bedeutung und Dauerhaftigkeit des entsprechenden Materials. Die große Inspektion bedeutet ein nahezu vollständiges Auseinandernehmen des Zugs in den Werkstätten über mehrere Tage hin einschließlich aller Betriebstests vor allem des elektrischen Systems. Die monatliche Wartung beschränkt sich im wesentlichen auf die laufende Wartung, die komplette Durchsicht und die Schmierung und dauert zwei bis drei Stunden.
Alle diese Wartungs- und Inspektionsarbeiten geschehen im wesentlichen in den beiden großen Werkstätten Ateliers du Matériel Paris Sud-Est (AMPSE) in Villeneuve-St.Georges und in Conflans, am Ende des

Bahnhofsgeländes von Lyon. Conflans ist für die einfacheren Arbeiten, die AMPSE in Villeneuve-St.Georges haben dafür die schwereren und komplizierteren Einrichtungen auf 11 Gleisen in drei großen Werkshallen, mit allen nötigen Einrichtungen wie übereinanderliegende Gleise, Rollbrücken, die bis 12,5 t heben können, und vor allem die spektakuläre Hebevorrichtung, die einen ganzen Zug auf einmal heben kann, damit sehr rasch dessen gesamte Bogie-Installation ausgetauscht werden kann oder eine ganze Antriebseinheit. 26 Hydraulikarme heben einen solchen Zug von immerhin 200 m Länge und 386 t Gewicht gleichzeitig und millimetergenau in einem Stück. Das ist ein Weltrekord ganz besonderer Art, was Volumen-Masse-Präzision angeht. Auch eine andere Einrichtung ist sehr interessant: Der auf Lagern ruhende Turm, mit dem sich Zugräder neu profilieren lassen, ohne daß sie abmontiert werden müssen. Der Zug fährt selbst auf den Schleifmechanismus, der das Rad neu einschleift. Die 26 Achsen eines Zuges können auf diese Weise in 8 Stunden neu profilgeschliffen werden – eine Operation, die in der Regel alle 350 000 Fahrkilometer geschieht, mit anderen Worten, dreimal in der gesamten Lebensdauer einer Radachse, die an die 1,4 Millionen km beträgt: kein Vergleich, nebenbei gesagt, mit der Lebensdauer von Autoreifen...
In Bischheim im Elsaß befindet sich eine weitere TGV-Werkstätte für die komplette Rekonstruktion von Zügen.

Der sehr ästhetische italienische Prototyp eines Hochgeschwindigkeitszuges; "typisches" formschönes italienisches Design von Pininfarina: der ETR X-500. Er ist für eine Geschwindigkeit von 275 km/h vorgesehen und für 700 Passagiere pro Zug aus 14 Einheiten einschließlich eines Rangieren überflüssig machenden Triebkopfs an beiden Zugenden

ter sehr unterscheidet. Außerdem haben die TGV-Triebköpfe neben ihren zweiachsigen Bogie-Drehfahrgestellen, wie sie auch die normalen Elektroloks vom Typ BB besitzen, auch Drehfahrgestelle außerhalb der Antriebseinheit, ganz am Ende beider Zugenden und unter den ersten Zugwagen. Am anderen Ende des ersten Zugwagens wiederum und zwischen jeder Zugwageneinheit befinden sich ebenfalls Bogies, die die jeweiligen Zugeinheitsenden tragen. Diese Anordnung setzt den Zug sehr sanft auf die Gleise, gibt das Maximum an Platz für die Passagiere im Wagen und vermeidet vor allem, daß sich Passagiersitze direkt über den Drehfahrgestellen befinden.

Die Versuchsfahrten beginnen auf allen geeigneten Strecken, die ausreichend lang und gerade und auch frei sind. Die Strecke Straßburg-Colmar z.B. dient sehr häufig dazu; auf ihr sind Geschwindigkeiten von 260 km/h an der Tagesordnung und erlauben die nötigen Regelungen, Korrekturen und Modifizierungen. Es ist bei alledem Eile geboten, weil die Serienzüge bereits im Bau sind.

DER GROSSE AUFBRUCH

Alles steht gleichwohl unter der Devise äußerster Vorsicht und jeder Vermeidung aller überstürzten Entscheidungen. Die Züge der Prototyp-Vorserie sind erprobt, nun werden sie ab September 1980 auf den Serienprobebetrieb der Strecke Paris-Lyon geschickt, nachdem sie bereits Dauerfahrtests über 30 000 km ausgesetzt waren. Sie fahren mit gedrosselten 160 km/h, während die Fahrgäste in diesem *Lyonnais* bereits darauf schwören, daß sie mit 270 km/h gefahren seien. Die Legende eilt der Realität voraus. Der Komfort der Züge indessen wird bereits als selbstverständlich und normal angesehen. Man mißt mit Flugzeug-Standards.

Und auch das moderne Design, dessen Entwürfe von Jacques Cooper stammen, der einen großen Namen im Autodesign hat und gewissermaßen ein zweiter Raymond Loewy ist, löst keine besonderen Überraschungen mehr aus: das hat man alles überhaupt nicht anders erwartet, das versteht sich schließlich von selbst.

Die bald landesweite Debatte entzündet sich an ganz anderen Details, beispielsweise der Signalfarbe Orange außen. Sie erinnert die einen (sagen sie) an Gartenschnecken, während die anderen in der blaugrünen Innenausstattung den "Triumph der Geschmacklosigkeit" erkennen, "den man nur zähneknirschend zur Kenntnis nehmen kann". Die verhältnismäßig geringe Breite der TGV-Wagen erzeugt für wieder andere im Innern einen Tunneleffekt und erinnert sie auch mit der Sitzanordnung allzusehr an die Enge in Flugzeugen. Und noch andere Eisenbahnnostalgiker vermissen die guten alten Abteile mit Seitengang daneben, in dem man sich gelegentlich die Beine vertreten kann. Und sich gegenübersitzen wie in einem Abteil und sich also miteinander normal unterhalten kann man auch nicht mehr! Selbst in der 1. Klasse ist man dazu verdammt, den vor einem Sitzenden, der einem die ganze Reise lang buchstäblich den Rücken zuwendet, in den Nacken zu starren! Das ist doch weder höflich noch geselligkeitsför-

dernd! Nur hat natürlich die SNCF niemals die Absicht gehabt, aus dem TGV einen Luxuszug alter Art zu machen. Dies ist ein Flitzezug, aus. Man verbringt doch nur eine oder zwei Stunden in ihm! Zeit sparen heißt die Devise und sonst nichts.

DIE TGV-ÄRA

Am 26. Februar 1982 fährt der Zug Nr. 16 mit 380 km/h sehr leise in die Talmulde von Moulins-en-Tonnerois ein, nachdem er bei km 197 der im Bau befindlichen Hochgeschwindigkeitsstrecke seine Beschleunigung begonnen hat. Die Nachricht tickert alsbald aus den Fernschreibern der Nachrichtenagenturen: Weltrekord auf den Schienen des französischen TGV. Das Unternehmen war bestens vorbereitet und geplant. 380 km/h auf Schienen – das erscheint vielen ebenso unmöglich wie unglaubwürdig wie "unnötig". Doch ungeachtet solcher Ansichten und Einwände wird danach bereits die magische Grenze von 400 km/h angepeilt, und daß sie möglich ist, ist inzwischen auch längst nachgewiesen. (Mittlerweile ist der TGV auf einer weiteren "Prestige"-Rekordfahrt auch schon einmal kurz 515 km/h gefahren.)

Schon zuvor, im September 1981, war die TGV-Ära offiziell eröffnet worden, wenn auch nur mit der Eröffnung der südlichen Teilstrecke zwischen Paris und Lyon. Die Öffentlichkeit beginnt sich an die "orangefarbenen Flitzer" zu gewöhnen, die den Bahnhof in Paris und den in Lyon verlassen, um nach 2:40 Stunden anzukommen – und sogar in 2 Stunden, nachdem 1983 die ganze Strecke durchgehend fertig und befahrbar ist. Und dieses Datum dann müßte man korrekterweise als den wirklichen Beginn der besagten TGV-Ära in Frankreich ansehen. Für die Reisenden aus dem Südosten des Landes ist die Fortsetzung der Fahrt ab Lyon eine besondere Erleichterung, verkürzen sich doch für sie die Reisezeiten nunmehr um mindestens 3-4 Stunden, wo sie bisher einen ganzen Tag bis in ihre Hauptstadt rechnen mußten. Und so nimmt es nicht wunder, daß sich mit dem TGV die Fahrgastzahlen zwischen Paris und Lyon schlagartig um das 2,4fache erhöhen und um 55 Prozent zwischen den größeren Städten des Südostens und Paris. Die täglichen Fahrgastzahlen erreichen rasch die 40 000-Grenze und steigen weiter bis auf 70 000 und 80 000! (Und die Schätzungen von 1970 beliefen sich auf gerade 13 000 "bis maximal 20 000"!)

1986 wird die Zahl von 50 Millionen TGV-Fahrgästen erreicht und überschritten. Der TGV hat sich bewährt und

Weltrekordfahrt am 26. Februar 1981: 381 km/h mit dem TGV (oben). Den nächsten Weltrekord fuhr dann der deutsche ICE (unten) mit 406 km/h, den davon wiederum ein TGV bald überbot: 408 km/h. Als nächstes sind 450 km/h als reine Rekordfahrten angepeilt

vergrößern. Inzwischen zeichnet sich auch bereits ein Europa der Hochgeschwindigkeitszüge ab, dessen Mitte die Achsen zur Atlantikküste und in Richtung London und Brüssel bilden werden.

Die Atlantiklinie ist bereits im Bau und wird bald 50 000 und dann sogar 100 000 Fahrgastplätze täglich anbieten. Tours und Le Mans werden damit in einer, Nantes und Rennes in zwei Stunden erreichbar, und nach Bordeaux sind es dann von Paris aus keine drei Stunden mehr. Auf dieser Strecke werden auch ganz neue Züge fahren. Sie bestehen aus 12 Wagen statt bisher 10 auf der Linie Paris-Südost und fahren im normalen Betrieb 300 km/h schnell. Sie wiegen 456 t und sind 237,6 m lang. Der Auftrag dafür wurde 1985 unterzeichnet: 95 Züge und Optionen für weitere 22. Pneumatikfederung und komfortable Einrichtung bei wärmerer Farbgebung und Gestaltung als bisher auf dieser Strecke. Diversifiziertere Platzgestaltung auch nach dem "Coach"-(Großraumwagen)-Prinzip. Unterteilung nach ganzen Raucher- und Nichtraucherwagen, Zugtelefon, Aufenthaltsabteil, halboffene "Familienabteile", Kinder-Spielabteile und sogar Baby-Abteile. Die Konzeption für die 1. Klasse ist hauptsächlich auf den reisenden Geschäftsmann zugeschnitten.

Der TGV Nord und der (noch am fernsten liegende) TGV Est in Richtung Deutschland (Frankfurt) werden noch keineswegs das Ende der Planungen darstellen. Und der Bau der Züge wird sicherlich nicht nur in Frankreich erfolgen, sondern zum Teil auch in den damit bedienten Ländern. Speziell England und Deutschland sind selbstverständlich problemlos imstande, auf diesem Markt ihren Anteil zu erringen, und das ist nur normal und verständlich, zumal es sich ja auch um den Raum der Europäischen Gemeinschaft handelt.

Ist erst einmal der Kanaltunnel in Betrieb, sind London und Paris nur noch ganze drei Eisenbahnstunden entfernt, Stadtmitte zu Stadtmitte; ein Jahrhunderttraum... Denn schneller geht es auch mit dem Flugzeug nicht, Anfahrts-, Warte- und Zufahrtszeiten eingerechnet!

Und auch sonst: Lille 1 Stunde von Paris, Brüssel 1:20 Stunden... Schon jetzt ist der TGV-Fahrgast dorthin effektiv schneller am Ziel als der mit dem Flugzeug, der erst zum Flughafen nach Roissy hinaus muß und in Brüssel vom Flughafen wieder in die Stadt... Kommt er schließlich an, geht es ihm wie dem Hasen: der Igel ist all hier... Und ähnlich verhält es sich mit Straßburg (2 Stunden) und von dort aus nach Frankfurt, Mannheim, Stuttgart (3 Stunden) und München (4 Stunden), nachdem auch in Deutschland der ICE-Betrieb läuft.

DAS EUROPA DER HOCHGESCHWINDIGKEITSZÜGE

Denn einen wesentlichen Teil des Europas der Hochgeschwindigkeitszüge bildet schon heute (und in Zukunft noch mehr) das deutsche ICE-Netz. Seit dem 2. Juni 1991 ist das deutsche ICE-Netz in Betrieb, vor allem mit den ICE-Neubaustrecken Hannover-Würzburg und Mannheim-Stuttgart. Weitere Neubaustrecken auf dem deutschen ICE-Streckennetz werden Hannover-Berlin, Nürnberg-Ingolstadt-(München), Stuttgart-Ulm (-Augsburg-München), Karlsruhe-Freiburg-Basel sein, teilweise mit Einbindung schon bestehender Ausbaustrecken. Noch in Planung sind die neuen ICE-Strecken Ludwigshafen-Saarbrücken, Stuttgart-Nürnberg-Passau, Rotenburg-Minden und Hannover-Hamburg-Lübeck-Puttgarden. Das deutsche ICE-System ist eine Weiterentwicklung jenes ICE-Prototyps, der den eingangs erwähnten Weltrekord fuhr. Die Benen-

seine Existenzberechtigung nachgewiesen. Die Sitzbelegung ist von Jahr zu Jahr gewachsen. Die SNCF war außerdem gezwungen, den Zugpark von über 100 Zügen weiter zu

Anders als bei der ersten TGV-Strecke in Frankreich war für die erste ICE-Neubaustrecke in Deutschland wegen der anderen landschaftlichen Gegebenheiten ein Aufwand von vielen hundert Millionen DM mit zahlreichen Tunnels und Brücken erforderlich (links: die Neubaustrecke Fulda-Würzburg nördlich des Steinberg-Tunnels; ganz links: ICE-Reisende im Großraumabteil eines Mittelwagens 1. Klasse)

nung wurde im Kürzel bewußt beibehalten: hieß der Proto- und Versuchstyp InterCity Experimental, so jetzt das System und die Züge selbst ebenfalls ICE, aber das E steht nun einfach für "Expreß". Das ICE-System geht in seinen Anfängen auf das Ausbauprogramm der Bundesbahn von 1970 und den "Bundeswegeplan" von 1973 zurück. Konkret wurde seit 1984 an dem Programm "Hochgeschwindigkeitsverkehr" gearbeitet. Die ICE-Züge verfügen am Zuganfang und Zugende über je einen Triebkopf. Dazwischen befinden sich die Reisezugwagen – mindestens 9 und höchstens 14 "Mittelwagen". Sie gliedern den Zug in drei Blöcke, nämlich den der 1. Klasse (3-5 Wagen), den der 2. Klasse (5-8 Wagen) und den dazwischenliegenden Serviceblock, der aus 2 Wagen besteht, dem Speisewagen mit "Bord Restaurant" und "Bord Treff" (einer Bistro-Bar), einem 2.-Klasse-Wagen mit Sondereinrichtungen (Behinderten-WC, Konferenzabteil, Zugbegleiterabteil, Telefonzelle, DSG-Abteil mit Minibar-Depot). Auch die Trennung in Raucher und Nichtraucher erfolgt wagenweise. Die Wagen der 1. und 2. Klasse sind in die Bereiche Abteile, Großraum mit Reihenbestuhlung und Großraum mit Vis-á-vis-Bestuhlung unterteilt.

Der ICE erhielt längere, breitere und höhere Wagen, als sie noch der ICE-Prototyp hatte. Die Technologie ist jedoch die gleiche: Wagenkasten in Aluminium-Großprofilbauweise, Drehfahrgestelle, Klimaanlage, Bordelektrik usw. War der IC Experimental noch hauptsächlich mit der Aufgabe befaßt, Hochgeschwindigkeiten über 350 km/h nicht nur zu erreichen, sondern auch zu erproben, so hat der IC Expreß nun die Vorgabe zu erfüllen, im Rahmen des bewährten InterCity-Systems der Bundesbahn die Hochgeschwindigkeitsverbindungen mit 250 km/h auf Neubaustrecken pünktlich, sicher und wirtschaftlich zu gewährleisten.

Der Triebkopf des ICE hat eine höhere Dauerleistung als der des Prototyps (4,8 Megawatt gegenüber 3,6 MW). Er

erreicht spielend 250 km/h, auch mit 14 Mittelwagen, und nötigenfalls noch mehr. Der ICE wird lauf- und bremstechnisch für 280 km/h zugelassen. Mit einer spezifischen Leistung von nur 9,7 kW/t Gesamtgewicht ist der ICE sparsam ausgelegt worden. Zum Vergleich: im französischen Atlantik-TGV stecken etwa 18 kW/t, ein 200 km/h-Personenauto braucht etwa 60 kW/t, für 250 km/h sogar schon 80 kW/t. Das deutsche Hochgeschwindigkeitssystem ist mit Absicht sparsam konzipiert. Das hat mit dem Einsatzfeld zu tun. In Deutschland liegen die Haltestellenabstände, anders als etwa in Frankreich, auch für die ICE nur bei etwa 100 km, und das ICE-System umfaßt außer den schnellen Neubaustrecken auch viele Abschnitte, auf denen nur mit 200 km/h oder noch weniger gefahren werden kann. Die Devise lautete demgemäß beim ICE, ebenfalls anders als beim TGV angesichts der verschiedenen Streckenstrukturen: "Nur so stark und schnell wie nötig." Mit dem LZB-System (Linienzugbeeinflussung) sieht der Loko-

motivführer des ICE schon auf 10 km im voraus, was auf der Strecke vorgeht. Diese Führerraum-Signalisierung hat rund zwei Drittel aller ortsfesten Signale auf den Neubaustrecken entbehrlich gemacht. Jeder Zug verfügt über mehrere Bremssysteme. Die normale Betriebsbremsung ist besonders sanft und exakt und ein Zusammenspiel von elektrischer Bremse (verschleißfrei) und Scheibenbremse (4 Scheiben je Laufradsatz); sie wird elektropneumatisch betätigt. Mikroprozessoren in jedem ICE regeln die Bremsung. Mit der elektrischen Netzbremse kann der Zug die Bewegungsenergie in Strom umwandeln und diesen in die Oberleitung zurückspeisen. Wie bei den Shin-Kansen-Zügen gleicht ein Drucksystem äußere abrupte Luftdruckschwankungen bei Einfahrten in Tunnels aus.

Der ICE-Betrieb begann im Juni 1991 mit 23 Zügen, die seitdem bis auf 60 in der ersten Bauserie ergänzt wurden und laufend weiterergänzt werden sollen. Bis zum Jahr 2000 wird die Länge der Strecken, die in Deutschland mit mehr als 160 km/h befahren werden können, auf 2 200 km angewachsen sein. Die Neubaustrecke Köln-Rhein-Main wird dabei auf

Die neuen Züge des TGV-Atlantique unterscheiden sich von denen der ersten Strecke Paris-Südost nicht nur durch ihre Signalfarben (Blau-Silber), sondern auch durch ihre bereits größere Leistungsstärke bis 300 km/h und 485 Passagiere (statt 270 km/ und 386 Passagiere) sowie 10 400 kW statt 6 450

TGV-Südost
TGV-Atlantique
in Planung
andere vom TGV befahrene Strecken

Geschwindigkeiten bis zu 300 km/h eingerichtet. Das bedeutet, 60 Prozent des bisherigen Intercity-Netzes sind mit Hochgeschwindigkeiten befahrbar.

Insgesamt werden die Hochgeschwindigkeitsstrecken in ganz Europa bereits oder in naher Zukunft durch eine Vielzahl hochentwickelter Züge befahren. Frankreich hat schon die 2. Generation seiner TGV, und zum deutschen ICE-System kommen der InterCity 225 in Großbritannien, der ETR 450 Pendolini in Italien, der Talgo (Tren ad alta velocidad TAV) in Spanien, der Trans Manche Super Train (TMST) für London-Paris-Brüssel im Kanaltunnel, der ETR 500 in Italien, der X2 in Schweden, um nur einige zu nennen. Die meisten europäischen nationalen Bahnen arbeiten an vergleichbaren Hochgeschwindigkeitszügen oder -strecken, je nach Landes- und Schienenverkehrsstruktur. Die Europäische Kommission und das Europäische Parlament haben ihren Willen bekräftigt, den Ausbau von Hochgeschwindigkeitsstrecken überall, wo es möglich ist, voranzutreiben. Ausführende dieser Aufgabe ist die "Gemeinschaft der Europäischen Bahnen", der die 12 Bahnen der EG-Staaten und dazu die der Schweiz und Österreichs angehören. Im Januar 1989 ist die erste Vereinbarung über ein grenzüberschreitenden Hochgeschwindigkeitsnetz unterzeichnet worden. In einem dreistufigen Ausbauplan sollen damit im Endzustand 30 000 km Streckenlänge in Europa für Hochgeschwindigkeitszüge erreicht werden. Eine besondere Bedeutung soll dabei dem "Nordwesteuropäischen

Hochgeschwindigkeitsnetz" zukommen: es verbindet Frankfurt und Köln mit Brüssel, Amsterdam, London und Paris. "Drehscheibe" dafür ist die belgische Hauptstadt, die damit auch als Sitz der Europäischen Gemeinschaft von allen Seiten her hervorragend erreichbar wird. Die Höchstgeschwindigkeit auf diesem Netz beträgt 300 km/h und damit schrumpfen die Reisezeiten gewaltig, so Frankfurt-London auf 5:30 Stunden (bisher 10), oder Köln-Paris auf 3:15 Stunden (bisher 5:30). Dieses Netz erfaßt großräumig die europäischen Verkehrsströme und entlastet die überfüllten Fernstraßen und Luftverkehrswege – und umweltfreundlich dazu. Der Ausbau der Fernbahnstrecken Köln-Frankfurt-Zürich, Frankfurt-München-Wien, Köln-Hannover-Berlin und Dortmund-Kassel als Verbindungsstrecke hat mit den internationalen Hochgeschwindigkeitsplanungen ganz neue Aktualität gewonnen.

Wie sehr aber auch in den einzelnen Ländern die Hochgeschwindigkeitszüge weiterentwickelt werden und in welchem Tempo auch immer – ganz so einfach ist es mit dem "Europa der Hochgeschwindigkeitseisenbahnen" doch nicht; was jedenfalls die grenzüberschreitende Kooperation anlangt; auch nicht im gemeinsamen, vereinten Europa. Aus Brüssel kam im April 1992 die Nachricht, daß es einen europäischen Einheitszug für den Hochgeschwindigkeitsverkehr auf absehbare Zeit sicher nicht geben werde: "Angesichts der Vielzahl der nationalen Wünsche würde er zu einer Art unbezahlbarem Monstrum werden." Diese Ansicht vertraten die Experten fast einhellig bei einem Fachkongreß. Als entscheidend sei bezeichnet worden, besagten die Presseberichte darüber, daß die einzelnen nationalen Züge von Schweden über Dänemark bis nach Spanien kompatibel sein müßten – ein Erfordernis, das noch lange nicht abzusehen ist. 150 Jahre eigene Eisenbahngeschichte in jedem der europäischen Länder haben eben auch "Folgen" hinterlassen, die gelegentlich, aus heutiger Sicht, nicht mehr so nützlich sind...

Eine andere Prognose aber schien den bei diesem Kongreß versammelten europäischen Eisenbahnfachleuten sicher: Bis zum Ende des Jahrhunderts sei ein "Normaltempo" der Hochgeschwindigkeitszüge von 350 km/h möglich und denkbar.

Dies also die Zukunft der Eisenbahn...

Und wo bleibt bei alledem die Eisenbahnromantik? Welchen Platz werden *TGV* oder *ICE* oder *ETR* oder wie sie noch alle heißen werden, einmal in der Geschichte der Eisenbahn neben all unseren großen Namen einnehmen: neben dem *Orient-Expreß* und dem *Rheingold*, dem *Train Bleu* und dem *Flèche d'Or*, der *Transsib* und dem *Twentieth Century Limited*, dem *Shin Kansen* und dem *California Zephyr*, der *Engerth* und der *General*, den Ausflugszügen und der *Locomotion* und der *Adler*...? Gibt es bei 350 Stundenkilometern überhaupt noch eine "Romantik"? Aber gewiß doch, und sei es nur die "Romantik der Geschwindigkeit"...! Und sollten wirklich alle Stricke reißen, dann können wir uns immer noch auf die Romantiker in den Presse- und Werbebüros der SNCF oder der Bundesbahn oder der anderen europäischen Bahnverwaltungen verlassen. Die rhapsodieren uns schon das Fernweh per Bahn auch in die neue Schnell-Zeit hinüber: "Steigen Sie ein in den Zug der Zukunft! Mit ihm kommen Sie nicht nur schneller ans Ziel, sondern eine Fülle neuer Ideen, innovative Technik und qualifiziertes Personal lassen Ihnen die Reise zum Erlebnis werden! Unser Personal hat den Wunsch, Ihnen auch die schnelle Fahrt (und die ganz besonders) so angenehm wie möglich zu gestalten, und steht mit Auskünften und Hilfe gerne zur Verfügung ..."

Nein, auch ohne Schmeicheltexte wie diese gibt es auch in Zukunft noch genug Eisenbahnromantik zu erleben; wenn auch im modernen Rhythmus des großen Tempos.

Demnächst: Der zweistöckige TGV

Die TGV-Züge der Strecke Paris-Südosten sind ständig voll, und die Strecke selbst wird demnächst saturiert und nicht weiter aufnahmefähig für noch mehr Züge sein. Um den trotzdem weitersteigenden Bedarf zu decken, hat die SNCF eine Studie in Auftrag gegeben, die sich mit zweistöckigen TGV-Wagen beschäftigt und deren Chancen und Möglichkeiten eruieren sollte. Die Fahrgastzahlen von 386 (Strecke Paris-Südost) oder sogar 485 (Atlantikstrecke) pro Wagen könnten damit auf 520 bis 580 erhöht werden. Der verfügbare Platz pro Passagier würde dabei sogar noch vergrößert, indem die Sitzabstände vergrößert werden könnten (die sog. Beinfreiheit).

Andererseits bleibt dabei das Problem des bedeutend größeren Gesamtgewichts jedes Wagens zu lösen, zumal die Norm von 17 t

Achsdruck auf die Schienen die Obergrenze des Tolerablen bei Hochgeschwindigkeitszügen für die Schienenbelastung ist. Die Lösung kann deshalb nur darin bestehen, für die Zugwagen insgesamt leichtere Materialien zu verwenden, bis hin zu den Sitzen, den Elementen der Federung und bestimmten Teilen der Drehfahrgestelle.

Die Übergänge in die anderen Wagen werden, wie das auch in den amerikanischen Zügen schon üblich ist, auf der oberen Ebene sein. Auch die Bar wird sich im Obergeschoß befinden, während alle elektrischen Fahreinrichtungen im unteren Niveau installiert sein sollen.

Doch dies alles ist noch im Planungsstadium, und die SCNF hat noch keine endgültigen Entscheidungen über dieses Projekt getroffen.

Die nächste Generation der TGV-Wagen wird voraussichtlich zweistöckig sein, was eine größere Fahrgastkapazität und mehr Platz für sie ermöglicht, allerdings eine Gewichtsverminderung der Wagen selbst erfordert. Hier ein Versuchsmodell in Originalgröße im Pariser Gare du Nord

ZUM GUTEN SCHLUSS: NOTIZEN AN BORD DES "CALIFORNIA ZEPHYR"

Die großen, berühmten Züge... Seit 1830 fahren sie nun in aller Herren Länder, von England, wo sie zuerst rollten, bis in die Neue Welt und den Fernen Osten, und alle hatten sie ihren so ganz eigenen Duft von Abenteuer an sich, daß man sich heute sagt, es gibt nichts Neues mehr zu entdecken. Alles ist bereits entdeckt, ausprobiert, gemacht worden, alles war schon da, ob es nun Train Bleu heißt oder Orient-Expreß oder Transsibirische Eisenbahn, alles ist Erfahrung gewesen, ge- und erlebt worden. Und die mahagonigetäfelten Abteile aller dieser berühmten Züge haben die Geheimnisse der mit und in ihnen erlebten Abenteuer und Leidenschaften mit in ihr Grab genommen, wenn man so sagen könnte. Und was haben wir heute noch? Die weltweite Uniformität, von den synthetischen Materialien bis zur allgemeinen Keimfreiheit! Sie gleichen einander doch wie ein Ei dem anderen, diese Züge von heute, wo immer sie auch fahren...

Alles falsch. Oder besser gesagt: auch falsch. Das Abenteuer, das ganz große Abenteuer existiert nach wie vor. Man muß es ja nicht unbedingt auf den eingefahrenen, ausgetretenen Wegen suchen, in einem rhodesischen Zug oder einem in Indien, Überbleibseln vergangener (und versunkener) Zeiten, die sich an den Flanken eines mächtigen Berges mit unaussprechlichem Namen entlangschlängeln, um der Schauer des Abenteuers mit der Eisenbahn teilhaftig zu werden.

Nein, es genügt, in Roissy oder Heathrow oder Frankfurt ein Flugzeug nach New York zu besteigen, um sich am selben Abend in der Grand Central Station in New York zu befinden, sich in einen der gewaltigen, wie Ozeandampfer verchromten Züge zu setzen und sich von ihm mit majestätischer Langsamkeit auf die Pionierroute der einstigen Eroberung des Wilden Westens entführen zu lassen, vier Tage lang, über 5 000 km.

Denver and Rio Grande Western: Ein Name, der allein schon ganze Geschichten erzählt; dazu der leicht anglo-hispanische Einschlag und die Lettern auf den Wagen des transkontinentalen Zuges, und schon entsteht vor dem Auge ein einziger, krummer, sich in endloser platter Weite irgendwo am Horizont verlierender Schienenstrang, in der Wüste von Utah vielleicht, wo die sengende Sonne auf ausgedörrte salzige, aufgebrochene, krustige Erde herabprallt ... auf ewig ist diese Szenerie mit den Zügen in den Fernen Westen verbunden, bis heute ist sie auch tatsächliche Realität, und ebenso stolz wie einst die frühen Dampfzüge auf dem "Eisernen Weg", so fahren diese amerikanischen Züge heute noch durch diese Landschaft, halten an kleinen, gottverlassenen windschiefen Stationshäuschen, in der Hitze Arizonas oder in den Bergen Colorados, nämlich dort, wo die große "schweigende Mehrheit" der Amerikaner lebt und auf ihre Stunde wartet, noch heute den Stetson in die Stirn gezogen, noch heute, mit der

Die drei Dieselloks des California Zephyr *im Bahnhof von Denver. Stärke und Gewicht sind mit über 8 000 PS den 1000 t Gewicht des transkontinentalen Zugs angepaßt. Mehrere Tonnen Treibstoff sind in einem Tankwagen hinter den Loks verfügbar*

Bierflasche oder -dose in der Hand, träge den Blick auf die durchfahrenden Züge gerichtet Züge, die schon 3 000 km hinter sich und dabei ihre geradezu schon rituelle Verspätung aufgehäuft haben. Das alles gibt es tatsächlich bis heute, wie vor einem Jahrhundert schon.

DER LAKE SHORE LIMITED

Grand Central Station, New York. Die Nacht wird bald hereinbrechen, dabei ist es kaum 19 Uhr, und wir befinden uns mitten im Sommer. Die großen gelben Chevrolet-Taxis schim-

Der Lake Shore Limited *besteht aus einstöckigen Wagen und wird von zwei Dieselloks gezogen, hinter denen aus Sicherheitsgründen direkt die drei Gepäckwagen laufen*

Seit eh und je von keinem amerikanischen Personenzug wegzudenken: der "Porter" oder, je nach Rang, "Conductor", der seine Fahrgäste begrüßt, und einweist und die ganze Reise über zu ihren Diensten steht. Hier ein zweistöckiger sog. "Superliner-Wagen des California Zephyr *und anderer transkontinentaler Züge*

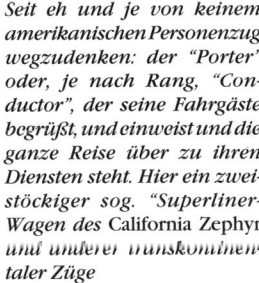

Der California Zephyr *der 60er Jahre hatte nur noch einstöckige Wagen und am Schluß einen der berühmten "Dome Cars". Aber auch hier erwartete auf Bahnhöfen ohne niveaugleiche Bahnsteige am Einstieg der unvermeidliche "Porter" seine Passagiere mit der Einstiegtreppe. Noch hat jeder Wagen seinen eigenen Namen*

mern satt auf der Straße voller Schlaglöcher und holpern an den schwarzen Limousinen der Hotels, der Geschäftsleute und der Diplomaten vorüber, und die Sonne läßt die Außenseite des Chrysler Buildings glitzern, das nicht weit weg den Bahnhof überragt. Die große Fassade der Grand Central Station, der Stolz New Yorks noch vor fünfzig Jahren, ist heute eingeklemmt zwischen großen Ziegelblöcken und Autofahrspuren in zwei Etagen. Sein Inneres aber hat nichts von seiner einstigen Großartigkeit verloren. Mauern und Kolonnaden aus Marmor, die Decke oben als blauer Nachthimmel mit leuchtenden Lämpchen als Sternen, die große blitzende Messinguhr in der Mitte, vertraut allen Berufspendlern, die Tag für Tag zu Tausenden durch diese Halle drängeln, auf die vom Untergeschoß hinauf zur Straßenebene führenden Rolltreppen zu — das alles atmet auf ganz seltsame und erstaunliche Weise den Geist einer ganz und gar intakten amerikanischen Eisenbahn; ihrer Sauberkeit, ihres Luxus. Und ihrer Effizienz, die auf den altehrwürdigen, unvergessenen Wertbegriffen ruht.

Vor den Einstiegen jedes Wagens steht jemand in eleganter roter Weste und nachtblauer Hose sowie makellos weißem Hemd. Es handelt sich um eine von einem amerikanischen Personenzug nicht wegzudenkende Person, den "Porter", oder, je nach Rang, den "Conductor". Er begrüßte seine Fahrgäste, weist ihnen ihren Platz zu, sieht auf ihre Bequemlichkeit und ist die ganze Reise über zugleich eine Art Steward und Bordchef zugleich.

Die Wagen sehen schwer und solide aus. Die Fenster sind verhältnismäßig klein und niedrig. Das Außengehäuse ist aus nichtrostendem Stahl und von großzügigen Dimensionen. Die massiven Türen schließt der Conductor geräuschvoll und mit sattem Laut erst kurz vor der Abfahrt. Die Sitze sind breit und bequem, die Lehnen mit den Kopfstützen lassen sich bis zur Horizontale absenken, die Füße kann man auf ausziehbare Fußstützen stellen – und der Sessel ist fast zum Bett geworden. Gleich kommt der Conductor und verteilt Kissen; es fehlt nicht an Platz, sich für die Nacht einzurichten. So gut wie ganz

Amerika reist auf diese Weise im "Coach", wie diese Großraumwagen mit der flugzeugartigen Sitzanordnung genannt werden. Gleichwohl gibt es für die Anspruchsvollen, denen es nicht darauf ankommt, die dafür nötigen 500 Dollar extra für die Überquerung des Kontinents auszugeben, auch den eigenen "Bed-Room", mit anderen Worten, eine veritable Schiffskabine mit Mobiliar und hochklappbaren Betten, Dusche und Toilette, in der ein livrierter Kellner auch die Mahlzeiten serviert. Sicher, das ist der große Eisenbahn-Reiseschick von einst, aber auch das Risiko, die großartigen amerikanischen Landschaften zu verschlafen und damit zu verpassen!

Der *Lake Shore Limited* durchquert freilich nicht ganz Amerika. Er begnügt sich mit der Fahrt bis Chicago, das wir nach einer kurzen kleinen Fahrt von 1 545 km am nächsten Tag am späten Nachmittag erreichen, gerade zur rechten Zeit, um direkt in unseren wirklichen transkontinentalen Zug umzusteigen: den *California Zephyr*.

Aber auch der *Lake Shore Limited* ist schon ein richtiger amerikanischer Zug, nämlich für sich allein schon ein Schauspiel. In einer ordentlichen, freundlichen Atmosphäre installiert man sich, tauscht vielleicht Platz oder auch den Wagen,

und weil der Wagen einen Mittelgang hat, hat man auch den kompletten Überblick über das gesamte Hin und Her und Auf und Ab, und wie der eine um einen Fensterplatz feilscht und die anderen ihre ausgerissenen, amerikanisch-lebhaften Kinder wieder suchen und einfangen, und ein Dritter sich eindrucksvolle Mengen Getränke besorgt und wie die diversen Imbißverkäufer an jeder Ecke des Zugs ihre Ware feilbieten. Die ganze Parade, begleitet von Ausrufen, Entschuldigungen oder Begrüßungen (hier schließt man Bekanntschaft im Handumdrehen) geht noch weit bis in die Nacht hinein so weiter. Dann versammelt sich die ganze Armee des Zugpersonals und zählt die Häupter ihrer Lieben und kontrolliert Fahrscheine und zählt alles noch einmal durch und steckt über den Fahrgästen Kärtchen an die Wand, auf denen deren Bestimmungsbahnhof steht, damit der Wagenschaffner sich erinnert und rechtzeitig zum Aussteigen auffordern kann...

Und zu diesem ganzen Panorama muß man sich dann auch noch die Vertonung dazudenken. Aus den Lautsprechern kommen Durchsagen aller Art, aber nicht etwa sachlich und dröge, sondern im Stil von Showmastern und Neuheitenverkäufern. Sie teilen mit, was einem alles an Warenangebot in diesem Zug zur Verfügung steht und was die Zugbar alles für Köstlichkeiten anzubieten hat, oder daß jetzt beispielsweise die Spezial-Viertelstunde der Hot Dogs ist, in welcher es 10 Prozent Rabatt gibt, oder die Coca-Cola-Stunde mit einem "Jumbo" (einem Riesenbecher) zum Preis eines "Medium". Später dann gibt es die Durchsagen der Servierzeiten im Speisewagen oder des Programms des Zugfernsehens im "Lounge Car" (den man früher Salonwagen nannte), und vor allem und nicht zuletzt die schier endlosen Ratschläge und Aufforderungen betreffend die Sicherheit, und diese haben immer so einen leichten Unterton von erhobenem Zeigefinger für offenbar grenzenlos ungezogene und unreife Kinder; beispielsweise: daß man auf keinen Fall während der Fahrt den Wagen verlassen und etwa abspringen soll (zugegeben, bei den vielen langsamen Streckenabschnitten wäre das technisch keinerlei Problem!); oder: nicht zu vergessen, im WC zu spülen; oder: nicht ganz zu vergessen, was die Kinder während der Fahrt alles machen; oder: bitte doch nicht im Mittelgang der Wagen zu schlafen, das hindert nur den freien Durchgang der Schaffner... und bitte, die Schuhe nicht ausgerechnet an den Vorhängen der Fenster abzuputzen; und ...

Gegen Mitternacht endlich wird es dann nach und nach doch ruhig und der Zug rollt mit einer behäbigen Gemütlichkeit mehr vor sich hin als voran, auf Buffalo zu, welchen Namen die Durchsage als "Baflo" wiedergibt und der im übrigen eine Erinnerung an die einstmals über die Prärien ziehenden riesigen Büffelherden – Buffalos – ist. (Deutschen Ohren ist dieses "Buhfalo" auf ewig geläufig durch die alte Ballade vom John Maynard mit der berühmten Vers-Schlußzeile: "... und noch 20, 15, 10 Minuten bis Buffalo"...).

Nur, um vier Uhr morgens ist wenig zu sehen von Buffalo, außer ein paar nachtsüber erleuchteten Tankstellen und ein paar der mit dem Lineal gezogenen und sich rechtwinklig schneidenden Straßen.

Da ist noch ein Fast Food offen und dort stehen ein paar Lagerhäuser und Einkaufszentren mit den üblichen riesigen Parkplätzen darum herum, die jetzt leer sind. Das Alltagsamerika... aber das ist das des Ostens, industrialisiert und aktiv, sehr "europäisch", dichtbesiedelt.

Das andere, weite, dünnbesiedelte andere Amerika, das im Westen, wartet erst noch auf uns. Aber nicht, ehe wir noch zwei Tage und eine Nacht im Zug verbracht haben. Noch können wir uns in aller Ruhe wieder schlafen legen. Der Traum vom Fernen Westen ist noch nicht soweit.

Wie war das? "Amerika kennt noch die Romantik des Schienenstrangs. Gewaltige Entfernungen, Weite, Verwirrung des Zeitgefühls." In der Tat, dies ist das Haupterlebnis eines europäischen Amerikareisenden.

DER CALIFORNIA ZEPHYR

Der *Lake Shore Limited* fährt noch immer weiter auf Chicago zu, als die Sonne bereits wieder aufgeht über den ersten großen Prärieebenen des Mittleren Westen, die wir erblicken. Die Natur macht einen zugleich neuen und unendlichen Eindruck im Vergleich zur Enge und bis auf das letzte Fleckchen wie ein riesiger Stadtpark besiedelte und genützte Europa. Und von nun an ist alles hier weit und endlos und "bis

zum Horizont", und "soweit das Auge reicht", selbst die Telefonleitungsmasten im Abstand von 50 m entlang der Gleise. Die Straßen sind breit und ohne eigentliche Seitenbegrenzung und ziehen sich schnurgerade durch eine leere Landschaft, in der vereinzelt Farmen auftauchen, jede zehn oder zwölf Kilometer von der nächsten oder vom nächsten Ort entfernt, abgeschieden, für sich allein lebend, und lediglich ihre riesigen Fernsehantennen auf dem Dach, die neuerdings immer öfter von den Parabolschüsseln für den Empfang der Satellitenprogramme ersetzt werden, zeigen an, daß sie eine, wenn auch "immaterielle" Verbindung zur "Welt draußen" haben ... Nach dem Wasser und dem Strom bringt ihnen die Antenne die Kultur, der sie angehören, ins Haus.

Cleveland. Eine riesig ausgedehnte Stadt. Ihre "downtown" (das Zentrum) enthält die paar Hochhäuser, wie jede amerikanische größere Stadt sie hat, die sich als Schwester Manhattans fühlt. Aber die downtown zeigt sich nur von ferne, weil der Zug eine gute halbe Stunde lang erst mal steht, bis er die Einfahrt erhält. Er steht auf einem Gelände ohne Kennzeichen und Charakteristik, aber unter einer Autobahnüberführung. Die Lautsprecherdurchsage gibt bekannt, daß man auf die Personalablösung wartet und die "boys" sich ein wenig verspäten werden... Dies alles scheint keinen der Fahrgäste

Ein großartiges Erlebnis ist die Fahrt durch die noch unberührten Landschaften Colorados bereits tausende Kilometer von New York entfernt. Immer wieder frappiert in Amerika das Erlebnis der gewaltigen Entfernungen und menschenleerer Gegenden. Stundenlang fährt der Zug dort auf eingleisiger Strecke durch leeres Land. Links in großem Abstand zu den Schienen (hier mangelt es nicht an Platz) die Telefonleitungsmasten, noch aus Holz und von "typisch amerikanischer" geringer Höhe

Die Aussichtswagen, genannt "Dome Cars" am Ende jedes Zugs waren jahrzehntelang der Inbegriff amerikanischen luxuriösen Eisenbahnreisens. Der California Zephyr der 50er bis 70er Jahre hatte diesen Typ zweistöckigen Wagens, der in Breite und Höhe einem Dome Car entsprach, aber kein eigentlicher mehr war. Ihre Abschaffung wurde allgemein beklagt, war aber nicht zu ändern

chen von Erinnerung an diesen wunderbaren, großartigen Zug vorhanden? Nein? Nostalgische Erinnerungen an das stromlinienförmige luxuriöse Ungetüm? Keine alten Eisenbahner mehr, die ihn noch erlebt haben? Der da drüben vielleicht, der so träge auf die Gleise blickt, als hätte er die vage Hoffnung, vor seinen Augen materialisiere sich die "Bodenrakete", die "Granate auf Schienen" von damals wieder?

Die Fahrt geht weiter, am Ufer des Michigansees entlang, nachdem es zuvor, vor Toledo, das des Eriesees gewesen war. Dann bricht ganz plötzlich die intensive Hitze des Nachmittags herein, als Chicago in Sicht kommt. Der Zug fährt sehr, sehr langsam über die zahllosen Weichen vor der Einfahrt in den Bahnhof. Auf die Trostlosigkeit des Bahnhofs von Toledo als Ausdruck des Niedergangs des Eisenbahnverkehrs in diesem Land folgt hier auf einmal wieder die überschäumende Aktivität des Güterverkehrs, der heute den amerikanischen Eisenbahngesellschaften allein ihre Gewinne bringt und sichert. Güterwaggons in endloser Zahl und aller möglichen Formen, Spezialzwecke und Bestimmungen, zu Zügen von hunderten Metern oder selbst zwei Kilometern Länge zusammengestellt, buchstäblich soweit das Auge reicht. Und dazwischen einsam als einziger Personenzug weit und breit der unsere.

Trotz unserer zwei Stunden Verspätung hat der *California Zephyr* auf uns gewartet. In dem typischen Halbdunkel aller amerikanischen Bahnhöfe auf ihren unterirdischen Bahnsteigen sieht er noch eimmal so schön aus wie er tatsächlich ist, noch blitzender, glänzender, einladender, farbenfreudiger. Rostfreie Stahlgehäuse, rote und blaue Farbstreifen mit weiß dazwischen: die amerikanischen Farben, natürlich, und zugleich die Farben der Amtrak, der halbstaatlichen Eisenbahngesellschaft (American Track), die 1971 praktisch den gesamten Personeneisenbahnverkehr übernommen hat.

Zum besonderen Image des *California Zephyr* gehören die zweistöckigen Wagen. Sie sind demensprechend sehr hoch und auch in ihrer Breite eindrucksvoll. "Superliner" nennen sich diese Komfort-Luxus-Wagen, die die Amtrak ausschließlich den transkontinentalen Zügen vorbehält, die

irgendwie weiter aufzuregen. Der Zugschaffner geht inzwischen in aller Ruhe mit einem Staubsauger über den Bodenteppich des Wagens und bittet alle freundlich, doch die Füße ein wenig anzuheben.

Gegen neun Uhr morgens ist dann Toledo erreicht, auf das bereits die Sonne herabbrennt. Der Bahnhof ist völlig leer, es gibt auch eine ganze Menge Bahnsteige, die gar keine Gleise mehr haben. Die leeren Gleiskörper sind dafür zu einem mehr oder minder wilden Parkplatz geworden. Auch rund um die verlassenen Stellwerke und die nicht mehr betriebenen Bahnsteige entlang, deren zerborstene Glaswände die Sonne durchlassen: Autos, Autos. Der *Lake Shore Limited* ist der einzige Zug des Tages. Vor dreißig Jahren noch waren es zehn pro Tag. Ganz speziell kommt uns da der berühmte *Twentieth Century Limited* in den Sinn. Auf seiner Strecke befinden wir uns. Ist nirgends noch irgendeine Spur, ein kleines Überrest-

In gewisser Weise sind die heutigen "Lounge Cars" ein durchaus angemessener Ersatz für die einstigen Dome Cars. Sie sind eine Mischung aus Bar- und Aufenthaltswagen und bieten ebenfalls gute Aussichtsmöglichkeiten im Obergeschoß des California Zephyr *und anderer transkontinentaler Züge*

Eßgewohnheiten hat, ob man Kinder hat (der berühmte Griff zur Brieftasche mit den Fotos von Frau und Kind) und was für Sottisen sie einem antun, und das hier ist meine Frau, die mit dem Hollywoodlächeln, und das da bin ich selbst. Und er ist ganz versessen darauf, alles von seinem unbekannten Gesprächspartner zu erfahren und ist fasziniert davon, einige Stunden oder auch Tage Seite an Seite mit einem völlig Fremden durch sein großes Land zu reisen. Ah, Amerika...! In welchem anderen Land sagt einem der Schaffner schon, daß dieser Zug jetzt dein "Heim" ist und die anderen Reisenden deine "Familie". Und selbst wenn du aus einem Land wie Frankreich kommst, haben mehr als ein paar deiner Mitreisen-

Ein wunderhübscher kleiner "Nostalgie-Bahnhof" in Granby in den Rocky Mountains in über 3 000 m Höhe, gesehen aus dem California Zephyr. Ganz aus Holz, dem traditionellen amerikanischen Baumaterial, und in den Nationalfarben Blau-Weiß-Rot erlebt er, frisch renoviert, auch die gewisse Renaissance der amerikanischen Eisenbahn

Die amerikanischen Eisenbahnen und der Aspekt der öffentlichen Dienstleistung

Die meisten amerikanischen Eisenbahngesellschaften schütten Dividenden aus, mit oder ohne örtliche behördliche Subventionen in gewissen Fällen. Das Amtrak-Netz ist der Beweis für den Willen, ein öffentliches Transportsystem für die Reisenden in den USA aufrechtzuerhalten, und zwar bewußt um den Preis kräftiger öffentlicher Subventionen, die sich auf bis zu 700 Millionen Dollar pro Jahr belaufen. Dafür sind die weiterhin bestehenden privaten Eisenbahngesellschaften von jeder Verpflichtung für den Personenverkehr, also öffentlicher Dienstleistung, entbunden worden. Sie konnten damit ihren ganzen defizitären Geschäftsbereich abstoßen, Linien stillegen und sich ganz auf die profitablen Bereiche des reinen Güterfernverkehrs verlegen, bei erhöhten Tarifen für Kurzstrecken und, soweit sie noch den Personennahverkehr in den Vorortbereichen versorgten, dort ebenfalls mit erhöhten Tarifen kalkulieren. Andererseits hatte die drastische Kürzung aller Investitio- nen, Ergebnis einer auf kurze Fristen angelegten "Rentabilitätspolitik", aber auch zur Folge, daß vor allem die Gleisanlagen der amerikanischen Eisenbahnen immer schlechter und nur mangelhaft gewartet wurden, mit der Konsequenz, daß die Züge ganz generell nur noch mit bescheidenen Geschwindigkeiten fahren konnten.

In Europa sieht man die Dinge dagegen mit ganz anderen Augen. Hier wird vor allem die Aufgabe der öffentlichen Dienstleistung in den Vordergrund gestellt. Dafür decken die europäischen Länder auch alle Defizite ihrer Bahnen ab, die sie im übrigen zu verringern trachten, sei es durch Drosselung der Ausgaben oder Nutzungsförderung (ermäßigte Tarife für Familien, Kinder, Soldaten, Senioren, Urlaubsreisen, Dauerkarten, etc.)

Die Eisenbahn bleibt in Europa überall als öffentliche unverzichtbare Notwendigkeit anerkannt, wenn es auch Bemühungen aller Art um den Abbau der meist riesigen Defizite gibt.

von Chicago oder New Orleans aus nach Westen fahren. Auch hier sind die "Porter" und "Conductors" bereits auf ihren Posten, bereit, ihre Fahrgäste zu begrüßen und ihnen ihre Plätze zuzuweisen. Aber die Superliner sind innen anders als andere Eisenbahnwagen. Im Untergeschoß ist die Zusteigplattform. Sie führt in einen Gang, von dem die Abteile und Toiletten und der Gepäckraum abgehen. Eine Wendeltreppe führt zur oberen Ebene mit ihren Sitzreihen und Mittelgang hinauf: das "Coach"-System wie im Flugzeug. Seit jeher haben die Amerikaner außer im Schlafwagen nichts von Zugabteilen gehalten, obwohl es damit den legendären Eisenbahnräubern und Banditen von einst geradezu erleichtert wurde, einen ganzen Wagen Leute auf einmal mit zwei vorgehaltenen Colts in Schach zu halten...

Die Sitze sind hier genauso komfortabel wie in unserem vorigen Zug, und die Klimaanlage hat den Wagen bereits frisch und neu durchlüftet. Nur an der Temperatur der Rauchglasfenster wird man auf der Reise erkennen, wie es draußen ist: brütend heiß in Colorado, Arizona, Utah, Nevada, deren lichtgrelle, blindmachende Wüsten ebensolche Glutöfen sind wie sie in allen Farben spielen.

Er fährt sanft und langsam los, unser *California Zephyr*, verläßt den Bahnhof von Chicago mit einer Majestät, die drastisch und seltsam zu der lockeren volkstümlichen Atmosphäre im Zug selbst kontrastiert, wo man sich laut und lärmend einrichtet, Koffer und Pakete herumschiebt und sich von einem Sitz zum anderen begrüßt und bekanntmacht. Man weiß ja, daß die Amerikaner in dieser Hinsicht traditionell offener und schneller bereit sind, Bekanntschaft zu schließen und sich miteinander zu unterhalten, auch wenn man sich völlig fremd ist; das hat seine Wurzeln in der Geschichte dieses Landes; gleich, ob das im Auto oder im Autobus ist, im Zug oder Kino, im Hotel oder bei sich zu Hause. Und man tauscht bereitwillig und vorbehaltlos aus, ob man republikanisch oder demokratisch wählt, welcher Religion man ist, was man für

den absolut keine geographische Vorstellung davon ("Wo ist das, überm Pazifik?"), was sie aber nicht hindert, dich für jederzeit amerikanisierbar und somit auch legitimen Teil der "Familie" zu halten.

Sieben Uhr abends. Burlington, eine kleine, prärieverlorene Stadt, zugleich aber ein wichtiger Eisenbahnknotenpunkt, der einer der größten amerikanischen Eisenbahngesellschaften ihren Namen gegeben hat, der *Burlington and Northern*. Wir überqueren den Missouri, den ersten Fluß auf unserer Reise überhaupt. Die Brücke hier ist erst 1858 erbaut worden. Zuvor war hier Endstation der Züge. Die Fahrgäste wurden per Boot auf das andere Ufer übergesetzt (im Winter mußten sie selbst zu Fuß über den zugefrorenen Fluß hinübergehen), um dann am anderen Ufer ihre Reise nach Westen in einem "Wagon" oder auch einer Wells-Fargo-Postkutsche fortzuseten, um in Kalifornien ihr Gold zu suchen, vorausgesetzt, die Apachen oder Navajos hatten nichts dagegen. Kurz, man muß sich vor allem als Europäer immer vor Augen halten, daß dies alles sehr viel mehr als ein einziges Jahrhundert her ist. Daß damals hier die Grenze der "zivilisierten Welt" war. Daß der Missouri hier die große Zäsur darstellte, hinter der es für die Pioniere und ersten Siedler schlicht in die leere unerschlossene Wildnis ging, ausgerüstet allein mit Gewehr und Bibel ...

Nicht zuletzt alle die indianischen Namen hier erinnern einen unablässig daran, ob man nun an einem der vielen

Sonderfahrten in Nostalgiezügen für die Liebhaber der guten alten Dampflokomotive und der legendenumwobenen Züge aus der Pionierzeit gibt es eine ganze Menge in Amerika, so wie diesen hier in Colorado auf der Strecke Durango-Silverton der berühmten Denver and Rio Grande Western

kleinen Bahnhöfe, die man in der Nacht passiert, Ottumwa steht oder dort Council Bluffs oder Fort Morgan, wo einen allein das Wort Fort an die berittene leichte Kavallerie denken läßt (blaue Hemden, Hosenträger, vorneweg vermutlich John Wayne, das Detachment kommt gerade noch zurecht, um die am Marterpfahl schmachtenden Weißen zu retten...)

Am nächsten Morgen: Denver. 1 677 km von Chicago, 3 222 km von New York. Wir haben uns längst an diese spezielle Art immobiler Mobilität gewöhnt, die eine lange Eisenbahnreise darstellt, haben unsere Gewohnheiten angenommen, kennen inzwischen das gesamte Zugpersonal, die Verkäufer der Speisen- und Getränkekioske und die Barkeeper im "Lounge Car". Wir haben bereits den halben Kontinent durchquert, eine Strecke wie die von Paris nach Moskau, ohne daß wir ermüdet oder von Reisestrapazen gestreßt wären oder uns um irgendetwas kümmern müßten, sanft gewiegt von dem kaum merklichen Schaukeln des dahinrollenden Zugs, dessen Wagen jeder 70 t wiegen (zweimal soviel wie ein europäischer) und der drei, schwarze Auspuffwolken über die vier Gepäckwagen vorne ausstoßende, Dieselloks hintereinander benötigt.

Die schönste Aussicht kommt überhaupt erst noch. Gleich hinter Denver beginnt der phantastische Anstieg in die "Rokkies", die nach einigen berühmten Reisenden unserer Zeit das Schönste sind, was ein Eisenbahnreisender heute auf der ganzen Welt noch sehen kann: die Fahrt im *Denver and Rio Grande Western*.

DIE DENVER AND RIO GRANDE WESTERN

Die große Abfahrt des California Zephyr von den Bergen hinab nach San Francisco ist ein ganz besonderes Erlebnis der transkontinentalen Reise mit diesem Zug. Im Hintergrund die Sierra Nevada. Vorne zwei Loks des Typs F 40 PH, die je 2 200 kW Leistung entwickeln

Der Bahnhof von Denver gehört zum Netz der traditionsreichen Eisenbahngesellschaft *Denver and Rio Grande Western*, die, wie alle übrigen amerikanischen Eisenbahnbetreiber, wegen mangelnder Rentabilität ihren gesamten Personenverkehr dem Staat überlassen haben. Die modernen Züge der Amtrak haben auf diese Weise alle die legendären Luxuszüge von einst ersetzt, die sich damals über die Rocky Mountains mühten, mit vier oder fünf Dampflokomotiven voraus und dahinter bis zu zwanzig schweren, luxuriösen, mahagonigetä-

felten und messingblinkenden Wagen samt Frisiersalon und Kirchenwagen mit Orgel für den sonntäglichen Gottesdienst, mit Badekabinen und "Suiten" aus mehreren normal möblierten Räumen sowie selbstverständlich hintendran dem "Observation Car" mit seiner offenen Plattform am Ende, von der aus man auch schon mal ein kleines Büffelschießen vom fahrenden Zug aus veranstalten konnte... Vorbei und versunken. Aber der Bahnhof hat gleichwohl seine eindrucksvolle Architektur bewahrt, wenn auch die meisten seiner zahllosen Bahnsteige heute verwaist sind; mehr als einer wird kaum noch gebraucht.

Der Aufenthalt in Denver dauert fast eine ganze Stunde, aus technischen Gründen. Es werden Proviantcontainer zugeladen, Getränke, Sandwichs, Tonnen von Trinkwasser für die nicht minder "typisch amerikanischen" eisgekühlten Trinkbrünnlein in jedem Wagen. Ein ganzes Personalrudel hat zu tun, um den ganzen Zug neu durchzuchecken, jedes Rad und jede Kupplung und jede Bremse. Denn neben dem Komfort gilt in Amerika seit eh und je auch der Sicherheit eine spezielle Aufmerksamkeit, schon deshalb, weil Amerikaner, wenn sie heutzutage schon mit dem Zug reisen, dies nicht zuletzt deswegen tun, um den Risiken und Gefahren sowohl des Autofahrens wie des Fliegens zu entgehen.

Abfahrt Denver also um acht Uhr morgens. Kaum aus der Stadt heraus, steigt die Strecke mächtig an und bald haben wir

den weiten Blick auf die 3 000 km breite endlose Prärie unter uns, die wir gerade erst durchquert haben und an deren Rand jetzt schon ganz winzig Denver mit seinen Wolkenkratzern zurückbleibt. Vor uns liegt ein Gebirge, das zweimal so breit ist wie ganz Frankreich und wilder und leerer als Afrika, und keine 120 km von Denver entfernt sind wir bereits auf einer Höhe von 3 000 m!

Die Gleise winden sich dermaßen kurvig durch diese Berge, daß man von der Mitte des Zuges aus dessen Anfang vorne und dessen Ende hinten immer im Blick hat, ohne daß man sich nur aus dem Fenster beugen müßte. Der Zug ringelt sich quasi um sich selbst.

Die Schienenstrecke ist tief in die roten und ockerfarbigen Berge eingeschnitten, die hoch über sie emporragen und die bizarrsten und respektabelsten Anblicke bieten. Eindrucksvolle Brücken ohne jedes Geländer überqueren tiefe Täler und Flußläufe und man bekommt nie den Eindruck los, sie seien viel zu zerbrechlich für den schweren Zug, in dem man über sie wegfährt, nie ganz ohne Bangen, ob sie denn wirklich halten werden. Viele der vielen Tunnels haben noch immer ihre holzverkleideten Einfahrten aus ihrer ersten Bauzeit, andere sind inzwischen betoniert und machen einen sichereren Eindruck. Auf den Ausweichgleisstrecken (wir fahren auf einer einspurigen Strecke) warten endlos lange Güterzüge, bis wir vorbei sind, fünf Loks vorne, fünf in der Mitte, drei am Ende: dreizehn Loks für einen Zug!

Vier Stunden später, gegen Mittag, ist der Aufstieg zu Ende. Wir sind auf 3 000 m Höhe über dem Meeresspiegel und halten in dem kleinen pittoresken Bahnhof Granby, der leuchtend blaurotweiß gestrichen ist und eher wie ein Puppenhaus aussicht. Dic Bcrgc ringsum sind mit trockenen und wilden Bäumen bestanden. Zahlreiche Wasserfälle und kleine, verborgene Seen bilden eine so gut wie menschenleere Szenerie unberührter Natur.

In der Nachmittagshitze unseres zweiten Reisetags entdecken wir die wilden Schluchten und Flüsse Colorados und danach die hitzesengenden Ebenen der Wüste von Utah. Nackte Felsen formen Gebilde wie bizarrste romantische Schlösser und auf jedem Felsvorsprung kann man sich mühelos einen spähenden Indianer vorstellen, wie er reglos auf seinem Mustang sitzt. Verwundene, phantastische Felsentürme ragen hoch, immer wieder einmal ein weithin sich dehnendes Felsenchaos kommt ins Bild, alles in wilden, grellen Farben, ganz, als tobe sich die Natur zürnend gegen alle Prinzipien von Harmonie und Gelassenheit aus und verleugne selbst ihre eigenen Prinzipien.

Thompson Springs. Ein Holzhausbahnhof in einem kleinen sonnenverbrannten Ort, der völlig ausgestorben zu sein scheint. Umgeben von riesigen Trucks erscheinen die Häuser noch zwergenhafter, als sie ohnehin sind. Die Ankunft des Zuges ist ein Ereignis; es lockt immerhin einige auf den Gleisen spielende Kinder an... Nicht, daß der Zug normalerweise in Thompson Springs hielte. Aber er hält, wenn ausdrücklich jemand aus- oder zusteigen will und dies rechtzeit vorangemeldet hat: eine Bedarfs-Haltestelle, wahrhaftig. Und nur deswegen hält hier tatsächlich am Kilometer 2 342 (von insgesamt 3 206) ein transkontinentaler Zug von Chicago nach San Francisco mit seinen 1 000 t Gesamtgewicht und auf seiner dreitägigen Fahrt; wegen möglicherweise eines einzigen Fahrgasts, der womöglich schon beim nächsten Halt wieder aussteigt...

Mitternacht. Salt Lake City. Der große Name des Abenteuers Wilder Westen. Der *California Zephyr* ist seit über einer Stunde erwartet worden. Aber niemand gerät deswegen aus der Ruhe. Der Scheinwerfer der ersten Lokomotive vorne

bohrt sich in die Nacht und erleuchtet fast die ganze Stadt. Er wirft auf freier Strecke ein grellblendendes Licht kilometerweit voraus, denn der Zug fährt ausschließlich auf Sicht. Der Lokomotivführer läßt außerdem in regelmäßigen Abständen seine sonoren Sirenen ertönen, deren Echo von den Bergen zurückkommt. Diese Sirenen des Fernen Westens haben einen ebenso harmonischen wie leicht melancholisch-traurigen Klang, wie sie sonst nur die großen Schiffssirenen der alten Ozeandampfer hatten. Das ist aber noch nicht alles. Der Maschinist läutet auch noch seine traditionelle Glocke, einfach, weil man das hier schon immer so machte und alle Loks der heroischen Pionierzeit mit solchen Glocken ausgestattet waren. Und damit fährt der Californa Zephyr dann majestätisch und gravitätisch in den nächtlichen Bahnhof von Salt Lake City ein, mit allen Sirenen und Glocken (Nacht hin, Nacht her), und mit seinem Scheinwerfer, der die Nacht zum schieren Sonnenuntergang aufzuhellen scheint, und unter ihm vibriert der Boden auf den krummen und ungleichen Gleisen, während schon die Türen aufgehen und die "Porter" in ihren roten Westen, jeder auf seiner Einstiegtreppe, stehen und auf den endgültigen Halt warten, der sich nach den bisherigen zwei

Nächten und zwei Tagen aber lange nicht so recht einstellen will; als könne der Zug sich gar nicht mehr von seiner einmal gefundenen gemächlichen Bewegung trennen.

DIE GROSSE ABFAHRT HINAB ZUM PAZIFIK

Und dann fährt unser Zug am Großen Salzsee entlang. Einst überquerte er den See tatsächlich auf einem über 50 km (!) langen Viadukt. Nachts liegt über diesem mysteriösen See, wenn der Mondschein auf ihn fällt, ein funkelndes Salzkristallglitzern. Im Morgengrauen erwachen wir bereits irgendwo in Nevada. Die Gleise liegen hier auf hartem nacktem Boden und wieder denkt man unwillkürlich an die Tausende Pioniere und Siedler, die hier einst, aus Europa gekommen, erschöpft vorüberzogen, nachdem sie seit New York oder Philadelphia bereits sechs Monate im Treck unterwegs gewesen waren, immer in Furcht vor Indianerüberfällen und Hunger, vor der eisigen Kälte des Winters und der Gluthitze des Sommers, wenn das Thermometer über 50 Grad Celsius steigt – im

Ankunft des California Zephyr nach 3 917 km von Chicago (ohne Lokwechsel!) und 5 462 km von New York an der Pazifikküste in der Bucht von San Francisco. Der Komfort der "Superliner"-Wagen hat die Reise angenehm und kurzweilig gemacht

Schatten (nur, Schatten gibt es hier weit und breit nicht!). Frau und Kinder waren krank, die Geldbörse leer, man war Hochstaplern, Betrügern und Scharlatanen hilflos ausgeliefert, zynischen Banditen oder geldgierigen Gaunern. Aber ganz bestimmt waren die Wüste Nevadas oder die Höhen der Rocky Mountains nicht der Ort, nach all den bereits überstandenen Strapazen nun aufzugeben, bevor das goldene Kalifornien mit seiner Pazifikküste, dem man nun doch schon so nahe war und dem man Woche um Woche entgegengehofft hatte, endlich auftauchte...

Reno. Stadt der schnellen Scheidungen und des Glücksspiels, Zwilling von Las Vegas. Noch schläft sie müde und abgeschminkt unter ihrer Morgensonne und ihren Neonreklamen, Nachtlokalen und Spielcasinos, in denen gerade erst die Lichter ausgingen. Der Zug durchquert sie buchstäblich, direkt neben der Hauptstraße, wie das in so vielen Städten im Westen der USA der Fall ist, ohne Schutz und Abgrenzung.

Nach Reno wird die Landschaft zusehends rauher. Die Schienenstrecke nimmt Anlauf über die Sierra Nevada hinweg, stürmt vorbei an seit dem Ende des Goldrauschs verlassenen Blockhaus-Geisterstädten, und klettert die berühmte Stanford Curve hinauf, wo sie einen Hufeisenbogen beschreibt und dann Serpentinen und Serpentinen, um sich allmählich hinaufzuarbeiten in die Höhe. Weit unten schimmern völlig weltab-

Dies ist Strecke der transkontinentalen Eisenbahnreise: von New York bis Chicago mit dem Lake Shore Limited, *Weiterfahrt von Chicago bis San Francisco mit dem* California Zephyr – *eine Reise, die so lang ist wie in Europa von Paris bis nach Sibirien oder an die chinesische Grenze!*

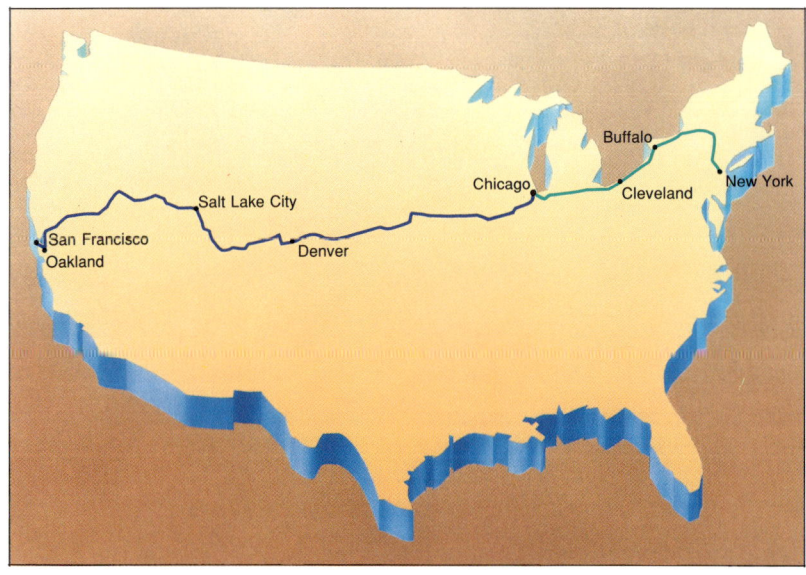

California Zephyr
Lake Shore Limited

geschiedene Seen wie der Donner Lake, wo einst 47 Siedler im Schnee Hungers starben, während die übrigen durch schieren Kannibalismus überlebten, oder Soda Springs mit seinen Kaskaden, die ganz richtig an schäumendes, perlendes Sodawasser erinnern, oder Emigrant Gap und das Tal der Bären.

Sacramento. Die lange Abfahrt hinab zum Pazifik dauert den ganzen Nachmittag. Auch die Hauptstadt Kaliforniens erscheint einem seltsam verschlafen unter der grellen Nachmittagssonne. Wie auf einen Schlag sieht von jetzt an bis nach San Francisco alles sehr spanisch aus, von den Arkaden der Bahnhöfe bis zu den massiven Haustoren aus Holz, an denen Namen stehen wie Martinez, und bis zum Aussehen und dem Benehmen der Leute. Eine ganze Menge Einzelheiten solcher Art signalisieren einen Wechsel des Kulturkreises.

Und dann ist San Francisco endlich in Sicht, von der anderen Seite seiner großen Bucht am Meer her, die eine sehr komplizierte Struktur hat mit allen ihren Einschnitten und Inseln und Golfen, ein wahres Gewirr, in dem man total die Orientierung verliert, während der Zug sich bis in eindrucksvolle Höhen über dem Ozean emporwindet, um die Meeresarme zu überqueren, über beunruhigend zerbrechlich aussehende Brücken, die direkt in den Himmel zu stechen scheinen, hoch über den Masten der bei Flut einfahrenden Schiffe unten.

Und dann hält der Zug, ganz sanft und ruhig, wie verschämt und verlegen, in einem Bahnhof, der zwischen endlosen Raffinerietanks und Fabrikhallen wie verloren wirkt. Das ist der Bahnhof von Oakland, der Vororts- (oder, wie sie sich selbst lieber sieht: Schwester-)Stadt San Franciscos. Der Transfer nach San Francisco hinüber geschieht recht und schlecht mit Autobussen, in die sich die Reisenden quetschen müssen, was mehrere Fahrten für jeden der ohnehin hoffnungslos überladenen Busse bedeutet – und über eine Stunde Wartezeit für die letzten Passagiere. Ein eher mickriger Abschluß einer so langen und eindrucksvollen Reise quer über den ganzen Kontinent hinweg an Bord eines der schönsten Züge, die es heute überhaupt noch gibt, und im "reichsten Land der Welt"...

Aber wem dieser Epilog einer außergewöhnlichen Reise denn doch zu trist ist, muß sich nicht damit abfinden. Es ist möglich, die Reise noch weiter fortzusetzen, einige Tage später vielleicht: Abfahrt nach Los Angeles hinunter, von dort aus mit dem *Sunset Limitet* zurück über den Kointinent nach New Orleans über El Paso, San Antonio, Houston und quer durch ganz Texas und weiter, hinauf nach New York an Bord des *Crescent* durch Georgia, die Carolinas und Virginias und über Washington und Philadelphia – und das komplettiert

Elektrifizierte Strecken sind in Amerika selten. Hier die elektrifizierte Minenbahn von Black Mesa und dem Lake Powell durch die Indianerreservation von Arizona (Loks vom Typ CC, die über 10 000 t schwere Erzgüterzüge zu ziehen imstande sind)

dann eine phantastische Reise von mehr als 12 000 km für die, denen Entfernungen noch immer das Synonym für Abenteuer und Erholung des Geistes bedeuten.

DIE EISENBAHN HEUTE:
IST SIE TOT ODER LEBT SIE?

Es ist schon oft gesagt worden, die amerikanische Eisenbahn sei mausetot. Und die dramatischen Konkurse so großer Gesellschaften wie der Pennsylvania Railroad haben dem und dem Schicksal der amerikanischen Eisenbahnen allgemein eine durchaus aktuelle und dramatische Dimension verliehen. Man hörte von Konkursverwaltungen, von Kapitalbewegungen, aber das war alles nur die eine Seite der alltäglichen Realitäten, zu denen auch das ausgesprochene Florieren des Güterverkehrs auf Schienen gehört.

Die große Reise, die wir hier unternehmen, hat uns unter anderem auch dies klargemacht: daß man sich auch in Amerika wieder auf die Eisenbahn zu besinnen beginnt, die, zugegeben, dreißig Jahre lang ihrem Schicksal überlassen und vernachlässigt worden und schon so gut wie tot war und buchstäblich "ausgestorben" wäre, hätte sich nicht 1970 der Staat mit der Amtrak ihrer Reste angenommen, weil doch noch erkannt wurde, daß man ein ganzes riesiges Land wie dieses nicht ohne ein ordentliches öffentliches Verkehrsmittel lassen kann, noch dazu eines, in dem die Eisenbahn früher zu den besten und leistungsfähigsten der Welt zählte. Freilich, auch der *California Zephyr* verkehrt nur einmal täglich, und zwischen zwei der bedeutendsten amerikanischen Städte, Los Angeles und New Orleans mit zusammen dreieinhalb Millionen Einwohnern, gibt es auch heute wieder lediglich einen einzigen Zug - nicht täglich, sondern alle zwei Tage; und das zum zweitwichtigsten Hafen der USA! Von den großartigen Marmorbahnhöfen der Jahre vor 1914 ist günstigstenfalls gerade noch die Halle für die Reisenden übrig. Bahnsteige sind kaum noch vorhanden, sie sind verrottet, demoliert, überwachsen oder schon längst zu riesigen Parkplätzen zweckentfremdet. Eine Stadt wie Houston, eine der aktivsten und geschäftigsten der USA, heute "High Tech"-Hauptstadt des Landes hat mit ihren 1,6 Millionen Einwohnern für den Personenverkehr ein einziges mickriges kleines Bahnhöflein, das sich bezeichnenderweise unter eine Autobahnüberführung

duckt, mit einem oder zwei Bahnsteigen, weit weg vom Geschäfts- und Stadtzentrum, das sich in einer ganz anderen Gegend der Stadt entwickelte, was aus dem Bahnhof einen abgelegenen und überdies übel beleumundeten unsicheren Ort machte. Und nicht viel anders ist es in Los Angeles und San Francisco und Salt Lake City. Überall ist es dort nicht unbedingt ratsam, sich spätabends oder nachts ins Bahnhofsviertel zu begeben.

Drüben im Osten ist das alles ganz anders. Der "Korridor" Washington-Philadelphia-New York-Boston vereinigt eine ganze Anzahl bedeutender Städte, deren Flughäfen und Autostraßen voll ausgelastet sind. Hier heißt es, das "europäische Spiel" mitzumachen, hier, wo die Reisezeiten mit der Eisenbahn bereits schneller sind als die mit dem Flugzeug und wo man sich auf regelmäßige und auch schnelle Züge in kurzen Zeitabständen verlassen kann. In diesen Städten haben die großen Bahnhöfe denn auch ihren alten Glanz von einst behalten oder in die moderne Zeit herübergerettet, und die Eisenbahn kann sich dort stolz Frequenzzunahmen von 45 Prozent in den letzten fünf Jahren rühmen, eine Zahl, die schier unglaublich ist und selbst jeden europäischen Eisenbahndirektor vor Neid erblassen lassen muß.

Im übrigen weiten Land aber mit seinen immensen Entfernungen ist das Flugzeug schon mehr oder minder zum "Vorortszug" geworden, wo es nicht ohnehin das Auto macht (die künstlichen Beine des modernen Durchschnittsamerikaners!), und dies alles zu Lasten der Eisenbahn als öffentliches Verkehrsmittel. Dort ist es schlicht unmöglich - oder jedenfalls ruinös -, die alte Produktionsspirale "Mehr Züge = mehr Passagiere" wieder in Gang zu setzen.

Soweit noch Schienenstrecken existieren, sind sie voll vom Güterverkehr ausgelastet und der laufende Unterhalt dieser Gleise geschieht allein unter der Prämisse, daß sie ohnehin nur mit dem langsamen Güterverkehr belastet werden (aber 30 t Achslast ist das Übliche, und das genügt spielend, sie rasch zu ruinieren!).

Auch die Lebensgewohnheiten im heutigen Amerika mit der großen individuellen Mobilität oder im Flugzeug lassen der Eisenbahn gerade noch das Image eines veralteten Verkehrsmittels, passé und mit dem Ruch der Ärmlichkeit behaftet, weil sich nur noch die "niedrigeren Einkommensschichten" seiner bedienen. Dies alles sind die Konsequenzen einer Zeit, in der man die Eisenbahn einfach abschrieb und verkommen ließ. 1916 hatte Amerika ein Schienennetz für den Personen-

Dieser Zug hat den schönen Namen The Empire Builder *und soll daran erinnern, in welch starkem Maße die Eisenbahn Anteil am Entstehen und Aufbau der USA hatte. Er fährt zwischen Chicago und Seattle im Norden der Rocky Mountains und ist mit seiner eingleisigen Strecke durch unberührte Gegenden und mit seinen zweistöckigen "Superliner"-Wagen wie ein Muster des Gestern und Heute zugleich der amerikanischen Eisenbahn*

Ein klassisches Beispiel eines amerikanischen Güterzugs von heute: drei Dieselloks sind das Minimum; hier Loks des Typs EMD SD40-2, von denen jede 300 PS stark ist, was auch nötig ist für die mit bis zu je 100 t beladenen Waggons. Die Union Pacific, eine der bedeutendsten Eisenbahnen der USA, bedient den gesamten Westen. Das Foto hier ist im Echo Canyon in Utah gemacht

Die amerikanischen Güterzüge

Amerikanische Güterzüge sind ebenso überdimensional wie eindrucksvoll und verkörpern mehr als alle anderen Züge die wahre Dynamik des amerikanischen Eisenbahnwesens. Die sichtbaren Bemühungen um Pünktlichkeit, die Qualität des den Kunden gebotenen Service und konkurrenzfähige Tarife haben den amerikanischen Eisenbahngesellschaften beispielsweise im Jahre 1988 einen Güterverkehr eingebracht, der das 30fache des Jahresumsatzes im Güterbereich der französischen SNCF ausmachte – bei einer nur fünfmal größeren Bevölkerungszahl!
Der US-Güterschienenverkehr warf damit bei einem Gesamtumsatz von 28 Milliarden Dollar 2 Milliarden Dollar Gewinn ab. Wer redet da noch vom desolaten Zustand der Eisenbahn in Amerika?
Der Waggonpark ist durchweg modern. Die Waggons laufen alle auf Bogie-Drehfahrgestellen und die Kapazitäten sind groß. Betrieb, Wartung und Unterhalt sind mechanisiert und automatisiert, soweit es nur möglich ist. Ein Waggontyp ist von speziellem Interesse: der sog. "Skelett-Waggon". Er besteht aus einem auf zwei Bogie-Drehfahrgestellen aufliegenden Längsträger, auf den mehrere Querträger geschweißt sind, was einen gewissen Skelett-Eindruck ergibt. Auf dieses Skelett oder Basisgerüst lassen sich sowohl Straßenfahrzeuge verladen als auch – trotz der nicht geringen Dimensionen - normale Eisenbahnwaggons aufsetzen (etwas, was in Europa nicht möglich wäre, wegen der vielen Tunnels dort, die selten breiter sind als für einen normalen Zug nötig). Ein anderer interessanter amerikanischer Güterwaggontyp: der "Pocket Wagon", in den sich Container auch übereinander verladen lassen.
In Europa ist man zufrieden, daß man einen Container auf einen Tieflader bekommt. Die amerikanischen Höhenabmessungen der Eisenbahnwaggons gestatten dagegen auch dieses Übereinanderladen. Ein seit jeher sehr bekannter amerikanischer Waggontyp dagegen ist der "Caboose". Er ist der traditionelle Schlußwagen jedes Güterzugs.
Amerikanische Güterzüge werden in der Regel von drei Loks gezogen, auch vier und fünf sind nicht selten, und auf sehr schwierigen Bergstrecken gibt es auch schon mal nicht weniger als zehn, zwölf und fünfzehn Lokomotiven vorne, in der Mitte und am Ende!
Nach den schlimmen 70er Jahren mit ihren zahlreichen Eisenbahnkonkursen, die die Regierung veranlaßten, sich mit der eigenen Beteiligungsgesellschaft Conrail um die Rettung von sieben großen Gesellschaften zu bemühen, waren die 80er Jahre die Periode der Wiedergesundung der Eisenbahn, wenn auch zugegebenermaßen auf Kosten der Stillegung vieler kleinerer Strecken und eines kräftigen Personalabbaus.
Conrail, zu 85 Prozent staatlich (die restlichen 15 Prozent sind Eigentum der Angestellten) hat auf diese Weise 1984 bei einem Umsatz von 500 Milliarden 3, 38 Milliarden Dollar Gewinn erzielt.

Und dennoch: seit der Gründung der Amtrak 1971 läßt sich eine sehr deutliche Verbesserung gegenüber dem Tiefstand, der damals schon erreicht war, konstatieren. Die Streckenlängen haben zwar nicht zugenommen, und auch nicht die Frequenz der Züge und ihre Anzahl, aber die Passagierzahlen; sie sind um 25 Prozent gewachsen, viele Züge sind vollbesetzt, und Reservierungen schwierig oder ganz unmöglich. Die Anzahl des verfügbaren Wagenmaterials ist völlig ungenügend; Amtrak hat nicht einmal die Mittel, den überalterten Wagenpark zu erneuern, geschweige denn, zu vergrößern oder neue Wagen zu entwickeln, um den steigenden Bedarf zu befriedigen. Dabei haben eine Werbekampagne, die einigermaßen das Interesse am Eisenbahnreisen wieder geweckt hat, die zunehmende Zahl der jährlichen Verkehrstoten auf den Straßen 55 000) und die zunehmende Unsicherheit des Luftverkehrs (Überlastung der Flughäfen, schlechte Wartung überalterter Flugzeuge) zweifellos dazu beigetragen, der Eisenbahn neue Kundschaft zuzutreiben. Doch trotz allem streicht der Luftverkehr mit fast 90 Prozent (!) nach wie vor den Löwenanteil des gesamten Passagierreiseaufkommens in den USA ein. Es folgen die Überlandbusse mit knapp 7 Prozent, und das läßt also der Eisenbahn heute gerade magere 3,5 Prozent Anteil am gesamten öffentlichen Personenverkehr! Dementsprechend gravierend sind die Defizite: 1987 standen Ausgaben von 1,6 Billionen (!) Dollar nur Einnahmen von 973,5 Milliarden gegenüber. Allerdings verringern die Defizite sich bereits kontinuierlich von Jahr zu Jahr.

Die Attraktion einer großen Reise über Land, bei der man im Gegensatz zur Flugreise auch wirklich etwas sieht, dazu die Gewißheit, dabei echten Komfort und hervorragenden Service geboten zu bekommen, läßt viele Amerikaner in diesen Jahren wieder zur "guten alten" Eisenbahn zurückkehren, auch wenn sie gar nicht unbedingt besondere Eisenbahnliebhaber sind, sondern einfach nur wieder "sehen, genießen, kultivieren, entdecken" können wollen.

Und wer weiß, vielleicht entsteht daraus sogar ein neuer Typ "englischer Tourist" wie einst? Nämlich der, wie er sich zu Beginn des Jahrhunderts in jenen damals wunderbaren internationalen Luxuszügen in Europa oder eben auch den transkontinentalen in Amerika die Zeit nahm, sich, den Baedeker in der Hand, die Sitten und Gebräuche der Neapolitaner anzusehen oder auch der Indianer, die gotischen Kathedralen und die großen Canyons, und darüber penibel Reisetagebuch zu führen. Wenn dem so sein sollte, dann wird unsere liebe *Denver and Rio Grande Western* nicht nur als Name großer Eisenbahnabenteuer von einst und als Traum eines beim Erwachsenwerden enttäuschten Knaben, sondern auch in Zukunft eine lebendige Realität bleiben.

verkehr von 400 000 km (genau 254 093 Meilen). 1970 war davon noch etwas mehr als ein Zehntel übrig: 44 000 km (28 000 Meilen).

1929 fuhren in den USA täglich an die 20 000 Personenzüge, 1977 waren es noch genau 250, das sind gerade noch eineinviertel Prozent davon! Um 1900 dauerte die Fahrt mit dem *Twentieth Century* von New York nach Chicago 18 Stunden, 1970 aber, mit dem *Lake Shore Limited*, 21:35 Stunden! Wir haben die Strecke auf unserer Fahrt hier immerhin in 20 Stunden geschafft, mit anderen Worten, langsamer als es vor 90 Jahren möglich war!

BIBLIOGRAPHIE

ZEITSCHRIFTEN

(MEHRERE AUTOREN)
Revue générale des chemins de fer, diverse Ausgaben von 1878 bis heute
P. HÉRISSÉ, M. CARÉMANTRANT, B. COLLARDEY, D. DURANDAL, M. CHLASTACZ
La Vie du Rail,
diverse Artikel über den TGV.
(MEHRERE AUTOREN)
Direct (herausgegeben von der SNCF),
diverse Artikel über den TGV und die aktuelle wirtschaftliche Situation der Eisenbahn.
(MEHRERE AUTOREN)
Science et Vie, Sonderhefte 1952, 1966, 1975 und 1986.

BÜCHER

P. LEFÈVRE/ G. CERBELAUD
Les Chemins de fer, Quantin, 1890
BARON ERNOUF
Histoire des chemins de fer français pendant la guerre franco-prussienne, Librairie Générale, 1874
N.N.,
Hommes et choses du P.L.M., herausgegeben von der Compagnie P.L.M., 1911
R. GODFERNAUX
Aperçu de l'évolution des chemins de fer français de 1878 à 1928, Vve Dunod, 1928
N.N.
Histoire de la locomotion terrestre, L'Illustration, 1935
H. LARTILLEUX
Géographie des chemins de fer français, Chaix, 1957
P. WEILL
Les Chemins de fer, Larousse, 1964
E.F. CARTER
Les chemins de fer en guerre, Les Presses de la Cité, 1965
(MEHRERE AUTOREN)
Histoire des chemins de fer en France, Les Presses

Modernes, 1968
H. ELLIS
The Picturial Encyclopedia of Railways, P. Hamlyn, 1968
L.-M. VILAIN
Un siècle de matériel et de traction sur le réseau d'Orléans, Dominique Vincent, Fréal et Cie, 1970
A.D. DUBIN
Classic Trains, Kalmbach, 1971
J. PÉCHEUX
La Naissance du rail européen, Berger-Levrault, 1970
L.-M. VILAIN
L'Évolution du matériel moteur et roulant de la Compagnie P.L.M., Dominique Vincent, Fréal et Cie, 1971
L.-M. VILAIN
Le Matériel moteur et roulant de chemins de fer de l'État, Dominique Vincent, Fréal et Cie, 1972
B. MORGAN
Les Grands Express, Lazarus, 1973
G. REDER
Le Monde des locomotives à vapeur, Office du Livre, 1974
J. PÉCHEUX
L'Âge d'or du rail européen, Berger-Levrault, 1975
R. HEINERSDORFF
Die große Welt der Eisenbahn, Callwey, 1976
W. SOLDH
Orient-Expreß, Alba, 1974
C. OGBURN
Railroads: The Great American Adventure, National Geographic Society, 1977
E. FRUIT
Les Syndicats dans les chemins de fer en France, Éditions ouvrières, 1976
J. des CARS
Sleeping Story, Julliard, 1976
J. GILLOT
Les Locomotives à vapeur de la S.N.C.F. Région Est, Picador, 1976
L.-M. VILAIN
Dix Décennies de locomotives sur le réseau du Nord, Picador, 1977

G. FREEMAN ALLEN
The Fastest Trains in the World, Ian Allan, 1978
O.-S. NOCK
Chemins de fer d'hier et d'aujourd'hui, Albin Michel, 1976
B. HOLLINGSWORTH
Railways of the World, Bison Books, 1979
T. DÜRING
Die deutschen Schnellzug-Dampflokomotiven der Einheitsbauart, Franckh, 1979
L.-M. VILAIN
L'Évolution des locomotives à vapeur de la Compagnie des Chemins de fer de l'Est, Pygmalion, 1980
C. LAMMING
Les Locomotives, De Vecchi, 1980
J.-F. BAZIN
Les Défis du T.G.V., Denoël, 1981
J. des CARS/J.-P. CARACALLA
L'Orient-Express, Denoël, 1981
F. ERNST
Der Rheingold, Alba, 1982
B. HOLLINGSWORTH
Steam Passenger Locomotives, Salamander, 1982
G. RIBEILL
Les cheminots, La Découverte, 1984
J. des CARS/J.-P. CARACALLA
Le Transsibérien, Denoël, 1985
B. COMBS
Westward to Promontory, Crown Publishers, 1986
Y. MACHEFERT-TASSIN, F. NOUVION, J. WOIMANT
Histoire de la traction électrique, la Vie du Rail, 1986
C. LAMMING/J. MARSEILLE
Le Temps des chemins de fer en France, Fernand Nathan, 1986
C. LAMMING
La Grande Aventure du T.G.V., Larousse, 1987
J.F. BAZIN
Le T.G.V. Atlantique, Édition Ouest-France, 1988
J. des CARS/J.-P. CARACALLA
Le Train Bleu, Denoël, 1988.